기독교는 문화와 역사에 대한 개방성과 선교적 운동성과 상황화를 통한 세계화를 특징으로 한다. 앤드루 월스는 이 특징들을 세계 기독교학이라는 새로운 선교학 분야로 정립한 장본인이며, 이 책은 그의 사상이 농축되어 있는 독보적 저서 중 하나다. 우리가 믿고 고백하며 증언하는 복음이 무엇이고 그 복음이 생명력 있고 창조적이며 아름답게 전파되고 뿌리내리는 과정에서 나타나는 하나님의 섭리와 일하는 방식이 어떤 것인지를 소상히 밝혀내는 걸작이다. 월스의 사상이 그의 애제자 중 한 사람에 의해 처음으로 소개되어 매우 기쁘다. 모든 신학도와 그리스도인들의 일독을 강력하게 추천한다. 선교학 연구에 있어 20세기 후반이 데이비드 보쉬의 시대였다면, 이제는 앤드루 월스의 시대가 될 것이다.

금주섭 세계교회협의회 선교와전도위원회 국장

본서는 기독교가 서구의 종교로 머물지 않고 복음이 전파되는 사회와 문화 속에서 지속적인 재해석 과정을 거쳐 오늘에 이르렀음을 분명하게 보여 주는 명저다. 기독교 선교 운동은 복음을 초역사적 진리라는 틀에 가두지 않는 사회·문화적 번역 행위다. 이는 복음이 전달되는 사회의 변화를 불러일으킬 뿐 아니라, 종교사회학적 관점에서 볼 때 기독교의 가르침 자체를 재구성하는 과정이라는 점에서 종교를 통한 사회화 과정이다. 그런 의미에서 본서는 우리나라 개신교가 선교 운동을 통해 어떤 사회화 과정을 지나야 하는지 고민하게 만들며, 그런 고민을 하는 이들에게 큰 도움을 줄 것이다.

김왕배 연세대학교 사회학과 교수

앤드루 월스는 매력적인 온화함을 유지하면서도 매우 명민한 학식을 발휘하여 기독교의 확산이라는 흥미로운 주제에 관해 글을 쓴다. 이 학술 선집 전반에 걸쳐 그의 정성이 유머와 함께 빛을 발한다. 그는 북반구에서 남반구로 향하는 신앙의 경과를 이야기하는 가운데 기독교 신앙을 힘 있게 증거한다.

데즈먼드 투투 대주교 노벨 평화상 수상자

기독교 일반 역사에 관한 광범위하고 사려 깊은 성찰을 최근의 선교 역사에서 일어난 특정한 사건들에 구체적이고 선명하게 초점을 맞춘 통합적 연구 작업에 있어 월스는 독보적이다. 통찰, 고무적 격려, 창조적 결합, 예리한 신학이 한데 모인 보물 창고가 여기에 있다.

마크 놀 휘튼 칼리지 역사학 교수, 「복음주의와 세계 기독교의 형성」 저자

기독교 신앙이 문화를 넘어서 전달되고 형태를 변환하는 유형을 생생하게 전달하는, 가장 인상적이고 도전적인 종류의 글들이 모여 있다.

우르술라 킹 브리스틀 대학교 종교학 명예 교수

글 쓰는 실력, 고전적이고 성경적인 학문성, 세심한 문헌 조사, 서지학적 근면함이 결국 기독교 확장의 역사와 문제들에 관한 새로운 통찰과 일깨움을 주는 종합을 낳았다.

해럴드 터너 에모리 대학교 세계 종교학 교수

시대를 앞서가는 기독교 역사학자의 대표작이다. 「크리스채너티 투데이」

20세기 출간된 가장 영향력 있는 신학 책 중 하나다. 「크리스천 센추리」

IVP
모던 클래식스
016

세계 기독교와 선교 운동

앤드루 월스

Ivp

IVP(InterVarsity Press)는
캠퍼스와 세상 속의 하나님 나라 운동을 지향하는
IVF(InterVarsity Christian Fellowship)의 출판부로
생각하는 그리스도인을 위한 문서 운동을 실천합니다.

Originally published by Orbis Books
as *The Missionary Movement in Christian History* by Andrew F. Walls
ⓒ 1996 by Andrew F. Walls
Translated and printed by Permission of Orbis Books
P. O. Box 302, Maryknoll, NY 10545-0302, USA
All rights reserved.

This Korean edition copyright ⓒ 2018 by Korea InterVarsity Press
156-10 Donggyo-Ro, Mapo-Gu, Seoul 04031, Republic of Korea

이 한국어판 저작권은 Orbis Books와 독점 계약한 IVP에 있습니다.

The Missionary Movement in Christian History

Andrew F. Walls

IVP 모던 클래식스를 펴내며

느린 생명의 속도로 가장 먼저 진리에 가닿다

"참다운 정신으로 참다운 책을 읽는 것은 고귀한 수련"이라고 한 헨리 D. 소로우의 말처럼, 그리스도인에게 독서는 그 어느 수련보다도 평생에 걸쳐 쌓아야 할 영성 훈련이다. 경건한 독서는 성경을 대체하거나 방해하는 것이 아니라 하나님의 말씀을 바르게 사용하도록 하며, 그리스도인의 성품을 영적으로 각성시켜 그분의 나라를 세우도록 도전하기 때문이다.

그러나 '21세기 속도에 발맞춘 생각의 속도'라는 명분으로 독서는 정보 획득의 수단으로 전락해 버리고, 눈과 귀를 자극하며 육감만을 작동시키는 이미지, 온라인 지식 정보로 대체된 읽기 습관, 영상으로 치우쳐 가는 관심은 사고의 획일화와 빈약함, 경박함을 낳고 있다. 거기에다, 새로운 것이라면 더 좋고 진실에 가까울 것이라는 근거 없는 생각이 독서 및 고전에 대한 오해와 무관심은 물론 총체적 지적(知的) 부실이라는 결과를 초래했다.

이러한 상황 가운데 출간하게 된 IVP 모던 클래식스는 복음주의라는 신학적 스펙트럼을 통해 문화, 사회, 정치, 경제, 윤리, 공동체, 세계관, 영성 그리고 신학 등 현대 교회가 직면한 광범위한 주제와 이슈를 다룰 것이다. 이에 대해 단순히 정보를 제공하거나 지적 호기심을 자극하는 데 그치지 않고 주체적이고 적극적인 사고 활동의 기초와 방향을 제시하고자 한다. 이 시리즈는 IVP 모던 클래식스 자문 위원회의 선정 작업을 거쳐 19세기 말에서 20세기까지 출판된 기독교 저작 가운데 선별된다. 고전의 본의를 온전히 담아내면서도 주제, 접근, 기술(記述) 방식 등에 유연성을 부여하여 고전의 대중성 또한 최대한 살리고자 한다. 특별히 독자의 이해를 돕고자 저자와 책 내용에 대한 국내외 전문가의 해설 및 추천 도서를 통해, 분명하고 균형 잡힌 성경적 지혜와 현실 적용 가능한 지식을 한국 교회에 제공하고자 한다.

범람하는 정보들을 무분별하게 채택하고 즉각적인 결과를 기대하는 문화적 흐름 속에서, 거듭난 기독교적 지성과 영성 형성을 위해 생명의 속도에 맞추어 고전 읽기에 헌신하는 반(反)시대적 용기가 더욱 절실하다. IVP 모던 클래식스와 함께하는 느리고 진지한 독서를 통해 오히려 가장 먼저 진리에 가닿을 수 있게 되기를 간절히 바란다.

-IVP 모던 클래식스 기획편집팀

차례

머리말 11
서론 15

1부 기독교 신앙의 전달

1. 문화의 포로이자 해방자로서의 복음　29
2. 기독교 역사에서의 문화와 일관성　55
3. 기독교 역사에서의 번역 원리　75
4. 기독교 역사에서의 문화와 회심　105
5. 로마서 1장과 근대 선교 운동　129
6. 고대 북반구 기독교와 새로운 남반구 기독교의 기원　153

2부 기독교 역사에서 아프리카의 위치

7. 복음주의의 부흥과 선교 운동 그리고 아프리카　171
8. 검은 피부의 유럽인-흰 피부의 아프리카인　213
9. 아프리카 독립 교회의 도전　231
10. 오늘날 세계의 원시종교 전통들　241

3부 선교 운동

11. 선교학의 구조적 문제들　285
12. 선교적 소명과 사역　317
13. 서양이 발견한 비서구 기독교 미술　339
14. 학자로서의 19세기 선교사들　365
15. 인문학 교육과 선교 운동　387
16. 19세기 의료 선교사의 국내적 의미　407
17. 미국의 선교 운동　423
18. 선교 단체 그리고 교회의 다행스러운 전복　459
19. 선교 운동의 노년기　483

해설　497
찾아보기　513
저자 연보　521

도린에게
"그대의 달콤한 사랑의 기억으로 내 마음은 부요하니
나는 내 신세를 왕과도 바꾸지 않으리라"

머리말

 이 책은 20년 이상 써 온 글들을 취사선택해 한데 엮은 것이다. 그중 대부분은 본래 강연을 위해 준비했던 글들이며, 대다수가 이미 활자화되었고, 한두 편은 번역되는 영예도 누렸다. 다양한 맥락으로 여러 나라에서 발표되었던 글들을 모아 출판해 달라고 친구들이 요청해 왔다. 그러니까 이 책은 나 자신에 대한 확신의 결과물이라기보다는 친구들의 판단에 대한 존중이며 그들이 지속적으로 요구해 온 일에 대한 응답이다.
 이런 식으로 불씨가 남아 있는 과거의 숯 더미에서 쓸 만한 것을 긁어모으는 작업을 하다 보면 어쩔 수 없이 편집상의 결정을 하게 된다. 이 기회에 전달 과정에서 일어난 오류를 바로잡고, 표현상 거친 부분은 부드럽게 만들었으며, 심하게 잘못된 몇 군데는 아예 빼 버리기도 했다. 이것은 전체 작업 중 쉬운 부분이었다. 계몽이 아직 덜 된 시대에 글쓰기를 배운 사람으로서, 나는 가능한 한 좀더 포괄적 성별 언어(inclusive-gender language)를 채택하려고 애썼다. 그렇다고 글을 완전히 다시 쓰지는 않았고 그 일에도 완전히 성공하지 못했다. 더 근본적인 문제들은 앞선 시대의 지질학적 시간의 흔적과 그 지층에 묻혀 있는 지적 유물과 관련되어 있고, 또 비슷한 주제를 여러 차례 말할 때 생기는 견해, 논점, 논술, 심지어 표현의 반복과도 관련되어 있다. 내가 신뢰하는 친구들, 특히 라민 사네(Lamin Sanneh)와 빌 버로스(Bill Burrows)는 그런 문제들은 그냥 두라고 조언했는데, 나는 그들의 의견을 따르기로 했다. 그래서 앞서 언급한 약간의 수정을 제외하면, 그 글들을 원래의 형태 거의 그대로 수록했다. 참고 문헌도 개정하려고 하지 않았다.

이 책이 햇빛을 보게 된 것은 오르비스 출판사(Orbis Books)의 편집장 빌 버로스의 탁견과 인내와 노력 덕분이다. 여기에 출판사 편집진의 노련함과 감각이 더해졌다. 비서구 세계 기독교 연구소(Center for the Study of Christianity in the Non-Western World)의 앤 페넌(Anne Fenon)은 내가 다소 무리한 요구를 할 때에도 언제나 불굴의 유머 감각으로 내 요구를 잘 처리해 주었다. 또 세계 각처에 있는 많은 친구들, 동료들, 제자들에게 많은 자료로 도움을 받았다. 당대의 거목이었고 오래전에 세상을 떠난 분들 가운데 특히 G. T. 맨리(Manley), C. P. 그로브스(Groves)와 맥스 워런(Max Warren) 같은 분들은 내 여정의 이른 시기에 큰 도움을 주었으며, 소중한 추억도 안겨 주었다. 나중에 여행길에서 만난 동료들 가운데 콰미 베디아코(Kwame Bediako), 조너선 봉크(Jonathan Bonk), 리처드 그레이(Richard Gray), 존 히첸(John Hitchen), 아케 홀트그란츠(Åke Hultkrantz), 올라브 구토름 미클레부스트(Olav Guttorm Myklebust), 앤드루 로스(Andrew Ross), 고인이 된 해리 소이어(Harry Sawyerr)와 벵그트 선드클러(Bengt Sundkler), 그리고 여러 면에서 도움을 준 애버딘 대학교, 에든버러 대학교, 예일대 신학대학원의 많은 분에게 얼마나 큰 신세를 졌는지 말로 다 표현하기 어렵다. 나를 예일대 신학대학원에 처음으로 소개해 준 스티븐 피터슨(Stephen Peterson)은 자신이 알고 있는 것보다 훨씬 더 큰 격려와 자극을 내게 주었다. 예일대 신학대학원 데이 미션스 도서관(Day Mission's Library)은 내 삶의 질을 크게 높여 주었으며, 예일의 찰스 포맨(Charles Forman), 마사 스몰리(Martha Smalley), 폴 스투엘른버그(John Stuehrenberg), 조앤 더피(Joan Duffy)에게도 큰 도움을 받았다. 자주 방문했던 코네티컷주 뉴헤이븐의 해외사역연구센터(Overseas Ministries Study Center)의 직원들은 나를 언제나 따뜻하게 맞아 주었다. 이 책에 실린 글들을 포함해 내가 쓴 여러 글들은 이 센터 소장인 제럴드 앤더슨(Gerald Anderson)의 혜안과 배려, 온화하지만 집요한 설득과 독촉 덕분에 완성할 수 있었다.

특히 가까운 세 사람의 동료들에게 무한한 신세를 졌다. 예리한 지성의 소유자로 엄격한 기준을 고수하는 해럴드 터너(Harold Turner)는 시에라리온, 나이지리아, 스코틀랜드에서 함께 일한 동료로, 지금은 뉴질랜드에 위치한 복음과문화재단(Gospel and Cultures Trust)에서 왕성하게 활동하고 있다. 그는 40년 가까이 내게 영향을 주었다. 풀러 신학교의 윌버트 솅크(Wilbert Shenk)는 새로운 생각을 지속적으로 할 수 있도록 자극했다. 예언자란 실제로 구체적인 무엇을 만들지 않고도 여러 가지 소명을 종합하는 일을 하는 사람이다. 한때 애버딘 대학교에 있다가 지금은 예일대 신학대학원에 있는 라민 사네는 새롭고 영양가 넘치는 참신한 생각을 끊임없이 하는 사람으로, 나의 메마른 땅을 풍요롭게 가꾸어 준다. 내가 신뢰하는 이 세 친구 모두 이 책을 출간하도록 나를 격려해 주었다. 부디 이 책이 그들의 기대에 부응하기를 바란다.

모든 것의 배후에는, 왕의 모든 군마들과 신하들이 제아무리 기를 써 봐야 아무 소용 없는 절망스러운 상황에서도 성공을 거두어 온 아내 도린(Doreen)의 수고가 배어 있다.

서론

이 책은 내가 쓴 많은 단편들 중에서 선별해 엮은 것이다. 따라서 체계적 설명을 제공하는 것도 아니고, 이 책에서 담고 있는 주제와 관련된 핵심 사항들이 다소 빠져 있기도 하다. 그러나 이 책을 관통하는 하나의 주제가 있는 한, 그것을 서로 다른 세 악장으로 나누어진 하나의 교향곡으로 들어야 한다. 이 악장들 가운데 첫 번째는 역사적 전달이라는 관점에서 기독교 신앙의 특성을 성찰한다. 두 번째는 아프리카라는 특별한 경우와 관련지어 기독교 신앙의 전달 과정을 살피고 기독교 역사에서 아프리카가 차지하는 특별한 위치를 고찰한다. 세 번째는 신앙이 전달되는 과정에서 전달하는 자들과 전달받는 자들에게 어떤 일들이 일어나는지에 대한 본보기로서 서양에서 유래한 선교 운동에 초점을 맞춘다.

연구 과제들은 통상적으로 개인이나 기관의 일대기와 관련되어 있는데, 이 책도 예외는 아니다. 나는 서른 살이 되던 해에 시에라리온에서 목회 훈련생들을 가르치기 위해 서아프리카로 갔다. 거기서 내가 주로 가르칠 과목은 교회사였다. 나는 내가 꽤 괜찮은 신학 교육을 받았다고 여겼고, 옥스퍼드 대학교 대학원 과정에서는 저명한 F.

L. 크로스(Cross) 교수 밑에서 교부학을 전공했다. 바울의 말을 빌리자면, 난 지 여드레 만에 할례를 받았고, 베냐민 지파 가운데 베냐민 지파요, 가말리엘 문하에서 교육을 받은 격이었다. 그리고 교회사 교육에 있어서 1950년대의 전통적 지혜를 공유하고 있었다. 나는 교회사란 기성 교회가 '신생 교회'에게 자신들의 축적된 지혜를 나누어 주는 교훈으로 가득 찬 학문이라고 여겼다.

내게 새로운 깨달음을 주었던 날의 충격을 나는 아직도 기억한다. 그때 나는 2세기의 다양한 기독교 문헌 조각들을 엮어 내는 작업에 관해 거드름 피우며 즐겁게 이야기하고 있었는데, 실제로는 지금 여기서 내가 2세기의 어느 교회 속에서 살고 있다는 깨달음이 번뜩 들었다. 기독교에 헌신된 2세기 어느 공동체의 삶과 예배와 이해가 내 주위에 온통 펼쳐지고 있었던 것이다. 거만하게 이야기하는 것을 멈추고 내 주위에서 일어나고 있는 모든 일을 관찰하지 않을 이유가 없었다. 이런 점에서 나에게는 나와 함께 외국에 거주 중이었던 동료들이 갖지 못한 이점이 있었다. 나는 우리 교회의 설교자였음에도 불구하고 평신도였으며, 그래서 주제넘지 않게 지역 교회의 구조에 잘 적응할 수 있었고, 사람들 눈에 띄지 않고 쉽게 잊힐 수 있는 존재였다. 그날의 경험은 연구자로서의 나를 완전히 바꾸어 놓았다. 이전의 방식인 고대 문헌으로부터 추론해 적용하는 방식을 버리고, 내 주변에서 일어나고 있는 모든 종교적 사건의 관점에서 그 2세기 자료들을 이해하기 시작했다.

내 관점에 또 하나의 혁명적 변화가 일어나려 하고 있었다. 자명하게도, 내가 지금 일하고 있는 지역의 기독교 역사에 대해 무엇인가를 가르치는 대신에 (기본적으로 유럽에서 만든 교과 과정이 허락하는 한) 배우는 것이 꽤 필요했다. 따라서 그와 같은 주제를 연구할 때에는 어느 정도 시간을 투자하는 것이 옳다고 여겼다. 연구를 시작할 때 나는 이것을 지역 기독교 공동체에 대한 존중의 표현 이상으로 특별하게 생각하지 않았다. 나에게 그러한 연구는 내 연구의 부차적 부분, 사실상 취미가 될 터였다. 그러한 것들은 진짜 교회사라고 하기 어려웠다. 진짜 교회사는 헬라어와 라틴어 자료들과 관련이 있지 않은가. 그러나 아프리카의 자료를 살펴보고 나니 머지않아, 이것이 '진짜' 교회사일 뿐 아니라 교부학만큼이나 어렵고 힘들며, 연구 방법과 1차 자료를 확실히 이해해야 할 수 있는 연구임을 분명히 깨달았다. 연구 지침이나 선행 연구가 부족했고 연구 수단조차 없어서 F. L. 크로스 교수조차도 내 스승 역할을 할 수 없었다. 또 이 연구를 하려면 아프리카의 종교와 사회의 형태들에 대한 연구를 수반해야 하는데, 그것은 그때까지는 내게 별 흥미가 없는 분야였다. 최소한 그런 문헌의 측면에서는 그러했다. 그런데 내가 왜 놀랐겠는가? 나는 로마제국 후기의 문학, 역사, 종교에 대한 연구가 교부학에 매우 중요하다는 것을 항상 알고 있었다. 아프리카 교회사 연구가 더 수월할 것이라고 기대하지 말았어야 했다.

몇 해가 지난 뒤, 아프리카의 다른 지역에서 새로운 일을 맡게 되었다. 바로 신생 독립국인 나이지리아의 한 국립대학교에 종교학과를 개설하는 일이었다. 국립대학교로서 이 학교에서는 나이지리아의 모든 종교 전통을 연구할 것이었고 그리스도인과 무슬림을 직원으로 채용할 예정이었다. 이 학과에서 기독교학과 이슬람학 과정을 동시에 개발했는데, 각 종교 전통의 핵심을 연구하는 것이 목적이었다. 모든 학생들은 아프리카 원시종교에 대한 과목들을 반드시 수강해야 했다. 또 무엇이 종교를 구성하는지 연구하기 위해 그리고 기도나 희생제의 기본적 형식이나 개념을 이해하기 위해 종교 현상학도 필수 과목으로 지정되었다. 지역 상황을 이해할 수 있는 과목이 연구를 위해 절대적으로 필요해 보였다. 조그만 마을 하나의 8킬로미터 반경 안에 331개나 되는 교회들이 있는 까닭이 무엇인가? 어떻게 이 많은 회중들이 생길 수 있었는가? 그 지역 어느 회중의 연원을 이야기할 때, 그 회중 가운데 어떤 사람도 선교사에 대하여 언급하지 않는다는 사실에는 어떤 중요성이 있는가?

나이지리아 내전이 시작될 무렵, 나는 다시 영국으로 돌아와 목회자 지망생들에게 교회사를 가르치고 있었다. 전통적으로 스코틀랜드에서는 교회사를 3년에 걸쳐 가르쳤다. 첫해에는 초기 교회, 다음 해에는 종교개혁사, 마지막 해에는 스코틀랜드 교회사를 가르쳤다. 아무튼 이밖에 더 가르칠 것이 무엇이 있겠는가? 10년이나 12년 전이었다면 그러한 자리에서 가르치는 것은 즐거운 일이었을 것이다. 이제는 그런 자리가 고역이었다.

내가 선택 과목으로 아프리카 교회사를 가르치는 데는 아무런 문제가 없었다(그 수업을 들을 학생도 없을 것 같았지만). 그러나 그 교회사 강의 내용의 기형적 성격이 걱정이었다. 그것은 학생들이 교회란 무엇이고 교회가 어디에 있는지를 이해하는 데 방해가 되었다. 영국에서 기독교가 쇠퇴하고 있다는 증거가 산재해 있었다. 하지만 기독교 신앙이 영국 바깥 세계에서는 사실상 확산 중이며, 남반구에 사는 그리스도인들이 앞으로 그리스도인의 절대 다수를 차지할 것임을 미래 목회자들이 어떻게 알 수 있겠는가? 무엇보다 학생들은 이 강의 내용으로는 세계 교회에서 스코틀랜드 교회가 차지하는 위치를 이해할 수도 없었다. 나는 나 자신이 점점 더 새로운 분야에 이끌리고 있음을 발견했다. 아프리카로 인해 이미 나는 부족하나마 그런 방향으로 가고 있었다. 그리스도인으로서의 의무가 나를 교회사에서 종교사로 이끌었다.

신학과가 있는 대학교에 종교학과를 개설하는 일을 맡게 된 것은 뜻밖이었다. 때는 1970년, 후기 기독교 세대에 속하는 학생들이 종교에 새로운 관심을 보이기 시작했다. 학생들 가운데는 매우 독실한 그리스도인들도 있었고, 독실하진 않지만 관심은 많았던 이들도 있었다. 이 세대는 교회에 반감을 갖고 있지 않았는데, 왜냐하면 애초에 교회에 속한 적이 없었기 때문이다. 헌신되지 않은 이들도 기도, 명상, 묵상에 관심이 있었다. 그리고 그들은 인도 종교를 배운다면 그런 것들을 배울 수 있으리라 기대했다. 그러한 사람들은 기도와 묵상이란 힌두교도들이 하는 일이라 생각했다. 그런 학생들은 그런 것들을 자기네 부모 세대 일부가 여전히 출석하는 낡고 오래된 교회와 연관지어 본 적이 없었다. 그 대학원 과정은 새로운 차원을 열어 주었다. 왜냐하면 대학원생들은 주로 아프리카인이었고, 서양인들도 아프리카나 태평양 지역에서 오래 일한 사람들이었기 때문에 아프리카의 종교나, 그 종교들과 기독교 신앙의 상호 작용이나, 이러한 조건에 의해 형성된 교회나 운동의 역사와 삶에 관심이 많았다.

내가 이제 할 일은 교회사가가 아니라, 기독교에 주된 관심을 가진 종교사가가 되는 일이었다. 나나 내 동료가 이슬람이나 불교의 신앙과 역사를 가르친다고 할 때와 같은 조건에서 기독교의 신앙과 역사를 가르치려고 시도한 것은 매우 유익한 경험이었다. 무슬림이나 불교도를 막론하고, 나 말고는 흔히 신약성경 기초 과목을 강의하는 식으로 이슬람이나 불교 역사 개론 수업을 강의할 사람이 전혀 없었다. 전통적 신학 교육이 기독교를 과소평가했던 것일까? 그래서 나는 기독교 역사에서 놀라운 문화적 다양성이 공존한 이유를 찾는 데 점점 더 빠져들었다. 오순절 이후 시대에도 바리새 전통을 따랐던 유대인들, 니케아의 그리스인 신학자들, 노숙했던 아일랜드 수도사들, 빅토리아 시대의 열정적인 선교 후원자들, 거리에서 성령의 능력을 찬미하는 흰옷 입은 나이지리아의 교인들을 하나로 묶는 것은 무엇인가? 그것은 문화적으로 다양한 이 모든 집단들이 복음의 전달이라는 사슬로 역사적·유기적으로 엮여 있었기 때문이다.

또 이것과 함께—우선은 아프리카, 그다음에는 태평양 지역과 아메리카의—원시종교를 연구했다. 다른 고려사항은 차치하더라도 기독교를 역사적으로 연구하기 위해서는 원시종교를 연구하는 것이 필수였다. 지금까지의 기독교 역사를 보면 새로 그리스도인이 된 사람들 절대 다수가 원시종교를 믿던 사람들이었다. 그들은 힌두교나 불교 출신의 사람들보다 훨씬 많았고, 이슬람교 출신의 사람들과는 비교가 안 될 정도로 많았다.

이 연구 분야의 결합은 교부 시대에 관해 시에라리온에서 먼저 깨달았던 것과 짝을 이루는 다른 깨달음을 주었다. 지금도 남아 있는 문헌 가운데 많은 것이 라틴어로, 더러는 고대 북유럽어로 쓰여 있다. 이런 문헌들은 직간접적으로 기독교 신앙과 유럽의 원시종교 사이의 접촉 과정을 알려 준다. 내 조상들, 서양 그리스도인의 대부분의 조상들은 어떤 과정을 통해 복음을 자기들의 것으로 만들었는가? 유럽의 오래된 원시종교는 어떤 구조를 가졌고 현재 남아 있는 원시종교와 어떤 유사점이 있는가? 더 중요하게는, 그 고대 문헌들[비드(Bede)

나 투르의 그레고리우스 같은 작가들이 옮긴 유명한 문헌들을 포함하여]을 오늘날 아프리카에서 볼 수 있는 종교 현상에 비추어 더 잘 이해할 수 있는가? 또 기독교 신앙에 대한 옛사람들의 반응을 보여 주는 그러한 고대 문헌들이 지금 아프리카에서 일어나고 있는 현상을 이해하는 데 도움이 되는가? 이런 것을 밝혀내기 위한 하나의 방법은 고대 스칸디나비아 연구에 노력을 쏟는 것이었다. 또 다른 방법은, 서양과 아프리카 학생들로 이루어진 집단에게 그 문헌들을 함께 읽히는 것이었다. 그 결과, 아프리카 그리스도인들이 서유럽 기독교의 기원을 밝힌 이 문서들을 어떻게 생각했으며, 이 문서들을 통해서 그들이 어떤 식견을 갖게 되었는지를 알게 되었다.

나는 현재 아프리카, 아시아, 라틴아메리카나 태평양 지역의 기독교 역사, 생활, 사상에 관심 있는 대학원 과정의 한 연구소에서 일하고 있다. 약 15-20개국에서 온 40-50명의 학생들이 이곳에서 연구하고 있는데 그들 대부분은 교직이나 목회 경험을 갖고 있다. 백인들은 언제나 소수이고 스코틀랜드 출신은 만나기조차 어렵다. 이런 집단에서는 서로가 선생이고 학생이다. 이런 집단은 자신이 속한 기독교뿐 아니라 서로의 기독교 역사를 밝히는 데 도움이 된다. 선교 시대는 그저 하나의 에피소드일 뿐인 그런 기독교 역사 말이다. 이러한 연구에 참여한다는 것은, 내가 연구했던 교부 시대에 복음이 헬라 지역에 전파되고 그 문화와 접촉했던 것과 비슷한 방식으로, 그리스도의 복음이 아프리카와 아시아와 태평양 지역에 전파되고 문화에 접촉하는 것을 관찰한다는 뜻이다.

기독교 신앙고백의 핵심에 있는, 우리를 당황하게 하는 역설은 신적 인성(divine humanity)이라는 명백한 역설만이 아니다. 그것은 예수님이 철저하게 유대적이셨다는 사실과 하나님의 아들이 가진 무한한 보편성 둘을 긍정하는 것이다. 이 역설은 기독교 신앙의 역사를 이해하는 데 필수다. 한편으로 그것은 겉보기에 끝없이 이어지는 여러 가지 문화적 특이성—원칙적으로 그 특이성은 하나하나가 분명히 유대인 예수라는 특이성처럼 지역적으로 한정되었다—이다. 다른 한편으로는, 역사적 관점에서 보자면 이질적 특이성들이 한데 합쳐진다. 그것들은 인성을 자신의 것으로 만든 분 안의 일관성과 상호 의존성 안에서 어떤 일관성과 상호 의존성을 갖는다.

기독교 신앙의 특성은 문화와 발전적 대화를 나누는 과정에서 명백하게 나타난다. 그것은 변화의 순간에, 문화의 장벽을 넘는 확산 과정에서, 문화적 특이성이 변화하는 지점에서 드러난다. 신약성경만 봐도 이러한 과정을 분명하게 알 수 있다. 팔레스타인이라는 토양에 뿌리박고 있는 공관복음서에서는 예수님의 복음을 예수님 자신이 전한 주제들, 곧 하나님 나라와 인자의 사역이라는 각도에서 제시한다. 그러나 서아시아와 남유럽이라는 헬레니즘 세계에 보낸 바울 서신은 하나님 나라라는 말을 거의 사용하지 않는다. 또 인자라는 말 역시 한마디 언급되지 않는다. 팔레스타인에서 쓰는 그 칭호들은 이제 막 그리스도인이 된 사람들이 사는 세계와는 직접적 관련이 전혀 없었기 때문이다. 그 칭호들을 쓰기 위해서는 설명을 덧붙여야 했다. 즉 그리스도가 어떤 분이시며 그분이 하셨던 일과 하시는 일이 무엇인지를 설명하려면, 새로운 개념어를 만들어야 했다. 그 세계에서 이미 쓰던 단어들의 요소를 끌어와 그리스도를 표현해야 했다. 일단 그런 일이 일어나고 헬레니즘 세계의 사람들이 자기네 용어로 그리스도를 이해하게 되자, 팔레스타인 출신의 유대인들, 심지어 헬라식 교육을 받고 헬라어를 모국어처럼 사용했던 유대인들조차 제기할 필요가 없다고 느끼는 질문들이 떠올랐다. 기독교의 가르침과 이해가 메시아—이 말은 많은 초대교회의 신자들에게 복음의 중심이 되는 단어였다—라는 범주를 넘어 예수의 의미를 설명하기 위해 말씀(Logos)과 충만(Pleroma) 같은 범주를 포괄하는 쪽으로 나아갔다.

'그리스도'라는 말을 찾아내는 그 과정은 매우 풍성했다. 바울과 동료 선교사들은 이방 세계와 헬라 세계에서 그리스도의 의미를 설명하고 번역하였기에, 그 의미는 누군가 전에 인식하던 것보다 더 크게 보인다. 이는 마치 그리스도 자신이 선교 활동을 통해 실제로 성장하신 것처럼 보인다. 실제로 신약성경 속 어떤 이미지에는 이에 대한 암시 그 이상이 존재한다(엡 4:13). 그분은 새로운 생각과 삶의 영역으로 들어가심으로써 그림을 채우신다(그분 안에 '충만'이 거한다). 이후 문화적 경계를 넘어 신앙이 전달될 때 이러한 과정에서 반복된다고 보는 것이 분명 맞다.

기독교의 문화적 다양성은 오늘날 널리 인정되고 있다. 새삼스럽게 옹호할 필요도 없다. 그러나 우리는 이 다양성이 동시대를 넘어 **수평적** 형태로 존재할 뿐 아니라 역사를 넘어 **수직적** 형태로도 존재함을 기억할 필요가 있다. 기독교는 세대를 이어 가는 과정이자 문화와의 지속적 대화다. 기독교적인 표현의 다양성과 그 궁극적인 일관성이 동시대에 결합하는 것과 마찬가지로, 그 둘은 세대를 가로질러서도 그렇게 한다. 우리는 조상에게 속해 있는 동시에 후손에게도 속해 있다. 이는 어떤 지역의 일부 교회에 대해서도 그렇듯이 보편 교회에 대해서도 그렇다. 완전하게 장성한 그리스도의 인성은 모든 기독교 세대를 필요로 한다. 그것이 육대주(六大洲)에 존재하는 모든 문화적 다양성을 체현하듯이 말이다. 히브리서 저자가 기록한 것처럼, 아브라함과 족장들은 아직 그들의 목표에 다다르지 못했다. 그들은 아직 '우리를' 기다리는 중이다(히 11:39-40).

1부에서 나는 하나님의 구속 사역을 번역이라는 관점으로 이해할 수 있다고 주장한다. 신성이 인성, 그것도 특정한 사회적 현실에서 '특정한' 인성으로 번역되었다. 성육신이 번역이라는 하나님의 행위를 대표할 수 있다면, 성육신은 그야말로 그리스도께서 다시 플레로마를—사회적 현실의 다른 측면들을—채우시는 것처럼 되풀이되는 재번역 행위의 전주곡이다. 그리고 그러한 활동에 대한 적절한 반응이 회심(conversion)이다. 회심이란 방향 전환이며, 기독교적 회심이란 그리스도께로 방향을 바꾸는 것이다. 이는 회심 과정이 이미 존재하고 있는 것의 방향 전환을 포함한다는 뜻이다.

2부와 3부는 그와 동일한 주제를 특정 지역에서 탐구한다. 지난 세기(19세기) 즈음부터 아프리카 대륙에서 기독교가 기하급수적으로 성장했거나 비슷한 현상이 일어났는데, 그것을 보고 의문이 생겼다. 새로운 사고 체계와 관계 연결망을 동반한 이러한 거대한 만남이, 기독교가 헬라 세계를 만났을 때처럼 기독교의 미래 모습에 결정적인 영향을 끼칠 수 있을 것인가?

서양으로부터의 선교 운동은 또 다른 접근법을 제시한다. 이 접근법은 특별한 가치가 있어 보인다. 그것은 우리가 서구로부터의 선교라는 역사적 장의 마지막에 서 있는 것처럼 보이기 때문이다. 그리고 그것을 전보다 더 나은 시각에서 보는 것이 가능해 보인다. 오늘날 제대로 된 역사가라면 선교사를 아프리카나 아시아 교회사와 결코 혼동하지 않을 것이다.

선교사들에게는 두 개의 정체성이 있었다. 그들은 기독교적인 일들, 특별히 그리고 그 특성상 기독교적인 일들을 하려고 노력하는 (그 과정에서 인간의 모든 타락성과 인간의 모든 비전 및 예지의 한계를 잘 보여 준) 대표적 그리스도인들이었다. 그들은 그리스도를 아는 지식을 나누려고 했다. 그들은 서구 세력이 한창 확장되던 시기에 다른 어떤 서구 집단보다 더 그리스도인다운 선택을 하고, 그리스도인답게 살려고 애썼다. 그러나 또한 그들은 서구 역사와 상황, 가치관, 서구의 사회적 연결망과 지적 담론의 영향을 받은 대표적 서구인들이기도 했다. 지금은 그리스도인들이 더 이상 대표적 서구인들이 아니다. 그리고 서구인들이 반드시 대표적 그리스도인들인 것도 아니다. 이로 인해 이중 정체성의 시대가 더욱 흥미로워진다. 사실상 선교 운동은 서구 사회가 비서구 사회를 배우는 데 결정적 영향을 끼쳤다. 선교 운동은 서구 사회의 다른 어떤 것보다 훨씬 근본적인 방법으로 비서구 사회의 문화에 관여할 수밖에 없었기 때문이다.

19세기와 20세기 초의 선교 활동에서 직접 유래한 연구가 서구 학문에 지대한 영향을 주었다. 새로운 학문 분야가 생겼으며, 새로운 연구 방법과 학과가 개척되었고, 기존 학문에도 새로운 차원들을 더했다. 선교 활동은 서구의 지식과 비서구 세계가 만나는 최첨단 지점이었다. 선교 운동은 서구 세계에서 비롯되었다. 선교 운동 자체가 서구의 지적 담론의 일부였다. 나아갈 길이 달리 없었다. 우리 가운데 누구도 기존 사고의 관점을 제외하고 새로운 사고를 받아들이는 일을 시작할 수 없다. 그리스도가 모든 인류를 위한 것이라는 믿음 그리고 그리스도의 복음을 모든 인류가 이해하고 받아들일 수 있다는 믿음이야말로 식민 시대의 서구인들이 아마도 가장 깊은 수준에서 비서구 문화들에 관여하도록 한 동력이었다.

그러나 번역이라는 특정한 행동으로 시작한 일이 그리스도를 새롭게 발견하는 일이 되었다. 언어·문화적 접경을 넘어 다시 한 번 그리스도에 대한 신앙을 전달하려고 시도했기 때문에 그리스도께서 전에는 생각조차 하지 못했던 의미와 특성을 갖고 계심이 드러났고, 그분의 온전하며 구속된 인성의 영광스러운 다른 측면도 드러났다. 그러나 그분을 전하기 위해서는 번역이라는 수고를 할 수밖에 없는데, 그것은 복잡성과 모호성을 띠고 있으며 최종적으로는 불가능성까지 띠고 있다. 적용에 드는 비용과 고통은 이루 말할 수 없었다. 노력의 성패를 결정하는 근본적 선교 경험에서 중요한 것은 다른 누군가가 만들어 놓은 조건 위에서 사는 것이다. 이것은 다른 곳에서와 마찬가지로 지적 영역에서도 그렇다.

우리가 처한 상황은 이전 시대와는 매우 다르다. 전달 과정은 더 이상 서구의 지적 담론으로부터 전달되는 방식으로 일어나지 않는다. 그 과정은 인적 구성에 있어 다문화적이고, 표현과 적용에 있어 더 다문화적이 될 것이다. 그런 흐름이 어디로 이어질지 알고 있다고 주장하려는 것은 아니다. 그러나 선교 운동의 이야기를 살펴보면서, 비록 서구의 지적 전통에서 발생했고 그것에서 결코 자유롭지 않긴 하지만 선교학이 얼마나 자주 그 전통을 확장하고 수정하고 반박하고 전복했는지를 아는 것은 가치 있다. 이런 일은 선교사들이 전에는 누구도 가지 않던 곳에서—그들이 믿고 신뢰하고 기도했던 것처럼—그리스도를 따르려고 했을 때 일어났다. 이제 그 일을 다시 할 때다. 기독교가 서구의 지적 담론에서 점점 변방으로 밀려나고 있는 지금, 그 담론은 비서구적 종교로서의 기독교를 받아들여야 할 필요가 있다.

1부 기독교 신앙의 전달

1. 문화의 포로이자 해방자로서의 복음[1]

'역사적 기독교 신앙'이란 존재하는가

유구한 삶을 사는 박식한 우주인이 있는데 행성 간 비교종교학을 가르치는 교수라고 하자. 그가 어마어마한 연구비를 정기적으로 받아 몇 세기마다 현지 조사를 위하여 지구를 방문한다고 상상해 보자. 또 그가 지구인의 종교인 기독교를 대상으로, 베이컨이 주장한 귀납법에 따라, 그리스도인들 가운데서 표본을 추출해 종교적 관행, 습관, 관심사 등을 관찰하려 하고, 지구인 학자는 가지지 못한 자신의 이점을 활용해 여러 세기에 걸쳐 표본을 추출하려 한다고 가정해 보자.

그가 주후 37년쯤, 처음으로 지구를 방문해 예루살렘에 있는 첫 기독교 집단을 보게 되었다고 가정해 보자. 그는 그들이 모두 유대인이라는 점을 알고 있다. 실제로 그들은 유대인만 들어갈 수 있는 예루살렘 성전에서 집회를 가진다. 또 동물을 제물로 바친다. 그들은 일

---

[1] 이 글은 *Faith and Thought* 108 (Nos. 1 and 2, 1982): pp. 39-52에 처음 게재되었고, *Missionalia* 10 (No. 3, 1982)에 게재할 때 약간 수정하였다.

곱째 날을 일하지 않는 날로 꼬박꼬박 지킨다. 사내아이들에게는 할례를 시행한다. 조상들의 의례를 정성스럽게 따르며, 오래된 율법 책들을 즐거운 마음으로 읽는다. 사실 그들은 유대교의 여러 '교단들' 중 하나처럼 보인다. 그들의 다른 점이라면 단지 메시아, 인자, 고난받는 종(그 율법 책들은 이들 모두를 묘사하고 있다)이 바로 예언자이자 스승인 나사렛 출신의 예수라고 인정하고, 그분이 종말을 시작하신 분이라고 믿는다는 점이다. 그들은 정상적인 가정생활을 하는데, 대가족을 이루고 살며 서로 가깝게 지낸다. 또 그들의 사회조직은 짜임새가 있으며 다른 사람들의 집에서 자주 공동 식사를 한다. 우주에서 온 이 관찰자는 율법과 그 율법을 기쁘게 지키는 점이 이 초기 그리스도인들의 종교의 아주 중요한 특징임을 알아챈다.

이 방문객이 다음에 지구를 찾아온 때는 주후 325년쯤이다. 그는 교회 지도자들의 큰 모임에 참석한다. 니케아 공회인 것 같다. 참석자들의 면면을 보니 전 지중해 지역과 그보다 먼 지역에서 온 사람들인데, 그들 가운데 유대인은 한 명도 없다. 오히려 그들은 전체적으로 유대인들에게 적대적이다. 그들은 동물을 제물로 바친다는 생각조차 끔찍하게 여긴다. 그들에게 제물이라고 하면 떡과 포도주인데, 전에 우리의 관찰자가 예루살렘에서의 가정 식사에서 보았던 것들이다. 그들 자신들은 자식이 없다. 왜냐하면 교회 지도자들은 결혼하지 않는 걸로 여겨졌고, 실제로 그들 대부분은 결혼생활은 열등한 것이며 도덕적인 타협이라고 간주한다. 부모가 자녀들에게 할례를 베푼다면 그들은 그것을 신앙에 대한 배반으로 간주할 것이다. 그들은 일곱째 날을 보통 일하는 날로 여긴다. 한 주일의 첫날을 특별한 종교적 의례를 지키는 날로 삼지만, 그렇다고 노동이나 다른 활동을 꼭 중단하지는 않는다. 그들은 예루살렘의 그리스도인들이 사용하던 율법 책을 번역해서 사용하기 때문에 메시아, 인자, 고난받는 종 같은 호칭을 알고 있다. 그러나 '메시아'라는 말은 지금은 거의 예수의 성(姓)씨같이 되어 버렸고, 다른 호칭은 거의 쓰지 않는다. 그들은 또 어떤 저술 모음집을 율법서와 대등한 가치가 있다고 생각하는데, 그것들은 예루살렘 그리스도인들이 모였을 때는 작성조차 되지 않았던 것들이다. 그 모음집에서는 예수를 지칭할 때 '인자'나 '주' 같은 다른 호칭을 선호한다.

그러나 그들이 현재 몰두하고 있는 문제는 다른 단어들을 예수에게 적용하는 것이었다. 그 단어들은 그 두 저술 묶음들 중 어디에도 나오지 않는다. 그 논쟁은 성자의 신성이 성부와 동일 본질(*homoousios*)인가, 아니면 유사 본질(*homoi-ousios*)인가 하는 문제에 대한 것이다(그들은 이것이 매우 중요한 문제라고 믿는다).

그 외부인이 이 그리스도인들의 특성으로 주목하는 유력한 요소들은 형이상학과 신학에 대한 관심, 지식에 대한 열정적인 추구, 특정한 용어들의 정확한 의미를 찾아내는 노력 등이다. 거의 3세기 전에 성전에 있던 유대인 그리스도인들을 떠올린 그는 이상한 느낌을 받는다.

그리고 3세기 정도가 더 지나 아일랜드를 방문했을 때 전에 느꼈던 이상한 느낌은 더 강렬해졌다.

많은 수도사들이 바위투성이 바닷가에 모여 있다. 어떤 수도사들은 얼음처럼 차가운 물속에 목까지 차도록 몸을 담그고 서서 시편을 읊조리고 있고, 어떤 수도사들은 두 팔을 펴서 몸을 십자가 모양을 하고는 꼼짝하지 않고 서서 기도하고 있다. 한 수도사는 채찍으로 여섯 대를 맞고 있는데, 검은 빵과 해초로 이루어진 바로 전의 식사에서 식기도에 대해 "아멘"이라고 말하지 않았기 때문이다. 어떤 수도사들은 파도가 심상치 않게 치는 날씨에도 불구하고 아름답게 장식한 성경 필사본을 넣은 상자를 가지고 조각배에 올라, 클라이드 강어귀에 있는 섬들에 배를 대고는 깜짝 놀란 표정을 짓고 있는 섬 주민들을 향하여 자연을 숭배하지 말고 앞으로 올 천국의 기쁨을 찾으라고 말하면서 자신들이 믿는 바를 나누는 데 열중하고 있다. 또 어떤 수도사들은 바닷가 어둠침침한 동굴들에 말없이 따로따로 자리를 잡고 앉아서 다른 어떤 사람과도 만나지 않으려 하고 있다.

이런 기묘한 존재들을 보고 그 여행자는 이들이 가진 아름다운 사본들이 그리스 교부들이 사용하던 것과 같은 성스러운 저작들을 포함하고 있음을 알게 된다. 그는 주후 325년쯤 니케아에서 결의할 때 들었던 것과 같은 신앙고백을 아일랜드 사람들이 하고 있다는 것을 알아챈다. 그들이 신학에는 별로 관심이 없고 형이상학에 정통하지 못하게 보였기에 그는 약간 놀란다. 그들은 가장 중요한 축제인 부활절을 축하하는 날짜에 매우 신경을 쓰고 있다. 외부인이라면 누구라도 그들에게 거룩해지려는 욕구와 그것을 얻기 위한 영웅적인 금욕이 있다는 것을 알아챌 수 있다.

우주인의 다음 방문은 1840년대에야 이루어진다. 런던에 와 보니 엑세터 홀(중요 종교 모임 장소, YMCA 본부 등으로 사용되었던 건물-옮긴이)에 모인 많은 군중이 아프리카에 기독교와 상거래와 문명을 전파하는 일이 얼마나 바람직한가에 대한 연설들을 들으며 흥분하고 있었다. 연설자들은 선교를 위해 성경과 목화씨로 무장한 선교사들을 6천 킬로미터 떨어진 곳으로 보내자고 제안하고 있었다. 또 영국 정부에 노예무역 폐지를 촉구할 대표단을 보내야 한다고 제안했고, 흑인 정비공 훈련을 촉진할 목적으로 모금도 하고, 편지를 보내고 소책자와 기사들을 출판해야 한다고 의견을 모으는 중이었다. 그 모임은 다른 시대 그리스도인들이 사용했던 것과 똑같은 (영어로 번역된) 책의 한 부분을 읽는 것으로 시작해, 그 책에서 많은 부분들을 인용했다. 확실히 그 모임에 참석한 사람들의 상당수가 그 책을 들고 있는 것 같다. 그 관찰자가 확인해 보니, 그들 대부분이 조금의 의심도 없이 니케아 신조를 받아들인다는 것도 알게 된다. 그들은 또 아일랜드 사람들처럼 '거룩'이라는 말을 무척 많이 쓰고 있지만, 거룩하게 되는 것이 찬물에서 버티는 것과 연관이 있다는 생각에는 아연실색하며, 평생을 외딴섬에서 기도하며 보내려 하는 발상은 철저히 외면한다. 아일랜드 수사들이 되도록 적게 먹으며 살아가고자 했던 것과는 반대로, 이 집단에 속한 사람들 대부분은 아주 잘 먹고 사는 것처럼 보인다. 그 외부인은 삶과 사회의 모든 과정에 그들의 종교가 개입되어 있는 것과 그들의 실천적인 모습에 깊은 인상을 받는다.

그 우주인은 1980년에 다시 지구를 방문하는데, 이번에는 나이지리아 라고스였다. 흰옷을 입은 한 무리가 교회당을 가면서 거리를 누비며 춤추고 노래하고 있다. 그들은 사회 곳곳에 자신들이 그룹(cherubim)과 천사라고 광고하고 다닌다. 사실 그들은 자신들의 예배에 참석해 하나님의 능력을 경험하라고 사람들을 초청하고 있다. 그들은 하나님이 특정한 개인들에게 말씀을 주시며 그 능력은 치유를 통해 드러난다고 주장한다. 그들은 엑세터 홀에서 모였던 신사들이 들고 있었던 것과 같은 책을 가지고 다니면서 증거로 삼는다. 그들은 자신들이 니케아 신조를 받아들인다고(기도서 안에 그 문서가 들어가 있

다) 말하지만, 내용에는 별로 관심이 없다. 그들은 성자와 성령의 관계에 대해 무언가 분명치 않은 생각을 가지고 있다. 현실 정치에는 별로 관심이 없고, 엑세터 홀에 모였던 신사들이 추구했던 생활 방식은 그들에게 무척 낯설다. 그들은 아일랜드 사람들처럼 금식은 하지만 정해진 때에 정해진 목적을 위해서 할 뿐이다. 그 우주인이 선뜻 그들의 특성이라고 머리에 떠올릴 만한 것은, 설교할 때, 병 고칠 때, 또 개인적인 환상 속에 나타나는 능력에 대한 관심뿐이다.

자기가 사는 행성으로 돌아온 우주인은, 그가 관찰한 현상들을 서로 어떻게 연결시키겠는가? 그가 지구에서 본 이 다섯 집단들 모두 그리스도인이라 주장하고 있다. 하지만 제각각 서로 다른 것에 관심이 있으며, 한 집단이 가지고 있는 관심은 다른 집단의 의심을 불러일으키고 심지어 그들에게 혐오감을 준다는 것은 단순한 일이 아니다.

그 우주인이 그리스도인들의 변덕에 대한 몇 가지 예를 선별해 낸 것이 절대 아니다. 그는 그 시대와 장소에서 그리스도인들의 대표적인 관심사를—이 표현이 무방한 것이라면—담아내었다고 할 수 있는 집단을 방문했고, 그가 방문한 곳은 그 시대 기독교의 핵심지였다. 주후 37년에는 거의 모든 그리스도인들이 유대인이었다. 예루살렘은 기독교의 중심지 이상의 의미를 지녔다. 예루살렘의 그리스도인들이 다른 사람들을 위한 규범과 기준을 정했다. 주후 325년이 되어서는 그리스도인이라고 할 수 있는 유대인들이 거의 없었으며, 기독교의 중심지는 지중해 동쪽 지방이었고, 그리스도인들의 주요한 언어는 헬라어였다. 주후 600년에는 중심축이 서쪽으로 이동해, 기독교가 북쪽과 서쪽에 사는 종족들과 부족들 가운데 퍼지고 있었고, 아일랜드가 그 세력의 중심지였다. 1840년대에 영국은 누가 뭐래도 독보적인 기독교 국가들 가운데 하나였고, 기독교 신앙을 확산시키는 역할을 하는 가장 두드러진 나라였다. 1980년에는 중심축이 다시 움직여서 남쪽으로 내려갔다. 이제는 아프리카가 자신들을 그리스도인이라 고백하는 사람들이 눈에 띄게 많은 대륙이 되었다.[2]

그렇다면 그 우주인은 기독교에 일관성이 없다는 결론에 이를 것인가? 그런 다양한 집단들이 그리스도인이라는 이름을 쓰는 것이 우연일까? 아니면 적어도 우리를 헷갈리게 만드는 것일까? 아니면 3세기, 13세기, 20세기의 전형적인 그리스도인들은, 천주교인, 감리교인, 자유사상가, 심지어 [학생 휴게실을 둘러보고 사르베팔리 라다크리슈난 경(Sir Sarvepalli Radhakrishnan)이 앉아 있는 것을 의식하고] "오늘날의 고등교육을 받은 불교도나 힌두교도"들보다 공통점이 더 없을 것이라는 길버트 머레이(Gilbert Murray)의 말이 옳다는 흔적을 그가 찾아낸 것일까?[3] 공유된 종교를 갖는다는 것은 결국 공유된 문화를 갖는 정도의 기능을 하는 것인가?

그러나 우리의 우주인은 그가 만난 다섯 개의 집단들 사이에 역사적 연관성이 있다는 점을 알아챌 것이다. 예루살렘에서 흩어진 그리스도인들이 그리스인들에게 처음으로 복음을 전했고, 325년에 그가 본 방대한 그리스적 종교 체계를 세운 것이다. 또 켈트인들이 믿었던 기독교의 중요한 면모와 그 세력이 어떠했는지를 알려면, 바로 동

---

2   David B. Barrett, "A.D. 2000: 350 Million Christians in Africa", *International Review of Mission* 59 (1970): pp. 39-54; A. F. Walls, "Towards Understanding Africa's Place in Christian History", in J. S. Pobee, ed., *Religion in a Pluralistic Society: Essays Presented to Professor C. G. Baëeta* (Leiden, 1976), pp. 180-189를 보라.
3   Gilbert Murray, *Five Stages of Greek Religion* (1935), p. 174.

방 기독교를 살펴야 한다. 켈트인의 종교는 엑세터 홀에 모인 사람들의 종교가 등장하는 데 아주 중요한 역할을 했다. 그리고 라고스에서 본 그룹과 천사는 결국은 엑세터 홀의 모임에서 논의되었던 바로 그 작전의 결과물이다.

그러나 이러한 역사적 연관성 외에도, 자세히 들여다보면 연속성을 나타내는 다른 명확한 표징이 있다는 것을 알 수 있다. 이 다양한 집단들이 하는 말들이 제각각임에도, 공통된 주제, 그것을 표현하는 언어는 다르더라도 변치 않는 공통된 주제가 하나 있다. 그것은 그리스도라고 부르는 예수라는 인물이 가장 중요하다는 것이다. 제도적인 면에서도 모두 같은 경전을 쓰고, 빵, 포도주, 물을 특별한 의미로 사용한다. 더욱 주목할 만한 것은 이러한 인식의 연속성이다. 각각의 집단은 자신들이 다른 집단들과 어떤 공동체를 이루고 있다고 생각하며, 이 생각은 시공을 떠나서, 또 그들의 여러 주요 관심사에 대해 서로 공감하지 않더라도 분명히 존재한다. 더 놀라운 사실은 각각의 집단이 자신들이 어떤 면에서 고대 이스라엘을 계승하고 있다고 생각한다는 것이다. 비록 첫 번째 집단만이 그렇게 생각할 만한 민족적 근거가 있고, 또 어떤 집단들은 고대 이스라엘이라는 개념이나, 유대인이 어떤 사람들이며 어떻게 생겼는지도 잘 모른다 해도 말이다.

그래서 우리의 관찰자는 기독교에는 본질적인 연속성이 있음을 알게 된다. 그것은 예수가 가장 중요하다는 사상의 연속성, 역사에 관한 어떤 인식의 연속성, 성경, 빵과 포도주, 물의 사용 면에서의 연속성이다. 그러나 그가 알게 된 사실은 이러한 연속성이 그 집단들 각자의 환경이라는 두터운 베일에 가려져 있다는 것이다. 그리고 이 때문에 다른 시대와 공간에 속한 그리스도인들이 동일한 현상을 표현함에도 서로를 알아보지 못하고, 또 심지어 자신들도 누구인지 알아보지 못하기도 한다는 것이다.

'토착화' 원리

교회사는 언제나 그 연원을 복음 자체에 두고 있는 서로 대립되는 두 관점이 싸움을 벌이는 전장이었다. 한편으로는 우리의 모습이나 우리가 되고자 하는 모습에 근거해서가 아니라 그리스도의 공로에만 근거해서, 하나님이 우리를 있는 그대로 받아 주신다는 것이 복음의 진수다. 그러나 하나님이 우리를 '있는 그대로' 받아 주신다는 말은, 그분이 우리를 고립되고 독립된 존재로 여기지 않는다는 것을 의미한다. 실제로 우리는 독립된 존재가 아니기 때문이다. 우리는 특정한 시간과 공간, 가족과 집단과 사회 속에서, 실제 '문화' 속에서 살아간다. 하나님은 우리를 그리스도 안에서 받아 주실 때 우리의 인간관계들도 함께 받아 주신다. 우리가 어떤 인간 사회에서는 편안함을 느끼고 다른 사회에서는 그렇지 않은 우리의 문화적 조건들도 받아 주신다. 그러나 하나님이 인간관계와 함께 우리를 받아 주신다면, 우리가 누구와 아무런 '관계를 맺지 않아도' 그분이 받아 주신다는 것이 논리적인 결론이다. 우리가 속한 집단이 그러한 습성, 편견, 의심, 적의를 정당화하든 그렇지 않든 말이다. 하나님은 우리 죄인들을 그분의 가족으로 받아 주시기 전에 먼저 우리의 행동들을 정리하기를 기다리지 않으신다. 마찬가지로 하나님은 우리의 생각을 정리하기를 기다리시지도 않는다.

한 개인을 그의 사회적 관계들, 나아가 그가 속한 사회와 분리하는 것은 불가능하다. 이 사실은 기독교 역사에서 변치 않는 한 가지 특징을 초래한다. 그것은 바로 '토착화'(indigenize)하려는 욕구, 즉 그리스도인으로 살면서 동시에 자신이 속한 사회의 일원으로 살려는 욕구다. 교회를 '집처럼 편안한 장소'(*A Place to Feel at Home*, 1967년 F. B. Wellbourn과 B. A. Ogot가 아프리카 독립 교회에 관해 쓴, 인상적인 책 제목을 그대로 따온 것이다)로 만들려는 욕구다.

이로 인해 기독교 역사가 위기에 이른 적은 한두 번이 아니었다. 처음이자 가장 중요한 사건을 예로 들어 보겠다. 사도행전 15장에 기록된 예루살렘 공의회에서 장로들은 이방인들이 유대인이 되지 않아도 이스라엘의 일원이 될 수 있다고 결정했다. 그때 그들은 이방인들이 그리스도인의 **대부분**을 차지할 때가 얼마나 가까이 왔는지 알았을까? 또 그들이 그 사실을 알았다면 그 결정을 정말로 기뻐했을까? 초대교회 시대에 예루살렘 교회는 구세주와 직접적인 연결고리가 있었고 성경에 대한 지식도 다른 교회와는 비교할 수 없을 정도로 많이 갖고 있었기 때문에, 기준을 세우고 결정을 내리는 위치에 있었다. 그리고 역사적으로 중요한 그 결정으로, 유대인의 메시아를 믿는 이방인 신자들에게 교회의 문이 활짝 열렸다. 그때 많은 사람들은 이방인 그리스도인들이 성숙해지면 그렇게 무지몽매한 이교도들도 예루살렘의 그리스도인들과 비슷해 보이는 일이 일어날 것이라 생각했음에 틀림없다. 적어도 사도행전 21:20은, 바울이 언급한 '선교지'에서 이방인의 개종을 예루살렘 교회가 제법 대견하게 여기면서도, 여전히 예루살렘이 하나님의 구원의 말씀을 통제하는 중심지라 생각했음을 암시한다. 로마 군대가 진입해 성전을 무너뜨렸을 때 예루살렘에서 도망쳐 나온 사람들은 무슨 생각을 했을까? 메시아가 선포하신 말씀의 장래가 이제는 할례받지 않았고 율법과 예언자들에 관해 아는 것이 없으며 여전히 이교의 관습이라는 미몽에 빠져 있고 아무렇지도 않게 돼지고기를 먹어 대는 자들의 손에 달려 있다는 것을 알기나 했을까? 그러나 또한 예수님을 메시아라고 고백하는 많은 사람들이 여전히 남아 있다는 것은, 예루살렘 공의회가 이방인 개종자들에게 '집처럼 편안한 장소'를 허락한 결정의 직접적인 결과였다. 또 사도 바울이, 하나님은 이교도를 있는 모습 그대로 받아 주시기 때문에 이방인들은 유대인의 할례나 음식 가리기나 정결 예식을 따르지 않는다고 강조한 가르침을 받아들인 결과이기도 했다. 고린도 사회에서는 그리스도를 편안하게 받아들인 결과, 믿지 않는 사람들이 그리스도를 믿는 배우자로 말미암아 거룩해지는 일이 일어났다(고전 7:14). 그러므로 어떤 그리스도인 집단도, 다른 시대와 장소에서 정해진 일련의 삶의 전제들을 그리스도의 이름으로 다른 그리스도인 집단에게 부과할 권리가 없다.

그렇다면 "그리스도 안에 있으면 누구나 새로운 피조물"이라는 말은 그 사람이 진공 상태에서 자기 삶을 시작하거나 계속 그렇게 살아간다는 뜻도 아니고, 그의 마음이 아무것도 쓰여 있지 않은 빈 석판 같다는 뜻도 아니다. 그의 생각과 말은 그가 속한 문화와 역사에 의해 빚어진 것이고, 또 하나님이 그를 있는 모습 그대로 받아 주셨으므로 그가 이전에 품고 있던 생각이 그리스도인인 그의 생각에 계속해서 영향을 줄 것이다. 그리고 이것은 개인의 경우나 집단의 경우나 마찬가지다. 우리의 교회를 비롯한 모든 교회는 문화를 간직한 교회다.

'순례자' 원리

그러나 교회 역사 내내 이 토착화 원리와 긴장 가운데 있던 다른 원리가 있었는데, 이것도 마찬가지로 복음과 관련이 있다. 하나님은 그리스도 안에서 사람들을 있는 그대로 받아 주실 뿐 아니라, 그들을 받아 주신 것은 그들을 그분이 원하는 존재로 변화시키기 위해서다. 그리스도인은 신앙을 집처럼 편안하게 만들어 주는 토착화 원리와 더불어, 순례자 원리를 물려받는다. 이 원리는 그에게 영원히 머물 곳은 없다고 속삭이며, 또 그리스도에게 충성하면 그가 살고 있는 세상과 보조를 맞추지 못할 것이라 경고한다. 동서고금에 아무런 고통도 없이 그리스도의 말씀을 흡수할 수 있는 사회는 존재한 적이 없기 때문이다. 유대 문화 안에 계셨던 예수님, 헬레니즘 문화 안에 있었던 사도 바울은 마찰과 알력이 생기는 것을 당연한 일로 받아들인다. 그것은 새로운 문화에 적응하려고 하기 때문이 아니라 그리스도의 마음을 향하여 마음을 변화시키려 하기 때문에 생기는 것이다.

복음에 뿌리를 둔 토착화 원리는 그리스도인들을 그들이 속한 문화와 집단의 **특수성**과 연결시킨다. 마찬가지로, 토착화와 긴장 상태에 있으면서도 복음에 뿌리를 둔 순례자 원리는 그리스도인들을 그 문화와 집단 밖의 상황 및 사람들과 연결시킴으로써 어떤 면에서는 **보편화**하는 요소가 된다. 그리스도인은 이러한 관계 가운데 자라 가고, 그 관계들 가운데 거하시는 그리스도는 그 관계들을 거룩하게 만드신다. 그러나 그리스도인은 또한 전혀 새로운 일련의 관계를 맺게 된다. 그것은 그가 속하게 된 믿음의 가족들과의 관계로, 그들의 모든 인간관계들(또 '무관계')과 함께 그들을 받아들여야 한다. 하나님이 자신을 자신의 모든 관계와 함께 받아 주신 것처럼 말이다. 모든 그리스도인은 이중 국적을 가진 자로, 혈연관계인 식구들과는 대립되는 이익 집단들에 속한 이들과 자신을 연결시켜 주는 믿음의 식구들에게도 성실하다.

그뿐 아니라 우리가 그 우주인이 관찰한 여러 전형적인 그리스도인 집단들의 사례에서 보았듯이, 그리스도인은 입양된 가정의 과거를 물려받는다. 그리스도인은 모든 세대의 (자기처럼 믿음의 식구들인) 하나님의 백성과 연결된다. 그리고 정말로 이상한 것은 아브라함에게서 비롯된 믿음의 백성의 흥미진진한 연속성을 이야기하는 이스라엘의 전체 역사와 연결된다는 점이다. 따라서 이스라엘 역사는 교회사의 일부이며,[4] 국적을 따질 것 없이 모든 그리스도인은 입양을 통해 다른 사람들의 수천 년의 역사와, 자기네들의 문화적 유산과 꼭 들어맞지는 않는 사상, 개념, 전제들을 통째로 넘겨받는다. 또 민족이나 사회 형태를 가릴 것 없이 모든 지역의 교회 역시 이 입양된 가정의 과거를 받아들이며, 이 과거를 가지고 신앙의 바탕을 설명한다. 이스라엘로의 입양은 '보편화되는' 요소가 되어, 모든 문화와 시대의 그리스도인들을 공통된 유산을 통해 규합한다. 우리 각자에게 기독교 신앙이 너무 편안하게 느껴지게 되어, 다른 누구도 거기 살 수 없게 하지는 않는다. 또한 각자가 속한 사회에 일종의 외적 기준을 들여온다.

---

4 "…무엇보다 교회의 실상은 우리가 유대인의 하나님을 예배하는 이방인들이라는 것이다." 우리는 이방인의 언어로 되어 있지만 그 개념을 간직한, **그들의** 시편을 가지고 예배한다[Paul van Buren, "The Mystery and Salvation and Prayer", *Ecumenical Institute for Advanced Theological Studies Yearbook* (Jerusalem, 1977-1978), pp. 37-52].

기독교 신학의 미래와 문화적 적응

이 글의 나머지 부분에서는, 기독교 신학의 미래를 위해 토착화 원리와 순례자 원리 사이에 존재하는 긴장의 타당성을 살펴보려 한다. 먼저, 지난 세기(19세기)에 세계 기독교의 무게중심이 남반구 쪽으로 크게 이동해, 이제 라틴아메리카와 사하라 사막 이남 아프리카 그리고 다른 남반구 지역이 대표적인 기독교 지역이 된 것을 생각해 보자. 이 말은 이제 제3세계 신학이 기독교 신학의 대표적인 신학이라고 할 만하다는 의미다. 현재의 추세라면(나는 이런 추세가 영원히 지속되지 않을 것임을 인정한다), 유럽의 기독교 신학은 — 물론 그들 자신과 그들의 지속적인 존립을 위해서는 중요하겠지만 — 역사학자들 가운데서도 전문가만이 관심을 가지는 주제가 되어 버릴 것이다(시리아 에데사 교회의 신학이 오늘날 초기 교회사 연구자 중에서도 전문가만이 관심을 갖는 주제가 될 뿐, 일반 학생이나 독자들에게는 화제가 되지 못하는 것처럼 말이다. 교리사를 연구하려는 사람은 시선을 그리스-로마 세계로 돌린다). 미래의 교회사 독자라면, 라틴아메리카와 아프리카, 또 어쩌면 아시아 신학에 관심을 보일 가능성이 크다. 지난 몇 년 동안 처음으로 제3세계에서 나온 신학 관련 저술들(라틴아메리카의 해방 신학자인 구티에레즈, 세군도, 미구에즈 보니노 같은 사람들이 쓴 책들)이 서방에서 선교학자들뿐 아니라 일반 신학자들에게도 통상적인 읽을거리가 된 것은 자못 의미심장하다. 그러나 특정 제3세계 신학자들의 저술이 서방 시장에 나온다는 사실이, 그들의 중요성을 가늠하는 필수적인 잣대는 아니다. 그것은 그저 출판사들이 그 책들이 서방 세계에서 팔릴 수 있다고 생각했다는 뜻일 수도 있다. 신학은 그것이 생성된 상황을 향해서 말한다.

어쩌면 이 말이, 신학에 관해서 기억해야 할 첫 번째 요점일 것이다. 왜냐하면 신학은 실제 상황에서 흘러나오는 것이므로, 그 성격상 **부정기적인** 동시에 지역적이기 때문이다. 이왕에 구티에레즈(Gutiérrez)를 언급했으니, 그의 말 몇 마디를 여기에서 인용해 보겠다. 그는 신학이 믿는 사람의 마음속에서, 하나님의 말씀이라는 선물을 받아들인 모든 사람의 마음속에서, 반드시 자연 발생적으로 생긴다고 말한다. 그러므로 믿는 사람들과 믿는 사람들의 공동체에는 적어도 개괄적인 어떤 신학이 있게 마련이다. 이런 신념이 한걸음 더 나아가면, 신학이 어떠하든지 상관없이 구티에레즈가 말하는 "그리스도인의 실천을 말씀에 비추어 반추"[5]하는 데 이르게 된다. 이 말은 신학이란, 성경 말씀에 근거하여 자신의 행동을 검증해 보는 것이라는 말이다.

물론 여기서 우리는 전형적인 현대 라틴아메리카 신학자의 말을 듣고 있다. 그리스도인들이 여로보암과 므낫세와 부자들의 입장을 정당화하기 위한 좋은 신학적 근거들을 찾는 동안, 그는 오래전 아모스와 이사야가 한 말들을 가리키기 위해 마르크스주의자들을 받아들였다는 이유로 비판을 들었다. 또 베르나노스(Georges Bernanos, 1888-1948, 프랑스의 소설가이자 사상가―옮긴이)의 "하나님은 약속을 지키시려고 할 때 그 약속을 주셨던 사람들을 쓰시지 않는다"는 말로 들볶임을 당했다. 그러나 아프리카에서 일어나고 있는 일도 이와 비슷한 것 같다. 제3세계 신학의 국내 과제는 아주 기본적이고 생명이 경각에 달린 일이기 때문에, 무기력하고 아무 결과도 없으며 시간을 낭비

---

5   Gustavo Gutierrez, A *Theology of Liberation* (Maryknoll, N.Y.: Orbis Books; London: SCM, 1973; rev. ed., with new introduction, 1988), pp. 6-15. 『해방 신학』(분도출판사).

하는 곁길로 빠져나갈 시간이 없다. 그 곁길이란, 최근 들어서 서구의 신학과 신학 연구가 너무 깊숙하게 들어서 버린 길이다. 모든 신학이 그 형성기에 그랬듯이 제3세계 신학은 행동을 다룰 것이고, 많은 사람들의 삶에 깊은 영향을 주는 일을 다룰 것이다. 우리는 남아프리카공화국의 흑인 신학에서 이미 이런 조짐을 보고 있다. 그것은 말 그대로 생사 문제를 다룬다. (어떤 남아프리카공화국의 흑인 신학자는 내게 이렇게 말했다. "흑인 신학은 남아프리카공화국에서 흑인으로 살아갈 때, 또 가까스로 매달려 있는 상황일 때 그리스도인으로 버틸 수 있는 방법을 다룹니다.") 사람들이 신학 때문에 목숨을 바쳤던 종교전쟁 시대로 되돌아갈 필요는 없겠지만, 적어도 목숨을 걸 만한 가치가 있는 것을 다루는 신학을 가질 타당한 이유가 있다. 그리고 그것이 바로 제3세계 신학이다.

신학과 행동의 이러한 관계 때문에, 신학은 폭넓은 일반 원리들에서 생겨나지 않고, 실제로 어떤 일들이 일어나는 상황에서 생겨난다. 여러 세기 동안의 지적·수사학적 전통을 지닌 그리스정교회조차도 자신들만을 위한 신학 책을 쓰는 데 거의 200년이나 걸렸다. 오리게네스(Origen, 185-254)의 『원리론』(De Principiis)이 바로 그것이다. 그 두 세기 동안에 수없이 많은 신학 관련 서적이 나왔지만, 그 책들은 신학을 생성하기 위한 의도가 아니었다. 그 신학에는 한 가지 목적이 있었다. 그것은 바로 그 신앙을 외부인들에게 **설명하는** 것, 다시 말해 다른 누군가가 그리스도인들이 의미하는 바를 잘못 해석한 것 같은 지점을 가리켜 보이는 것이다.

그러므로 아프리카 신학을 생각할 때 그 신학은 아프리카의 의제를 따를 것이라는 사실을 놓치지 않는 것이 중요하다. 우리가 아프리카 신학이 무엇을 다루어야 할지 생각해서 결정을 내리는 일은 부질

없는 짓이다. 아프리카 신학은 아프리카 사람들이 염려하는 문제에 관심을 가질 것이고, 우리가 절체절명이라 생각하는 각종 문제들은 덤덤하게 내버려 둘 것이다. 우리 모두가 똑같다. 칼케돈 신조(451년 소아시아 칼케돈에서 열렸던 제4차 공의회. 한 위격 안의 두 본성을 강조한 그리스도론을 정립했다—옮긴이)를 받아들인 교회의 교인들 가운데 얼마나 많은 사람들이, 네스토리우스파나 그리스도 단성론자가 되지 않는 것이 중요한 까닭을 비그리스도인 지성인들에게 확신을 가지고 설명할 수 있었을까? 그러나 사람들은 서로를 파문하는 데 그치지 않고 그 질문에 대한 올바른 답을 얻으려고 유혈극을 벌였다. 우리가 양보할 수 없는 핵심 사안이라고 생각하는 것들이 아프리카 신학자들에게는 아득하고 하찮게 보일 것이다. 마치 지금 신학 상(賞)을 놓고 싸움질을 하는 이집트의 수사들이 우리에게 그렇게 보이듯이 말이다. 거꾸로 아프리카 신학자들이 관심을 두는 것들이 우리에게는 기껏해야 변죽거리로 보일 것이다. 신학이 대중적인 차원에서도 부각됨을 기억할 때, 생리 기간의 예배에 관한 규칙처럼, 간혹 아프리카 독립 교회들이 다루는 요지들이 우리에게는 괴팍하고 엉뚱해 보인다는 사실들은 주목할 만하다. 그러나 이것은 일반적으로 그 주제, 또는 그 주제의 일부가 아프리카 그리스도인들에게는 중요한 주제이고 답을 필요로 하기 때문이며, 또 그 답이 그리스도와 관련되어 있기 때문이다. 마치 옛 히브리인들에게 분명히 그랬던 것처럼 말이다. 때로는 이 교회들이 성경과 오랜 전통과 새로운 레위인 공동체로서의 교회를 연결시키며, 사람들이 염려하고 있던 어떤 문제에 해답을 준다. 또 그들이 문제들을 다루는 방식에 일종의 일관성이 있음이 드러나기도 한다. 요약하자면, 유효하고 참된 아프리카 성서학에 대해 유럽인이 안전하게 말할 수 있는 것은 오로지 단 한 가지뿐이다. 즉 그 신학은 우리를 당황스럽게 하거나 혼란스럽게 할 가능성이 크다는 것이다.

그러나 정경(正經)은 모든 신학적 타당성의 근거가 아닌가? 맞는 말이다. 그 우주인이 찾아낸 것처럼, 그 안에 기독교 신앙의 연속성이 있다. 그러나 그 우주인이 찾아낸 또 다른 사실처럼, 사람들은 시간과 장소에 따라서 다른 시각으로 성경을 이해한다. 실제로 사람들은 시대와 공동체에 따라서 성경에서 어떤 말씀들을 골라내 그 말씀이 자기네 공동체가 있는 시간과 공간에서 가장 분명하게 하시는 말씀이라고 생각해 더 큰 의미를 부여하기도 하고, 쉽사리 금덩이가 나오지 않을 것 같은 다른 말씀은 아예 곁가지로 취급한다. 우리들 가운데 얼마나 많은 이들이 성경의 정경성(正典性)을 확고히 믿으며, 자신의 식생활을 위해 레위기를 꼭 필요한 것으로 여기고 있는가? 그러나 많은 아프리카 독립 교회는 레위기 말씀이 오늘날에도 충분히 적용됨을 깨닫고 있다. [흥미롭게도, 19세기 요루바(나이지리아)의 위대한 선교사이자 주교였던 새뮤얼 아자이 크라우더(Samuel Ajayi Crowther, 1809-1891)는 레위기를 성경에서 우선적으로 번역해야 할 책들 가운데 하나라고 생각했다.]

토착화 원리란, 각 공동체가 하나님이 성경을 통해 자기네들이 처한 상황에 맞게 말씀하신다는 것을 인지하고 있다는 확증이다. 그러나 이 원리는 우리 모두가 문화라는 눈가리개, 즉 우리가 처한 시공의 제약을 받는 전제를 가지고 성경을 읽는다는 의미이기도 하다. 우리는 바울을 흠모했고 감사하게도 바울의 글을 보존한 2세기 기독교 저술가들의 글을 읽을 때, 바울이 '믿음으로 의롭게 된다'고 말한 뜻을 그들이 우리처럼 확실히 이해하고 있지 못하는 듯한 것을 보고 깜짝 놀라게 된다. 서구의 그리스도인들이 육체의 부활이 영혼의 불멸은 아니라고 믿기 시작한 것이나, 성경에서 말하는 구원의 물리적인 측면을 확고히 인지하게 된 것은, 어쩌면 플라톤의 글을 그리 많이 읽지 않는 우리 시대에만 가능한 일일 것이다. 아프리카 사람들에게 있는 나름의 문화적 눈가리개 때문에 어떤 것들은 보지 못하거나, 적어도 보기 어려울 것이다. 그러나 우리 눈에는 사각지대에 숨어 있어 볼 수 없는 어떤 것들이 아프리카 사람들의 눈에는 틀림없이 더 잘 보일 것이다.

아주 현명하고 노련한 교회 선교 협회(Church Missionary Society, 이하 CMS)의 헨리 벤(Henry Benn, 1796-1873, 영국 성공회 신부, 선교사—옮긴이)은 1868년에 '대위임령'을 성찰하면서, 교회의 충만함은 오로지 다양한 민족 교회들이 충만하게 민족적인 표현을 할 때 온다는 주장을 폈다.

모든 토착 교회가 그리스도의 충만하심의 경지에 이르면, 차별과 결함이 사라질 것이다.… 그러나 마지막까지 그리스도의 교회가 뚜렷한 민족적 특성을 보여 주지 못하는 것이 아닐까 의심스럽다. 그 특성은 모든 것을 뒤집어엎으시는 하나님의 은혜로 교회가 완전함과 영광스러움을 갖추도록 기여한다.[6]

아마도 이 말은 다른 시대의 다른 민족들이 성경에서 다른 것들을 본다는 의미만이 아니라, 다른 것들을 볼 **필요**가 있다는 의미다.

---

6 Instructions of the Committee of the Church Missionary Society to Departing Missionaries, June 30, 1868. W. Knight, *The Missionary Secretariat of Henry Venn* (1880, p. 284)에서 전재.

지금 아프리카의 독립국들[7] 안에서 중요한 신학적 논점은, 즉 아프리카의 신학적 의제 가운데 첫 번째는 아프리카의 과거 시절의 특성인 것 같다. 해리 소이어(Harry Sawyerr),[8] 볼라지 이도우(Bolaji Idowu),[9] J. S. 음비티(Mbiti),[10] 빈센트 물라고(Vincent Mulago)[11]와 같은 종교 분야의 아프리카 학자들이 쓴 주요 저술을 보면 거의 대부분 어떤 형식으로든 이 문제를 다루고 있다. 이름을 언급한 이 저자들은 모두 서구 모델로 신학 교육을 받았지만, 각자 서구식 교수요목이 다루지 않은 분야로 뛰어들어서, 아프리카의 전통 종교를 연구하고 그것에 대해 강연하고 저술하는 일을 알아서 할 수밖에 없었다. 그러나 내가 보기에 이들은 모두 종교사학자들이나 인류학자가 하는 식으로 이 주제를 연구하지 않았다. 그들은 여전히 틀림없는 기독교 신학자들이다. 그들 모두 아프리카 그리스도인의 지적인 의제와 관련된 가장 중요한 신학적 질문을 가지고 씨름하고 있다. 그것은 '나는 누구인가?', '아프리카 그리스도인인 나는 아프리카의 과거와 어떤 관계가 있는가?' 하는 것이다.

그래서 이도우는 그런 열정을 가지고 '오리사스'(*orìsas*)는 올로두마레(Olódùmare)의 현신에 불과하며, 서양인들이 요루바(Yoruba) 종교를

---

7 여기에서 '아프리카의 독립국들'(independent Africa)이라는 표현은 남아프리카공화국과 구분하여 쓰는 말로, 여기서는 상황이 달라서 우선순위도 달라지고 논점도 달라졌다.
8 Harry Sawyerr, *God—Ancestor or Creator?* (1970)를 보라.
9 Bolaji Idowu, *Olódùmare: God in Yoruba Belief* (1962) 및 *African Traditional Religion: A Definition* (1973)을 보라.
10 John S. Mbiti, *New Testament Eschatology in an African Background* (Oxford, 1971); *African Religions and Philosophy* (1969); *Concepts of God in Africa* (1970)를 보라.
11 Vincent Mulago, "Christianisme et culture africaine", in C. G. Baeta, ed., *Christianity in Tropical Africa* (1968), pp. 308-328를 보라.

다신론적이라고 잘못 표현했다는 결론을 내린다. 그런데 바빌론 종교에 관해서 누군가 했던 것 같은 임상적 관찰을 하지 않았다는 사실에서 그의 목소리에 담긴 다급함이 읽힌다. 그는 자신의 과거, 자기 민족의 현재라는 폭발물을 다루고 있다. 우리는 왜 기독교가 들어오기 전의 아프리카를 자랑스럽게 여기는 오코트 프비텍(Okot p'Bitek, 1931-1982, 우간다 시인 — 옮긴이) 같은 비그리스도인 아프리카 작가가, 음비티 같은 사람들은 아프리카의 과거에 대해 서양 선교사들이 잘못 표현한 것을 되풀이하고 있다고 신랄하게 비판하는지[12] 알 수 있다. 그는 마치 "그들은 우리에게 어울리는 우리의 이교 신앙을 가져다가, 외국의 사상을 따른 해석으로 덧칠하고 있다"고 말하는 것 같다. 여기서 신뢰할 만한 켈수스(Celsus, 주전 30?-주후 45?, 로마의 저술가, 많은 저작이 유실되었고 중세에는 잘 알려지지 않았다 — 옮긴이)의 목소리가 들린다.

켈수스를 언급한 것은 아프리카의 그리스도인 말고도 종교적 정체성의 위기를 느낀 사람들이 또 있었다는 점을 상기시키기 위해서다. 이방인 그리스도인들도 이와 똑같은 문제에 봉착했다. 그것은 바울, 베드로, 바나바 같은 유대인 선교사들은 한 번도 부딪힌 적 없는 문제였다. 이 유대인 선교사들은 자신들이 누구인지("팔일 만에 할례를 받았고 베냐민 지파요…") 알고 있었다. 마치 서양 선교사들이 150년 이상의 확신에 찬 기간 동안 **자신들이** 누구인지 알았던 것처럼 말이다. 우리의 과거가 지금의 우리가 누구인지를 말해 준다. 기억상실증 환자가 길을 잃고, 자신의 인간관계들을 확실히 알지 못하고, 중요한 결정을 내릴 수 없는 까닭은, 기억상실증에 걸려 있는 내내 그에게는 과

---

12 Okot p'Bitek, *African Religions in Western Scholarship* (Kampala, 1971)을 보라.

거가 없기 때문이다. 기억이 돌아와 과거를 확실히 알 때에야, 자기 아내, 부모와 자신 있게 대화를 나눌 수 있거나 사회에서 자신의 위치를 알 수 있게 된다.

초기 이방인 그리스도인들은 기억상실증의 시대를 거쳤다. 1세대 회심자들에게는 그것이 그다지 심각한 문제가 아니었다. 그들은 우상에게서 돌아서서 살아 계신 하나님을 섬기겠다고 결단하고 이스라엘에 접붙임되었다는 확신을 받아들이는 데 아무런 망설임이 없었다. 압박감이 더 컸던 이들은 2세대, 3세대 그리스도인들이었다. 이들은 그리스의 과거와 어떤 관련이 있었는가? 그들 가운데 어떤 사람들은 (물론 신약성경이 지적하듯이, 1세대에 속한 일부 사람들도) 자신들에게 그리스의 과거는 아예 없었던 것처럼 간주하거나, 자신들이 유대인인 것처럼 행세하거나, 유대인의 관습을 그대로 받아들이거나, 심지어는 할례까지 받아 이 문제를 해결했다. 사도 바울은 이런 일들이 행해지는 것을 보고 가차 없이 책망했다. 로마서 9-11장에서 바울은 너희는 유대인이 **아니라**, 이스라엘**이라고**, 이스라엘에 접붙임되었다고 주장한다. 바울은 원예 지식을 총동원해 **야생목**을 과목(果木)에 접붙임하는 일을 설명한다. 그러나 그가 말하고 있는 한 가지는, 이방인 그리스도인들은 **돌감람나무의 가지**라는 것이다. 돌감람나무는 접붙임되는 감람나무와는 성질이 다르다. 그래서 토착화 원리가 필요한 것이다.

나중에 이방인 그리스도인들이 교회에서 다수를 차지하게 되어, 자신들이 유대인들과 혼동될 위험이 사라지자 큰 문제 하나를 안게 되었다. 그렇다, 그들은 이스라엘에 접붙임되었다. 이스라엘의 거룩한 역사가 그들 역사의 일부가 되었다. 그렇다, 과거부터 지금까지 그들의 사회 속에 존재하던 우상숭배와 패역함은 그들과 아무 관련이 없어야 한다. 그러나 하나님은 이스라엘에 심판과 자비를 베푸시며 자신을 계시하신 그 여러 세기 동안, 그리스 세계에서는 무슨 일을 행하고 계셨을까? 그리스의 과거가 우상과 신전 매춘으로 얼룩진 것만은 아니었다. 정의를 표명하고 심지어 그것 때문에 목숨까지 버린 사람들은 어찌되는가? 하나님은 그들의 정의와 아무런 관련이 없으셨는가? 터무니없는 거짓을 가르치고 행하던 자들에 맞서 '로고스'라는 이성에 따라 진리를 설파하던 사람들은 어찌되는가? 그들이 말하는 '로고스'는 세상 속으로 오셔서 모든 사람을 비추신 빛인 그 '로고스'(The Logos)와 아무런 관련이 없는가? 하나님의 진리가 아닌 진리가 있는가? 하나님은 유대의 과거만이 아니라 그리스의 과거에서는 활동하지 않으셨는가? 그래서 순교자 유스티누스(Justin Martyr, 103-165)와 알렉산드리아의 클레멘스(Clement of Alexandria, 150-215)가 해답을 제시했다. 그리스도가 오시기 전에도 그리스도인들이 있었고, 유대인들에게 율법이 그랬던 것처럼, 철학은 그때나 지금이나 그리스인들을 그리스도께로 데려다주는 교사였다고 말이다.

이 자리는 기독교와 기독교 이전의 종교 사이의 연속성이나 불연속성에 관한 해묵은 논쟁을 재개하거나, 유스티누스와 클레멘스의 신학을 토론하거나, 이도우와 음비티 가운데 누가 옳은지를 따지려는 자리가 아니다. 나는 단지 뒤의 두 사람도 본질적으로 앞의 두 사람과 같은 문제를 가지고 씨름하고 있다는 말을 하려는 것이고, 또 그것이 오늘날 아프리카 그리스도인들이 그들의 의제 가운데 당면하고 있는 가장 긴요한 문제로 보인다는 말을 하려는 것이다. 곰곰이 생각해 보니, 아프리카의 기독교는 기억상실증 때문에 그 관계에서 머뭇거리고 의심스러워했을 수 있고, 또 중요한 과제를 인식하지 못했을 수 있다. 한 가지 해답만 있는 것은 아니다. 어쨌든 처음 몇 세기 동안에는 클레멘스의 대답과 함께 테르툴리아누스(Tertullian, 160-230)의 대답을 보았다. 그리고 외부인들이 도울 수 있는 것은 거의 없었을 것이다. 다시 한 번 바울의 말로 돌아와 보자. 그는 유대인 질문자에게 가장 철저한 유대적인 바탕을 가지고 묻는다. "하나님은…이방인의 하나님도 아니시냐?"(롬 3:29-30)

물론 이 토론에서 복음의 토착화 원리와 순례자 원리 사이의 팽팽한 긴장이 나타날 것이다. 바울, 유스티누스, 클레멘스 모두 다른 한 원리 없이 한 가지 원리만 따랐던 사람들이 있음을 알았다. 다른 누군가의 사고방식과 생활 방식, 관심사와 선입견을 따르려 했거나 또는 그것을 다른 사람들에게 강요하려 했던 '순례자들'이 있었던 것처럼, 기독교에서 부활이나 최후의 심판 같은 '야만적' 요소라고 생각되는 것을 제거해 내려는 그리스식 교육을 받은 '토착화주의자들'이 있었다. 그러나 이런 것들은 결국 기독교 신앙에서 나온 뼈대에 속하는 것이므로, 토착화주의자들은 구약을 폄하하거나 무시하거나 완전히 거부한 것이다. 그것은 그리스도인들이 입양으로 얻은 과거를 거부했다는 말이다. 그러나 이 영지주의를 반대한 사람들과 관련하여 잊지 말아야 할 가장 중요한 사실이 있다. 이들도 영지주의자들처럼 여러 동일한 본능과 장애를 가진 그리스 사람이었다는 것이다. 그러나 그들은 자신들이 입양으로 얻은 과거를 고수해야만 한다는 것을 본능적으로 깨달았다. 그리고 교회를 위해 그 성경을 보존했다. 아마도 신학적 진정성에 대한 진짜 잣대는 이스라엘의 역사와 하나님의 백성을 통합할 수 있는 능력, 그것을 자신들의 것으로 받아들이는 능력인 것 같다.

구약성경이 다소 폐쇄적인 줄루족 시온(Zulu Zion) 가운데서 읽힐 때, 듣는 사람들은 다른 시온에서 말씀하시고 또 온 세상을 향해 말씀하시는 하나님의 음성을 포착하게 될지도 모른다. 어떤 서구의 교외에서 부르주아 회중이 편안한 모임을 하고 있는데, 그들 사회의 근본적인 전제들에 대해 의문을 제기하는 비부르주아적 책이 그들에게―온통 교외에 사는 안락한 부르주아들뿐인 그들에게―자주 노출된다. 우리 가운데 어느 누구도 어떤 종류든 문화라는 눈가리개들을 쓰지 않고 성경을 읽을 수는 없다. 기독교 역사상 다른 모든 시대들과 비교해 볼 때 우리가 살고 있는 시대가 가진 최고의 즐거움이자 강점은, 우리는 그 눈가리개들을 함께 읽을 수 있다는 것이다. 이전에 교회는, 그 누구도 헤아릴 수 없이 많은 나라와 부족과 민족과 언어를 가진 커다란 군집처럼 보인 적이 결코 없었다. 그러므로 이전에는 상호 성장과 자기비판의 가능성이 전혀 존재하지 않았다. 왜냐하면 그때는 아직 하나님이 그분의 말씀으로부터 빛과 진리가 더 뿜어져 나오게 하지 않으셨기 때문이다.[13]

---

13 이 문장들은 나의 논문 "African and Christian Identity"에서 인용한 것으로, 이는 메노나이트 간행물인 *Mission Focus*에 처음 소개되었고, 그 후에 W. R. Shenk, ed., *Mission Focus―Current Issues* (Scottdale, Penna.: Herald Press, 1980)에 다시 실렸다.

2 • 기독교 역사에서의 문화와 일관성[1]

오순절 성령 강림 이후 20세기까지의 기독교 역사는 여섯 시기로 나눌 수 있다. 각 시기는 주요 문화권에서 기독교가 어떻게 구현되었는지를 보여 주며, 이는 그 각 시기에 기독교가 그 문화로부터 어떤 영향을 받았음을 의미한다. 시기마다 기독교 신앙을 표현할 때 여러 특징을 드러냈는데, 그 특징들은 그 문화에서만 나올 수 있는 것이었고, 그 문화는 그 시기에 영향을 미쳤다.

첫 번째 시기: 유대 시대

짧았지만 활기가 넘쳤던 한 시기 동안, 기독교는 전적으로 유대적이었다. 첫 세대 그리스도인들은 모두 유대인으로, 아마도 히브리파 유대인이나 헬라파 유대인, 혹은 보수주의자나 자유주의자 등 배경과 견해가 다양한 이들이었을 것이다. 그러나 예수님을 메시아로 인식하고 있다고 해서 '자신들의 종교를 바꾸어야 한다는 생각'은 조금도

---

1   이 장은 1982년 에든버러 Finlayson Lecture에서 발제한 내용이다.

하지 않았다. 기독교가 두 번째 시기로 접어든 것은 지금도 역사의 불가사의 가운데 하나다. 그러나 이름이 알려지지 않은 '구브로와 구레네 사람들'이 안디옥에서 헬라어를 말하는 이교도들에게 유대 민족의 구원자를 소개하였고, 율법상 의인이었던 예루살렘의 사도들과 장로들은 이들이 유대인이 되지 않고도 이스라엘의 일원이 될 수 있다는 데 동의하였다. 그 결과 기독교는 그리스-로마의 종교가 되었다. 이스라엘의 구원자인 메시아가 영혼의 구원자, 주님으로도 인식된 것이다. 이런 사건이 이때 일어난 것은 정말로 적절했다. 바로 이어서 주후 70년과 135년에 초기 홀로코스트가 일어나 유대인들의 국가가 사라져 버렸기 때문이다. 예수님에 대한 신앙이 문화의 경계선을 넘어 적당한 때에 확산되었기 때문에, 세상에서 계속 유포될 수 있었다. 그 시대에 확산되지 않았더라면 기독교의 중심 세력은, 3세기와 4세기에 가서는 기독교 운동의 가장자리에서 맴돌았던 에비온파(Ebionites, 예수님의 형제 야고보만을 따르며 자발적으로 빈궁한 삶을 살았던 종파―옮긴이)나 이와 유사한 집단에 머무르고 말았을 것이다. 아무리 에비온파가 예수님의 형제 야고보와 예루살렘 교회 장로들을 이어받았다고 주장할 수 있다 해도 결국은 그 수준에서 끝이 났을 것이다.

그러한 전달 과정을 거치면서 신앙의 표현은 외부인이 인식할 수 있는 여러 가지를 넘어설 정도로 변화되었다. 신약성경에 나타난 초기 유대인 그리스도인들의 말들만 살펴보아도 어느 정도 변화했는지 알 수 있다. 그들이 무엇에 우선순위를 두며 그들의 심중에 가장 중요한 문제가 무엇인지 그 말들이 보여 주기 때문이다. 환멸을 느끼고 엠마오로 가던 제자는 "우리는 그분이야말로 이스라엘을 구원하실 분이라는 것을 알고서, 그분에게 소망을 걸고 있었던 것입니다"(눅 24:21,

새번역)라고 말한다. 승천을 두 눈으로 목격하고서도 선입견은 마찬가지였다. 제자들은 자신들이 새 시대의 문턱에 서 있다는 것을 알고서, "주님께서 이스라엘에게 나라를 되찾아 주실 때가 바로 지금입니까?"(행 1:6, 새번역)라고 묻는다. 이러한 말과 질문들은 여러 세기 동안 소망이 지연되는 가운데 고통을 당한 유대인들만이 할 수 있다. 그러한 말과 질문들은, 1세기에나 20세기에나 다른 나라에 속한 사람들에게는 아무런 의미가 없다. 이들은 전혀 다른 우선순위를 가지고 예수에게 접근했으며, 그러한 우선순위가 그들의 질문을 형성했고 이는 심지어 구원 문제에 관해서도 마찬가지였다. 1세기 레반트(역사적으로 근동의 팔레스타인과 시리아, 요르단, 레바논 등이 있는 지역을 가리키는 말— 옮긴이)의 이방인들이라면, 영혼의 운명에 관한 문제는 제기할망정, 이스라엘의 정치적 명운 따위를 긴급한 문제라고 예수님에게 가져오지는 못할 사람들이다. 그래도 예수 그리스도가 다양한 말씀들을 성취하셨고 다양한 질문들에 대답하셨다는 것은 여전히 변함없는 사실이다. 아니, 오히려 그분은 오늘날 그분을 따르는 이들을 납득시키듯이, 그분을 따랐던 유대인들과 이방인들을 납득시키셨다. 비록 질문과 대답이 들어맞지 않을지언정, 그들의 가장 심각한 질문에 대한 대답은 그분에게 있다는 걸 말이다. 엠마오로 가는 길에 글로바가 한 말이나 그 산에서 제자들이 한 말은 분명 예수님의 인격과 사역을 제대로 이해하지 못했음을 드러낸다. 그럼에도 예수님은 그러한 이해를 모두 틀린 것으로 거부하시지 않는다. 그분은 "내 일은 하나님 나라를 이스라엘에게 되돌려주는 것이 아니다. 너희는 정치와는 거리를 두고 내면의 영적 실재에 집중해야 한다"고 말씀하시지 않는다. 그분은 그 말과 질문을 제기하는 상황, 여러 세기 동안의 남다른 경험이 유대인들의 사고방식에 영향을 준 그 상황에서 그 말과 질문을 받아 주신다. 그러나 "때와 시기는…너희가 알 바가 아니다"(행 1:7). 궁극적인 뜻에 관한 이방인의 말이 유대인들의 말보다 더 최종적이라거나, 이방인들이 궁극적인 뜻에 관해 던진 질문이 유대인들의 질문보다 더 날카롭다고 생각할 이유는 없다. 전혀 다른 경험에서 나온 우리 자신의 근본적인 진술과 질문에 대한 그리스도의 대답이, 그분이 글로바나 제자들에게 하신 대답보다 더 명확할 것이라고 가정할 이유도 없다. 우리가 아는 바는, 온전한 대답이 결국 만족을 주리라는 것뿐이다.

안디옥에서 그리스도인이 된 유대인들은, 예수님이 그들의 이교도 친구들에게 무언가 할 말이 있을 것임을 깨닫고 엄청난 모험을 했다. 이들은 유서 깊은 단어인 메시아를 포기할 용의가 있었다. 이 단어가 자기네 이웃들에게는 아무런 의미가 없고 오히려 오해를 부를지도 모른다는 점을 알았기 때문이다. 그들이 그 개념을 이해한들, 그들에게 이스라엘의 구원자가 무슨 상관이 있겠는가? 이 유대인들은 자기네 민족의 구원자를 나타내는 칭호, 그 민족의 간절한 소망의 성취인 그 칭호를 일종의 성(姓)처럼 예수라는 이름에 덧붙일 용의가 있었다. 그들은 모호하고 오해하기 쉬운 '주'(행 11:20; 예를 들어, 유대인 청중과 관련이 있는 행 9:22과 대조해 보라)라는 단어를 골랐다. 이들은 아마도 자기네들의 결정이 가져올 결과를 예견할 수 없었을 것이다. 분명 누군가는 혼동과 혼합주의라는 불안한 가능성에 관해 경고했을 것이다. 그러나 이들이 문화의 벽을 넘어 소통했기 때문에 세상을 위한 기독교 신앙은 안전하게 보존되었다.

두 번째 시기: 그리스-로마 시대

기독교 역사의 여섯 시기 가운데 두 번째는 그리스-로마 시대다. 물론 이 시대에 기독교가 그리스-로마 문화가 지배하는 지역에 지리적으로 국한되었다는 말은 아니다. 예를 들면, 중요한 그리스도인 공동체들이 중앙아시아, 동아프리카, 남인도 등지에도 있었다. 그러나 몇 세기 동안 전해져 내려온 기독교 신앙의 지배적인 표현 방식은, 그리스 문화가 로마제국이라는 한 국가와 결합되었을 때 그리스 사상과 문화에 기독교 신앙이 끊임없이 침투했기 때문에 생겨났다.

두 번째 시기 역시 첫 번째 시기와 마찬가지로, 모든 후대의 기독교에 흔적을 남겼다. 그리스 문화에 기독교가 침투한 결과로 생긴 새로운 종교 사상 가운데 훗날 가장 널리 퍼진 사상은, 정통성, 곧 바른 믿음을 위한 규범과 관련된 것이었다. 그것은 논리적인 논증의 과정을 거쳐 도달한 일련의 명제들로 표현할 수 있다. 유대 시대라면 이런 특색이 기독교에 흔적을 남기지 못했을 것이다. 유대의 정체성은 무엇을 믿느냐보다는 늘 사람이 **무엇인가** 또는 사람이 무엇을 **하는가**에 관심이 있었다. 그러나 기독교 신앙이 그리스-로마 세계에 침투하기 시작하자, 어떤 종합적인 사상 체계와 마주치게 되었다. 그 체계란 어떤 점에서는 반감이 드는 것이었지만, 일단 마주치게 되면 스며들 수밖에 없는 것이었다. 그 체계는 태생적으로 오만했다. 그리스-로마의 유산은 여러 세기에 걸쳐 다른 민족들에게 전달되는 과정에서 변질되었음에도 불구하고, 또 기독교 신앙에 침투를 당했음에도 불구하고 좀처럼 그 오만함을 잃지 않았다. 기본적으로 이 체계는 하나의 바람직한 생활양식, 사실상 하나의 '문명', 하나의 전형적인 사회,

하나의 법률 체계, 하나의 사상 세계만이 존재한다는 입장을 견지했다. 따라서 본질적으로 두 종류의 인간이 존재하는데, 그러한 생활양식과 사상을 가진 인간과 그렇지 못한 인간, 바로 그리스인—여기서 이는 문화적인 그리스인을 가리키는 것이지 민족을 가리키는 용어가 아니다—과 야만인, 공통된 유산을 공유한 문명인과 그렇지 못한 미개인이 존재한다는 것이다.

유대인들과 유대인들의 종교는 이미 여러 방법으로 이러한 전제에 도전했다. 유대인들이 이러한 전제에 어느 정도 동화되었든, 유대의 정체성이라는 굽힐 수 없는 엄연한 사실 때문에 그들은 그리스-로마 세계의 거의 대부분의 사람들과는 다른 범주에 놓이게 되었다. 그 세계에서 유대인들만 홀로, 비교적 오래된 기록된 전승, 대안이 될 만한 문헌을 가지고 있었다. 그리고 유대인들은 인류를 그들 식으로 그 민족인 이스라엘과 다른 민족들, 이 두 가지로 분류했다. 그리스-로마의 그리스도인들은 그들이 물려받은 두 측면을 모두 유지하고 조화시키는 것 외에 다른 대안이 없었다.

복음이 그 종합적인 사상 체계에 침투하면서 그 체계는 기독교적인 것으로 변했다. 이 말은 그 지적 전통을 그리스도의 포로로 만들어 새로운 목적에 사용하려 한다는 뜻이었고, 또 그 성문화하고 조직화하는 전통을 복음을 위해 사용한다는 뜻이었다. 그 결과가 정통성이었다. 그래서 논리적으로 설명된 믿음 체계가 회의를 통해 문서 형태로 정립되었고, 효과적인 기관을 통해 유지되었다. 그리스-로마 문명은 종합적인 사상 체계를 낳았고, 보편적으로 그 규범에 복종하기를 기대했다. 기독교가 그 체계 안으로 침투하게 되자 그 체계는 하나의 종합적인 체계를 남겼다.

세 번째 시기: 야만인 시대

그리스-로마 문명은 공포의 그늘 아래서 여러 세기 동안 존속했다. 그 공포는 중앙 정부가 중심을 잡지 못하고, 모든 것이 와해되고, 지나치게 길어진 국경선은 붕괴되고, 야만인들이 무리지어 쏟아져 들어오는 시대에 대한 것이었다. 그리스도인들도 이러한 공포를 피할 수 없었다. 박해의 시대에 살았던 테르툴리아누스는, 비록 그리스도인들이 군인이 되는 것을 지지하지는 않았겠지만—그는 그리스도께서 모든 병사의 허리띠를 풀어 놓으신다고 말한다—그 제국을 지켜 달라고 기도했다. 국경선이 무너지면 큰 환난이 시작될 것이기 때문이었다. 기독교 제국에서 사는 사람들은 야만인들이 승리하면 기독교 문명이 끝장난다고 생각했다.

두 가지 큰 사건이 그리스-로마 기독교의 종말을 초래했다. 하나는 널리 예견되었던 것으로, 야만인들 앞에서 서로마제국이 붕괴한 사건이었다. 다른 하나는 아무도 예견할 수 없었던 것으로, 아랍인들이 강대국으로 등장해 가장 오래되고 강력한 교회들이 있었던 동쪽 지역을 점령한 사건이었다. 이 두 가지 영향력이 합쳐져서 그리스-로마 시대의 기독교가 종언을 고했다. 그래도 세계에서 모든 그리스도인이 서서히 사라지지 않게 된 이유는, 옛 국경선 너머에 살던 부족민들—비록 더디고, 고통스럽게, 또 전혀 만족스럽지 않았지만—야만인이자 기독교 문명의 파괴자로 알려진 이들 사이에서 기독교에 대한 충성이 퍼져 갔기 때문이다. 그래서 기독교의 세 번째 시기, 야만인 시기라고 부를 만한 시대가 전개되었다. 다시 한 번, 이 일은 적기에 일어났다. 당시는 그리스-로마 문명의 중심지에 사는 그리스도인들이 쇠퇴와 마멸을 마주했던 시기였다. 다시 한 번 기독교는 문화의 벽을 넘는 확산 때문에 안전하게 보존되었다.

메워야 할 문화적 간격이 유대인과 그리스인 사이의 간격만큼이나 컸음에도 불구하고, 이전 그리스-로마 문명의 신앙이 촌구석 경작자들의 종교가 되었다. 그 과정을 보면, 새로운 그리스도인들이 그들의 기독교를 끌어낸 그리스-로마 문명의 문화적 유산 상당 부분을 기꺼이 받아들였다는 것이 두드러진 특징이었다. 뿐만 아니라 그들이 그들의 신들을 성경의 하나님으로 대체했을 때에도, 그 언어와 사상은 그리스-로마라는 여과 장치를 통과해 그들에게 이르렀다. 이것의 의미는 나중에 고찰하겠다.

그럼에도 불구하고 야만인 시기의 모습을 보면, 교부 시대 기독교를 단순히 연장한 것이 결코 아니었다. 오히려 그 시기는 도시를 기반으로 하는 학자적, 지적, 전문 기술적 전통보다는, 촌구석 경작자들과 그들의 거칠고 불확실한 생활환경의 영향을 받은 새로운 피조물이었다. 그들은 그리스의 기독교 세계에서 사상을 취했다면, 태도는 원시 세계에서 가져왔다. 사상과 태도, 모두 한 민족의 종교를 구성하는 요소들이다. 그들은 이전 세대들이 한 것처럼 기독교 신앙을 자기들에게 맞게 만들었고, 그 신앙을 재구성함으로써 그들의 시대가 지난 후에 그들의 후계자들 가운데 지속될 결과를 남겼다. 기독교의 두 번째 시기에 **정통성**이라는 개념이 만들어졌다면, 세 번째 시기에는 **기독교 국가**라는 개념이 만들어졌다. 그리스도인 로마 황제들이 교회를 세우고, 이단자들을 처벌하고, 그리스도에게 충성할 것을 요구하는 법을 만들고, 그리스도를 드러내라고 요구할 수 있었다. 그러나 부족민들은 어떤 황제가 강요할 수 있는 것보다 더 강력한 법, 곧 관습

법을 알고 있었다. 관습이란 원시 공동체 안에서 태어난 모든 아이를 구속하는 것으로, 그 관습을 따르지 않는다는 것은 생각할 수조차 없는 일이다. 기독교 신앙을 받아들이겠다고 공동체가 결정하기까지는 어느 정도 시간이 걸렸고, 그동안 불안, 분열, 잠시 동안의 논쟁 같은 것이 있었을 테지만, 일단 확고하게 결정이 내려지면 그 결정이 그 사회 구성원 모두를 속박할 것이었다. 하나의 공동체는 통일된 관습을 가지고 있어야 한다. 강력한 군주들이 자기네들의 선택을 강요하는 경우만 있는 건 아니다. 중앙 통치자가 없는 민주주의 체제의 아이슬란드에서는 의회가 그리스도인들과 비그리스도인들로 양분된 적이 있었다. 결국 기독교를 찬성하는 쪽으로 결정이 내려졌을 때 비그리스도인들은 비통함과 배신감을 느꼈겠지만, 종교에 따라 공동체를 여럿으로 가르자는 제안을 한 사람은 아무도 없었다. 실제로 종교라는 것은 한 사회를 묶는 관습의 일면에 지나지 않는다. 한 공동체에 하나의 교회만이 있을 수 있다. 이렇게 야만인 기독교는 기독교 국가라는 개념을 만들어 냈다.

일단 기독교 국가라는 개념이 확립되자, 새로운 해석 습성이 쉽사리 계발되었다. 기독교 국가와 이스라엘을 서로 같은 것으로 보는 것이다. 국가와 교회의 범위가 겹쳐지자, 국가의 경험들을 이스라엘의 역사라는 견지에서 해석하게 되었다. 서구 기독교에서 이러한 습성은, 이 습성을 만든 역사적 환경보다 오래 살아남아서, 다원주의와 세속화 시대까지 지속되고 있다.

네 번째 시기: 서유럽 시대

문화적으로 기독교의 네 번째 시기는 세 번째 시기가 자연스럽게 발전한 결과로 생겼다. 그리스-로마 문명의 틀 속에서 기독교 신앙과 관행이 북방 민족들의 문화와 교류하면서, 서유럽과 중유럽에 걸쳐 상당히 일관성 있는 체계가 만들어졌다. 동로마제국이 세계의 한쪽 지역에서 여러 세기에 걸쳐 그리스 기독교의 시기를 효과적으로 연명해 가고 있었지만 결국 무슬림 세력 앞에서 무너지고 말았다. 그러자 새로운 혼합적인 형태를 띤 서양식 기독교가 등장해 우세를 잡기 시작했다. 16세기에 이르러 이 서양식 체계는 종교개혁을 통해 급진적인 수정을 하게 된다. 그중 개신교는 개인이 자신이 사는 지역에서 하나님의 말씀을 접하는 것을 강조했다는 면에서 특별히 급진적이었다 (특히 자국어 성경을 강조함으로써). 한편 가톨릭 개혁 운동은 교회의 보편성을 강조했으나, 자신도 모르는 사이에 그 보편성은 근본적으로 서양의 지적·사회적·역사, 그것도 주로 특정 시기의 역사에 나타난 특질들에 기반을 두게 되었다. 그러나 두 형태 모두 서유럽에 기반을 둔 것은 틀림없었으니, 그 차이란 유럽의 북부와 남부 사이에 점점 커 가는 문화적 차이를 드러낸 것에 지나지 않았다.

여러 세기를 지나는 동안 서부에서 일어난 한 중요한 발전이 유럽에서 당시까지 받아들이던 기독교 신앙에 도전을 가하고 있었다. 그것은 신앙의 재정립을 요구하고 있었다. 우리가 살펴본 것처럼, 야만인 기독교의 특징이라고 하면, 공동체의 결정과 집단적인 개종이 필수였다. 그러나 서양 사상은 친족과 연관된 정체성에서 독립적인 한 개체로서 **개인**에 대한 특정한 인식을 발전시켰다. 서구 기독교는 이러한 자의식의 발전에 적응해 감으로써, 기독교 신앙을 개인의 결정과 적용의 문제로 보는 인식이 서구 기독교의 특징들 중 하나가 되었다.

다섯 번째 시기: 유럽의 확장과 기독교의 쇠퇴

이러한 서구 기독교의 시기는 다른 시기로 발전했는데, 이를 유럽 확장 시대라고 말할 수 있다. 유럽 인구가 다른 대륙으로 유출되면서 유럽의 지배권역이 확장되었다. 20세기에 이르러서는 유럽 출신 사람들이 지구의 대부분 지역을 점령하거나, 소유하거나, 지배하게 되었다. 이 활발한 시기 동안 유럽 민족들 대부분이 기독교를 자신들의 신앙으로 고백했으며, 기독교는 상당히 활기 찬 종교가 되었다.

기독교 역사 전체의 맥락에서 보자면, 이 기간에 괄목할 만한 두 가지 변화가 있었다. 하나는 유럽 민족들 가운데 기독교 신앙을 **버리**는 숫자가 상당했다는 것이다. 이러한 현상은 자주 있거나 지속적인 것이 아니었기 때문에 처음에는 눈에 띄지 않았다. 16세기에 시작된 이탈 현상은 18세기에 이르러 상당한 비율로 치솟았다. 그러나 18세기와 19세기 대부분의 시기에 그리스도인들의 반격이 있었다. 그 결과 유럽에서는 쇠퇴의 움직임이 멈추었고, 북아메리카 신도시들에서는 그리스도인들이 눈에 띄게 증가했다. 그래서 20세기에 들어 기독교가 급작스럽게 다시 쇠퇴하는 현상을 보고 학자들은 경악했다. 비록 두 세기 전에 어느 정도의 쇠퇴가 있을 것이라고 예상은 했지만 말이다. 20세기만 하더라도 유럽 지배권의 근원이자 표징인 대도시들이 전혀 복음화되지 못하고 있었음이 분명했다.

이 기간에 일어난 다른 한 변화는 기독교가 **문화의 벽을 넘어**, 다양한 수준으로 성공하며 유럽 밖에 사는 많은 사람들에게 **이식되었다**는 것이다. 이 변화는 1920년까지는 굉장한 것으로 보이지 않았다. 그때 한 세대 안에 전 세계를 복음화하겠다는 한때의 높은 기대감이 제1차 세계대전이라는 도랑 속으로 빠져나가 버린 것이다. 그러나 지금 우리는 그것으로 충분했음을 알 수 있다. 기독교 신앙의 씨앗이 남반구에 심겼고, 머지않아 남반구에서 풍성한 열매가 맺히는 것을 볼 수 있을 것이었다. 이제 러시아를 제외한 세계의 모든 제국이 사라져 버렸고, 유럽은 세계에 대한 주도권을 상실했다. 유럽 민족들 가운데서는 기독교가 계속해서 쇠퇴하고 있는 듯하다. 그러나 여전히 우리는 기독교가 새 시대를 맞는 문턱에 서 있는 것 같다. 그 주요 기지 가운데 하나는 남반구에 있을 것이고, 그곳 기독교의 우세한 표현 방식은 그들 대륙의 문화를 통해서 걸러질 것이다. 다시 한 번 기독교는 문화의 경계선을 넘는 확산 때문에 안전하게 보존되었다.

여섯 번째 시기: 문화를 넘어선 전달

이쯤에서 잠깐 멈추어, 다른 종교들과 비교하면서 기독교의 독특한 역사를 고찰해 보자. 힌두교인들은 자기네들이 세계에서 가장 먼저 생긴 종교라고 자신만만하게 말한다. 인도 종교의 많은 부분들은 이스라엘 민족이 이집트에서 나오기 전이나 지금이나 똑같기 때문이다. 여러 세기가 지났지만, 지리적·문화적 중심지는 여전히 같은 곳이다. 아리안족 같은 침입자들이 들어와서 자신들의 흔적을 남기고, 불교와 같은 큰 개혁의 움직임이 있었지만, 잠깐 동안만 꽃을 피우고는 흔적도 없이 사라져 버렸다. 그리스도인과 무슬림도 전 세계적으로 충성을 요구하며 개종자들을 만들어 냈다. 그러나 여전히 똑같은 신앙이 다른 어떤 것에도 흡수되지 않은 채로 외부로부터 오는 모든 영향을 흡수하면서, 똑같은 곳에 남아 있다.

이와는 대조적으로 이란의 종교는 무척 활력이 있어, 어떤 결정적인 시기에 힌두교, 유대교, 기독교, 이슬람교에 연달아 엄청난 영향을 주었다. 그러나 이 종교는 여전히 별개의 정체성을 가진 종교로, 오늘날은 명맥을 유지하는 정도다. 다른 한편 기독교는 그 역사 내내 문화의 경계선을 넘어 외부로 퍼져 나감으로써, 기독교가 퍼진 주변의 새로운 장소마다 새로운 잠재적인 기독교 중심지가 생겨났다. 기독교가 별도의 종교로 살아남을 수 있었던 것은, 분명 문화의 벽을 넘는 전달 과정과 관련성이 있다. 사실, 돌이켜 보면 이러한 전달은 여러 차례 적기에 일어났음을 알 수 있다. 그것이 아니었다면 기독교 신앙은 틀림없이 말라죽고 말았을 것이다. 또 그 진전은, 무슬림들이 그들의 종교를 강요했던 것처럼, 끊임없이 외향적이지도 않았다. 기독교 신앙은 다른 시대에 세계의 다른 지역에서 주요 거점을 만들어 연속적으로 전진했다.

기독교 역사의 시기마다 기독교는 다른 문화 속으로 침투해 들어가서 변화된 모습을 보여 주었다. 이슬람 문화와 이슬람 문명이라 불리는 것과 같은 의미에서의 '기독교 문화'나 '기독교 문명' 같은 것은 존재하지 않는다. 지금까지 이미 여러 다른 기독교 문명이 존재했고, 아마 더 많아질 것이다. 이렇게 말할 수 있는 까닭은 기독교 신앙은 번역 가능성(translatability)이 무한하기 때문이다. 세계적으로 상당한 영향을 미치는 면에서 지금까지 기독교와 비견되는 종교인 이슬람은 지리적으로는 아주 널리 퍼졌지만 식별이 가능한 (지역적 동화와 변형에도 불구하고 뚜렷이 구별할 수 있는) 하나의 문화를 창출할 수 있는 종교다. 이것은 쿠란이라는 강령은 궁극적으로 달리 번역할 가능성이 전혀 없다는 사실과 관련이 있다. 이와는 대조적으로 성경은 번역의 길이 열려 있다. 아니, 기독교 신앙이 근거로 삼는 위대한 행위(Act), 곧 말씀이 육신이 되어 우리 가운데 거하시는 것 자체가 하나의 번역 행위(act)다. 그리고 이 원리로 인해 그리스도를 각 문화의 중심에 두게 되고, 그 문화의 가장 긴급한 문제를 그리스도에게 가져가고, 그 문화 안에서 사람들이 자신을 이해하는 준거 틀을 그리스도에게로 가져간다. 이 때문에 기독교 역사의 시기마다 새로운 주제들이 생긴다. 이 주제들은 그 문화의 준거 틀 때문에 그 틀을 공유하는 사람들이 반드시 풀어 나가야 하는 주제다. 같은 주제라도 초기 그리스도인들의 이해나 다른 사고의 틀을 넘어설 수도 있다. 그러나 그들 나름의 사령탑은 그리스도께 정복당할 것이다.

역사적 기독교에서 다양성과 일관성

우리가 1세기부터 20세기까지 각 세기를 **대표하는** 그리스도인들을 꼽아 본다고 치자. 우리의 선택이 대표성을 가지려면 이곳저곳을 두루 살펴야 한다. 살펴본 그리스도인들 사이에 어떤 공통점이 있겠는가? 당연한 일이지만 그렇게 모아 놓은 사람들은 신앙을 표현할 때 우선순위가 서로 크게 달랐을 것이다. 우선순위만 다른 것이 아니다. 한 집단에게 아주 중요해 보이는 것이 다른 집단에게는 참을 수 없거나, 심지어 불경스러운 것으로 보일지 모른다. 서구 복음주의자들로 대표되는 기독교 전통을 만들어 낸 이들로 인정받는 사람들만을 꼽는다 해도, 그 신앙의 표현이 성전을 찾아 예배하는 유대인, 그리스

공의회 교부, 켈트족의 수사, 독일 종교개혁자, 영국 청교도, 빅토리아 여왕 시대 성공회 신자들 사이에서 어떻게 어깨를 겨루겠는가? 종교에 필수적인 사안들에 대하여 각각의 사람들은 다른 사람들을 얼마나 오해하고 있는가?

그럼에도 불구하고 나는 우리가 이 모든 것들과 실제로 역사적 기독교 전체의 기저에 깔린 견고한 일관성을 알아챌 수 있을 것이라고 믿는다. 신조 형태는 말할 것도 없고, 명제 형태로도 이러한 일관성을 표현하기는 쉽지 않다. 왜냐하면 신조를 체계화하는 일 자체가 특정 기독교 문화의 불가피한 산물이기 때문이다. 그러나 어떤 문화에 속한 그리스도인이라도 자기들의 신앙을 표현할 때 나타나는 몇 가지 신념과 반응이 있게 마련이다. 여기에 그것들을 나름대로 정리해 보았다.

(1) **이스라엘의 하나님께 드리는 예배.** 이는 하나님이 유일신, 창조주, 심판자, 공의의 주, 만민의 경배를 받으시는 분이라는, 하나님의 본성을 정의해 줄 뿐만 아니라, 기독교 신앙의 역사적 특수성을 드러낸다. 또 그리스도인들―보통 이방인들―을 애초 자신의 역사와는 전혀 다른 어떤 민족의 역사와 연결시켜 준다. 이는 그들에게 그들 자신과 그들의 사회의 범위를 넘어서는 준거 틀을 준다.

(2) **나사렛 예수의 궁극적 중요성.** 이는 무엇보다도 역사적 기독교를 그 주변부의 여러 운동들뿐 아니라 그리스도에 대한 인정을 허용하는 다른 세계 종교들과도 구분시켜 주는 기준일 것이다. 다시 한 번 말하지만, 이러한 근본 원리를 단 하나의 신조 형태로 요약하려는 노력은 쓸모없는 일이다. 그러한 신조들이 다른 것으로 대체되거나, 설사 전통적인 이유들로 인해 받아들여진다 하더라도, 그 신조가 뜻

하는 개념적 어휘를 모르는 신자들에게는 전혀 감명을 주지 못할 것이다. 문화마다 각자의 근본 원리를 갖고 있고, 그리스도는 모든 사람의 표현에서 근본 원리가 되신다.

(3) 하나님은 신자들이 있는 곳에서 활동하신다는 점.
(4) 신자들은 시공을 초월한 하나님의 백성을 구성한다는 점.

이러한 신념들은 기독교 세기들을 지나오면서 온갖 다양한 모습으로 기독교 전통 전체의 기초가 되었다. 실제로 일부 표현들은 신자들이 사고 틀과 세상을 인식하는 면에서 일어나는 반응을 설명할 필요성에 대한 압력 때문에 생겼다. 여기에 우리는 면면히 이어진 몇 가지 제도를 덧붙여야 한다. 그 가운데 가장 뚜렷한 것은, 공통된 경전을 읽는 것과 빵과 포도주와 물의 특별한 사용이다.

남반구 문화와 기독교의 미래

다시 한 번 기독교 신앙은 새로운 문화들, 즉 아프리카, 태평양 연안, 아시아 일부의 문화에 침투 중이다. (라틴아메리카의 상황은 너무 복잡하기 때문에 여기서는 그 특수한 의미를 검토하는 일은 접어 두겠다.) 현재까지의 지표로 보면 이러한 기독교의 남반구식 표현이 기독교 신앙의 지배적인 형태가 되어 가고 있다.

이는 우리 시대나 앞선 기독교 시대들은 꿈도 꾸지 못한 새로운 주제들과 우선순위들이 생겼다는 뜻으로 볼 수 있다. 왜냐하면 기독교 신앙은 사람들이 가장 크게 관심을 두는 문제들을 그리스도에게 가지고 가는 특징이 있고, 그 수단은 사람들이 그들의 세상을 감지하고 인식하는 체계(structures)이기 때문이다. 그리고 이 체계라는 것은 언제나 똑같지는 않다. 이전 문화에 기독교가 침투할 때 가장 중요하게 여겨졌던 주제가, 모든 새로운 문화들에서도 중요하게 여겨질 것이라고 가정해서는 안 된다. 이를테면 다른 세계관을 가지고 그리스도에게 사로잡힌 이들에게 절대적으로 중요했던 정통성이나 기독교 국가, 또는 개인 양심의 지고성(至高性) 같은 것을 세우는 준거 틀이 새로운 문화 속에서 살아가는 이들에게는 없을 수도 있다. 초기의 여러 유대인 그리스도인들은, 그들을 이어받은 그리스인들이 이스라엘의 가장 귀중한 재산인 하나님의 율법과 삶에 대한 율법의 지침을 이상하리만치 냉담하게 대하는 것을 알았을 것이다. 또 그들 대부분은 그리스도의 신성에 관한 논쟁을 주도한 그리스인 그리스도인들의 복잡한 지성 체계 때문에 똑같은 혼란을 겪었을 것이다. 각 경우에 일어난 일을 보면 나름대로의 세계관 안에서 기독교 신앙을 표현한 것이며, 그렇기 때문에 그러한 세계관은—신자들의 회심에서 보듯이—변화되지만 식별이 가능하다.

이런 과정이 남반구에서 계속되고 있으므로, 다른 요소들로 형성된 전통을 가진 그리스도인들도 지금까지의 역사적 기독교의 표지판들을 찾아볼 수 있다. 그것은 곧 이스라엘의 하나님께 드리는 예배, 그리스도의 궁극적 중요성에 대한 인정, 하나님이 신자들이 있는 곳에서 활동하심을 아는 것, 시공을 초월한 하나님의 백성을 인정하는 것, 성경을 공통적으로 읽고, 빵과 포도주와 물을 특별한 용도로 사용하는 데 함께하는 것이다.

나는 이 연구에서 아주 중요한 주제 하나를 남겨 두었다. 나는 문화의 경계선을 넘어서 기독교가 전달되었고 이것 때문에 여러 세기에 걸쳐서 기독교가 일련의 변화를 겪었다는 것을 이야기했다. 이러한 변화는 기독교 신앙의 중심에 있으며 성육신과 성경 모두에서 예시된 번역 가능성이라는 대원리의 결과라고 할 수 있다. 이 과정을 에베소서 4장에 나오는, 우리가 함께 자라나 되려고 하는 '온전히 장성한 사람'—마치 다양한 그리스도인들로 이것이 이루어진다는 듯이—이라는 바울의 비전과 연결하면 더욱 유익할 것이다. 우리가 이 이미지를 우리의 것으로 만들기 힘든 까닭은, 우리 세계관에서 아주 중요한 요소인 개인주의 때문이다. 그러나 마치 바울은 (자신의 책임이긴 하지만) 이방인들에게 복음을 전하는 것보다—기독교 신앙이 이방인들의 손에서 새로운 형태를 가진 것보다는 이 일로 훨씬 기뻐하긴 하지만—그리스도를 통해서 두 민족이 하나가 된다는 사실에 더 깊은 감동을 받는 것 같다. 하나님의 언약을 문제 삼지 않고서는 수세기 동안 상대방의 집에서 음식을 함께 나눌 수 없었던 유대인들과 이방인들이 이제는 주님의 식탁에 나란히 앉게 되었다. 이 시기는 기독교 역사에서 오래 지속되지 못했다. 바울 시대가 끝나고 오래지 않아 이방인들이 교회에서 우세해졌기 때문에 유대인들은 거의 보기 힘들어졌다. 기독교가 초기에 유대인들의 것이었던 것처럼 이제는 이방인의 것이 되었다. 그러나 아주 짧은 몇 해 동안 둘이 하나가 되는 일이 가시적으로 나타났고, 중간에 있던 칸막이가 철거되었으며, 화해할 수 없는 것들이 화해되었다. 그러나 이것은 단순히 역사적 이야깃거리가 아니라, 비록 짧게라도 거듭 되풀이되어야 하는 전형이다. 이런 일은 언어, 역사, 문화 때문에 갈라진 사람들이 그리스도 안에서 서로를 인정한다면 되풀이될 수 있다. 그리고 그 인정은, 아무리 성화된 것이라 해도 상대방의 생각, 행동, 표현 방식을 받아들이는 것을 전제로 하지 않는다. 그것은 유대화하는 것이요, 다른 복음이다. 그리스도는 자기 백성의 마음 가운데서 통치하신다. 이 말은 주님의 통치권을,

문화를 구성하고 있는 사고의 결합 구조 너머로 확장한다는 뜻이다. 바로 이 행동이, 문화를 공유하는 사람들의 정체성을 더 선명하게 해 준다. 그리스도에 대한 신앙은 무한히 번역이 가능하며, '집처럼 편안한 장소'를 만들어 낸다. 그러나 그 신앙이 우리는 편안하게 느끼지만 다른 사람은 살 수 없는 장소를 만들어서는 안 된다. 이 땅에는 영속하는 도시가 없다. 그리스도 안에서 불쌍한 죄인들이 만나고, 그들 자신이 그리스도와 화해했다는 것을 알게 될 때 서로 화해가 이루어진다.

3 • 기독교 역사에서의 번역 원리[1]

번역과 성육신

정치는 가능성의 예술이지만, 번역은 불가능성의 예술이다. 한 언어를 다른 언어로 표현할 때 정확한 의미가 계속 원만히 전달되지 않는 것은 구조적·문화적 차이 때문만이 아니다. 수용자 언어의 단어들은 이미 의미를 가득 담고 있고, 낡은 개념이 원어에서는 알려지지 않은 영역으로 새 개념을 끌고 들어가기 때문이다. 어쨌든 번역자는 엄청난 위험을 감수하며 그저 최선을 다할 뿐이다.

번역 과정에는 좌절이 있게 마련이라는 사실을 고려할 때, 하나님이 인간 구원의 방편으로 번역이라는 것을 택하신 것은 더 놀라운 일이다. 기독교 신앙은 번역이라는 하나님의 행위에 기초해 있다. "말씀이 육신이 되어 우리 가운데 거하시매"(요 1:14). 성경이 번역될 수 있다는 자신감은 바로 이 번역 행위에 기초해 있다고 확신한다. 즉 말씀이 육신으로 번역되었기 때문에 성경 번역의 역사가 있을 수 있다.

---

1 처음 출판된 것은 Philip C. Stine, ed., *Bible Translation and the Spread of the Church* (Leiden: E. J. Brill, 1990), pp. 24-39.

세계의 다른 위대한 종교를 보면, 구원이 이런 식의 번역에 의존해 있지 않다. 인도인들은 오래전부터 우주에 신적인 존재가 있으며, 그 신적인 존재가 구원에 개입한다는 신앙을 가지고 있었다. 그러나 인도의 고대 종교의 특징에서 보는 것처럼, 구원이 신적 존재와 같아지거나 또는 이미 같다는 점을 깨닫는 것이라면, 신의 번역 행위 같은 것이 일어날 여지가 없다. 실제로 신의 영역에서 인간의 영역으로 그 뜻이 전달되지 않는다. 왜냐하면 인간의 영역은 영속적인 의미가 없거나, 영속적인 실재가 아니기 때문이다. 지각할 수 있는 세상이란 힌두교의 현인들이 오래전부터 말하는 환각(maya)에 지나지 않기 때문이다.

유대교와 이슬람은 기독교와 마찬가지로 셈족을 모체로 한 종교들로, 하나님이 인간들에게 말씀으로 임하신다는 기독교의 특징을 공유하고 있다. 그러나 이 종교들조차 그 말씀을 **번역된** 말씀이라고 주장하지 않는다. 이슬람 신앙에서는 신이 인간에게 말씀하실 때 순종을 명한다. 그 말씀의 표징이 바로 쿠란으로, 하나님이 택하신 사도를 통하여 택하신 시기에 아랍어로 직접 말씀하신 경전이다. 그래서 쿠란은 영원히 변하지 않고 천국에 확정되어 있다. 예언자를 믿는 신앙에서는 하나님이 인간에게 말씀하시지만, 기독교 신앙에서는 하나님이 사람이 되신다. 이러한 신념이 심지어 예언자의 말씀에 대한 그리스도인의 태도에도 영향을 미친다. 비록 초대교회는 유대인들의 교회였고 유대교의 경전인 구약을 그대로 사용했지만, 기독교는 유대교에서 토라를 이해하는 방식으로 성경을 이해하지는 않는다. 그리스도인의 성경은 토라에 부록을 덧붙인 것이 아니다. 하나님의 말씀은 단순히 인간의 언어로 번역된 것이 아니라 인간으로 번역된 것이다. 이는 다른 방식으로 신과 만나는 것이다. 기독교와 이슬람의 관계에서 생기는 대부분의 오해는, 성경과 쿠란이 두 종교에서 각기 동일한 지위를 가지고 있다는 전제 때문에 벌어진다. 그러나 기독교에서 쿠란과 정말 유사한 것은, 성경이 아니라 그리스도다. 그리스도인들을 그리스도를, 무슬림들은 쿠란을 하나님의 영원한 말씀으로 삼는다. 그러나 그리스도는 번역된 말씀(Word Translated)이다. 그렇기 때문에, 그리스도에게 의존하는 성경은('하나님의 말씀'이라고도 쓸 수 있는) 쿠란과는 달리 끊임없이 번역될 수 있고 또 번역되어야만 한다.

성육신은 번역이다. 하나님이 그리스도 안에서 사람이 되셨다는 것은 신성이 인성으로 번역되었다는 뜻이다. 여기서 인성은 번역되는 쪽의 언어였다. 이는 성육신이 없었다면 모호함이나 불확실함 속에 가려졌을 것을 분명하게 표현한다. 곧 '이것이 하나님의 모습이다'라는 것이다.

그러나 언어란 것은 한 민족이나 지역에 한정되어 있다. 누구도 보편화된 '언어'로 말하지 못한다. 누구든 특정 언어를 사용해야 한다. 이와 마찬가지로, 신성이 인성으로 번역되었다는 말은 보편화된 인성이 되었다는 뜻이 아니다. 하나님은 특정한 지역, 특정한 민족, 특정한 장소와 시기에 있는 **한 사람**이 되셨다. 하나님이 인간으로 번역되셔서, 하나님의 의식과 뜻이 전해진 일은, 바로 특정 문화의 상황에서 일어났다.

만일 우리가 말씀이 육신이 되었다는 요한복음의 상징과, 두 번째 아담이라는 바울의 상징, 곧 그리스도의 충만하심의 경지에까지 다 다르게 되는 다문화적인 새 사람이라는 에베소서의 주제를 연결시킨다면, 또 새로 생긴 이방인 교회에서 이루어질 그리스도의 형상에 대한 바울의 관심과도 연결시킨다면,[2] 이 번역의 의미는 넓어진다. 하나님의 번역된 말씀인 그리스도가 팔레스타인의 유대인에게서 시작하여 재번역된 듯하다. '대위임령'의 말씀은 모든 민족을 그리스도의 제자로 삼으라고 명령한다.[3] 다시 말해서, 민족적 차이, 국가별 특색, 공통된 의식과 전통, 공통된 사유 과정과 관계 양식 등이 제자도의 범위 안에 있다는 것이다. 그리스도는 민족성을 형성하는 여러 가지 특징들 안에서 가시화될 수 있다. 인간으로 번역된다는 하나님의 첫 번째 행위 때문에, 새로운 번역이 끊임없이 이어진다. 바로 이 성육신 때문에 기독교는 당연히 다양성을 띨 수밖에 없다.

또한 기독교 신앙이 번역에 기초해 있는 것처럼 회심에도 기초해 있다. 이 두 과정 사이에는 정말 아주 유사한 점들이 있다. 번역에서는 수용자 언어의 자원들로, 그 언어의 작동 체계 안에서 원어의 의미를 표현하려고 시도한다. 수용자 언어에 새로운 개념이 들어가지만, 그 새로운 요소는 기존 언어의 의미와 관습 안에서, 또 그 견지에서 이해될 수밖에 없다. 그 언어와 체계가 효과적으로 확장되는 과정에서 새로운 용법이 생기지만, 원어에서 번역되는 부분도 어떤 면에서는 번역 덕분에 더 확장되기도 한다. 수용자 언어는 그 자체의 역학이 있기 때문에, 새로운 요소를 원어에서는 접한 적이 없던 영역으로 가져간다. 이와 마찬가지로, 회심도 기존 구조를 활용해, 그 구조를 새로운 방향으로 '선회'시키고, 새로운 요소와 기준을 이미 거기서 작동하고 있는 사유와 행동 체계에 적용한다. 그것은 낡은 어떤 것을

---

2   예를 들어, 롬 5:12-6:14; 고전 15:20-28; 엡 2:11-22, 4:7-16; 갈 4:19을 보라.
3   마 28:19. 여기에서 제자로 삼을 대상이 민족 가운데 몇 사람이 아니라 **민족** 전체를 말하고 있는 것에 주목하라.

새로운 것으로 교환, 즉 대체하는 것이 아니라, 기존의 것을 새로운 가치가 있는 것으로 전환, 즉 변형하는 것이다.

그러므로 말씀이 육신이 되는 성육신에서, 육신은 **단순한** 육신이 아니다. 기독교 신앙에서는 신의 현현(顯現)이나 화신(化身)을 말하는 것이 아니라, 신이 인간 세상에 출현했다고 말한다. 즉 말씀이 **사람**이 되었다. 언어학적 유추를 계속해 보자면, 그리스도는 단순히 인간의 어휘로 수용된 외래어가 아니다. 그분은 완벽하게 번역되어 그 언어의 기능 체계 속으로, 인성, 경험, 사회적 관계 속으로 완벽하게 들어오셨다. 번역이라는 신의 행위에 대한 인간의 적절한 대응이 바로 회심이다. 그것은 그리스도라는 새로운 의미, 새로운 표현에 인격, 지성, 감정, 관계라는 기능 체계를 활짝 열어 놓는 것이다. 나사렛 예수 안에서 이루어진 최초의 번역을 따라, 여러 사회의 사고방식과 문화 속에서 헤아릴 수 없이 많은 번역이 반복되고 있고, 그리스도가 들어옴으로써 회심이 일어나고 있다. 회심은 낡은 것을 새것으로 대체하는 것이 아니다(인간으로의 번역이라는 위대한 행위에서 그리스도는 하나님의 형상을 따라 지음받은 인간에게서 아무것도 빼 버리신 것이 없었다). 또 낡은 것에 새것을 덧붙이는 것도 아니다(번역이라는 위대한 행위에서 그리스도는 하나님의 형상을 따라 지음받은 인간에게 아무것도 덧붙이신 것이 없었다). 회심이란 특정한 문화에 속한 사람이 모든 면에서 하나님을 향하여 선회하는 것이고, 방향을 재설정하는 것이다. 왜냐하면 그리스도는 사람의 형체를 가지고 하나님을 온전하게 보여 주셨기 때문이다. 그렇다면 회심은 본질적으로 과거에 일어난 단 한 차례의 행위가 아니라 연속적인 과정이다. 회심에는 시작은 있지만 끝이 있다고 생각할 수 없다.

따라서 성경 번역은 하나의 과정으로서 기독교 신앙을 결정하는 중요한 행위이며, 그리스도께서 제자들에게 주셨던 명령을 구체화하는 것이다. 아마도 교회의 선교를 이보다 명확하게 나타내는 다른 구체적인 활동은 없을 것이다.

하나님이 옛적에 예언자들을 통하여 부분적으로, 단편적으로, 가끔씩 말씀하신 것과, 마지막 날에 아들을 통하여 한꺼번에 완벽하게 통합적으로 말씀하신 것의 관계를 설명하는 것으로 시작하는 히브리서에서는 성경과 성육신이 병행을 이룬다는 것이 암시되어 있다 (히 1:1-4). 성경 번역의 이슈와 문제는 바로 성육신의 이슈와 문제다. 낯선 언어와 문화 속에 깊이 박힌 성경을 현재 상황의 모든 사람에게 소개하려 애쓰는 일은, 하나님이 사람을 매개로 번역되신 그 행위 때문에 그 정당성이 입증된다. 성육신이 특정한 사회적 상황에서 일어난 것처럼, 번역도 특정한 상황이라는 조건과 관계를 이용하게 마련이다. 성경 번역은 그리스도에 관한 말씀을 퍼뜨리는 것을 목표로 하기 때문에 특정한 언어적·문화적 상황의 모든 면에까지 이를 수 있다. 또한 그리스도는 1세기 유대 팔레스타인 문화 속에서 사셨던 것처럼 아주 편안하게 그분을 따르는 사람들의 인격과 그가 처한 상황 안에서 사실 수 있다. 따라서 우리는 번역 고유의 위험과 문제가 기독교 선교 과정에서도 어쩔 수 없이 나타난다는 점을 받아들여야 한다. 예를 들면 핵심어나 개념이 수용자의 언어에는 명확하게 상응되지 않는다는 점, 중요한 성경의 이미지들이 중동 지방의 토양과 역사나 로마제국의 관습에 뿌리를 두고 있다는 점, 겉으로 보기에 알맞은 단어들인데 의미가 변환된다는 점, 수용자 언어의 어휘를 사용할 때 함께 붙어 있는 곁가지가 있다는 점처럼 말이다. 그러나 이러한 요소들이 작용하여 그리스도에 관한 말씀이 **독특한** 문화에 적용되고 그럼으로써 그 문화의 고지에 이르게 된다. 그리스도에 관한 말씀을 새로운 영역으로 가지고 가서 새로운 상황에 적용하는 새로운 번역은, 실제로 기독교 신앙의 모습을 다듬고 확장할 수 있다. 성경이 어떤 문화로도 번역될 수 있다는 가능성은, 어떤 사고방식은 규정해 놓고 다른 사고방식은 배척하거나 무시하는(이는 절대로 번역될 수 없는 권위에서 나오는 자연스런 결과다) 보편적인 '안전지대'를 주장하는 대신, 그리스도에 관한 말씀이 새로운 지역의 사상이나 관습과 **상호**작용할 수 있게 해 준다. 또다시 쿠란의 절대적인 '말씀'과는 분명한 대조를 이룬다.

이런 면에서 번역은 회심과 닮았다. 실제로 번역은 그리스도를 향해 언어의 작용 방향을 바꾸는 것으로(언어는 수단이라는 생각과, 언어가 예치금 같은 것이라는 전통으로), 즉 회심의 살아 있는 모델이다. 또 회심과 마찬가지로, 번역도 시작은 있지만 끝은 없다. 그 영향이 아무리 크더라도, 절대 그것으로 충분하지 않다. 사회생활과 언어의 변화에 끝이 없는 것처럼, 번역에도 끝이 있을 수 없다. 번역의 원리는 교정의 원리라고 할 수 있다.

교정의 원리에 예외는 있다. 다른 문화들 속에서 사는 신자들이 그리스도에게 응답할 때 그리스도에 대한 번역들이 일어나게 마련인데 이것들이 바로 재번역이다. 이러한 여러 형태의 그리스도의 성육신은 움직일 수 없는 시간과 장소에서 일어난 첫 번째 성육신, 즉 '본디오 빌라도에게 십자가형을 당하신 분'에게서 비롯된 것이다. 이와 마찬가지로 성경 번역도 언제나 원전에 근거한 재번역이다. 온갖 번역본들은 언제나 원전과는 물론이고 같은 원전을 가지고 번역한 다른 번역본들과 비교할 수 있다. 비록 번역 행위 하나하나가, 회심의 과정 하나하나처럼, 원전을 새로운 지역으로 끌고 가서 어쩌면 그 원전의 의미를 확장하지만, 번역된 것들에 한 가족처럼 닮은 것이 없다면 당연히 의심이 들 수밖에 없다. 새로운 여러 문화 복합체에 파고들어 가기 때문에 생기는 다양성과, 온갖 번역본들이 공통된 원전을 기반으로 했다는 사실에서 나오는 일관성 사이에 모순되는 것은 없다. 그리고 이런 점에서도 성경 번역은 기독교 선교를 그대로 비추는 거울이다. 신앙을 아주 편안하게 만드는 토착화와 지역화 원리를 너무 많이 가지는 것은 불가능하다. 또 토착화와 계속 긴장 관계에 있으며, 그 지역 공동체를 다른 시간과 장소에 있는 그리스도인의 '그 지역의' 신앙 표현과 연결시켜 주는 보편화 원리를 너무 많이 갖는 것 역시 불가능하다. 두 원리를 되도록 적게 반영하는 것만이 가능하다.

번역에 대한 비교 역사 연구는 기독교 선교와 확산의 역사를 조명하게 될 것이다. 이 일은 교회의 확장을 지리적·숫자적인 면에서 조명할 뿐만 아니라, 특정 문화 안에서 그리스도의 정신을 극단적으로 적용시키려 함으로써 교회 안에서 그리스도의 영향력이 강력하게 확산된 현상을 조명하게 될 것이다. 이 주제에 대한 실례로 기독교 초창기의 예 몇 가지만을 들겠다.

기독교의 배태기에도 번역 원리가 작동했다. 늦잡아도 주전 2세기까지 유대인들의 성경을 헬라어로 옮기는 일이 진행되고 있었다. 칠십인역의 번역은 원래 선교를 목적으로 한 것이었다는 유대인들의 전승과, 또 실제로는 그것이 이방인들에게 유대교를 선교하는 것과 아무런 관련이 없었다고 하는 두 주장 모두 새겨들을 만하다. 칠십인역의 기원에 관한 더 그럴듯한 설명은, 헬라어가 알렉산드리아에 있던 수많은 유대인과 팔레스타인 지경 외부의 다른 유대인 공동체들 사이에서 주된 언어로 빠르게 확산되고 있었다는 것이다. 그래서 칠십인역은 사실 또 하나의 유대인 언어로 옮겨진 성경이라는 주장이다. 어찌되었든 구약성경을 굉장히 존중했던 이방인인 이집트의 왕 프톨레마이오스 필라델푸스(Ptolemy Philadelphus)가 그 번역을 시도했고, 하나님은 이에 대한 보답으로 표적을 나타내심으로써 그 일을 승인하셨음을 보여 주셨다는 것이 일반적으로 알려진 설명이다. 이런 이야기가 보여 주고자 하는 점은, 구약의 헬라어 번역이 하나님이 시내산에서 모세에게 돌판을 주신 일과 비견된다는 것이다.

그 최초의 번역위원회는 후대의 번역자들에게 여전히 선망의 대상이다. 그 위원회는 일흔(두) 명의 번역자들로 구성되었음에도 72일 안에 번역을 끝냈다는 것이다. 1세기 초에 살았던 알렉산드리아의 유대인 학자 필론(Philo)이 우리에게 들려주는 이야기는 훨씬 더 희한하다. 번역자들이 각자 번역한 것을 단어 하나하나 맞추어 보니 "무대 뒤에 있는 프롬프터가 불러 준 것을 적은 것처럼" 똑같았다는 것이다. 그의 말을 계속 들어 보자.

어느 언어라도, 특히 헬라어는 용어가 풍부하고 같은 생각이라도 단어들이나 구 전체를 바꾸어 여러 가지로 표현할 수 있다.…그 사실을 모르는 사람이 있는가? 저들은 그들의 경우는 그렇지 않다고 주장했다. 사용된 헬라어 단어들이 갈대아인들의 언어(즉 히브리어)와 정확히 일치했다고 주장했다. 즉 그들이 표현하고자 하는 것에 딱 들어맞는다는 것이다. 이것에 대한 가장 명백한 증거가 있다. 만약에 [히브리인들이] 헬라어를 배웠거나 헬라인들이 [히브리어를] 배워서 [히브리어 성경 원전]과 번역본을 다 읽었다면, 저자를 단순한 번역자들이 아니라 초자연적인 진리를 말하는 예언자들이나 사제들이라고 말할 것이다. 경외하는 마음으로 양쪽의 모든 내용이나 단어를 자매들처럼 한 배에서 나온 것으로, 아니 오히려 동일한 것으로 여긴다는 의미이다. 그들의 생각이 성실하고 정직했기 때문에 가장 순수한 마음, 즉 모세가 가졌던 그 마음으로 함께할 수 있었으리라는 것이다.⁴

이런 신념에 대한 필론의 진실성은 (비록 그가 히브리어를 알았는지 여부에 대해서는 거의 아는 바가 없지만) 의심의 여지가 없다. 그러나 이 알렉산드리아의 유대인이 얼마나 플라톤에 몰두하였고 스토아 철학자들을 얼마나 잘 알고 있었는지 깨닫지 못한다면, 번역된 성경을 이해할 수 없을 것이다. 필론에게 모세가 가장 순수한 마음을 가진 인간이라면, 아테네도 시내산만큼이나 그의 생각을 형성하는 데 영향을 주었다. 다른 말로, 심지어 유대인들 가운데서도 그 성경을 준거로 삼는 일이 많아졌고, 모세와 예언자들을 새로운 지적 동반자로 생각하게 되었다는 것이다. 필론은 알렉산드리아인들의 연설을 들었고 그들과 같은 교육을 받았는데, 그가 알렉산드리아 공동체의 사상 세계를 탐구할 때, 성경의 내용을 권위 있는 자료로 사용했다. 그 백성의 가장 귀중한 유산인 모세오경이 법(*nomos*), 아니 헬라어에서 말하는 '규범'(*Nomos*)이 되었고, 헬라어를 하는 유대인들(직접 알렉산드리아의 법과 함께 로마의 법을 다룬)은 법의 본질에 관한 플라톤 학파와 스토아학파들의 논쟁에 기여했다. 그런데 이런 일은 성경의 번역이 없었다면 결코

---

4   Philo, *Life of Moses*, trans. F. H. Colson and G. H. Whittaker (Loeb), 2:26-42를 보라.

일어날 수 없는 일이었다. 헬레니즘 환경에서 자란 필론은 그리스인들이 실재의 본질에 대한 질문을 받으면 당황한다는 사실을 알았다. 유대인이라면 아주 어린아이라도 알고 있는 주권자 하나님의 창조 활동을 그리스인들은 몰랐기 때문이다. 또한 그리스인들은 보통 하늘을 휘장같이 펼치시는 하나님에 관하여 예언자들이 하는 분명한 말을 들을 수 없었음도 알았다. 히브리적인 가르침을 받고 자란 사람에게는 감히 말로 표현할 수 없는 질문들이 있기 때문이다. 현상적인 우주는 물질이므로 영(Spirit)과는 어울리지 않는다. 어떻게 순수한 신(하나님)이 물질의 원인이 될 수 있는가? 필론은, 그보다 앞서 헬라어를 하는 다른 유대인들이 발전시킨 이론을 따라,[5] 그러한 그리스인들의 질문에 대하여 성경 안에서 해답의 열쇠를 찾았다. 실제로 그 열쇠는 창조주에 관한 신명기-이사야의 확언이나 창세기의 창조 이야기에 있었던 것이 아니라 잠언 가운데 있었다. 지혜를 의인화(擬人化)했거나 하나님이 창조 세계 가운데서 그분의 '지혜'를 사용하신 구절에 있었던 것이다. '말씀/이성'(logos)이라는 그리스의 개념이 점점 널리 논의되면서 지혜라는 성경의 주제와 합쳐졌고, 마침내 필론은 초월자인 하나님과 그분의 창조 세계 사이에 일종의 충격 흡수제로서 '로고스' (Logos)를 제시할 수 있었다. 필론의 말이다. "만물의 아버지께서 태초로부터 가장 존귀한 최고의 사자(使者)인 그분의 '말씀'에게 특권을 주셔서 경계선에 서게 하심으로써 창조주로부터 피조물을 떼어 놓으셨다."[6] 그래서 '로고스'는 인간이 주권자이신 주님과 교통할 수 있는 접

---

5 한 세기 앞서 나온 "지혜서"(*the Book of Wisdom*, 예를 들어 7장)에 가장 분명하게 기록되어 있다.
6 Philo, *Who Is the Heir of Divine Things?* trans. F. H. Colson and G. H. Whittaker, (Loeb), 205. 5.

촉점이 되었다. 본질적으로 그리스의 철학적 담론 안에서 유대인의 성경을 사용함으로써, 초월자 하나님, 곧 이스라엘의 하나님이 철저하게 그리스적인 쟁점들 한가운데로 들어갔다. 그리스 자료만을 사용한 그리스 사상가들은 하나님이라는 요소를 자기네들 쟁점의 가장자리에 놓아두었을 것이고, 번역되지 않은 성경만을 사용한 독실한 유대인들은 쟁점 자체를 이방인들의 신성모독으로 보아 무시해 버렸을 것이다. 필론이 프톨레마이오스 필라델푸스와 칠십인역의 이야기를 기뻐한 것은 놀랄 일이 아니다. 머지않아 헤아릴 수 없이 많은 그리스도인들이 필론이 간 길을 따르게 된다.

이렇게 보니 초기 기독교는 이미 번역 원리를 접했다. 유대인들이 살았던 팔레스타인도 문화적으로, 언어적으로 헬레니즘 세계로부터 차단되지 않았다. 예수님의 말씀 자체도 헬라어의 옷을 입고 우리에게 왔다. 급진적인 스데반은 성전에 대한 독실한 신앙을 유지하려는 전통적인 유대인들 핵심부를 향해 칠십인역이라는 칼을 휘두른다.[7] 오순절에 흩어진 유대인들은 하나님이 행하신 놀라운 일을 성전의 제사(유대인들이 순례하는 목적) 때 사용하는 거룩한 언어가 아니라, 자기네들의 모국어인 여러 나라의 방언으로 들었다(행 2:11). 그때 복음서는 칠십인역의 탄생 과정도 인정한다.

전통적인 유대교에서 칠십인역을 거부하는 때가 왔다. 이는 아마도 그 번역이 그리스도인들의 전유물이 되었기 때문인 것 같다. 헬라어가 꼭 필요할 때면, 심마쿠스(Symmachus, 2세기 후반에 구약성경을 헬라어로 번역했다—옮긴이)와 테오도티온(Theodotion, 2세기 말에 칠십인역

---

7 행 7:2-53. 참고. 행 15:16 이하. 여기서 야고보는 칠십인역을 인용하며 논증을 펼친다.

을 개정했다―옮긴이)의 번역 같은 좀더 축어적인 번역을 사용했다. 얼마 지나지 않아 번역에서 전반적으로 발을 빼는 일이 생겼다. 칠십인역이 기적같이 시작되었다는 점 때문에 사람들은 즐거워했지만, 그 사건을 그저 일반 원칙에 대한 예외로 여겼다. 그것이 세상의 구원을 위한 지침서라기보다는 프톨레마이오스 필라델푸스가 입은 특혜의 표지일 뿐이라고 마지못해 인식한 것이다.[8] 그러다 결국 토라를 헬라어로 옮길 수 없다는 단도직입적인 진술을 하게 되는데, 이 절대론을 후일 이슬람에서 흉내 내게 된다.[9] 그러나 이때까지 칠십인역은 기독교의 보호를 받으며 새로운 색깔을 띠고 세상에 유포되고 있었다. 한때는 그리스도인들이 대부분 유대인들이었지만, 당시 기독교는 헬라어를 말하는 사람들이 절대다수를 차지하고 있었다. 그리고 칠십인역은 그리스도의 사건을 헬레니즘 문화에 적용하는 데 여러 가지로 도움을 주었다. 기독교 신앙을 사상, 원리, 관계들이 복잡하게 얽힌 넓은 세계로 가지고 나가서 적용시킴으로써, 그 모든 것들을 그리스도에게 종속시키는 것이다.

기독교가 문화적으로 번역됨으로써 성경은 새로운 지위와 목적을 부여받았다. 성경은 더 이상 인종적으로 유대인들의 것이 아니었고, 성경의 적용 범위는 전 세계적이 되었다. 유스티누스는 모든 철학 학파들을 두루 섭렵하고는 자신이 철학의 진정한 목적, 하나님에 대한 비전에서 크게 벗어나 있다는 것을 깨달았다. 그 뒤 한 노인을 만

---

8   *Megillah* 9a를 보면, 프톨레마이오스왕의 전례 때문에 모세오경만 헬라어로 번역될 수 있다는 것을 말하면서 랍비 유다를 인용하고 있다.
9   Sepher Torah 1:8에 따르면, "일흔 명의 장로들이 프톨레마이오스왕을 위해 헬라어로 율법서를 썼는데, 그날은 마치 이스라엘 백성이 금송아지를 만든 날처럼 이스라엘에게 해로운 날이었다. 왜냐하면 율법서는 그 요건에 맞게 번역될 수 없는 책이기 때문이다" [C. K. Barrett, trans., *The New testament Background* (London, 1956), p. 213].

났는데 그 노인이 유대 예언자들의 글을 읽어 보라고 강권했다고 이야기한다. 그 예언자들은 "고명한 철학자들보다 훨씬 오래전에…무슨 일이 일어날지를, 심지어 지금 무슨 일이 일어나고 있는지를 예언했다."[10] 유스티누스는 그 노인의 조언을 받아들였고, 이것이 그를 그리스도에게 인도한 계기가 되었다. 그와 같은 시대의 신학자 타티아누스(Tatian, 120-180)도 비슷한 증언을 한다.

거친 표현의 글 몇 편이 내 손에 들어왔는데, 그리스의 사상보다 아주 오래되었고, 그리스인들의 오류에 비해 너무 신성했다. 그 표현의 간결함과 글쓴이들의 자연스러움 때문에, 또 창조에 대한 이해하기 쉬운 설명과 미래를 보는 혜안과 탁월한 가르침 그리고 그들이 하나님의 유일한 다스림 아래 있는 우주를 포용하고 있다는 사실 때문에 그것들을 믿게 되었다.…그 글들은 우리에게…우리가 받기는 했지만 잘못하여 잃어버렸던 것을 주었다.[11]

종래의 철학에 조예가 깊었던 유스티누스와 타티아누스는 둘 다 유대인의 성경이 아주 오래된 것에 감명을 받았다. 그들이 그 점을 알 수 있었던 것은 전적으로 칠십인역이 있었기 때문이다. 또 그들은 (그리스도의 인성에 직접 관련된) 예언적인 내용 그리고 그 내용을 지적 담론에서 가장 시급한 문제에도 적절히 적용할 수 있다는 점에 감명을 받았다. 사실을 말하자면, 칠십인역은 당시 그리스 세계에서 그리스 문헌 전체의 고색창연함에 필적할 수 있는 유일한 책이었다. 그리스

---

10 Justin, *Dialogue with Trypho*, 7.
11 Tatian, *Oration* 29.

도인들이 사용하는 책이 아주 오래되었다는 것은 중요한 의미가 있었다. 헬레니즘 문명의 세계관은 중요한 질문에 대한 검토가 이미 오래전에 끝났다는 신념을 기반으로 하고 있었다. 그런데 당시의 기독교는 새로운 것이라는 이유로 비난을 받았다. 따라서 그리스도인들이 소크라테스의 글보다 오래된 글을 가지고 있다는 것, 모세가 플라톤보다 먼저 글을 썼다는 것, 아니 (용감무쌍한 변증가들이 주장하는 것처럼) 플라톤의 글 가운데 가장 훌륭한 구절은 이사야서에서 베낀 것이라는 설명은, 변증적으로 중요하게 고려할 사항이었다.

헬라어로 번역된 구약성경을 회심한 그리스계 인물들이 사용함으로써 구약성경은 새로운 목적을 가지게 되었고, 새로운 사상 세계에서 쓰이게 되었다. 구약성경은 통합된 세계관을 구축하려는 헬라파 그리스도인들에게 권위 있는 원전이 되었다. 헬라어 번역본 구약성경은 디아스포라 유대인 학자 필론, 헬레니즘 문화의 영향을 받은 유대인 그리스도인 스데반, 히브리 사상과 헬레니즘 두 문화의 영향을 받은 선교사이자 랍비였던 바울에게 여러모로 필수적이었지만, 이들 각각에게는 다른 역사와 다른 영적 고향이 있었다. 유스티누스와 오리게네스는 이 사람들처럼 달리 찾을 고향이 없었기 때문에, 그들이 고향으로 삼을 수 있는 문화적·지적 기반을 마련하는 데 헬라어로 된 구약성경이 꼭 필요했다. 그들은 유산으로 받은 헬레니즘 세계를 몽땅 포기할 수도 없었고, 또 수구적인 동시대인들이 가졌던 형태대로 남겨 둘 수도 없었다. 절충적인 입장을 가졌던 철학자 유스티누스는 회심해서 순교할 때까지 철학 교사의 일을 놓지 않았다. 그에게 기독교는 단순히 신성한 철학, 하나님에 대한 비전으로 이끄는 철학이었기 때문이다(플라톤의 가르침에서 진정한 철학이 그렇게 하는 것처럼).

(어떤 면에서, 특히 오래되었다는 점 때문에) 유대인들의 성경을 포함한 성경이 그에게는, 자신이 받은 유산을 철저하게 비판할 때 사용한 권위 있는 말씀이었다. 그는 자기가 받은 유산이 부패했고 악령으로 가득 차 있다고 믿었다. 그러나 거기에도 진리가 있었다. 그리스도가 나타나기 이전에도, 거짓 신을 거부했고 그것 때문에 고통을 겪은 소크라테스 같은 그리스인들이 있었다. 소크라테스 같은 사람이 '로고스', 즉 이성에 따라 말했다는 것이 정말일까? 그리고 만약에 그랬다면, 그들의 그 이성은 모든 이성의 근원인 '로고스'(Logos), 즉 성부의 아들인 성자(聖子)에게서 비롯되었어야만 하지 않겠는가?[12] 그렇다면 이미 필론이 예시한 것처럼, 요한복음 기자가 호기롭게 취한 '로고스'라는 상징은 새로운 상황에서 다른 의미를 담고 나온다. 요한복음의 '로고스'는 필론이 충격 흡수제로 말한 '로고스'와는 같은 개념이 아닐 것이다. '로고스'의 가장 중요한 뜻은 분명 생생한 히브리어 '다바르 야웨'(Dabhar Yahweh), 곧 '주님의 말씀'일 것이다. 그러나 '로고스'는 '다바르 야웨'를 번역한 것이다. 그것은 이미 어떤 의미로 사용되고 있는 매개어로 번역되었다. 아마도 사람들이 원래 의미의 상당 부분은 거의 듣지 못할 상황에서 말이다. 그렇게 번역되어 사용되자 유스티누스는 헬레니즘 문화를 접한 초기의 다른 그리스도인 작가들이 그랬던 것처럼, 그 용어를 필론이나 요한복음의 기자도 이르지 못한 영역으로 가지고 갔다. '로고스'는 그리스도를 그리스 문화유산과 접촉시키는 필수적인 수단이 되었고, 그리스도는 그 문화유산 속에서 진리의 잣대가 되었다. '로고스'라는 단어가 이전에 사용되었다는 것은,

---

12　Justin, 1 Apology, 46.

히브리어를 알지 못하는 그리스인들(즉 대부분의 그리스인들)은 살아 있는 하나님의 말씀 '로고스'에 대해 중요한 많은 것들을 놓쳤다는 의미일 테지만, 그것이 그들의 구원과 관련하여 그들을 오도(誤導)하지는 않았다. 실제로 '로고스'는 그들이 구원을 깨닫게 해 주었다.

그러나 단어들의 중압은 한 방향으로만 가는 과정이 아니다. 그것은 훨씬 더 대담한 측면의 한 가지 번역만 생각해 봐도 그 사실을 알 수 있다. 그리스도를 가리키는 단어와 헬라어를 쓰는 이교도가 만나는 첫 기록에서 유대 그리스도인들은 비공식적이기는 하지만 꽤 위험을 무릅쓴다. 사도행전에 따르면, 이름이 알려지지 않은 키프로스와 구레네 출신 몇 사람이 안디옥에서 그리스 사람들에게 '주 예수'를 전했다(행 11:20). 그전에 이루어진 모든 선포에서 예수님은 이스라엘의 구원자인 메시아로 제시되었다. 그런데 이 새로운 그리스계 이교도들에게는 예수님이 '퀴리오스'(*Kyrios*)라는 호칭, 즉 그리스계 이교도들이 그들의 숭배 대상으로 삼는 신을 부르는 명칭으로 제시되었다. 어떤 사람은 주 예수를 주 세라피스(the Lord Seraphis)나 주 오시리스(the Lord Osiris)와 나란히 숭배 대상의 하나로 인식하는 결과가 나오리라 예상했을지도 모른다(당시에 더 신중한 사람들 가운데 누군가는 이런 일을 예언했을까?). 그러나 그런 일은 일어나지 않았다. 말할 것도 없이, 그 가장 큰 이유는 반응을 보인 그 이교도들이 칠십인역을 계속 읽고 있던 공동체 안으로 들어왔고, '퀴리오스'라는 단어를 성경적으로 연상해 그들의 마음에 담아서 예배 대상의 호칭으로 삼게 되었기 때문이다. 그러나 첫 번째 만남에서 '퀴리오스'를 예배 대상에게 사용하게 된 것은 아주 중요한 사건이었다. 안디옥 세계에서 문화적 변용을 잘하지 못하던 이교도들이 예수님의 의미를 다른 식으로 이해할 수 있었는지는 불확실하다. 우리 가운데 기성관념을 벗어나서 새로운 개념을 생각할 수 있는 사람은 없다. 그러나 일단 이식이 되자, 그 단어를 이런 뜻으로 이해한 것이 새로운 성경적인 준거 틀이 되어 일련의 제어력이 생기게 되었다. 머잖아 그 단어의 원래 의미들 대부분이 완전히 사라졌다.

칠십인역의 또 다른 한 특징은, 그 번역이 기독교의 보호를 받으며 헬레니즘 문화의 중심을 향해 나아감으로써 새롭게 중요성을 가지게 되었다는 것이다. 물론 구약성경의 히브리어 본문에서 하나님의 이름은 모음 없이 네 자음 문자로 표시된다. 구약성경에서 하나님은 인격적인 이름을 가지고 있기 때문이다. 그러나 수세기 동안 유대인들이 하나님을 경외의 대상으로 삼았기 때문에 오랫동안 그 이름을 발음하는 것이 허용되지 않았고, 칠십인역에서는 그런 경향이 그대로 굳어져 버렸다. 모음 없는 네 자음으로 표시되던 하나님의 이름이 '퀴리오스'로 바뀐 것이다. 그래서 칠십인역에서 하나님은 이름 없는 분이 된다.[13]

이 때문에 초기 기독교는 그리스-로마 세계에서 유행했던 종교와 각을 세우게 되었다. 하나님은 제우스(주피터)나 사투르누스(크로노스)나, 여러 신들을 혼합한 어떤 것도 **아니었다**. 하나님은 '호 테오스'(*ho Theos*), 즉 그 하나님(the God)으로 모든 신들 위에 있으며 이들과 대조되는 존재다. 만약 이 개념이 대중적인 종교의 신들을 거부하는 데 힘을 실어 주었다면, 한편으로는 토착적 철학 전통과 기독교를 연결

---

13 물론 '퀴리오스'는 칠십인역에서 주권자 하나님의 호칭으로 나오지만, 이는 이교도들이 쉽게 포착할 수 없었을 것이다. 사도행전에 등장하는 이들 초기의 그리스인 그리스도인도 쉽게 납득하지 못했을 것이다.

해 주는 윤활유 역할을 했다고 할 수 있다. 그 철학 전통 역시 대중 종교를 거부했고, 주로 추상적 용어나 부정 명제들로 궁극적인 존재를 언급했던 것이다. 이러한 연결은 서구 신학 전체에 결정적인 결과를 가져왔다.

기독교가 탄생하기 전에 이루어진 이 번역은, 토착적인 헬라 기독교가 발전하는 데 커다란 영향을 미쳤다. 그러나 또 한편으로는 이방인들이 기독교를 접하는 역사 전체에 본보기가 되기도 했다. 즉 이후 많은 민족이 기독교 신앙과 접촉할 때 그 만남의 방향 지시판 역할을 했다. 성경 번역 작업 과정에서 부각된 쟁점들, 또 그 결과로 부각된 많은 쟁점들은 문화의 벽을 넘어 기독교가 확산되었던 최초의 대이동에 예시되어 있다. 그리스계 사람들은 그리스 사상 세계 전체의 방향 전환 없이는 회심할 수 없었다. 그 사상은 여러 세기에 걸쳐 형성된 것이었다. 그것은 포기하거나 다른 것으로 대체할 수 없는 것이었다. 실제로 그런 선택안은 존재하지 않았다. 그리스계 그리스도인들에게는 헬레니즘 문화 자체의 방향 전환, 그리스도와 그리스도에 관한 말씀을 그 과정에 꾸준히 적용하고 그것을 앞세우는 작업 외에 다른 대안이 없었다. 이것 역시 여러 세기가 걸리는 일이었다. 이 과정에서 칠십인역의 존재는 아주 중요했다. 신약성경 자체가 부분적으로는 유대인들이 사용하던 언어에서 헬라어로 번역 작업을 거침으로써 유대인들의 심성이 반영된 것이기 때문이다. 따라서 또 하나의 고전 집대성인 고대의 유대 경전의 헬라어 번역본과 결합하지 않고서는 결정적인 영향력을 행사할 수 없었을 것이다.

문자 문화 안에서의 낭독

그리스-로마 세계는 확고한 문자 문화, 두터운 독자층, 광범위하고 효율적인 출판 조직을 갖춘 세계였다. 기독교 문헌이 시장에 나오면서 이미 비기독교 문헌들을 읽으며 형성된 독서 습관에 파고들었다. 그러나 기독교 문헌은 자체적인 활용 범위를 넓혀 나갔다.

유스티누스에게 히브리 예언서를 읽어 보라고 말한 그 노인은, 유스티누스가 그 예언서들과 복음서들을 접할 수 있을 것이라고 생각했음이 틀림없다. 그리고 유스티누스도 그리스인 청중에게(물론, 분명 비그리스도인들이 읽을 것이라는 기대를 가지고 책을 통해서) 그리스도인들이 모임에서 실제로 하는 일이 무엇인지를 설명했다. 그리스도인들은 시간이 허락하는 한 사도들의 글과 예언서를 읽는다고 밝힌다.[14] (초기 기독교 문헌에는 이 일에 꽤 오랜 시간을 썼다는 암시들이 있다.) 교회의 성경을 교회에서 읽게 했고, 회당의 관습을 자연스럽게 이어받아 성경을 함께 읽는 관습이 초기 그리스도인 공동체들 대부분의 구성원들에게도 규범이 되었음에 틀림없다. 그리스 세계 밖에 있었던 가장 초기의 그리스도인 공동체에서도 이러한 관행은 그대로 유지되었다. 북아프리카 기독교에 관해 남아 있는 가장 오래된 문서에는 180년 7월 17일에 있었던 일단의 그리스도인들에 대한 재판 기록이 담겨 있다. 피고들은 그들이 성경이라고 부르는 책들과, 의인 바울의 서신이 담긴 상자 하나를 가지고 있었다.[15] 그 기록은 라틴어로 되어 있으므로, 추정컨대 일찍이 그 사람들이 쓰던 말로 번역된 것임을 알려 준다. 120년

---

14 Justin, *Dialogue with Trypho*, pp. 11-14.
15 *Act of the Sicilian Martyrs*.

뒤에 기독교에 대한 대박해가 있었을 때, 라틴어를 쓰던 아프리카와 같은 지역에서 행정관들이 모든 기독교 서적들을 압수하라는 정부의 고지를 지니고 다녔다. 시장은 교회의 감독에게 율법을 기록한 것과 '그 밖에 가진 것 모두'를 넘기라고 말하지만, 뒤져 보니 나온 것은 두꺼운 책 한 권이 전부다. 그 감독은 낭독자들이 나머지를 갖고 있다고 말한다. 낭독자들의 집을 뒤진 결과 한 집에서 네 권, 다른 집에서 두 권이 나오고, 세 번째 집에서는 아무것도 나오지 않는다.[16] 다시 말해, 콘스탄티누스가 즉위하기 몇 해 전에 정부조차도 기독교의 생명력에는 그 책들이 근본적으로 중요함을 인식하고 있었다는 것이다. 그러나 그 책들은 주로 **대중**을 상대로 낭독하기 위해 기록되었으므로, 성직자들조차도 그들의 성경을 갖고 있지 않았다. 책들은 집회에서 사용되었고, 성직자들이 순번에 따라 그 책들을 관리하고 대중에게 낭독하는 일을 담당했다. 심지어 이런 문자 문화에서도 그리스도인들 대부분의 의사 소통 수단은 기본적으로 입으로 전하는 방식이었고, 그것은 교회의 정규 예배 시간에 낭독으로 이루어졌다. 문자 형태로 불가타역(Vulgate) 이전에 나온 라틴어 번역본들은 심지어 잘 읽히지도 않는다. 그 번역본들은 이후 '선교를 위한' 번역본들의 특징들을 다 담고 있었다. 라틴어를 하는 아프리카인이었던 청년 아우구스티누스(354-430)는 헬라어를 꽤나 어렵다고 생각했지만, 그 라틴어 번역본들이 키케로의 글과 비교할 때 무가치하다고 넌더리를 내면서 외면했다. 물론 대중을 상대로 낭독할 때 라틴어 성경의 발음이 더 좋기는 했다. 사실, 장년이 된 아우구스티누스는 라틴어 성경의 '초라함'

---

[16] *Gesta apud Zenophilum* (text in *Corpus Scriptorum Ecclesiasticorum Latinorum* 26, pp. 186-188).

에서 신학적 근거를 찾게 되었다.[17]

기독교와 북방의 구전 문화

그런 다음 기독교는 문화의 벽을 넘어 크게 확산된다. 지중해 지역의 역사와 우선순위 때문에 장구한 세월에 걸쳐 이룩된 문자 문화 속에 둥지를 튼 기독교는, 이제 로마제국 국경선에 자리 잡고 그 제국을 서서히 무너뜨리려 하는 여러 분열된 부족들과, 확실히 정착했거나 어느 정도 정착한 약탈자들과, 농경민들의 세계관과 타협해야만 했다. 새로 그리스도인이 된 사람들 가운데서는 고유한 문자 문화도, 두터운 독자층도, 시장을 염두에 둔 도서 출판도 찾을 수 없었다.

또 무엇보다 중요한 서구의 복음화를 위한 선교 전략도 없었다. 서구의 회심은 교회 당국(가장 유명한 사람은 교황 그레고리우스)과 영토 확장주의자들(가장 악명 높은 사람은 샤를마뉴), 영감을 받은 일단의 금욕주의자들(켈트 기독교에서 엄청난 수를 배출했다) 같은 다양하고 이질적인 사람들이 주도한 결과로 일어났다. 반응도 뒤죽박죽이고 언어 사정도 불안정했던 여러 세기 동안, 번역에 대한 입장도 갖가지였다는 것은 놀랄 일도 아니다. 우리의 논지를 펼치려면, 두 가지 대조적인 실례를 드는 것으로 충분하다. 그 실례가 정확히 같은 시기에 일어난 일은 아니지만, 그것이 일어난 상황은 대체로 유사했고, 주인공들 또한 공통점이 많았다.

---

17 Augustine, *Confessions* 3.5: "내 부풀어 오른 자긍심은 라틴어 성경의 초라함 때문에 오그라들었다. 내 날카로운 기지도 그 속살을 꿰뚫을 수 없었다"(Pusey의 영역을 번역한 것이다).

울필라스(Ulfilas), 또는 고트족 사이에서 불필라(Wulfila)로 불린 그는 고트족 태생이지만 소아시아 지방에서 포로가 된 그리스도인의 후손이었다. 그는 그리스-로마 세계에서 포로로 잡혀 온 사람들을 중심으로 생긴 고트족 그리스도인 공동체의 핵심 인물로, 헬라어와 고트어에 능통했다. 당연히 그는 아리우스파(4세기 초 알렉산드리아에서 삼위일체설을 부정하였던 아리우스와 그의 추종자들—옮긴이)였다. 그의 기독교 뿌리를 생각해 볼 때 이는 자연스러운 입장이었을 것이다. 나이 서른에 고트족 주교로 서임된 그는 당시 로마제국의 변방 너머에서 살았다. 그의 활발한 포교 활동이 큰 성공을 거두자 그와 그의 부족은 마침내 제국 안에 고트족의 거주지를 마련해 이주했다. 우리가 관심을 두고자 하는 것은, 서(西)고트족의 복잡한 역사나 불필라가 고트족의 회심에 구체적으로 어떤 역할을 했느냐가 아니다. 불필라가 성경을 처음으로 고트어로 완역하는 데 공헌했다는 이야기에 의심을 품을 이유는 없어 보인다. 그는 열왕기서를 뺀 성경을 전부 번역했는데, 자기 부족에게는 전쟁에 관한 지침이 더는 필요하지 않았기 때문에 열왕기서를 남겨 두었다고 한다. 그는 성경을 번역하기 전에 고트어의 알파벳을 창안하는 일부터 먼저 해야만 했다.[18]

다른 말로 하자면, 불필라는 후기 선교 운동의 통상적인 특징이 무엇인지를 보여 준 선례다. 그는 완전한 구전 문화 속에서 문헌을 만들어 냈다. 문헌은 일단 만들어지자 생명력을 갖게 되었다. 이는 바로 문해력을 지닌 계층의 형성을 의미했다(여러 해 동안 문자 교육을 받은 공

---

[18] Wulfilia(활약기 340-370)에 관해서는, 그의 제자 Auxentius가 쓴 간략한 생애 소개와 필로스토르기우스(Philostorgius, *Ecclesiatical History* 2,5)와 다른 5세기의 저술가들이 쓴 자료에 언급되어 있다. G. W. S. Fridrichsen, *The Gothic Version of the Gospels* (Oxford, 1926) 및 *The Gothic Version of the Epistles* (Oxford, 1936)를 보라.

동체가 조성될 가망성은 없었다). 그리스계의 교육받은 성직자들은 그 자연스러운 본보기로, 더 높은 수준으로 나아간 독자층이었다.

고트족은 기독교 민족이 되어 광대한 지역에 두루 퍼져 살았다. 그들은 점점 제국을 파고들어 마침내 고트족 출신의 황제까지 배출했다. 고트족이 통치하는 내내 불필라가 번역한 성경은 제국 안은 물론이고 제국의 국경선 너머에서까지 읽히게 되었다. 이것은 고트족 문헌의 유일한 기념비적 성과다. 비록 불필라는 아리우스파였고 고트족도 오랫동안 아리우스파로 남아 있었지만, 번역된 성경에서 딱히 아리우스파 냄새가 나는 것은 없었다. 그러나 우리한테까지 내려오는 고트 신학의 특징적인 성격도 없다. 고트족 아리우스파 사람들이 니케아 신조를 믿는 그리스인들과 신학 토론을 했을 때, 그들은 아마도 그리스적인 바탕에서, 그리스의 지적인 무기와 두 언어로 쓰인 텍스트를 놓고 토론을 했을 것이다. 또 유명한 서고트족 연구 역사가는 불필라가 모국어를 하는 사람이 아니면 배울 이유가 없던 언어로 자기 부족에게 성경을 접하게 한 것이 그들에게 최선이었는지에 대한 질문을 던졌다. 우리가 평신도 계층이자 헬라어나 라틴어를 몰랐던 초기 고트족 그리스도인들의 생애와 사상에 대해 더 아는 것이 없다는 점이 통탄할 일이다.

불필라가 죽은 지 한 세기 후에 유럽 대륙의 반대쪽 끝에서는 패트릭(Patrick)이 이상스런 여정을 시작했다. 두 사람 사이에는 비슷한 점이 많다. 패트릭은 아일랜드 태생이 아니라 브리튼족 사람이었고 켈트어를 썼다. 그는 로마제국이 해외 주둔 병력을 감축하기로 결정한 후에 사기가 꺾여 브리튼섬에 남겨진 로마화된 그리스도인들의 후손이었다. 불필라의 수준에는 이르지 못했지만 라틴어를 말하고 쓸 수 있었고, 불필라가 능통했던 헬라어에 대해서는 전혀 문외한이었다. 불필라의 선조들이 고트족의 나라에 포로로 끌려갔던 것처럼, 그도 처음에는 아일랜드에 포로로 잡혀 갔다. 그는 거기에서 노예로 생활하면서 하나님을 깊이 체험했다. 그는 아일랜드에서 도망쳐 나왔지만 선교사가 되어 다시 돌아갔다. 그의 고향과는 달리, 아일랜드는 로마제국에게 점령당한 적이 없었으므로 마을과 행정 중심지 같은 뚜렷한 로마적인 특징이 없었다. 켈트인으로서 패트릭은 우주는 적대적인 세력으로 가득 차 있다는 켈트족의 우주관을 공유하고 있었기 때문에, 이러한 적대적인 세력에 그리스도의 이름으로 맞섰다. 그는 로마의 주교처럼 행세하기보다는, 아일랜드 왕들처럼 여행길에 나섰다. 로마의 시각에서는 아일랜드 교회 조직이란 것이 분명 이상했다. 그는 자신의 조야한 라틴어 실력과 헬라어에 대한 무지를 한탄했다. 바다 건너에 사는 세련된 골족-라틴계 그리스도인들은 그의 투박함과 사제 서품을 지체시킨 초기의 죄에 눈살을 찌푸렸다. 게다가 악령이 가슴 위로 뛰어드는 아주 생생한 체험을 하는 사람을 대하기 어려워했다.[19]

불필라처럼, 패트릭도 독자층과 성경 전문가들을 양성할 필요가 있다고 생각했다. 그래서 불필라가 한 것처럼, 소규모의 식자층을 만드는 것으로 시작했다. 그는 정규적으로 알파벳을 가르친 것으로 알려졌다. 그러나 그 알파벳은 라틴어 알파벳이었다. 패트릭은 켈트인들의 생활과 생각에 정통해 있었지만, 성경을 켈트어로 번역하려고 시도하지는 않았다. 그는 분명히 엄청난 능력과 존재감을 가진 켈트의

---

[19] Patrick(390-460?)은 자서전을 썼다. 이 책의 내용은 그의 유명한 *Confession*을 참고했다.

설교자였다. 그러나 그리스도인 여인들을 납치한 추장에게 저주를 퍼붓는 데 성경 구절을 써먹을 때 라틴어로 말하면 특별한 힘을 발휘하는 것처럼 썼다.[20] 그가 양성한 일단의 제자들은 라틴어 실력이 그보다 좋았고, 라틴어로 아름다운 찬송가를 작곡했으며(켈트어로 아름다운 찬송가를 작곡한 것은 말할 나위도 없었고), 예술적 기교면에서 타의 추종을 불허하는 책들을 발간했고, 아일랜드를 서구 문화의 주류로 끌어올렸고, 학자들의 나라라는 반열에 올려놓았다.

패트릭은 기독교 확장의 세 번째 시기에 적어도 서유럽에 관한 한, 불필라보다 이런 실천에 앞장섰던 사람이다.[21] 복음화는 문화 변용 과정을 촉진시켰고, 이 과정에서 북유럽과 서유럽에 살고 있던 민족들의 의식이, 전통적으로 그들 사회의 경계가 되었던 친족 집단과 지역성을 넘어서는 결과를 낳았다. 결과적으로 이것 때문에 기독교 왕국, 즉 영토를 가진 그리스도 제국이라는 개념이 도출되기에 이르렀다. 성경, 예전, 학습을 위한 공통 언어를 가지는 것은, 이 왕국을 건설하는 강력한 요소 가운데 하나였다. 주후 731년에 비드는 이렇게 말했다. "현재 브리튼섬에는 다섯 권의 율법서와 조화를 이루는 다섯 개의 언어와 잉글랜드, 브리튼, 스코트, 픽트라는 네 개의 나라가 있다. 나라마다 고유의 언어가 있지만, 이들 네 나라는 다섯 번째 언어, 즉 성경 연구를 통해 공용어가 된 라틴어로 다 하나가 되어 하나님의 진

---

20 Patrick, *Letter to Coroticus* 20. "내가 라틴어로 표현한 이것은 내 말이 아니라, 결코 거짓말을 하지 않는 하나님의 말씀이고, 사도들의 말씀이며, 예언자들의 말씀이다."
21 여기에서도 우리는 진정한 언어 토착화와 함께, 교회 슬라브어(Church Slavonic)와 같은 '특수 언어'의 성장을 보지만, 동방 기독교는 다른 길을 걸었다. 가장 뚜렷한 사건을 보자면, G. L. Cuming, *The Mission of the Church and the Propagation of the Faith* (Cambridge, 1970), pp. 1-16에 실린 A. P. Vlasto, "The Mission of SS. Cyril and Methodios and its Aftermath in Central Europe"을 보라.

리를 탐구한다."²² 여러 세기 동안 여러 언어들이 기독교의 성경과 예전을 담는 그릇이 됨으로써 그 언어를 수호하거나 더 풍성하게 한 것처럼, 교회는 라틴어를 수호했다. 그러나 자국어로서의 라틴어를 보존한 것이 아니었다. 라틴어는 그리스도인들에게 '특별한' 언어로, 예전을 집전하고 대중에게 성경을 낭독하는 식자층 그리스도인들의 보편적인 언어가 되었다. 라틴어는 또 그리스도 제국에 속한 이질적인 민족들을 하나의 공통적인 기독교 문화 안으로 통합시켰을 뿐만 아니라 또 다른 중요한 결과를 가져왔다. 그들의 지역과 민족의 이야기를, 기독교화된 로마제국의 이야기와 초기 교회의 이야기들과 연결시켜 줌으로써 과거를 공유하게 해 주었다. 또한 그들을 고대 로마의 역사와 문헌들에 연결시켜 줌으로써 지적인 유산을 공유하게 해 주었다.²³ 그리스도인들이 처음으로 헬레니즘 세계와 만난 사건에서 우리는 번역에 의한 복음화 과정을 바로 알아볼 수 있다. 북쪽에 사는 부족들을 만났을 때에는, 보완에 의한 복음화 과정이 보통 더 분명하게 나타난다. 성경의 언어는 기성 문화에 침투하는 동력이라기보다는, 새로운 정체성을 활용하고 표현하는 수단이라고 할 수 있다.

그러나 그것은 역사의 일부에 지나지 않는다. 패트릭의 경우처럼, 성경을 자국어로 해설하는 일은 여전히 중요한 과제였다. 앵글로색슨인 선교사 보니파키우스(Boniface, 680-754, 현재의 영국 웨식스 태생으로 8세기 프랑크 왕국에서 선교했던 초대 마인츠 대주교—옮긴이)는 프랑크 왕국에 편입된 지역에서 프랑크족의 보호를 받으며 사역한 선교사로,

---

22 Bede, *Ecclesiastical History* 1.1, trans. L. Sherley Price.
23 갈로 로망(로마제국의 영토였던 프랑스 지방—옮긴이)의 주교였던 Gregory of Tours는 그의 책 *History of the Franks* (1.1)에서, 예루살렘과 로마를 거쳐, 로마제국의 멸망에서 클레르몽 페랑(Clermont Ferrand)까지의 역사로 매끈하게 연결시킨다.

세례 서원에서 마귀를 멀리하겠다고 말할 때에는 자국어로 해도 되지만, 세례 예식 자체는 라틴어로 진행해야 한다고 주장했다.[24] 신자들의 이해와 적극적인 참여가 필요한 영역과 교회의 대표적인 행위는 초창기부터 구별되어 있었다. 그러한 교회의 행위는 교회만의 특별한 언어를 사용할 때 가장 안전하고 가장 강력했다. 또 지역의 언어 자체가 기록 언어가 됨으로써, 공식적으로 교회가 사용하는 번역본에 자국어 번역이 자연스럽게 붙어 나오게 되었다. 순종에서는 가장 로마인다웠지만 세계관은 가장 영국 사람다운 비드는 거의 죽을 때가 되어서야 요한복음을 노섬브리아(Northumbria) 말로 번역하는 일에 착수했다.[25]

16세기에는 자국어 원칙이 가장 크게 부각되었다. 개신교는 본래 북유럽 고유의 기독교다. 개신교의 다양성은 각 지역 환경의 다양성과 관계가 있다. 그것은 그 지역 언어뿐만 아니라 북유럽 특유의 문화적 환경으로 번역된 기독교다. 페르낭 브로델(Fernand Braudel, 1902-1985, 프랑스 역사가이자 교육자―옮긴이)이 지적한 것처럼, 유럽의 가톨릭과 개신교 사이의 경계선이, 원래 로마제국에 속했던 지방들과 로마의 통치권이 잠정적으로나 지엽적으로 미쳤거나 전혀 미치지 않은 지역 사이의 경계선을 따라 생긴 것은 아마도 우연이 아닐 것이다.[26] 가장 큰 예외가 바로 아일랜드다. 패트릭이 사역한 아일랜드 말이다.

이렇게 자국어 원칙을 극적으로 보여 준 시대에, 광범위한 영향을 미친 다른 두 가지 발전이 일어났다. 하나는 기술적인 발전이었다. 인

---

24 참고. J. M. Wallace-Hadrill, *The Frankish Church* (Oxford, 1963): pp. 377-389.
25 Cuthbert, *Life of Bede*.
26 F. Braudel, *Civilization and Capitalism*, vol. 3, *The Perspective of the World* (English trans., London, 1984), p. 66.

쇄술의 발전으로 성경이 널리 보급될 수 있었다. 이 때문에 집회에서 함께 성경을 읽는 것 말고도 비공개적이고 개인적으로 성경을 연구할 수 있는 길이 열렸다. 옛날보다 더 많은 수의 그리스도인들이 함께 성경을 읽기보다는 개인적으로 성경을 접하게 되었고, 그것이 성경을 연구하는 더 주요하고 효과적인 방법이 되었다. 이러한 변화를 다른 말로 하면, 성경을 구전이 아니라 문헌으로 읽는 방법을 접하게 되었고, 공동체적인 방법이 아니라 개인적인 방법으로 접하게 되었다는 뜻이다. 물론 이 문제는 여기서 제시하는 것보다 더 신중한 검토가 필요하다. 아마도 성경과의 관계가 이렇게 변하게 된 것은, 개인주의를 점차 중요하게 여겼던 서양 문화에 기독교가 침투한 것이 한 요인이었을 것이다.

또 하나의 중요한 발전은 기독교에서 문화의 벽을 넘어 확산되는 다음 단계가 시작된 것이었다. 이것이 종국에는 우리가 지금 처한 상황으로 이어진다. 즉 기독교가 유럽에서 쇠퇴하고 라틴아메리카, 사하라 이남의 아프리카, 남태평양, 아시아의 몇몇 지역에서 엄청나게 성장함으로써 기독교의 무게중심이 서구에서 남반구로 옮겨지는 상황에 이르게 된다.

새 시대에도, 앞서 기독교 신앙이 다른 문화들과 접할 때 생겼던 번역의 문제들이 다시 드러날 수밖에 없었다. 불필라가 갔던 길과 패트릭이 갔던 길 둘 다 그 새 시대에 분명히 드러났다. 구별이란 것도 단순히 '개신교'와 '가톨릭'이 취한 방법 사이의 구별처럼 단순한 것이 아니었다. 서아프리카의 초기 개신교 역사를 보면, 영어를 사용하는 활기 찬 아프리카 교회가 아프리카 언어를 불필요하게 만드는 것은 아닌가 하는 질문이 잠시(아주 짧은 시간!) 생겼다.[27] 오늘날 사람들은 당연히 특수한 국제적인 신학 언어로 영어가 라틴어의 자리를 차지한 것은 아닌가 의아해한다. 윌리엄 스몰리(William Smalley, 태국 루앙프라방 지방에서 크무어를 연구한 선교사-옮긴이)는 언어의 서열 현상에 관심을 기울였다. 사람들은 종교적인 목적을 포함해 각기 목적에 따라 다른 언어를 사용한다는 것이다.[28] 이것과 기독교 확산의 역사 사이에 관련성이 있는지는 더 연구할 가치가 있다.

최근의 기독교 확산 시기에는 불필라의 방법이 패트릭의 방법을 능가했다. 전에는 그 반대였듯이 말이다. 이제는 두 사람의 방법 모두 영향력이 큰 식자층이 아니라 대규모 독자층을 염두에 두고 있다. 이제는 두 방법을 쓰는 사람들 모두 성경을 무제한적으로 공급할 수 있는 능력을 가지고 있기 때문이다. (또한 두 방법 모두 구전 문화가 구전으로 남아 있는 범위와 책을 가지고 있어도 구두로 성경에 반응하는 정도까지 계산에 넣어야 한다.) 그 방법들의 효과는 말씀이 어느 정도나 문화 속에서 한 번 더 인지할 수 있는 정도로 육신이 되시며, 그래서 사람들이 인간적 조건 아래서 어느 정도나 **그분의** 영광을 보는지에 달려 있다.

---

27 이 주제에 관한 더 상세한 내용은 이 책의 8장 "검은 피부의 유럽인-흰 피부의 아프리카인"을 보라.
28 예를 들면, W. A. Smalley, "Thailand's Hierarchy of Multilingualism", *Language Sciences* 10 (No. 2, 1988).

4 • 기독교 역사에서의 문화와 회심[1]

공연장

극장에 가는 것으로 시작해 보자. 배우들이 드넓은 무대 위를 가로지르는 시끌벅적한 극장 말이다. 꽉 들어찬 객석에 있다면 누구라도 무대 쪽을 볼 수 있지만, 아무도 무대 전체를 볼 수는 없다. 극장 한쪽에 자리 잡은 사람들은 무대 양옆에서 들어오는 배우의 목소리는 들을 수 있지만 왼편에 등장한 배우는 볼 수 없다. 또 어떤 자리는 기둥이나 튀어나온 발코니석이 시야를 방해하기 마련이다. 발코니석으로 올라가 보면 무대 앞의 장식 아치가 무대장치 위쪽을 잘라 버린다. 결과적으로 관객들은 같은 연기를 보고 같은 대사를 듣지만, 좌석에 따라 대사와 동작을 다르게 인지한다. 측면 좌석을 차지한 사람들은 어떤 장면들을 자세하게 볼 수 있으나, 다른 쪽 좌석에 있는 사람들은 그 장면을 그 정도로 자세하게 볼 수 없고, 발코니석을 차지한 관객들은 아래층 특석에 자리한 관객들이 웃는 소리가 들려도 왜

---

1   이 장은 인디애나주 엘크하트에 있는 메노나이트 신학교에서 강의한 내용이다.

웃는지 까닭을 모르기 때문에 황당해할 수도 있다. 그러나 장면이 바뀌면 처지가 뒤바뀌고, 중요한 장면이 무대의 다른 쪽에서 전개된다.

물론 자리에서 일어나 좌석을 바꿀 수는 있다. 그러나 그렇게 하더라도 무대를 다른 쪽에서 바라볼 수 있을 뿐, 무대 전체를 한눈에 볼 수는 없다. 또 좌석을 바꾼 관객이 공연을 전체적으로 이해하려 하면, 여전히 첫 막이 올랐을 때 어디에 앉았는가가 영향을 미칠 것이다.

물론 어떤 사람들은 다른 사람들보다 더 잘 볼 수도 있다. 앞으로 고개를 열심히 내미는 관객들, 시야를 가로막는 기둥 옆으로 목을 길게 빼는 관객들이라면, 자리에 등을 깊숙이 대고 앉아 있는 관객들보다 더 잘 볼 수 있다. 막간에 일어나서 다른 자리에 앉아 있는 친구들과 의견을 교환하는 이들은 아마 누구보다도 그 장면을 잘 이해할 수 있다. 그러나 우리가 얼마나 분명하게 볼 수 있는지는 극장 좌석에 따라 결정된다. 그것은 관객이라면 누구나 처하는 어쩔 수 없는 조건이다.

우리가 보고 있는 연극은 인생 드라마다. 사람이라면 누구나 드라마가 상연되는 무대를 쳐다볼 수 있다. 그러나 앉은 자리에 따라 주안점이 저마다 다르다. 이제 이 드라마의 줄거리에 꼭 필요한 상황이 전개되는데, 우리는 그것을 '예수 장면'이라 부를 수 있다. 이 장면을 보는 상황은 다른 장면을 보는 상황과 똑같다. 모두가 무대를 쳐다보고 있지만, 아무도 무대 전체를 보지는 못한다. 관중은 무대의 한쪽에서 상연되는 '예수 장면'을 보지만, 그들이 앉은 좌석에서 보이는 만큼만 본다.

우리는 이것을 이상한 극장이라고 생각할지도 모른다. 주연이자 감독인 하나님은 적어도 꼭 필요한 장면을 보도록 우리에게 더 좋은 조건을 제공하셨어야 했다. 그것이 그렇게 중요한 것이라면, 이런 설치된 장애물이 없는 다른 극장에서 연극을 상연할 수는 없었을까? 아니면 누구나 거의 똑같이 볼 수 있도록 배치를 다르게 하실 수는 없었을까? 그러나 잠시만 생각해 봐도 그럴 수 없다는 것을 알게 된다. 예수 장면은 인생 드라마에서 매우 중요하다. 그것은 별도의 드라마가 아니다. 우리는 그 극장의 같은 좌석에서 마치 인생의 나머지 부분을 보듯이, 예수 장면을 봐야 한다. 예수 장면은 인생의 나머지 부분에 **속해** 있기 때문이다.

극장 안에서 우리 좌석이 어디로 정해지는지는 여러 가지 복잡한 조건에 달려 있다. 우리가 태어난 곳이 어디며, 우리 부모의 본거지가 어디며, 우리가 어떤 언어를 사용하며, 우리가 어린 시절을 어떻게 보냈는지 등이다. 넓은 의미에서 같은 조건을 공유한 사람들이 문화 단위를 형성하는데, 이는 극장의 좌석 구역과 비슷하다. 한 구역의 좌석에서는 무대의 시야가 아주 비슷하다. 문화라는 것은, 인생 드라마가 진행되는 공연장에서 객석의 위치를 지칭하는 것에 지나지 않는다.

그 드라마에서 '예수 장면'을 본다는 것은, 성경을 읽거나 듣는 일과 관련이 있을 것이다. 다시 말하지만, 우리가 객석에서 앉아 있는 자리는 그 과정에서 우리가 보거나 듣는 것에 영향을 미칠 것이다. 극장의 다른 쪽에 자리 잡은 사람들은 우리가 볼 수 없는 것을 볼 것이고, 우리에게 중요해 보이는 어떤 것을 볼 수 없을 것이다. 그들이 볼 수 없는 것은 눈이 멀었거나 일부러 그러는 것이 아니라, 다른 곳에 있는 자리에 앉아 있기 때문이다. 그들의 좌석에서 보면 '예수 장면'이 초기의 전개에 딱 들어맞는 것으로 보이는 것이 당연하다. 우리가 그 전개를 보지 못한 까닭은 튀어나온 발코니 때문이다. 사실 그것이 계속 우리의 시야를 방해하기 때문에 우리는 그 존재조차 잊어버렸다.

이런 제약은 우리가 복음을 들을 때 나타나는 불가피한 특징이다. 복음은 실재와는 별개로 하늘에서 들려오는 소리가 아니다. 복음은 우리가 보고 있는 인생 드라마 대신 택할 수 있는 프로그램이나 그것을 보충해 주는 프로그램이 아니다. '예수 장면', 즉 복음은 극 **중에 있다**. 이는 성육신을 암시한다. 그러므로 우리는 다른 소식을 받아들일 때와 같은 조건에서 같은 기능과 역량을 가진 수단을 통해 복음을 받아들여야 한다. 우리는 축적된 경험과 세계관으로 복음을 듣고 그것에 반응하며, 성경을 읽고 그것에 귀를 기울인다.

문화의 성립

C. S. 루이스는 자서전 『예기치 못한 기쁨』(*Surprised by Joy*, 홍성사 역간)에서 아버지와 자주 나누었던 동문서답 대화 특유의 한 예를 이야기한다.

벨파스트의 어떤 교회당에는 문에 헬라어 명문이 새겨져 있고 특이한 뾰족탑이 있다. 내가 "그 교회당은 굉장한 역사적 명소지요. 저는 어디에 있든, 심지어 케이브 힐 꼭대기에서도 그 교회를 알아볼 수 있어요"라고 하니까, 아버지는 "말도 안 되는 소리. 어떻게 3-4마일 밖에서 그 그리스 글자를 읽을 수 있단 말이냐?" 하고 말씀하셨다.

이 이야기는 일반적인 현상을 설명해 준다. 같은 실체를 다르게 인식하고, 같은 명칭으로 다른 이미지를 떠올리는 것 말이다. 만약 머릿속에서 어떤 교회당 하면 헬라어 명문이 떠오르도록 설정되어 있다면, 다른 사람이 그 교회당에 관해서 말할 때, 심지어 그 뾰족탑의 모양새나 높이에 관해 말하고 있을 때에도, 그 명문의 모습이 떠오를 것이다.

우리의 인식을 좌우하는 이러한 우리 머릿속의 설정이 극장에서 우리의 좌석을 결정한다. 그것은 우리의 과거 전부를 포괄하는 복잡한 과정의 결과물이다. 우리의 과거는 우리가 가진 정체성의 실마리가 된다. 과거가 오늘 우리의 모습을 만들어 냈다. 과거가 없었다면 우리는 우리가 누구인지 알지 못했을 것이다. 한 사람이 기억을 잃는다는 것은 그의 과거를 잃는다는 것이고, 과거를 잃으면 곧 뿌리도 없어진다는 말이다. 그러면 우리는 불안해지고, 확고한 관계를 맺을 수도 없다. 기억상실증으로 고통당하는 사람은 관계를 맺을 수 있게 해 주는 정체감을 잃는다. 그 사람이 자기 옆에 서 있는 사람이 오랜 벗인지 새로 사귄 사람인지 어찌 알 수 있겠는가? 그에게 다가오는 여자가 자기 아내인지 전혀 모르는 여자인지 어찌 알 수 있겠는가? 과거에 대한 기억이 없다면 알 수 없다.

우리 머릿속에 설정되거나 인식되는 것은 사건이나 경험뿐 아니라 관계를 통해서도 확립된다. 우리가 **누구에게** 속해 있다고 생각하는지, 또 우리에게 속한 사람이 **누구라고** 생각하는지와 같은 인식은 우리의 정체성을 파악할 수 있는 가장 좋은 단서다. 지금의 우리를 만들고 우리의 인식을 좌우하는 영향력은 관계를 통해 주어진다. 일부는 가족, 스승, 가까운 벗들 같은 가깝고 일차적인 관계이고, 또 일부는 집안, 부족, 민족, 국가, 계급, 소속 집단처럼 이차적이지만 마찬가지로 중요한 관계들이다. 어떤 의미에서 이러한 관계들을 통해 실제로 자아가 **확립된다**. 우리는 다른 이들과의 관계 설정을 통해서만 자기 자신을 규정할 수 있다.

어떤 사회는 다른 사회들보다 이러한 현상을 인지하기가 더 쉽다. 지금까지 여러 세기 동안 서구인들은 자기 자신을 개별적으로 생각하는 경향이 있었다. 즉 독립적인 결정을 하는, 그 자아 자체로 존재하는 자율적인 자아로 생각했다. 그래서 심지어 복음조차도 어쩔 수 없이 개인 구원이라는 차원에서 선포되고 있고, 설교도 개인적인 응답을 끌어내는 쪽으로 향해 있다. 이것은 "나는 생각한다. 따라서 나는 존재한다"로 시작하는 사고방식의 자연스러운 결과다. 그러나 다른 많은 사회에서는 출발점이 "나는 어딘가에 **속해 있다**. 따라서 나는 존재한다"일 수 있다. '관계 안에 있는 자아'라는 이러한 연대성은 성경에서 반복해서 나오는 주제다. 예를 들면, 사도 바울은 죽음과 구원의 매개체인 아담과 그리스도 안에서 온 인류가 연대한다고 주장했다.

이렇듯 우리의 인식과 세계관은 경험과 관계에 의해 확립된다. 이 둘의 조합이 특정 교회당을 언급할 때 우리가 뾰족탑을 보는지, 그리스 명문을 보는지를 결정한다. 중요한 것은 두 가지 대답 모두 제대로 된 대답이라는 점을 놓치지 않는 것이다. 교회당에는 실제로 뾰족탑도 있고 명각도 있기 때문이다. 처음의 은유로 돌아가서 우리가 같은 연극을 보고 있다고 해 보자. 그런데 '예수 장면'에서 같은 복음의 말씀을 듣고 있지만, 결과적으로 우리가 받는 지배적인 이미지는 다를 수 있다. 무대의 보이는 부분이 다르기 때문이다.

아주 짧은 시간이라도 연극에서 관심을 끄거나, 우리를 매혹시키는 어떤 장면에만 몰두할 수도 있다. 분명 '예수 장면'을 방해물로 여기거나, 그 장면 없이 연극을 이해하려 하거나, 아니면 그 장면을 아무 의미도 없다고 여기고 무시해 버릴 수도 있다. 그러나 '예수 장면'도 인생 드라마의 일부이다. 따라서 인생 드라마와 별개로 '예수 장면', 즉 복음을 볼 수는 없다. 또 우리의 시각적인 조건들에 구애받지 않고 '예수 장면'을 볼 수도 없다. 만일 우리가 '예수 장면'에서 인생 드라마의 열쇠를 찾고자 한다면, **무대를 볼 때** 그리스도께서 무대를 가득 채우셔야 한다. 객석에 있는 모든 사람이 '예수 장면'에서 열쇠를 찾을 수 있으려면, 그리스도는 객석의 다양한 위치에 있는 모든 사람이 볼 수 있도록 무대를 가득 채우셔야 한다. 우리는 극장에서 '예수 장면'을 볼 때, 인생 연극 전체와 관련지어서만, 또 우리가 볼 수 있는 무대의 한 부분에서만 볼 수 있을 뿐이다. 그런데 그렇게 보는 것이 꼭 필요하기도 하다. 다시 말하자면, 우리 경험과 관계, 우리 환경과 사회라는 조건 아래서, 또 그런 조건과 관련지어서, 사실 우리 문화와 관련지어서 복음을 들을 필요가 있다. 세상의 다른 곳에 자리 잡은 사람들도 같은 장면을 보고, 같은 대사를 들을 것이다. 그러나 그들의 자리 때문에 그들은 우리가 보지 못하는 무대의 일부분을 볼 수 있고, 우리에게는 수정처럼 선명해 보이는 어떤 것들이 잘 보이지 않을 수도 있다.

기독교 다양성의 필요성

만약 우리가 '예수 장면'을 삶으로부터 떼어 놓을 수 없다는 이유로 극장에서 퇴출시킬 수 없다면, 그것은 특정 장소, 특정 시간, 특정 문화 안에 존재하는 인생에서 분리할 수 없다는 말이 된다. 존재하는 인생은 다 그렇기 때문이다. '예수 장면'에 대한 제대로 된 관중의 반응은, 우리가 볼 수 있는 무대의 구석구석에서 인생 드라마의 모든 연기가 펼쳐질 때 '예수 장면'이 어떻게 진행되는지에 온전히 집중하는 것이다. 물론 우리가 볼 수 있는 만큼 보고 있다는 분명한 인식을 가지면서 말이다. 우리가 우리 인생의 다른 부분을 볼 때와 똑같은 상황에서 '예수 장면'을 볼 필요가 있다. 경험과 관계로 점철되어 있는 그 인생이, '예수 장면'에서 그리스도가 하신 일로 변화되어야 하기 때문이다. 그래서 이는 역설이다. 복음의 그 보편성, 즉 복음이 모든 **사람**을 위한 것이라는 사실이 여러 가지로 이해되고 적용되는 결과를 낳기 때문이다. 복음을 긍정적으로 받아들이는 사람들은 자신들의 삶의 맥락에서 복음에 반응한다. 그들이 본 연극 안에서, 또 그들의 시야로 본 부분 안에서 '예수 장면'을 이해할 수밖에 없다. 이와 마찬가지로 성경의 바로 그 보편성 때문에, 여러 특정한 해석과 적용이 생기게 마련이다.

성육신과 문화적 특수성

그리고 이로 인해 우리는 기독교 신앙의 중심에 들어간다. 말씀이 육신이 되어 우리 가운데 거하셨을 때, 그분은 **진짜 사람**이 되셨다. 그분은 일반화된 인간이 되신 것도 아니고, 최고의 덕성을 아주 훌륭하게 구현한 아미타불(阿彌陀佛) 같은 화신(化身)도 아니다. 복음서는 우리에게 생생한 인성과 인간의 감정을 모두 가진, 어떤 한 지역에 거주하는 육신을 가진 한 인간을 보여 준다. 그리스도는 이어지는 세대들을 바로잡으려 한 비슈누(힌두교 신으로 창조신 브라마 및 파괴 신 시바와 함께 최고신 셋 가운데 하나로, 후에 크리슈나로 화신한다─옮긴이)처럼, 여러 번 세상 속으로 들어오시지 않는다. 그분은 단 한 차례, 특정 시대, 특정 장소에 사는 특정 가정에서 태어나셨고, 특정 언어로 말씀하셨고, 특정 문화를 공유하셨다. 그 문화란 것이 당시 세계에서 가장 편협한 것은 아니었지만, 그렇다고 해서 가장 세계적인 것도 아니었다. 아마도 수로보니게 여인과의 만남에서 예수님이 하신 말씀은 그분의 가장 난해한 말씀 가운데 하나일 것이다. 그분은 그 말씀에서 하나님의 아들인 자신이 태어나기로 작정한 그 특정 문화를 얼마나 공유하셨는지를 보여 주셨다(막 7:27). 무례하지만 비유를 들어 이야기해 보겠다. 주님이 인생이라는 극장에서 좌석에 앉는 것은 **특정** 좌석에 앉는 것을 뜻한다는 한계를 받아들이신 것이다.

이슬람교의 중심에 예언의 말씀이 있는 것처럼, 유대교의 중심에도 예언의 말씀, 즉 하나님이 인간에게 하신 말씀이 있다. 반면 기독교의 중심에는 성육신하신 말씀, 즉 사람이 되신 하나님이 있다. 하나님이신 그 말씀은 특정한 인간 사회라는 상황에 나타나셨다. 말하자면 그 말씀은 **번역된** 것이었다. 그리고 이 하나님이신 말씀은 온 인류를 위해 오셨으므로, 그분을 받아들이는 사람들의 모든 문화에 맞게 다시금 번역되신다. 아랍어로 정해진 하늘의 법칙으로 쿠란에 담긴 예언의 말씀은 불변성을 가진다. 인도네시아에서 모로코에 이르기까지 비록 지역의 차이는 있을망정, 우리가 인식할 수 있는 단일한 이슬람 문명이란 것을 만들어 냈다. 그러나 단일한 기독교 문명이란 존재할 수 없다. 기독교의 성경은 쿠란처럼, 원래의 언어로 전해졌을 때에만 하나님의 말씀이 되는 것은 아니다. 그리스도인들은 하나님의 말씀을 세상에 있는 어떤 언어로도 표현할 수 있다고 이해하고 있다. 하나님의 아들은 일반적인 인간이 되신 것이 아니라 특정 장소와 문화 안에서 구체적인 인간이 되셨다. 다시 말해, 믿음으로 그분을 받아들이기만 하면 다른 장소와 문화에서 그분은 다시금 육신이 되신다. 성경도 마찬가지다. 세상 어디에도 통용되는 언어(최소한 의사소통의 목적으로도)라는 것은 없다. 누군가를 이해시키려면 **특정** 언어로 말해야만 한다. 그리스도인의 삶 또한 인간의 삶에 포함된다. 성육신한 말씀이 인간의 삶으로 번역되는 과정에서 일반화된 인간 상황이란 존재하지 않는다. 따라서 기독교는 한 가지로 표현될 수 없다. 성육신한 말씀은 사회의 구체적인 한 부분 가운데서 번역되어야 한다.

그렇다면 기독교 신앙은 번역이라는 엄청난 하나님의 행위에 의존하고 있으며, 연이은 더 작은 번역 행위들로 계속 전진한다. 그 작은 번역 행위들이란, 세상 객석의 제각각 다른 자리에서 우리의 사회적 정체성을 형성한 경험과 관계의 복합체로 번역되는 것이다.

대위임령의 문화적 의미

이러한 깨달음은 마태복음 28:19-20에 나오는, "그러므로 너희는 가서, 모든 민족을 제자로 삼아서, 아버지와 아들과 성령의 이름으로 세례를 주고, 내가 너희에게 명령한 모든 것을 그들에게 가르쳐 지키게 하여라"(새번역)라는 대위임령과 관련지어 볼 만하다.

비교적 근래에 이르러 서구 교회의 특별한 역사에서 이 대위임령 본문을 해외 선교와 연결 지으려는 버릇이 생겼다. 사실 예수님은 해외 선교를 위해 어떤 특별한 위임을 하신 적이 없다. 그분은 **한 가지** 위임만 하셨다. 이 말씀은 해외 선교사들에 관한 유일하거나 특별한 뜻을 담고 있지 않다(그들을 후원하라는 의무에 관한 말씀은 더더군다나 아니다). 이 말씀은 그저 예수님이 제자들이 행하기를 기대하신 바를 말할 뿐이다.

현대 서구 문화의 지나친 개인주의적인 성격 때문에, 이 구절이 마치 "각 나라에서 몇 명을 제자로 삼으라"고 말하는 것처럼 해석하기에 이르렀다. 물론 논리적으로 이런 의미를 추론할 수는 있지만, 이러한 번역은 그 말씀의 의미를 제대로 나타낸 것이 아니다. 우리가 가지고 있는 대위임령 말씀에 따르면, 그리스도의 제자가 할 일은 **모든 민족을 제자가 되게 하는 것**, 모든 민족을 제자로 삼는 것이다.

인간의 객석에서 좌석의 위치가 다른 것만큼 그 말씀에서 연상되는 바도 다양할 것이다. 1세기 유대인 기독교 신자라면—아마도 마태복음의 첫 독자들?—'모든 민족'이라는 표현에서 그들이 늘 쓰는 집합명사인 이방인들을 떠올렸을 것이다. '그 민족' 이스라엘에 대치되는 '모든 민족'으로 말이다. 또 그리스도의 제자인 신자는 그 표현에서 이스라엘 민족의 구원자인 메시아가 외부인인 이방인들, 즉 때로 이스라엘에게 고통을 안겨 주었던 바로 그 외부인들의 구원자가 되시기도 한다는 것을 깨달았을 것이다. 여러 세기가 지나 이 표현은 서구 사회 전체가 이름으로 불렸던 '기독교 세계' 안에서 다른 반향을 일으킬 것이다. 국민의 삶이 압제와 비관적인 악덕으로 가득 찼을 때, 민족들이 큰 소리로 그리스도의 이름을 고백했다. 이런 환경에서 모든 민족을 '제자로 삼는다'는 것은 자기네 민족을 의로운 길로 들어서게 하는 것이었다. 나중에도 현대 선교 운동의 창시자들은 여전히 이 표현으로부터 다음과 같은 확신을 끄집어냈다. 그것은 비록 상반되는 방식으로 표출되긴 했지만, 1,800년의 기독교 역사 동안 그리스도인 공동체가 존재하지 않았던 곳들이 언젠가는 기독교를 그들의 종교로 받아들이리라는 확신이다. 19세기 위대한 선교사들 가운데 한 사람은 이런 말을 했다.

> 우리들 앞에 놓인 목표는…모든 민족이 기독교를 점차 그들 민족의 종교로 받아들이고, 민족들의 교회가 늘어나서 보편 교회를 가득 채우는 것이다.[2]

대위임령 때문에 촉발된 이러한 비전 하나하나는 고결한 삶과 고도의 노력을 낳았고, 그 비전 하나하나에는 성취하고자 하는 기준이 있었다. 나라들을 뛰어넘어 그 허다한 고통과 희열을 경험한 우리 시대에는 어찌 되는 것인가? 민족이란 것은 도대체 무엇이란 말인가?

먼저 우리 머리에 스치는 것은 민족국가다. 국제연합의 회원국이거나 그럴 자격이 있는 정치 단위 말이다. 그러나 민족국가라는 것은 비교적 근래에 생긴 개념이다. 20세기에 들어와서야 세계에는 온전히 민족국가의 계통을 가진 나라들이 세워졌다. 그리고 민족국가라고 해도 민족의 정체성이 여러 계층인 경우가 흔하다. 어떤 민족국가들은 아주 최근에 들어서야 형성된 민족적 정체성을 보유한다. 반면 어떤 민족국가들은 다른 언어들을 쓰는 다양한 민족적 정체성들을 한 국가의 국경선 안에서 보존하기도 한다. 또 다른 민족국가들은 아

---

2   1868년 6월 30일, 교회 선교회 총무 Henry Venn의 가르침에서. William Knight, *The Missionary Secretariat of Henry Venn*…(London, 1880), p. 282를 보라.

주 다른 민족적 정체성을 가진 소수 민족들에게 다수가 가진 민족적 정체성을 부과하고 있다. 그러므로 우리는 민족국가보다 더 깊숙하게 들어가야만 한다.

민족성이란 그 민족의 크기와는 상관없이 공통점, 공통된 특징이나 속성을 가지고 있다는 뜻이다. 민족은 국토, 역사, 전통, 관습, 소속감을 공유한다. 이러한 소속감 때문에 그 역사와 특징을 갖고 있지 못한 다른 사람들과 구분되는 것이다. 앞에서 우리는 정체성이란 것이 경험과 관계—우리가 속해 있는 사람, 또 우리에게 속해 있다고 느끼는 사람들과의 관계—에 의해 형성됨을 생각해 보았다. 민족이란 경험과 관계, 특정 행동양식을 공유한다는 것을 의미한다.

제자의 길과 민족성

이러한 의미를 가진 '민족'을 제자로 삼는다는 것은 도대체 무슨 말인가? 여기에 대답을 하려면 제자의 길(제자도)이 무엇을 의미하는지 살펴볼 필요가 있다.

예수님은 랍비셨다. 랍비는 복음서에서 예수님께 자주 붙여진 호칭이다. 그리고 다른 랍비들처럼, 예수님도 제자들을 거느리셨다. 다른 유명한 랍비 요하난 벤 자카이(Johanan ben Zakkai)는 자신의 유명한 다섯 제자를 칭찬하며, 제자의 이상적인 특징들 몇 가지를 이야기한다.

엘리제 벤 히르카누스는 물 한 방울도 흘리지 않는 방수 저수조다. 요수아 벤 하나니아, 그를 발가벗기는 여자는 얼마나 행복할까. 제사장

요세는 성인이나 다름없다. 시몬 벤 나다니엘은 죄짓는 것을 두려워한다. 엘레제 벤 아락은 마르지 않는 샘이다.³

이중 첫 번째와 맨 마지막 특징에는 특별한 주의를 기울일 가치가 있다. 빼어난 제자 하나는 물 한 방울도 새지 않는 방수 저수조와 같았다. 이런 이상적인 제자는 자기 마음에 거룩한 말씀을 가득 담아서 받은 그대로 전달한다. 그러나 다른 이상적인 제자가 하나 있는데, 그는 마르지 않는 샘과 같은 사람이다. 거룩한 말씀은 그 자체에 역동성이 있다. 제자의 길은 전통으로 이어받는 것이 아니라 창의적인 것이다. 상황이 달라지면 거룩한 말씀도 새로운 의미를 가지게 된다. 다시 말해, 새로운 상황에 맞추어 그 의미가 확장된다. 그러므로 온전한 제자의 길이란 방수 저수조인 **동시에** 마르지 않는 샘을 뜻한다.

비록 예수님은 랍비적인 것을 초월하는 이상적인 제자의 길을 말씀하셨지만, 그분의 제자들의 특별한 표지는 사랑과 섬김, 기꺼이 수건과 대야를 준비해 더러운 발을 씻기는 것이다. 랍비 요하난이 자기 제자들을 칭찬하는 말을 들어 보면 제자의 길이 무엇을 말하는지를 좀더 쉽게 이해할 수 있다. 거룩한 말씀, 곧 주님의 말씀, 성경 말씀은 기억의 일부가 된다. 방수 저수조는 물 한 방울도 흘리지 않는다. 그러나 그 말씀은 기억하고 되뇌기나 하는, 꼼짝 않는 소유물이 아니다. 말씀은 마음속에서 살아 움직이고, 마음을 자라게 하며, 마음을 새롭게 한다. 언제나 신선하고, 새로운 것들을 만들어 내며, 지난날에 연연해하지 않으며, 상하거나 시대에 뒤처지지도 않는다. 제자란 마

---

3   Herbert Danby, trans., *The Mishnah*, tractate *Aboth* ("The Fathers"), 2.8 (Oxford, 1933), p. 448.

르지 않는 샘 같은 사람이다. 복음서들에 이것이 되풀이해서 나온다. 우리는 예수님의 제자들이 그분의 말씀이나 성경의 어떤 말씀을 시간이 흐르고 나서야 깨달았다는 말을 여러 번 듣는다. 또 성령의 역할은 제자들을 모든 진리 가운데로 인도하시고, 예수님의 말씀을 기억하게 하시는 것이라는 것도 알고 있다. 그러므로 거룩한 말씀은 그저 제자들의 기억 속에만 머물거나 사람들에게 전해져야만 하는 것이 아니다(이것이 꼭 필요하기는 하지만). 그 말씀은 또한 제자들의 인격 전체에 파고들어서 제자들이 맞닥뜨리게 되는 모든 상황에 영향을 미쳐야 한다. 다시 말해, 제자의 길이란 주님의 말씀이 제자들의 기억을 통하여 정신적이고 도덕적인 과정, 즉 생각하고, 선택하고, 결심하는 과정에 들어가는 것이다.

이제 제자의 길에 관한 이러한 이해를, 모든 민족을 제자로 삼는다는 과제에 적용해 보자. 그 과제에는 단순히 주님의 말씀을 모든 민족에게 알리는 것보다 더 깊은 뜻이 있음이 분명하다. 그 말씀은 민족들에게 공통성과 응집력과 정체성을 주는 온갖 독특한 사고방식과 친족들과의 관계망과 일을 하는 특별한 방식 속으로 들어가야 한다. 그 말씀은 한 공동체가 공유한 정신적이고 도덕적인 과정 및 그 공동체의 의사 결정 과정 속으로 들어가야 한다. 그리스도는 독특하게 1세기 팔레스타인의 유대인으로 사셨다. 다시 말해, 우리는 예수님처럼 그 말씀은 그 **상황에** 맞게 구체화되어야 한다. 즉 육신이 되어야 한다.

이 글에서 주장하는 의미로 보면, 모든 민족은 기본적으로 나름대로의 사고와 생활의 모양새가 있다. 오래전에 에드윈 스미스(Edwin Smith, 1876-1957, 남아연방 태생의 영국 선교사, 인류학자, 아프리카학의 개척자―옮긴이)는 '민족정신의 **성역**⁴에 관해 말한 적이 있다. 그는 특별히 언어를 염두에 두었는데, 언어는 분명 한 민족에게 속해 있는 중요한 요소다. 그러나 민족정신의 성역은 그저 말로 하는 소통이라는 뜻 이상을 내포하는 개념이다. 그 성역 안에는 민족의 역사와 전통, 집성된 뛰어난 문학(구전된 것이든 기록으로 남아 있는 것이든)이 포함되어 있다. 한 민족이 그리스도의 제자가 되려면, 그 민족의 삶을 주도하는 부분들을 그리스도의 영향권 아래 두어야 한다. 그리스도께서 인간의 삶 전체를 구속하셨기 때문이다. 그리스도께로 회심했다고 해서 자신이 속한 공동체와 결별하는 것은 아니다. 오히려 그로 인해 그 공동체의 회심이 시작된다. 그리스도께로 회심했다고 해서 별 특징도 없는 보편적인 시민권을 얻는 것이 아니다. 그것은 인생 자체만큼 다양하고 변화가 많으며 독특한 제자의 길을 걷는 것이다. 인류를 구속하시는 그리스도께서는 제자가 되는 과정을 통해서 인류의 무한하고 풍성한 문화와 하위문화를, 사도의 글에서 언급한 형형색색의 화려함을 가진 온전한 사람, 그리스도의 충만하심의 경지에까지 이른 사람이 되게 하신다(참고. 엡 4:8-13). 이 말은 각 집단의 준거 틀에 그리스도가 영향을 미친다는 뜻이다. 준거 틀이란 사람들이 자신들을 누구이며, 어디에 또 누구에게 속해 있는지로 인식하는 틀을 말한다. 한 민족을 제자로 삼는다는 것은, 그 민족의 사고, 그 민족 내의 관계 양식, 그 사회를 함께 묶는 방식, 의사 결정 방식에 그리스도가 들어가시는 것이다.

이 말에는 여러 가지 뜻이 함축되어 있다. 첫째로, 한 민족을 제자

---

4   Edwin W. Smith, *The Shrine of a People's Soul* (London, 1929).

삼는 일은 기나긴 과정으로 여러 세대를 거치는 일이라는 뜻이다. 그리스도인의 선포는 그 메시지를 듣는 사람들의 아들과 손자를 위한 것이다. 한 개인이 제자가 되는데도 평생 그 인격을 통해 '거룩한 말씀'이 작용해야 하는 것처럼, 한 민족이 제자의 길을 걸으려면 한 민족을 이룬 사람들의 사고방식, 행동의 원동력, 준거 틀에 여러 세대에 걸쳐 침투해야 한다.

둘째로, 그리스도의 마음을 이러한 준거 틀에 적용한다는 것은, 주님의 말씀을 끊임없이 인간 실재의 새로운 영역에 침투시킨다는 뜻이다. 그 결과, 어떤 '민족'의 기독교는 독특한 모양새를 가질 것이고, 독특한 우선순위와 관심사들을 갖게 될 것이다. 왜냐하면 그리스도에 관한 말씀이 그들의 **독특함**에 적용되어야 하기 때문이다. 따라서 그리스도의 말씀은 언제나 새로운 상황을 만나고, 그리스도인들은 전에는 결코 접해 보지 못한 새로운 상황 속으로 들어간다.

전향자와 회심자

기독교 신앙이 문화의 경계선을 넘어 확산되는 데 도구가 되었던 사람들이 매우 간절히 바란 것이 있다. 그들은 자신들에게 중요했던 모든 것을 새로운 그리스도인도 똑같이 중요하게 여기기를 바란 것이다. 유대인 신자들에게 이스라엘의 가장 빛나는 보물인 율법보다 더 중요한 것이 있었을까? 하나님이 자기 백성들에게 언약의 증표로 주신 할례는 또 어떤가? 그래서 초기 그리스도인들 가운데 상당수가 얻은 결론은 유대인이 아닌 회심자들도 할례를 받고 율법을 지켜야 한다는 것이었다. 갈라디아서를 보면 그것에 대한 바울의 견해를 알 수 있다(갈 1:6-7; 2:11 이하; 3:1-5:2). 사도행전은 적절한 토론을 벌인 후 이렇게 초대교회가 내린 결정 사항을 알려 준다. 할례와 율법은 오래된 그리스도인들을 위한 것이고 새로 그리스도인이 된 사람들을 위한 규범이 결코 아니라고 결정을 내린 것이다(행 15:23-29). 그 뒤로도 아주 강력한 동기를 가진 다른 그리스도인들은 자신들이 중요하게 여기는 모든 사항에 관해 좋은 의도를 가진 다른 사람들이 똑같이 세심한 관심을 기울여 주기를 자주 바랐다. 그런데 그 중요한 사항이란 그리스도의 말씀이 자신들의 역사와 만나면서 생긴 것들이었다. 때로는 회심자들이 옳은 일을 하겠다는 필사적인 심정으로 억지로라도 그런 의무를 따를 각오를 하기도 했다. 마치 신약 시대에 하나님의 백성으로서 완전한 자격을 얻기 위해 할례를 받을 태세가 되어 있던 이방인 그리스도인들이 있었던 것처럼 말이다.

이런 짓은 유대교로 전향한 사람들이 하는 짓을 흉내 내는 것이다. 이교도들은 이스라엘의 하나님 편에 서기 위해 자기 민족에게 등을 돌리고 이스라엘 민족 속으로 들어왔다. 바울은 전향자가 걷는 길이 예수님의 이방인 제자들에게는 가망 없는 길임을 알았다. 이방인 제자들은 엄격한 유대인들은 평생 아무것도 몰랐던 삶의 영역으로 그리스도를 모셔 와야 했다. 그런데 만일 그들이 전향자가 되어 실제로 유대인 그리스도인들을 본받게 되었다면, 그들은 그리스도를 자기들의 생활 영역으로 모셔 올 수 없게 될지도 모를 일이었다. 그리스도에 대한 신앙은, 초대교회의 중추를 이루었던 독실한 사람들의 경험과 동떨어진 상황에 즉시 적용되어야 했다. 만약에 불신자인 친구가 당신을 저녁 식사에 초대했는데 차려놓은 고기가 제사에 올렸던 것일지도 모른다면-아닐지도 모른다-당신은 어찌 대처했겠는가?(참고. 고전 10:27 이하) 독실한 유대인 신자는 어찌되었건 저녁 식사 초대를 거절했을 것이고, 전향자도 마찬가지였을 것이다. 헬라인 제자들은 어찌 할지 결정해야 했다. 만약 그들이 신앙의 선배이며 경험도 많고 당시로서는 최고의 그리스도인이었던 유대인 신자들을 따라했다면, 그리스도에 관한 말씀이 헬라인 가정과 사회생활에 들어갈 수 있는 여지는 없었을 것이다.

기독교가 헬라어를 쓰는 아시아 가정에 자리를 잡자, 유대인들은 그동안 겪지 못했던 다른 문제들을 직면해야 했다. 실제로 신약성경을 보면 기독교가 이교 세계와 처음 마주쳤을 때의 일이 나와 있다. 사도행전 11장에 나오는 이야기다. 거기서 누가는 기독교 역사상 가장 극적인 사건 가운데 하나를 담담하게 적고 있다.[5] 우리가 알기로는, 그때까지 교회 쪽에서는 어떤 커다란 선교 전략 같은 것이 없었다. 그것은 전적으로 예기치 못했던 상황에서 벌어진 일이었다. 우리가 아는 바로는, 교회의 기둥이었던 예루살렘의 사도들이나 장로들 가운데 그런 일에 앞장선 사람들은 없었다. 고향을 떠나 안디옥으로 가서 그리스인 이교도 친구들에게 예수를 전하기 시작한 이들은 이름조차 알 수 없는 몇 명의 예루살렘 그리스도인들이었다. 그런데 당시 그 이교 친구들과 다른 그리스도인들은 모두 예수님을 유대 민족의 구원자로 생각하고 있었다. 그 몇 사람이 메시아라는 용어를 설명하려고 애썼다면 그것은 부질없는 짓이었다. 안디옥에 사는 어떤 이교도가 이스라엘이 대망하는 메시아에 대해 관심이 있다 한들, 그것이 그와 어떤 관계가 있다는 것인지는 여전히 불확실했다. 사도행전

---

5 행 11:19-23. 특히 20절을 주목하라. 'christos'가 아니라 'kyrios'를 쓰고 있다.

11장에 묘사된 유대인 신자들은 위험한 번역을 하는 모험을 했다. 그들은 이교도 친구들에게 예수님을 소개할 때, 그들의 종교에서 신들을 지칭하는 호칭을 사용했다. 그것이 바로 '퀴리오스'(Kyrios), 즉 주였다. 그 사건이 그리스 세계를 회심시키는 시발점이 되었다. 그것은 단순히 기독교 신자의 숫자가 늘어난 것이 아니었다. 이 시점부터 그리스도에 관한 말씀과 그리스도에 대한 신앙이 광대한 그리스와 로마의 사상 복합체 속에서 활약하기 시작했다. 그 복합체란 동시대 사람들에게 본질적인 부분이었던 법률, 성찰, 교육, 문학, 지적인 생활을 뒷받침하는 종합 체계였다. 그 체계가 논란의 여지없이 보편적으로 받아들인 내용은 인간을 두 부류로만, 즉 그 체계가 만들어 낸 '그리스인'과 그 체계 밖에 있는 '야만인'으로만 나누는 것이었다.[6] 아주 확실하고 최종적으로 보이는 이러한 사상 체계 전체를 그리스도와 함께 재검토해야 했다. 그 과정에서 기독교 신앙의 표현이 완전히 바뀌게 되었다. 그리스도의 말씀이 사고의 영역 속으로 들어가자, 베드로와 요한과 예수의 형제 야고보는 꿈도 꾸지 못했고, 바울조차도 어렴풋이 보았던 개념들이 나오게 되었다.

종전의 사고 체계를 무시하거나 버리거나 그대로 방치하거나 하는 일은 어느 것이라도 가당치 않다. 그리스도에 관한 말씀과 그 말씀이 담긴 성경은 그 사고 체계 속으로 침투해 들어가야 했고, 그 체계와 관계를 맺어야 했다. 그 과정은 기독교에게 새로운 의제였다. 그리스도에 관한 말씀이 헬레니즘 세계의 기존 형이상학과 마주치게 되자, 그동안 예루살렘에 있던 사도들과 장로들의 골치를 아프게 한 적이

---

[6] 사도 바울도 때로는 이런 이분법을 취했는데, 로마인들의 이해를 돕기 위해서였다(롬 1:14).

한 번도 없던 문제들은 생사의 문제들로 변했다. 반면 예루살렘에 있던 첫 세대 그리스도인들에게 아주 중요했던 많은 사항들은 시야에서 사라졌다. 키프로스와 구레네에서 온 그 유대파 그리스도인들은 예수님이 불신자 친구들에게도 좋은 소식이 된다는 것을 알고 한 '민족'을 제자로 삼는 일을 시작했다. 이 일은 사고방식에 침투하는 일이었고, 복음이 정신적이고 도덕적인 과정 속으로 들어가는 일이었다. 그 침투는 여러 세기가 걸리는 일이었고, 결코 완결되는 일은 없었다.

우리 시대에도 아프리카 신학자들은 그리스도에 관한 말씀을 또 다른 광대한 사고, 행동, 관계의 복합체에 적용하려 하는 같은 지점에 서 있다는 징후들이 있다. 그 지점은, 바로 헬라파 그리스도인 사상가들이 그들의 문화적 정체성이 제기한 문제들에 맞닥뜨렸을 때 서 있던 지점이었다.[7] 아프리카의 그리스도인들은 지금 아프리카의 과거가 어떤 의미가 있는지와, 하나님이 그 안에서 무슨 일을 하셨는지를 놓고 씨름 중이다. 아프리카인들이 가진 사상 체계, 상징 코드, 인척 관계를 보면 그리스-로마 시대와 견주어도 그리 만만하지 않다. 아프리카 기독교가 마주한 엄청난 시련은 아프리카의 과거의 회심에 관한 것이다. 아마도 그 과거의 회심이 없이는 어떤 회심도 완결되지 않을 것이다.

기독교 역사의 두 원리

기독교 역사 내내 두 가지 뚜렷한 원리가 계속 팽팽하게 맞서 왔다.

---

[7] Kwame Bediako, *Theology and Identity: The Impact of Culture upon Christian Thought in the Second Century and in Modern Africa* (Oxford, 1992)를 보라.

하나는 토착화 원리로, 곧 본거지를 만들려는 본능이다. 이것은 다양한 공동체들 안에서 교회가 그곳에 속해 있다는 의식, 그것은 '우리 교회'라는 의식을 만들어 낸다. 다른 하나는 '순례자' 원리로, 그리스도인 공동체 안에 이 세상에 집같이 완벽하게 편한 곳은 없다는 의식을 만들어 낸다. 그럼으로써 그리스도에 대한 충성심은 그 사회와 긴장 관계에 놓이게 되는 것이다. 하나는 교회의 비전을 지역화하려 하고, 다른 하나는 보편화하려 한다. 이 두 원리가 거듭 나타나는 까닭은, 둘 다 복음 자체에 근거를 두고 있기 때문이다. 한편으로 하나님은 그리스도 안에서 우리를 있는 그대로, 우리에게 여전히 남아 있는 모든 특징들―심지어 우리와 다른 사람들을 구별시켜 주는 것들까지도―과 함께 우리를 받아 주신다. 그러나 다른 한편으로 하나님은 우리가 다른 존재가 되게 하시려고 우리를 받아 주신다. 우리가 이 세상의 길을 벗어나서 그리스도의 형상으로 변화되게 하시려고 우리를 받아 주신다. 이 두 원리 중 어느 것도 조작될 수 있다. 우리는 교회를 너무 집같이 편안한 곳으로 만들어서 다른 사람은 누구도 거기서 살 수 없게 만들 수도 있다. 아니면 그리스도인의 정체성을 이용해 어떤 집단의 경제적·사회적 이익을 정당화할 수도 있다. 그것은 시민 종교로서 기독교가 안정적으로 정착한 곳이라면 어느 지역에서나 존재해 왔던 위험이다. 우리가 그것에 굴복하면, 우리는 성경이라는 이빨을 끄집어내되, 그 이빨이 우리는 물지 않고 다른 사람들은 물기를 바라게 된다. 정반대 성격의 오류는 보편적이고 역사적인 정통성을 빙자해 다른 공동체의 기독교 역사에서 나온 일련의 요구 사항들과 금제(禁制) 같은 것을 강요하는 것이다.

본거지를 마련하려는 원리와 순례자 원리는 긴장 관계에 놓여 있다. 두 원리는 반대 입장에 있는 것도 아니고, 일종의 균형 안에서 서로 견제하는 것도 아니다. 우리는 어느 한쪽이나 다른 쪽으로 너무 많이 치우치는 것을 두려워할 필요가 없다. 너무 적게 치우치는 것만 두려워하면 된다. 그 둘의 관계를 이해하기 위해서는, 단지 그 두 원리가 성육신과 번역 과정의 직접적인 결과물이라는 것만 상기하면 된다. 하나님은 바로 그 과정에서, 그리스도의 탄생과 죽으심 그리고 다시 사심을 통해서 우리를 구원하신다. 그분은 믿음으로 그리스도를 받아들인 새로운 공동체 하나하나에 들어가서 사신다. 그분의 삶은 그 공동체의 사상과 전통 전체를 통해 인식되어야 한다. 그 결과 가운데 하나는 그리스도인의 삶과 경험이 다양성을 띠는 것이다. 다른 하나는 다양해진 공동체들을 넘어서 공유하게 되는, 새롭고 초월적인 공통성이다. 성경은 그리스도인 공동체의 삶을 규제하는 수단으로 특정한 역사적 경험, 즉 옛 이스라엘-그리스도인들 대부분은 핏줄로는 그 민족에 속하지 않지만-의 경험과 불가분의 관계에 있다. 모든 공동체에 속한 그리스도인들은 모두 나름대로 제자의 길을 걸으면서 '그리스도 안에서' 하나가 된다. 그리스도인 공동체들이 각자 그리스도를 닮아 간다면 틀림없이 모든 공동체를 가로질러 일종의 가족 같은 닮음이 생겨날 것이다. 그 공동체들이 드러내는 이 모든 문화, 모든 민족성은 에베소서에서 아주 생생하게 말하고 있는 온전한 사람의 일부가 될 것이다. 그리스도가 우리의 다양한 민족적 정체성을 형성하는 다양한 사고 형태와 삶의 체계로 더 많이 번역될수록, 공통된 그리스도인의 정체성 안에서 우리 모두가 더 풍성해진다는 것은 참으로 유쾌한 역설이다. 말씀이 육신이 되어 우리 가운데 사셨다. 우리는 **그분의** 영광을 보았다. 그분은 은혜와 진리가 충만하였다.

5 • 로마서 1장과 근대 선교 운동[1]

사람들이 로마서를 읽기 시작하면 무슨 일이 일어날지 모른다. 아우구스티누스, 루터, 웨슬리, 바르트에게 일어났던 일은 위대한 영적 운동을 시작하게 하여, 세계사에 그들의 자취를 남겼다. 그러나 로마서의 말씀이 아주 평범한 사람들에게 강력하게 다가왔을 때, 그들에게 비슷한 일들이 훨씬 더 빈번하게 일어났고 또 일어나고 있다.

F. F. 브루스[2]

I

로마서의 폭발적인 효과는 다른 부분에서만큼 선교 운동에서도 뚜렷하게 나타나고 있다. 19세기에 로마서 10:14-15만을 근거로 한 선교 설교와 호소가 얼마가 많았는지 가늠할 수 없다. 19세기 중반에

---

[1] 이 글은 W. W. Gasque와 R. P. Martin, eds., *Apostolic History and the Gospel* (Grand Rapids: Eerdmans; and Exeter: Paternoster, 1971)에 "The First Chapter of Romans and the Modern Missionary Movement"라는 제목으로 처음 출판되었다.

[2] F. F. Bruce, *The Epistle of Paul to the Romans*, TNTC (London, 1963), p. 60. 『틴데일 주석 로마서』(CLC).

교회 선교 협회의 어떤 지역 총무는³ 로마서의 이 부분을 이 서신의 절정이라 여겼다. 로마서의 시작 부분에서는 유대인들과 이방인들이 하나님 보시기에 똑같이 죄인이므로, 똑같이 구원이 필요함을 입증한다. 또 바울은 계속해서 구원의 방법, 곧 믿음으로 의롭게 되는 것에 대해 말한다. 그런 다음 이방인들에게 이것을 알리는 일의 중요성과 타당성을 입증한다. 그리고 10:11-15을 통해 "복음을 소유한 모든 사람으로 하여금 그 복음을 그들에게 전하게 만든다."⁴ 반세기가 지나서 유럽과 미국의 선교 역량이 질적·양적 측면에서 변화하던 시기인 1880년대와 1890년대에 선교 운동 형성에 엄청난 영향을 끼친 이들 가운데 하나인 A. T. 피어슨(Pierson)은 로마서 10장의 특징을 들어 "성경 가운데 그 무엇과도 비할 데 없는 선교의 장(章)"이라고 말했다. 또 그 내용을 선교 현장(the Market for Missions), 선교 내용(the Message of Missions), 선교 방법(the Methods of Missions), 선교 동기(the Motive for Missions)로 나누어 마찬가지로 특징을 살려 이야기했다.⁵

19세기 설교자들의 사랑을 받은 또 다른 주제는 로마서 3:29의 "또한 이방인의 하나님은 아니시냐?"라는 주제였다. W. Y. 풀러턴(Fullerton)이 주장했듯이 '하나님은 이교도의 하나님도 되신다'⁶라는 주제다. 그러나 이러한 확언은 하나님의 진노가 모든 사람에게 미친다는 로마서 1:18-19의 주장에서 비롯되었다.⁷ 또한 당연한 일이지만,

---

3   John Johnson, *Sermons* I (London, 1850), p. 113 이하.
4   같은 책, p. 115.
5   A. T. Pierson, "The Market for Missions", *Missionary Sermons: A Selection from the Discourses Delivered on Behalf of the Baptist Missionary Society on Various Occasions* (London, 1925), p. 185 이하. 1903년에 처음으로 한 설교다.
6   W. Y. Fullerton, "The God of the Heathen Also", 같은 책, pp. 299-310. 1909년에 한 설교다.
7   이 자리에서 해묵은 질문(Calvin은 그 형식을 가지고 토론했다)인, 로마서 1:18-3:20이

특별히 이교도 세상을 꼬집어서 말한 이 부분(롬 1:18-32)은 선교사들의 사고 속에서 그 자체의 내력을 가지고 있었다.

다른 종교에 대한 그리스도인들의 견해에는 각각 '연속성'과 '불연속성'[8] 사상이라 부르게 된 사상의 전통이 반영되어 있다. 하나는 성경이나 교회를 초월한 세상에서 하나님의 일하심을 강조한다. 그 과정에서 성경의 계시와 분명한 하나님의 일하심 사이의 접촉점을 인지하거나 찾는다. 다른 하나는 구원 역사 속에서 하나님의 구속 사역과, 인간의 생각과 삶이 담긴 모든 체계의 극명한 차이를 강조하며, 종교 자체도 하나님의 심판 대상이라고 여기며, 때로는 그 계시와 '종교' 사이의 밀접한 관계를 전적으로 부인한다.[9] 두 가지 전통 모두 초기 교회 시대로 올라갈 만큼, 거의 확실히 신약성경까지 거슬러 올라갈 만큼 연륜이 깊다.[10] 각 사상을 대표하는 이들은 자기네들에게 유리한 성경 구절을 들이대면서, 항상 자기들이 신약성경의 정신을 대표한다고 주장한다. 또 한걸음 더 나아가서, 다른 종교의 사상과 삶에 관한 풍부한 경험적 증거를 이용해 자기들의 견해를 뒷받침하는

실제로 주제에서 벗어난 것인지 여부를 가리기 위한 논쟁을 하는 것은 적합하지 않다. C. K. Barrett, *The Epistle to the Romans*, BNTC (London, 1957), p. 33를 보라.

8 이 용어들은 1938년 인도 마드라스 섬의 탐바람에서 열린 국제 선교 협의회 회의에서 토론 주제가 되어 일반에 알려지게 되었다. 특히 *The Authority of the Faith*, Tambaram Series I (London, 1939)을 보라. 이 토론을 위하여 Hendrik Kraemer가 준비한 자료, *The Christian Message in a Non-Christian World* (London, 1938)가 있다. 또 C. F. Hallencreutz, *Kraemer towards Tambaram: A Study in Hendrik Kraemer's Missionary Approach* (Uppsala, 1966)를 보라.

9 이에 관한 전반적인 질문에 관해서는 K. Barth, *Kirchliche Dogmatik* 1/2, 특히 c. 17. [*Church Dogmatics I: The Doctrine of the Word of God*, part 2 (Edinburgh, 1956), pp. 280-361]; A. Th. van Leeuwen, *Christianity in World History* (London, 1964)를 참고하라.

10 P. Beyerhaus, "Religionen und Evangelium, Kontinuitat oder Diskontinuitat?" *Evang. Missions Magazin* 3 (1967), pp. 118-135.

지경에 이르렀다.

II

로마서 1:20에서 암시하는 하나님을 아는 지식의 성격과 정도에 관한 오늘날의 논쟁을 제외한다면, 로마서 1:18 이하의 말씀은 전통들 사이에 해석상 분란이 생기는 말씀은 아니었다. 즉 사도행전에 나오는 이고니온과 아레오바고에서 행한 설교의 선교적 내용처럼 해석상 분란이 생기는 말씀은 아니었다.[11] 이 구절이 선교 운동에서 특별한 자리를 차지하는 이유는; 다양한 시대의 사람들이 자기네들이 알고 있던 비기독교 세계를 거기서 보거나 혹은 거기서 보았다고 생각했기 때문이다. 또 다른 시대에는 그런 묘사와 잘 맞지 않아 보이는 다른 종교의 특징들을 설명하면서 곤혹스러워했다. 이 구절이 다른 종교들의 기원을 제시한다고 생각했기 때문이다. 바울이 이 단락 전체에서 세상 전체가 심판 아래 놓였다는 것을 보여 주려는 의도를 가졌다는 것을 의심하는 사람은 거의 없다. 또 1:22-27에서 상세하게 설명한 내용이 퇴폐에 빠진 당시의 그리스-로마 사회에 대한 시각을 반영하였다는 것은 누구나 인정하는 사실이다. 그러나 이런 특정 상황들이 일반 원리와 무슨 관계가 있는가? 바울은 그저 당시 이교도 사회가 어떻게 더 보기 흉한 면을 갖고 있었는지 말하고 있는 것은 아닐까? 아니면 기독교 이외의 다른 종교들, 아마도 종교 자체의 기원을 말하고 있는 것은 아닐까? 바울은 보편적인 원시 유일신 사상에

11　B. Gartner, *The Areopagus Speech and Natural Revelation* (Uppsala, 1955)을 참고하라.

대한 고의적 거부를 전제로 삼고 있었을까? 또 이러한 질문들에 답을 한다면, 실제로 당시 나타난 기독교 이외의 다른 종교 현상들은 그것과 어떻게 조화되는가? 이와 같은 질문들, 아니 이 질문들에 대한 대답이라 추정되는 것들이, 기독교 복음화 과정에서 일어나는 많은 논쟁의 기저에 있다.

초기의 그리스도인 선교학자들에게 로마서 1장은 기독교와 기독교 밖 세상의 가장 중요한 접촉을 표현한 것은 아니었다. 그들에게 이교도 사회나 이교도들의 대중적인 종교는 가장 좁혀서 보아도 바울이 알고 있던 것과 비슷했다. 또 그들 가운데 가장 진보적인 생각을 가진 사람들이라도, 그것이 로마서 1장의 말씀과 밀접한 관련이 있다고 공표할 생각이 없었다. 유스티누스는 소크라테스와 로고스에 의지해서 말했던 사람이라면 그 누구라도 그런 말을 하는 한 그들은 그리스도가 오시기 전에 이미 존재한 그리스도인들이었다고 기꺼이 믿고 싶어 했다.[12] 또한 그는 길모퉁이마다 있는 신들이 악마의 풍자물이고, 악령들이 벌이는 사악한 기만의 직접적인 결과물이라고 확신했다.[13] 그러한 신학자들이 더 관심을 가졌던 것은, 철학적 전통과 밀접한 관계를 유지하는 것이었다. 그 철학적 전통은 그들이 받은 유산의 영광스러움을 담보해 주었고, 또 그들만큼 대중 종교를 맹렬하게 거부했다. 그리스도인들과 마찬가지로, 사실상 소크라테스가 대중 종교를 거부했고, 그것 때문에 무신론자라는 오명을 썼다는 것이, 로고스가 소크라테스 안에서 역사했다는 표징이다.[14] 사실상 유스티누스

---

12 *Apology* I.46.
13 앞의 책, I.5.
14 앞의 책, I.6.

는 다른 많은 선교사들이 이후 1,800년 동안 이른 경지에 이미 다다른 사람이었다. 그가 얻은 결론은 기독교 이외의 종교 전통은 한 가지 유형만 있는 것이 아니라는 것이다. 아주 명백하게 사악한 것도 있고, 복음과 양립할 수 있고 복음이 반대하는 것에 맹렬하게 반대하는 것도 있다.

서유럽이 비기독교 세계와 거의 단절되었던 오랜 세월 동안, 유대인들을 제외하고, 적어도 개신교로 개종한 나라들에 사는 그리스도인들 대부분이 잘 알고 있던 유일한 불신자들은, 새로운 학문으로 다시 활력을 불어넣었던 그리스인들과 로마인들이었다. 바울이 혐오했던 목록은 다른 자료에서도 풍부하게 뽑아낼 수 있다[칼뱅은 "이러한 혐오스러운 것들에 대해 락탄티우스(3세기 후반 4세기 초에 활동한 북아프리카 출생의 신학자-옮긴이), 유세비우스(263-339, 팔레스타인 가이사랴의 주교, 기독교 최초의 교회사가-옮긴이), 아우구스티누스에게서 얻을 수 있다"고 말한다].[15] 또 다른 자료를 보면, 어떤 이교도는 이러한 혐오스러운 일과 거리를 두고 있었다. 어쨌든 칼뱅의 첫 번째 중요 저작은, 세네카의 저술에 주석을 붙인 것에 지나지 않았다. 그러나 자의식이 강한 비기독교 사회와의 일상적이고 생생한 접촉이 없었던, 개혁주의 교회는 초기 변증론자들이 그러했듯이, 고전적 이교도의 종교적 전통으로부터 철학을 분리해 내기가 쉬웠을 것이다. 그러므로 로마서 1:18 이하의 말씀은 어떻게 '우상숭배'가, 다시 말해 이스라엘과 교회 밖에 있는 모든 종교가 시작되었는지 알려 주는 말씀으로 간주될 수 있었다.

---

15 롬 1:23.

III

북미에서 그리스도인이 아닌 사람들과 다시 접촉하게 되자, 이러한 판단에 의문을 제기할 이유가 없어졌다. 식민지 이주자들이 인디언들을 쳐다보았을 때—때로는 인디언들을 구원의 대상으로 보았지만[16] — 썩지 않는 하나님의 영광을, 어떤 형상으로, 정욕과 치욕에 마음을 내어준 육체로 바꾸어 버린 어두워진 마음을 보았다.[17] 북미에는 세네카 같은 사람은 그림자도 없었다. 고대와 현대의 우상숭배 사이의 관계 또한 분명했다.

고대의 기록들을 조사해 보고 모든 시대가 겪은 일들을 음미해 보면, 우리는 옛사람들이 안내자도 없이 본성이 발하는 빛에 의지해서, 지도자도 없이 홀로 버티는 이성에 의지해서, 영원히 불확실하고 암흑으로 가득 찬 착오투성이인 곳을 헤매고 다녔다는 것을 알게 된다. 혹은 복음의 빛을 받지 못하고 있는 나라들의 **현재** 상태를 돌아보아도, 인류가 거의 6천 년 동안 계속 진보해 왔음에도 불구하고, 그들은 아직까지도 온통 암흑에 뒤덮여 있고, 극도로 부도덕하고 사악한 관행에 내팽개쳐져 있다.[18]

---

16 R. Pierce Beaver, *Church, State and the American Indians* (St. Louis, 1966); "American Missionary Motivation Before the Revolution", *Church History* 31 (1962), pp. 216-226.
17 Joseph Sewall, *Christ Victorious Over the Powers of Darkness...Preached...at the Ordination of the Reverend Mr. Stephen Parker* (Boston, 1733). Reprinted in R. Pierce Beaver, *Pioneers in Mission: The Early Missionary Ordination Sermons, Charges, and Instructions* (Grand Rapids, 1966), pp. 41-64 (p. 47를 보라)에 다시 실렸다.
18 Ebenezer Pemberton, *A Sermon Preached in Newark, June 12, 1744, at the Or-*

'하나님의 보이지 않는 것들'이 분명히 드러났음에도 불구하고, 고대의 일부 이교도들은 그분의 실재를 부인했고, 나머지 사람들은 피조물과 "심지어 자연 질서 안에서 가장 비천한 생물들까지" 경배했다.

복음의 빛이 나타났을 때, 어둠이 온 지표를 가득 덮고 있었다. 이것이 이방 민족들이 처한 상태였다. 그리고 그 빛이 나타날 때까지는 그리고 그 이후로도 줄곧 모든 민족들의 형편이 그러했다. 의의 태양이 그 날개 속에 품은 치유의 능력과 함께 아직 솟지 않았다. 모든 새로운 나라들은 경악스러운 무지와 만행의 새 장을 열고, 인간성의 보편적인 부패를 새로이 증언한다.[19]

선교사의 안수식 설교를 맡은 설교자가 아무것도 모르는 상태에서 아메리칸 인디언을 보면, 이렇게 생각하는 것은 너무도 당연한 일이었다. 그러나 아메리카 원주민 사회를 좀더 가까이에서 꿰뚫어 본 사람들은 여전히 인간은 타락한 존재임을 분명히 인정하긴 했지만 다른 요소들도 있음을 보았다. 그래서 일찍이 존 엘리엇(John Eliot, 1604-1690) 같은 선교사는 인디언들과 가까이 살며 그들의 말을 배우면서, 인디언들이 비록 우상을 숭배하고 부도덕하기는 하지만, 첫인상과는 달리 신을 믿는다는 사실에 충격을 받는다. 또 그들이 영혼의 불멸, 행복과 불행의 영원성 역시 믿으며, 심지어 실제로 하나님을 보았다는 사람이 있다는 전승까지 있다는 사실에 충격을 받는다. 엘리엇은

---

dination of Mr. David Brainerd. 1822년에 뉴헤이븐에서 출판된 내용이 R. Pierce Beaver, *Pioneers in Mission*, pp. 111-124 (p. 113를 보라)에 다시 실렸다.

19 앞의 책, p. 114.

그의 몇몇 청교도 친구들처럼, 아메리카 원주민들은 사라진 이스라엘 열 지파 가운데 남은 자들이라는 결론에 이르게 되었다. 이렇게 이해하면, 인디언들의 금기 음식들과 정화 의식, 또 대홍수 설화 같은 것을 설명할 수 있다. 여러 해가 지나는 동안 깜짝 놀랄 만한 의미가 담긴 생각이 그의 속에서 자라났다. 아메리카 인디언들은 셈족의 지파들에게서 떨어져 나온 셈족의 파편이 아닐까? 인도나 중국, 일본인들도 어쩌면 열 지파의 자손은 아닐까? 참으로 그렇다면, 그들은 히브리어를 하지 않을까? 엘리엇은 인디언의 언어밖에 할 줄 몰랐지만, 적어도 그 문법 체계는 라틴어나 헬라어보다는 히브리어에 가까웠다. 아마도 중국, 일본, 인도의 언어 모두 히브리어의 어형이 퇴보한 것이리라. 아마도 더 중요한 사실은, 자신이 온갖 수고를 마다하지 않기로 서약한 그 인디언들의 회심이 하나님이 보여 주시는 표지는 아니었을까? 두 지파는 물론 열 지파를 아우르는 이스라엘 민족 모두를 회심시키기 위해 동쪽으로 전진하시는 하나님의 표지 말이다.[20]

이 외톨박이 선교사의 광신을 비웃기는 쉽다. 그러나 그는 경험한 사실을 합리적으로 설명하는 데 매달리고 있었다. 로마서 1:18 이하의 말씀을 단순하게 이해하면 아메리카 원주민의 종교는 그저 그런 우상숭배일 수밖에 없다. 그러나 그렇지 않다. 다른 요소들이 있다는 것은, 어찌 되었든 유대인들이 간직한 계시가 퇴화된 형태로 남아 있는 것이라고 설명할 수 있다. 그것만이 아니다. 인도, 중국, 일본 등 세계의 다른 지역에서 동일한 구원의 계시의 흔적이 발견될지도 모른다. 이런 지역들을 다 제외하고 아프리카에서만이라도, 또 다른 함족

---

20 Eliot의 이러한 생각은 S. H. Rooy, *The Theology of Missions in the Puritan Tradition* (Delft, 1965), p. 230 이하에 잘 정리되어 있다.

들 가운데서 로마서 1장 말씀은 종교를 묘사하는 말씀으로 꼭 들어맞을 것이다.[21]

그 이후 열렬한 선교 후원자이자 인디언들의 친구였던 조너선 에드워즈(Jonathan Edwards, 1703-1758, 미국의 신학자, 설교가, 선교사, 프린스턴 대학교 총장. 다양한 신학적 저술로 청교도의 전통을 이은 개혁신학을 옹호했다-옮긴이)는 로마서 1:18 이하에 담긴 진리를 새삼 깨닫는다. 그것은 그가 직접 관찰로 확인한 진리였다.

이방인들이 빠졌던 무지에 관해 사도 바울이 가르친 내용은, 오늘까지도 참 종교에게 다가가려는 조짐이 전혀 없는 아프리카, 아메리카, 심지어 중국의 종교 상황을 통해 확인된다. 따라서 이제 이교 세계의 편견을 사라지게 하고 또 그들로 종교적 진리에 눈 뜨게 하는 데는 이성만으로는 충분하지 않다고 판단할 수 있다.[22]

그렇다면 '종교적 진리'에 그렇게 다가가는 길은 어디에서 오는가? 에드워즈는 밖에서부터라고 답한다. 타락한 후 우상숭배가 너무 사악했기 때문에, 죄를 사하려고 제물을 바치는 것과 같은 관습이 거기서 비롯될 수는 없다. 희생제사는 유대인들로부터 유래되었음이 **틀림없다**. 고대의 이교도 신앙 세계에서 플라톤은 비록 소크라테스에 비하면 약간 처지는 철학자이지만, 참 종교에 관해서는 아는 것이 좀더

---

21 그러나 Eliot은 이 이론을 근거로 선교 사역을 하지 않았고, 또 그가 '셈족'이라고 생각했던 사람들에게만 복음을 전해야 한다고 주장하거나 그렇게 행하지도 않았다. 그리스도를 전하라는 부르심은 하나님이 그분의 나라를 어떻게 이루려고 하시는지에 관한 모든 추론들보다 우선시되었다. 참고. Rooy, p. 235.
22 Jonathan Edwards, *Works* (1817 ed.) VIII, p. 193.

많았다. 플라톤과 달리 소크라테스는 그리스 땅을 떠나 본 적이 없었고, 따라서 외부의 영향을 덜 받았기 때문이다.[23]

의도적 무지라고 탓할 수 없는 다른 종교들 안에 있는 그러한 요소들을 설명하는 것과 관련하여, 마귀는 사람들이 계시된 종교에 점점 더 영향받지 않도록 가능한 한 사람들을 고립시키려고 한다. 그리고 에드워즈는 실제로 그런 일이 일어났다고 주장한다. 아메리카 대륙은 처음에 마귀의 직접적인 활동 때문에 사람들이 살게 되었다는 것이다. 사탄은 처음 3세기 동안 복음이 크게 성공을 거둔 것에 깜짝 놀랐다. 콘스탄티누스 황제 때에 이르러 이교도 제국이 멸망한 것에 너무 놀라서, 또 자기 나라가 완전히 전복될까 두려워한 나머지 인디언들을 자기 세력으로 남겨 두려고 아메리카 대륙으로 끌고 갔다는 것이다.[24]

IV

한편 같은 시대의 유럽에서는 진짜 이교도와는 동떨어져서 '자연신학'에 관한 고상한 논쟁이 진행되고 있었다. 하나로 합의된 주장(*consensus gentium*)이 전에 없던 중요성을 띠게 되었다. 신학자가 "하나님을 믿지 않는 나라는 없다"고 말하면, 회의론자는 "네가 그것을 어찌 아느냐?"고 되받았다.

예수회 선교사들이 중국에서 얻은 증거는 흥미진진한 관심거리가 되었다. 겉으로만 보면, 그 증거는 정통파의 승리였고, '자연'종교

---

23 앞의 책, p. 188 이하. 참고. Rooy, p. 299.
24 Rooy, pp. 300-301.

의 존재에 대한 승리였다. 여기 이른바 하나님에 대한 인식을 보존하면서 2천 년 이상 순수한 도덕 체계를 따르고 있었던 한 민족이 있었기 때문이다. 보통 우리는 라이프니츠(Gottfried Wilhelm von Leibnitz, 1646-1716, 독일의 철학자, 수학자 – 옮긴이)를 선교 운동의 전령으로 생각하지 않는데, 그는 자연종교를 그렇게 효과적으로 보존해 온 중국 민족에게 개신교 선교사들이 계시된 종교를 가르쳐 줄 것을 바랐다. 물론 결국 다른 수도회들은 예수회 선교사들이 해석한 중국 고전을 무효화시켰고, 자연신학(어떻게 보더라도 부자연스럽게 지나칠 정도로 증거를 들이대고 있었다)에 대한 이러한 특정 증거 자료들은 사람들의 관심 밖으로 밀려나 버렸다. 비록 비기독교 사회의 종교들을 섭렵하는 사람들은 언제나 그 이야기에 관심을 가지고 있었지만 말이다.[25]

중국에 관한 논쟁 가운데 로마서나 다른 사도들의 편지를 해석하는 것과 관계가 있는 것은 일부에 지나지 않았다. 그리고 개신교 선교를 향한 라이프니츠의 분명하고 진지한 간청에도 불구하고, 무언가를 할 생각으로 실제 행동에 옮긴 일도 없었다. 중국인들은 이후 타히티 사람들처럼, 유럽 사람들의 문제를 해결하기 위한 조력자로 등장한다. 이와는 대조적으로, 18세기 말엽에 조직되기 시작한 선교 단체의 회원들과 간사들은 필사적으로 행동했다. 바로 그들이 다가갔던 사람들의 영혼을 구원하기 위해 행동에 나섰다. 그 결과의 하나가, 사람들이 기독교가 아닌 종교들에 관하여 말할 때 사용되는 용어를 바꾼 것이다. 예를 들자면, 새로운 운동의 기초가 되었던 '복음주

---

25 이교 신앙에 대한 시각에 관해서는 F. E. Manuel, *The Eighteenth Century Confronts the Gods* (Cambridge, Mass., 1959)를 참고하라; 예수회 선교사들이 들이댄 증거에 대한 유럽에서의 논쟁에 관해서는, E. L. Allen, "Missions and Theology in the Eighteenth Century", *HJ* 56 (1958), pp. 113-122를 참고하라.

의 부흥 운동'에서는 죄의 본성에 대한 더 급진적인 시각과 더 생생한 의미를 들여왔다. 또 다른 예로, 가장 정직한 사람들이 자신들이 실제로 보았던 사건들을 전해 주었다.

그리고 그들이 보았던 것은, 보통 수천 년 넘게 하나님에 대한 인식과 순수한 도덕 체계—18세기 초 논쟁에 쓰인 용어—를 보전해 오고 있는 진지하고 아득하고 예의 바른 사람들이 아니라, 인간 제사를 드리고, 과부가 되면 망자의 제물로 바치고, 남근상(lingam, 힌두교 시바신의 표상—옮긴이)과 여음상(yoni, 힌두교에서 여성의 생식력의 상징—옮긴이)을 그림으로 표현하고, 매음을 예배 의식으로 삼고, 자간나트(Jagannath, 비슈누의 화신 중 하나—옮긴이)가 탄 차 바퀴에 사람들을 깔려 죽게 만드는 그런 사람들이었다. 로마서 1:18 이하에 있는 이미지가 한낱 종교 이론이 아닌 관찰의 결과로 실제로 다시 나타났다. 또 선교사들이 그리스도인이 아닌 사람들의 종교를 보았을 때 로마서 1:18 이하에 있는 단어와 구절들이 다시 크게 울려 퍼졌다.[26] 더 나아가서, 초기의 변증가들이 대중 종교에 맞서 논박을 가한 철학적 전통과 같은 입장을 가졌던 것처럼, 인도에 파송된 선교사들에게도, 로이(Rajah Ram Mohan Roy, 인도의 과부 순장 전통을 반대했다—옮긴이)처럼 종교개혁

---

26 인도 종교에 관한 대표적인 저술 몇 개를 들 수 있다. William Ward, *An Account of the Writings, Religion and Manners of the Hindoos*, 4 vols. (Serampore, 1811), 2 vols. (London, 1817): "실제로 이교 민족이 '살아 계시고 참되신 하나님'에게 경의를 표하며 신상 하나라도 만든 적이 이제까지 없었을 것 같고, 또 어떤 이교도가 하나님께 직접 예배한 일은 절대 없었을 것이다"(I, p. xiv); Claudius Buchanan, *Christian Researches in Asia* (London, 1811), 또 *An Apology for promoting Christianity in India* (London, 1813); A. Duff, *India and Indian Missions, Including Sketches of the Gigantic System of Hinduism* (Edinburgh, 1839). 우상 숭배에 대한 공격에 관해서는, K. Ingham, *Reformers in India*, 1793-1833 (Cambridge, 1956), pp. 33-54를 참고하라.

에 불타는 열정을 지닌 진보적인 지식인들과, 또 더프(Alexander Duff, 1806-1878, 스코틀랜드 출신의 장로교회파 인도 파송 선교사 — 옮긴이) 선교사가 초기에 회심시킨 이들처럼 전통 관행에 저항했던 성난 젊은이들 같은 동맹자들이 있었다.[27]

이와 마찬가지로 아프리카에서도 많은 관찰자들이 로마서 1장의 말씀을 떠올렸다. 1840년대의 서아프리카 지역을 다룬 소수의 저술가들 가운데 하나였던, 데이비드 조너선 이스트(David Jonathan East)는 (다른 사람들의 여행담을 근거로) 아프리카의 노예제도, 음주 관행, 부도덕성, 상거래상의 정직성 결여 등에 관한 인상적인 글을 썼다. 그런 다음 그는 로마서 1:28-31을 인용한다. "이 애처로운 부분에 대해 성경은 이 구절과 앞 장들에 기록된 치욕적인 사실들을 설명해 주고 있다."[28] 그러나 이스트는 다른 부분에서 아프리카의 우상숭배가 비록 비난받아 마땅한 일이기는 하지만, 로마서 1장의 말씀과는 다른 어떤 면이 있다는 것을 알게 된다. 비록 아프리카인들이 어떤 형상들을 갖고 있기는 하지만, 최고의 신 하나님의 형상을 만들지는 않는다. 그저 하위의 신들과 영들 때문에 그분을 보지 못했을 뿐이다.

따라서 그들이 "썩지 않는 하나님의 영광을 썩어 없어질 사람이나 새나 네 발 짐승이나 기어 다니는 동물의 형상으로 바꾸어" 놓은 것은 아닌 것처럼 보인다. 그들은 하나님이 주재하시는 세상에서 하나님을

27　George Smith, *The Life of Alexander Duff* (London, 1881), 5-6장. 인도인 회심자의 힌두교에 관한 견해를 보려면, 예를 들어, K. M. Banerjee, *Dialogues on the Hindu Philosophy* (1861); Nehemiah Goreh, *Rational Refutation of the Hindu Philosophical Systems* (Calcutta, 1862; Madras, 1897)를 참고하라.
28　D. J. East, *Western Africa: Its Condition and Christianity the Means of Its Recovery* (London, 1844), p. 71. 이 책은 그의 앞선 기록들 분석에 근거한 것이다.

빼어 버리고, 그 자리에 그들의 상상대로 만든 야생 동물들을 대신 앉혀 놓고, 이러한 표면상 영적 존재인 것들을 물질적이고 때로는 매우 우스꽝스러운 것과 동일하게 여겨 왔다.²⁹

그러므로 아프리카인들의 우상숭배는 로마서 1:18 이하에 있는 원리들을 잘 보여 주기는 하지만, 자세히 들여다보면 아주 똑같다고 주장하기는 어렵다.³⁰

V

19세기가 계속되면서 이러한 선교사들의 견해는 새로운 사고방식과 접하기도 하고, 때로는 충돌했다. 동방 종교의 문헌에 대하여 새로운 관심이 생겼는데, 그것은 부분적으로는 선교 운동의 결과였다.³¹ 또 새로 발견된 신앙, 곧 종교의 진화에 강렬함을 느끼는 지배적인 가설이 있었다. 진화를 기반으로 삼는 인류학이라는 전적으로 새로운 과학도 생겨났다. 『황금가지』(*The Golden Bough*, 영국의 인류학자 제임스 G. 프레이저의 저서로, 1890년에 출간된 신화와 종교에 관한 책. 종교에 신학적 관점

---

29 앞의 책, p. 148.
30 19세기 초 관찰자들은 대부분, 아프리카의 전통 신앙에 최고의 신 개념에 대한 언급은 있으나 정기적인 숭배의 대상이 되지는 않았음을 알게 되었다. J. Beecham, *Ashantee and the Gold Coast* (London, 1841), 7장을 참고하라.
31 물론 가장 유명한 사람은 Friedrich Max Muller였지만, 그는 확실히 정통 복음주의의 기둥이나 선교적 열정 면에서 귀감은 아니었다. 그러나 1860년부터 옥스퍼드 대학교 산스크리트어 교수 Sir Monier Monier-Williams는 선교 운동과 밀접한 관련이 있었고, 또 1875년부터 같은 대학의 중국학 교수 James Legge는 런던 선교 협회(London Mission Society)가 파송한 선교사로 중국에서 경험을 쌓은 적이 있었다. 선교 보고서, 연구서, 조사 자료들은 분명 서양이 동양의 종교 문헌을 발굴하는 데 크게 공헌했다.

이 아닌 문화적 관점에서 접근했다-옮긴이)라는 저작물은 그것들을 모두 연결했다.

여러 가지 점에서 갈등이 생겼다. 선교사들이 철두철미하게 믿고 있던 최고의 신 하나님이라는 개념이 즉각적으로 의심의 대상이 되었다. 적정한 단계에 이르지 못한 정령 숭배자들에게는 그러한 신의 개념이 단지 선교사들이 만들어 낸 것에 지나지 않았을 것이다. 그러나 이러한 비난은 아주 부당한 것이다. 왜냐하면 초기 선교사들의 로마서 1장 해석을 보면, 기독교가 아닌 다른 어떤 종교에서도 최고의 신을 만들어 낼 필요가 없었기 때문이다. 선교사들은 아프리카인의 종교 안에서 최고의 신을 발견했다. 그들의 신학이 그 존재를 요구했기 때문이 아니라 그 신이 이미 그곳에 있었기 때문이다.

진화론자들의 주장이 신망을 얻게 되면서, 모든 비성경적인 종교의 기원인 원시 일신론이라는 경쟁적인 주장이 더욱 소리를 내게 되었다. 이때 로마서 1:20 이하의 말씀이 그 주요 근거가 되었다. 영향력 있는 산스크리트 학자이자 독실한 복음주의자였던 모니에 윌리엄스(Sir Monier Monier Williams, 1819-1899, 산스크리트 사전 편집자-옮긴이)는 모든 종교의 배후에 원형적인 일신론이 있으며, 그 이유만으로도 사람들이 진리의 편린을 찾기를 기대할 수 있다고 역설했다.[32] 그렇게 되자 기독교 이외의 다른 종교에서 수용할 수 있는 모든 요소를 설명하기 위해서, 구태여 유대 자료들로부터 빌려 와야 한다는 전제는 더 이상 필요 없어졌다. 어떤 점에서 그는 한걸음 더 나아가서 기독교의

---

32 M. Monier Williams, *Indian Wisdom, or Examples of the Religious, Philosophical and Ethical Doctrines of the Hindus* (London, 1875), pp. 143-144 (4th ed., p. 132 n.).

중심 교리 가운데 어떤 것들은 모든 종교의 씨앗에 들어 있다고 주장했다. 기독교만이 가져올 수 있는 성장과 성취를 고대하면서 말이다.[33] 그러나 이러한 모든 결론을 끌어오지 않고도 원시 일신론을 인정하는 것이 가능했다. 모울(Handley Carr Glyn Moule, 1841-1920, 케임브리지 리들리홀의 초대 학장, 신학자, 1901년 더럼 주교 - 옮긴이) 학장은 1880년대에 파송된 많은 새로운 형태의 선교사들에게 크게 영향을 끼친 사람으로, 그러한 견해를 성서 해석학적으로 뒷받침했다.[34] 위대한 요하네스 바르넥(Johannes Warneck)은 이교 신앙에서 원시 계시에 대한 미약하고 제대로 이해되지 못하는 기억을 주시한 사람들 가운데 하나였다.

기독교가 아닌 다른 종교들을 냉정하게 연구해 보면, 이교 신앙은 신을 더 잘 인식하는 데 실패한 것이라는 바울의 견해를 확인하게 된다.

옛날에 인간은 영적 자산이라는 크나큰 보물을 가지고 있었으나, 그것을 연구하기를 소홀히 하고, 더 이상 그것에 의지하지 않게 되면서, 결국에는 희미한 육감을 빼고는 아무것도 남지 않게 되었다.[35] 그렇다

---

33 M. Monier Williams, *Modern India and the Indians* (London, 1887), p. 234. Williams가 결국 버린 이러한 입장에 관해서는, E. J. Sharpe, *Not to Destroy but to Fulfil* (Uppsala, 1965), p. 50 이하를 참고하라.
34 "성경을 믿는 사람이라면…유신론의 원시 역사에 관한 이러한 시각을, 하나님에 관한 진실된 이야기로 보고 받아들일 것이다. 그것이 인간의 영적 역사의 알려지지 않은 순간에 관심을 갖는다는 것을 염두에 둔다면, 보잘것없는 것들로 그것에 반대하는 증거라고들 하는 것 때문에 혼란스러워하지는 않을 것이다"[H. C. G. Moule, *The Epistle of Paul to the Romans*, Expositor's Bible (London, 1893), p. 45]. 또 그의 Cambridge Bible commentary (1879)의 롬 1:21 주석을 참고하라.
35 S. M. Zwemer, *The Influence of Animism on Islam* (London, 1920)에서 인용. 참고. J. Warneck, *The Living Forces of the Gospel* (E. T. Edinburgh, n. d.), p. 98: "이

고 모두가 로마서 1장에서 원시 일신론같이 공식화된 것을 본 것은 아니었다. A. E. 가르비(Garvie)는 20세기의 몇몇 주요한 선교학자들에게 중요한 영향을 준 사람으로서, 바울은 결코 종교들의 기원을 말하려는 것이 아니었다고 말했다. 단지 바울이 한 주장의 핵심은 "하나님에 대한 잘못된 인식과 책무에 대한 잘못된 기준 사이에 밀접한 관계"가 있다는 것이다. 또 바울이 주로 언급하고 있던 로마 사회는 상식적으로 보아 멸망의 길을 걷고 있었다는 논지를 폈다.[36]

비록 나중에 철회하기는 했지만, 사실상 적어도 선교 운동의 큰 가지 하나가 모니에 윌리엄스가 지적한 논지를 전개시키기 시작했다. 오랫동안 여러 동방 종교들의 고전을 연구한 결과, 기독교는 사실상 그 종교들이 성취해 낸 것이라 지적했다. 이 학파의 뛰어난 주역인 존 니콜 파커(John Nicol Farquhar)의 표현을 빌리자면, 그 종교들의 '왕관'이라는 것이다.[37] 힌두교에 대한 더프의 묘사에서 파르쿠하르의 묘사로 옮겨 가는 일은 아주 다른 세계로 가는 것과 같다. 그러나 둘 다 그들이 본 그대로 묘사하고 있다. 물론 세월이 흐르면 변화하게 마련이어서, 더프가 본 것들 가운데 어떤 것은 영영 사라져 버렸다. 그러나 중요한 차이는 말하자면, 파커가 세네카를 만났었다는 사실에 있다.

교 신앙의 중심을 들여다보면, 원래 썼던 것들 위에 다시 글을 써 넣어서 원래의 것들을 볼 수 없게 된 양피지나 마찬가지라는 것을 알게 된다. 덧칠해 버린 지혜의 말씀들 가운데 어느 것도 알고 있는 사람이 없다." 최고의 신에 관한 Andrew Lang의 이론은 자연 신화 학파에 반대하는 입장에서 발전된 것으로, 그 근거를 선교 보고서와 다른 보고서들에 두고 있다. W. Schmidt, *The Origin and Growth of Religion* (E. T. London, 1935), p. 172 이하를 보라.

36 A. E. Garvie, *Romans*, Century Bible의 그 부분.
37 J. N. Farquhar, *The Crown of Hinduism* (Oxford, 1913). E. J. Sharpe, *Not to Destroy*를 보라.

파커는 그의 연작(連作)인 『종교적 탐구』(The Religious Quest, Quest라는 단수를 썼다는 점이 중요하다)에서 변화의 근거를 밝히고 있다. 시드니 케이브(Sydney Cave)는 첫 선교사들이 경전들을 접할 수 없었기 때문에 비기독교 세계 안에서 최고를 보지 못했다고 주장했다. 그는 완전히 이 학파의 대표인 셈이다. 예를 들어, 누구라도 탄조르에 있는 시바 신전을 보면 개척자들의 격렬한 대응을 이해할 수 있다. 그러나 지금(1919) 우리가 접하는 힌두교는 한 세기 전의 힌두교와는 사뭇 다르다. "우리는 '한층 고등화된 힌두교'에 관여한다. 우상숭배는 명을 다 했다."[38]

힌두교에 대한 그러한 평가와 견해는 힌두교 문헌을 연구해 얻어 낸 것이었다. 그러므로 1910년 세계 선교 대회에서 여러 종교의 '접촉점'과 '기독교를 맞이할 준비'를 주제로 토론했을 때, 문헌적 뒷받침이 없었던 '정령 신앙'에 관한 토론을 가장 주저했다는 것에 대하여 놀랄 것도 없다.[39]

이미 살펴본 것처럼, 모니에 윌리엄스는 기독교를 정수로 하여 모든 종교가 발전한다는 생각을 버렸다. 그의 최종 입장은 성경과 '이른바 동방 경전' 사이의 간극을 강조한다. 그것은 "그리스도인과 비그리

---

38 S. Cave, *Redemption, Hindu and Christian* (Oxford, 1919).
39 *World Missionary Conference, Edinburgh 1910: Report of Commission IV. The Missionary Message in Relation to Non-Christian Religions.* 특히 제2장을 보라. "어떤 사람들은 애니미즘의 신앙과 의식에 어떠한 접촉점이나 기독교를 맞이할 준비 같은 것이 없다고 생각한다. 이러한 증인들이 사실상 애니미즘에서 어떠한 종교적 내용도 찾지 못한다는 것은 주목할 만하다…." 참고, Warneck, *Living Forces,* p. 85 이하. 다른 한편, 1900년에 아프리카인 그리스도인 James Johnson 목사(나중에 주교가 됨)는 선교 지망생들에게 아프리카는 "하나님의 존재를 알고 있고, 하나님의 섭리를 믿고 있고, 온갖 좋은 은사와 온전한 선물이 위로부터, 곧 우리 모두의 아버지이신 하나님으로부터 온 것임을 믿고 있다.…아프리카는 하나님을 경배하기를 몹시 원하지만, 어떻게 하면 되는지 모르는 것뿐이다"라고 말했다[*SMP* (London, 1900), pp. 74-75].

스도인이 악수를 하며, 본질적인 진리에 관한 비슷한 생각을 서로 교환할 수 있을 만큼 작은 틈이 아니다."

공정하고 자비를 베풀며 그리스도를 닮아 가라. 그러나 실수를 저지르면 안 된다. 기독교는 힌두교도나 배화교도, 유교도, 불교도, 무슬림 가운데 어느 누구의 입맛에 맞추려고 타협할 수도 없고, 또 그렇게 해서도 안 된다는 점을 분명히 해야 한다. 또 거짓 종교를 버리고 참 종교를 믿으려는 사람이 있다고 하더라도 타협이라는 낡아 빠진 널판을 대고 건너오기를 기대해서는 안 된다는 점을 분명히 해야 한다…[40]

스톡은 속마음을 말했다. 많은 선교사들이 실제로 다른 종교들에 대해 취하는 실제적인 태도는, 좋은 요소들은 남겨 두지만 그 **종교 체계**는 비난하는 것이다.

VI

이 자리에서 탐바람이나 그 후 다른 곳에서 열린 세계 선교 대회들에 관한 이야기를 하는 것은 적합하지 않으리라. 비록 여러 선교 대회에는 언제나 로마서가 배경에 있었고, 때로는 로마서 1:20 말씀에 대한 논란에서처럼 전면에 있는 경우도 있었다. 선교 논쟁에서 연속성과 불연속성의 전통은 아마 계속해서 서로 대립할 것이다. 로마서는 하나님의 의를 선포하려는 사람들에게 계속 도전하고, 그들을 북

---

40 E. Stock, *History of the Church Missionary Society* III (London, 1899), p. 304.

돋우며, 꾸짖을 것이다. 지금까지 선교 운동을 고찰할 때 로마서 1장이 차지한 자리를 되돌아보면, 지속적으로 적절한 어떤 특징들이 두드러진다.

기독교 복음주의자들은 자신들이 어떤 신념과 행위 체계 안에서 사람들에게 일관된 사고방식을 전달하고 있음을 깨달았다. 그러한 수많은 체계들을 다루기 위해서는 '불교'와 '힌두교' 같은 이름들을 붙이는 것이 편리했다. 이러한 과정의 유효성은 이 자리에서 토론할 주제는 아니지만, 적어도 우리는 바울 자신이 그 체계들을 사용했던 것처럼 말해서는 안 된다. 아마도 연속성이나 불연속성에 관한 논쟁의 거의 대부분은 체계들과 관련 있는 것들일 것이다. 결과적으로 더프와 파커처럼 제각기 자신이 본 것을 성실하게 묘사하면서, '힌두교'에 대해 그렇게 다른 해석을 내놓는 사람들이 생겼다. 이것을 로마서 1장의 상황에 대입시켜 보자. 한쪽에서는 기독교 이외의 다른 종교들이 숨길 수 없는 그들의 범죄행위 때문에 그들이 명백하게 하나님의 진노 아래 있다는 것을 모두에게 알리려 하고, 다른 한쪽에서는 특정한 사람들, 서책, 교리 등을 지적하며 사실상 (라일 주교가 에스키모들에게 세례가 필요하다고 말했던 것처럼) 그들을 할 수 있는 한 믿게 만들자고 떠들고 있다.

'힌두교'에 대한 설명으로 어느 쪽이 옳은가, 혹은 어느 쪽이 조금 더 옳은가 하는 논쟁은 로마서 1:18 이하의 말씀에 비추어 보면 논점에서 벗어나 있다. 왜냐하면 여기에서 바울의 관심은 체계에 있는 것이 아니라 사람에게 있기 때문이다. 불의로 진리를 막는 것도 사람이고, 하나님의 이름을 더럽히는 것도 사람이며, 수치스러운 격정에 자신을 내던지는 것도 **사람**이다. 하나님의 진노가 내리는 대상은 사악한 짓과 악행을 일삼는 사람들이다.

이러한 체계들과 궁극적으로 우리가 세계 종교라고 부르는 체계들에 대한 집합적 꼬리표들이 로마서 1장을 해석할 때 경건하지 않은 사람들의 영역 속으로 들어간 것처럼, 마찬가지로 체계로 여겨지는 기독교도 간혹 하나님의 의라는 영역 속으로 들어가 버렸다. 진짜 체계는 비난받는 거짓 체계와 맞서 왔다. 항상은 아니지만 간혹 '기독교'는 공식적으로 다른 꼬리표들과 동일한 용어로 인식되었고, 분명 광범위한 현상들을 다 아우르고 있다고 인식되었다. 또 만약 인간 체계 안에서 권사와 정세들이 작동한다면, 그러한 것들이 기독교 안에서도 작동할 수 있고 작동하고 있다고 인식되었다. 기독교에 속한 사람도 같은 이유로 힌두교에 속한 사람들만큼 하나님의 진노 아래 있다. 현대 선교 운동의 최초 세대가 최악의 형태의 온정주의로부터 구제될 수 있었던 것은, 이러한 인식을 가지고 있었기 때문이다. 인간은 실론(Ceylon)섬에서뿐 아니라 어느 곳에서도 비열한 짓거리를 멈추지 않았다. 그리스도인 설교자들은 기독교 세계에서 말씀을 전할 때처럼, 비기독교 세계에도 동일한 **회개**와 신앙을 함께 전했다.[41] 구원의 주체는 기독교가 아니라 그리스도였기 때문이다.

그렇다면 이것은 다른 점과도 관계가 있다. 바로 로마서 1장과 로마서 2장의 밀접한 관련성이다. 로마서 1-2장의 '통렬한 비난'이라는 글쓰기 형식은 자주 주목을 받았다. 지혜서 13-14장의 표현에서 도움을 받은 듯하고, 일반적으로 용인된 유대인들의 우상숭배 비판과

---

41 예를 들어, Beaver, *Pioneers in Mission*, pp. 41-64에 있는 Sewall의 설교를 참고하라. 선교사-설교자의 임무가 회중교회 목사의 임무와 똑같다.

아주 흡사했기 때문이다.⁴² 로마서 1장의 요지를 로마서 2장에서 펼치는데, 우상숭배의 근원을 밝히는 것이 아니라 선하다고 하는 사람들에게 아무런 소망이 없다는 것이다. 그리고 바울은 누구나 그리스도를 믿음으로 말미암아 값없이 구원을 받는다는 것을 말하기 전에, 흩어져 사는 유대인들이 자신들의 사명으로 이해하고 있는 것에 대해 풍자적인 비평을 가하고 있다(롬 2:17 이하). 여기 분주하게 전도에 힘쓰는 사람이 있다. 그는 눈먼 사람들의 길잡이이고, 어둠 가운데 있는 사람들에게 빛이며, 어리석은 사람들을 바로잡아 주는 이며, 아이들의 교사였다. 그는 잠언의 앞부분에 나오는 지혜자와 이사야 42장에 나오는 종이 하나로 합쳐진 사람이었다. 그런데 그는 십계명을 칭송함에도 불구하고, 도적질하고, 간음하며, 신성 모독을 저질렀다. 또한 성경에서 이전 시대의 유대인들에 대해 말한 것처럼, 이교도들로 하여금 그 백성의 모습을 보고 하나님의 이름을 모독하게 만들었다. 이처럼 때때로 말씀은 선교사들에게 비수처럼 날카롭게 작용한다. 그리고 그러한 말씀은 신약에도 있다.

---

42 참고. Bruce, *Romans*에서 2:1-16에 대한 주석: "우리는 그가 더디오에게 편지를 받아쓰게 하면서, 느닷없이 '그럴 의도가 전혀 없었던' 이러한 죄들을 드러내기를 즐기는, 스스로 만족해하는 사람을 집어내, 그도 다른 사람들보다 나을 게 없다고 말하는 바울의 모습을 상상할 수 있다"(p. 86).

6 • 고대 북반구 기독교와 새로운 남반구 기독교의 기원[1]

기독교 역사에서 기독교 세계의 무게중심은 여러 차례 바뀌었다. 그 가운데 가장 중요한 변동 세 가지가 있는데, 그 하나하나가 기독교를 표현하는 면에서 변화를 가져왔다. 첫 번째 변화는 안디옥에서 이름을 알 수 없는 유대인 그리스도인 몇몇이 이스라엘 민족의 메시아를 그리스인들의 주라고 전한 일이었다(행 11:20). 이 일로 인해 헬레니즘 문명권에서 성장한 사람들이 이스라엘 민족의 하나님을 경배하게 되는 거대한 움직임이 일어났다. 두 번째 변화는 헬레니즘 문명권의 그리스도인들은 북유럽과 서유럽에 사는 민족들이, 곧 기독교 문명을 파괴하는 야만인들이라고 생각됐던 그들이 그리스도를 믿게 되고, 그들이 전통적으로 신이라고 여겼던 자리에 그리스도인들이 믿는 하나님을 두게 된 것이었다. 세 번째는 지금 우리가 살고 있는 세기에 절정에 이른 변화로서, 상당히 오랫동안 지속될 것으로 보인다. 남반구 대륙 전역, 즉 사하라 이남의 아프리카, 라틴아메리카, 아시아 대륙

---

[1] Hans Kasdorf and W. Muller, eds., *Bilanz und Plan: Mission an der Schwalle zum dritten Jahrtausend* (Bad Liebezell: Verlag der Liebezeller Mission, 1988)에 처음 출판되었다.

의 일부, 태평양 도서 지역 등지에서 사람들이 기독교 신앙을 받아들이는 대규모의 움직임이 일어나고 있다. 이것은 이제 남반구에서 그리스도인이라고 고백하는 사람들의 숫자가 북반구 그리스도인의 숫자를 능가한다는 뜻이다.[2]

세 차례에 걸쳐 그리스도인들이 급격히 증가하는 과정에서 공통적으로 눈에 띄는 특징이 있다. 그들 모두 거의 원시종교의 추종자들로 이루어져 있었고, 그에 비하면 다른 종교 전통에서 개종한 사람들은 거의 없었다는 점이다. 그러나 유사점은 또 있었다. 두 번째와 세 번째 변화는, 한 문명이 다른 문명에게 크나큰 문화적 충격을 가하는 상황에서 일어났다는 점이다. 기독교를 받아들인다는 것은 때로는 상당한 사회적 변화를 수반하는 일이었고 또 사회적 변화에 적응하는 방식의 일부였다.

문화의 침입 때문에 사회 변화라는 충격을 받는 원시사회는, 가치관, 지도층의 위계 조직, 고유의 준거 틀, 이렇게 세 가지가 특히 공격을 받기 쉽다. 과거 북유럽과 서유럽에 사는 사람들, 그리고 이후에는 남반구의 원시 부족들이 기독교를 받아들이는 경험은 온갖 충격들을 가져온 동시에 이러한 근본적인 사회적·심리적 혼란에 대처하는 수단을 제공하기도 했다. 예를 들어, 낡은 가치관을 대신할 새로운 가치관을 제공하는 방식으로 말이다(비록 그러한 대체가 엄격한 것은 아니었고, 또 북반구와 남반구 모두에서 대부분의 사람이 이중적이거나 중복되는 가치 체계를 가지고 있긴 했지만). 기독교를 받아들임으로써, 시대에 맞지 않

---

2   David B. Barrett, ed., *World Christian Encyclopedia* (Nairobi: Oxford University Press, 1982), p. 3 이하 및 그 의미에 대해 말하는 표 2를 보라. 참고. A. F. Walls, "The Christian Tradition in Today's World", in Frank B. Whaling, ed., *Religion in Today's World* (Edinburgh: T. & T. Clark, 1987).

거나 의심이 가는 위계 조직을 다른 것으로 바꾸는 것이 가능해졌 거나 정당해졌다. 또 기독교는 전통적으로 지역적이고 혈족 관계를 중심으로 하는 사회를 보편적인 질서와 연결시키는, 보편적인 준거 틀을 제공해 주었다.

북유럽에서 한 민족이 기독교를 받아들이면 그 민족은 기독교 왕국에 편입되는 셈이었고, 그리스도께 충성하는 민족들 그룹에 속하게 되었다. 서유럽에서 이러한 충성은 서유럽의 유일한 교황직을 인정함으로써 구체화되었다. 또 기독교 왕국에 들어간다는 것은, 교회에 의해서 또 교회를 통해서 보존된 문자 문화에 들어가는 것이기도 했다. 이 문자 문화는 라틴어에 기반을 둔 것으로, 라틴어는 북유럽과 서유럽에 사는 민족들이 공동으로 파괴한 서로마제국의 성경과 예전(禮典)과 문자 전통의 언어였다.

오늘날 남반구에서 원시 부족들이 기독교를 받아들이는 것 또한 다시 문자 문화의 단계로 진입한다는 것과 관련이 있다. 때로 그것은 확대된 시야에 맞추기 위해 국제적인 언어를 접한다는 뜻도 된다. 그러나 현저하게 다른 점이 있다.

옛날 남방과 동방의 기독교에서는 콥트어와 슬라브어라는 고유한 언어로 기독교 문헌들을 개발했지만, 북방의 기독교에서는 대체로 그렇게 하지 못하고, 여전히 라틴어 성경을 쓰고, 예전에서도 라틴어를 사용했다. 그랬기 때문에 서로 연결된 보편적인 그리스도의 몸이라는 개념은 공고해졌지만, 기독교의 언어가 이국풍을 띠는 위험을 감수할 수밖에 없었다. 켈트족이나 색슨족이 모두 라틴어를 사용했다는 사실은, 로마제국으로부터 전도를 받은 색슨족과, 전도를 받은 색슨족 조상들이 억압한 켈트족 사이에 생긴 불화를 치유하는 데 도움이 되었을지도 모른다. 기독교화한다는 말은 라틴화한다는 뜻이었고, 사람들을 고전 문화라는 영역 안으로 몰아넣는 일이었다.

오늘날 남반구 비-문자 사회(preliterate societies)에서 일어난 기독교화 과정을 보아도, 기독교를 받아들인 사람들을 문자 문화와 국제적 소통이라는 영역 안으로 몰고 간다는 점에서 비슷했다. 그러나 어찌되었든 원칙적으로 기독교는 **자국어** 문학의 성장에 호의적이었다. 초기에는 라틴어 아니면 다른 어떤 서양 언어를 가장 중요한 성스러운 목적에 사용해야 할 것이라는 기대를 갖고 있었다. 그러나 그런 기대는 성경과 예전은 자국어에 속해 있다는 인식, 특히 기도할 때 쓰는 언어는 자국의 언어가 가장 적합하다는 인식으로 바뀌었다. 이것 때문에 생기는 문화적 효과는 분명하다. 자국어로 된 작품이 늘어났기 때문에 문화의 르네상스가 꽃핀 경우가 많았다.[3] 특히 그리스도인들이 자국어를 '성스러운 목적'에 사용함으로써 몇몇 원시 문화들은 정체성의 상실을 초래할 수 있는 급격한 변화에 대한 회복력을 얻게 되었다. 폭넓은 정체성을 갖게 하는 바로 그 작업에서 나름대로 지역적 초점을 잃지 않게 된 것이다. 그런데 여기에는 신학적 부작용도 있었다. 아무리 정확히 습득했다 해도, 다른 언어를 사용하는 사람들과 대화하면서 자신의 고유어로 된 기독교 신앙을 설명하고 해설하는 일은, 식자들이 담론에서 쓰는 생경한 외국어로 그 내용을 요약하고 설명하는 것과는 전적으로 다른 문제다.

오래된 북반구 기독교와 새로운 남반구 기독교의 생성 과정 사이

---

[3] Joel Carpenter and Wilbert R. Shenk, eds., *Earthen Vessels: Evangelicals, Culture and the American Missions Enterprise in the Last Century* (Grand Rapids: Eerdmans, 1988), pp. 301-316에 게재된 Lamin Sanneh, "Mission and the Modern Imperative, Retrospect and Prospect"를 보라.

의 또 다른 큰 차이는 훨씬 더 근본적인 것이다. 초기에 기독교를 전파했던 선교사들은 하나님을 많은 신들과 대조해 선포했다. 즉 만신과 대비되는 분, 낡아빠진 뇌신(雷神, 북유럽 신화에 나오는 신-옮긴이)에 대비되는 새로운 그리스도라고 말했다. 이것은 그리스-로마 세계에서 원시종교를 믿던 사람들을 처음 대규모로 기독교로 끌어들였을 때 전파했던 방식을 이은 것이다. 누구도 제우스/주피터를 우리 주 예수 그리스도의 아버지 하나님이라 생각할 수 없었다. 또 그들이 기독교 이전에 있던 종교 안에서 『예비된 복음』(Praeparatio evangelica, 유세비우스가 기독교의 우월성을 증명하기 위해 쓴 작품-옮긴이)을 받아들였다면, 선교사들은 신화나 유사종교에서 말하는 어떤 것에서가 아니라, 철학자들이 말하는 하나님이나 관념적인 선에서 그것을 찾아냈다. 북유럽으로 온 기독교는, 기독교가 쫓아낸 미신들 안에는 기독교의 그림자조차도 없다는 것을 새삼 깨달았다. 오딘(북유럽 신화에 나오는 최고의 신. 원래 폭풍의 신이었으나 후에 군신, 농경의 신, 사자의 신이 되었다-옮긴이)이나 뇌신이나 프로이(Frey, 곡식과 번영의 신-옮긴이)는 하나님이 아니었다. 사실상 북유럽 사람들이 믿었던 종교에는 최고의 신 하나님이 들어설 자리는 거의 없어 보인다. 그러므로 그리스도인의 선포는 옛것과 새것, 하나님과 만신,[4] 그리스도와 뇌신을 놓고 그 가운데 하나를 고르라고 강요하는 것이나 마찬가지였다. 북유럽의 무덤이 그들의 이야기를 해 준다. 몇 군데 무덤에서 십자가에 달린 그리스도의 모습이 새겨진 금속 조각들이 발견된 한편, 다른 무덤에서는 뇌신이 망

---

4 11세기 북유럽식 비문과 관련하여, *Ex orbe religionum. Studia Geo Widengren* II (Leiden: Brill, 1972), pp. 161-176에 게재된 E. Segelberg, "God Help His Soul"을 참고하라.

치를 든 모습이 새겨진 금속 조각들이 발견되었다. 어떤 사람들은 두 가지를 다 바라보는 것이 분별 있는 행동이라 확신했다. 그래서 십자가와 망치가 함께 남아 있는 무덤들도 있고, 한두 무덤에는 망치 모양을 한 십자가가 발견되었다.[5] 아이슬란드에는, 육지에서는 그리스도를 경배하지만 바다로 나가면 뇌신을 섬기는 것이 더 안전하다고 여기는 헬기(Helgi)라는 반쪽 그리스도인이 산다고 한다. 또 노르웨이의 고결한 왕 올라프(Olaf, 노르웨이 왕 올라프 2세, 995-1030, 재위 1016-1030 - 옮긴이)는 음식을 먹기 전에 경건한 동작을 취하도록 정했는데 관찰자들은 이것을 여러 가지로 해석했다. 그러나 이러한 어정쩡한 상태는 오래 지속될 수 없었다. 화이트 크라이스트(White Christ, 에스페란토의 대가이며 문화 사학자인 제임스 버제스가 기독교가 노르웨이에 들어온 시기를 배경으로 쓴 『바이킹의 항로: 화이트 크라이스트 이야기』라는 소설의 제목 - 옮긴이)가 북유럽에 자신의 왕국을 세워 어떠한 경쟁자도 인정하지 않고 자신의 왕권을 누구와도 공유하려 하지 않았을 때, 다른 옛 신들은 사형선고를 받아 지하 세계로 추방되었다.

일반적으로 말하자면, 남반구 기독교의 경우에는 이야기가 전혀 다르다. 기독교 설교자들은 세계의 구석구석에 있는 원시사회 속에서 제각기 고유한 이름을 가진 하나님이 이미 계시다는 것을 알게 되었다. 어떤 경우에는 하늘, 이 땅의 창조주, 인류의 도덕적 지배자와 관련이 있고, 제단이나 사제, 또 정해진 예배가 없기도 하고, 일부는 그저 '존재'라고 불리는 신이 현상적이고 초자연적인 세계의 전체 구조 배후에 있는 것으로 밝혀졌다. 보통 성경을 번역할 때, 또 예전

---

5 E. G. Turville-Petre, *Myth and Religion of the North: The Religion of Ancient Scandinavia* (London: Weidenfeld and Nicolson, 1964)에 게재된 사진들을 보라.

과 설교에서 그러한 이름이 이스라엘 민족과 교회의 하나님의 이름을 대신해 사용되었다. 이런 일이 일어나는 곳에 기독교가 들어올 때에는, 북유럽에 기독교가 전래될 때처럼 하나님을 사람들에게 가까이 이끌고 오지는 않는다. 원시사회의 종교와 생활에 관한 기독교의 판단이 아무리 가혹해도, 하나님의 이름이 그렇게 많은 경우에 잊히지 않았다는 사실은, 여전히 기독교 신학의 미래에 중요한 영향을 미칠 것이다.[6] 하나님은 서양 그리스도인들이 경험해 보지 못한 방법으로 '이방인의 하나님도'[7] 되신다.

북반구 기독교의 초기 경험으로 되돌아가서 그 회심 과정이 얼마나 길었는지는 성찰해 볼 가치가 있다. 원시종교들은 12세기까지 스웨덴 대부분의 지역에서 그리고 핀란드에서는 더 오랫동안 판을 치고 있었다. 많은 지역에서 기독교를 인정하고 나서도 결국 원래 상태로 되돌아가서 새로 시작했다. 『오크니 백작들의 역사』(The Orkneyinga saga)의 작가는 오크니 제도에서 일어난 첫 회심을 이야기하면서, 왜 두 번째 회심이 필요했는지도 들려준다.

올라프 트리그바손은 영국 제도에서 약탈을 일삼으며 4년을 지냈다. 그런 다음 실리 제도에서 세례를 받고, 영국으로 배를 타고 와서 [그리스도인인] 아일랜드 왕 크바란의 여동생 기다(Gyda)과 결혼했다….

올라프왕은 배 다섯 척을 거느리고…마침내 오크니에 이르렀다. 오스문츠발트에서 그는 우연히 시구르드 백작[오크니의 지배자]을 만나

---

6 이것에 관한 중요한 토론에 관해서는, Kwame Bediako, *Theology and Identity: The Impact of Culture upon Christian Thought in the Second Century and Modern Africa* (Oxford: Regnum Books)를 보라.
7 참고. 롬 3:29.

게 되었다. 시구르드 백작은 배 세 척을 가지고 해적질을 하러 떠나려던 참이었다. 올라프는 시구르드에게 사자를 보내어, 할 말이 있으니 자기 배로 와 달라고 청했다.

올라프왕은 백작과 만났을 때, "나는 당신과 당신네 권속들 모두 세례를 받았으면 하오. 만약 내 청을 거절한다면 당신을 이 자리에서 죽이고, 또 섬 전체를 불과 칼로 없애 버릴 것을 맹세하오"라고 말했다.

시구르드 백작은 자신이 어떤 처지에 있는지를 알아차리고 올라프왕에게 항복했다. 백작은 세례를 받았고, 올라프왕은 흐벨프 또는 훈디라 불리는 백작의 아들을 인질로 삼아 세례를 받게 하고 흘로드비르라는 세례명을 주었다. 그 후로 오크니 제도의 모든 주민들이 기독교 신앙을 받아들였다. 올라프왕은 흘로드비르를 데리고 노르웨이로 배를 타고 돌아왔으나, 흘로드비르가 오래 살지 못하고 죽자, 그 후 시구르드 백작은 올라프왕에게 충성하기를 거부했다.[8]

올라프 트리그바손은 노르웨이의 왕이었고, 작가는 그 왕이 기독교를 믿게 한 방식을 아주 공정하게 이야기한다. 그 방식만을 놓고 볼 때 아마도 꼬집어서 모욕을 주는 행위라고 할 수는 없을 것 같다. 고대 북유럽 사람들은 강한 오른팔의 힘을 의지해 살았고, 가장 강한 힘을 가진 자는 그 강한 힘을 유지하는 한, 원하는 것은 무엇이나 할 수 있었다. 올라프왕은 새로운 신앙에 관하여 자신이 이해하고 있던 바에—영악하고 외고집에 피투성이인 마음으로 이해했지만—아주 충실했다고 할 수 있다. 그 일이 복을 부르기도 했고 구원에 대한 기

---

8   Orkneyinga Saga 12, trans. H. Palson and P. Edwards, *The History of the Earls of Orkney* (London: Hogarth Press, 1978).

대를 주면서 위난도 불러왔다. 그는 자기 권속들에게 새로운 종교를 갖게 함으로써 그들에게 가능한 한 최대의 이득을 주고 있다고 믿었음에 틀림없다. 그러나 그는 어떤 노르웨이의 왕도 일찍이 누려 보지 못했던 왕권을 구축하고 있었다. 또한 그가 그렇게 열정적으로 고취시켰던 보편적 신앙에 대한 광범위한 집착이 중앙 집권화 과정에 도움이 되었으리라는 점은 확실하다. 올라프왕이 오크니의 백작에게 세례를 받으라고 최후통첩을 했을 때, 그는 암시적으로 왕으로서 백작 위에 군림하겠다는 주장을 한 것이다. 백작은 그것을 알고 불가항력(force majeure)에 고개를 숙인다. 그러나 왕에게 볼모로 잡혔던 백작의 아들이 죽자 더 이상 잃을 것이 없어졌다. 왕이 멀리 떨어져 있으니, 그 이야기의 작가가 말하는 대로, 백작은 "올라프왕에게 충성하기를 거부했다." 작가는 똑같이 사실이었던 말, 곧 더 이상 올라프왕이 믿는 종교를 따를 필요가 없었다는 말을 할 생각이 없다. 그 후 오크니 제도에 살던 사람들은 한 세대 동안 기독교 신앙과 절연했다.

그러나 이 이야기 전체가 하려는 말은 강압에 의한 회심은 기독교에서 결정적인 회심이 되지 않는다는 것이다. 북유럽 사람들을 회심시키기 위해 무력이 자주 동원되었다는 점은 부인할 수 없다. 또 아메리카 대륙에서 스페인 정복자(conquistadores)들이 자행했던 수준을 넘어서는 폭력, 또 현대에 들어서서 기독교가 제국주의와 야합한 결과 아프리카 대륙이나 아시아 대륙에서 있었던 수준을 훨씬 능가하는 흉악과 폭력이 동원된 것도 사실이다. 그러나 오크니 제도의 경우에서 보는 것처럼, 강한 오른팔은 역효과를 낼 가능성이 크다. 오크니 제도에 사는 사람들은 자신들이 위협으로부터 안전하다는 생각을 하자마자 기독교를 내팽개쳤다. 다른 누군가의 강요가 아니라 자신들이 찾아낸 이유로 기독교를 받아들일 준비가 될 때까지 그들은 기다려야 했다. 그것은 정확하게 말해서 기독교는 노르웨이왕 올라프에 대한 충성의 맹세 때문에 받아들인 종교였기 때문이다.

1064년에 죽은 토르핀 백작의 기나긴 치세기에, 마침내 그런 때가 찾아왔다. 여기에 『오크니 백작들의 역사』를 다시 옮긴다.

토르핀 백작은 이제 오크니 제도는 물론 그가 정복한 다른 지역을 다스리는 유일한 통치자였다.···백작은 호시탐탐 스코틀랜드 서쪽과 아일랜드로 해적질을 하러 가고 싶어 했다. 그는 한때 잉글랜드에서 잉글랜드왕의 근위대장으로 지내기도 했다.

토르핀이 마그누스왕이 죽었다는 소식을 듣고 동쪽으로 노르웨이왕 하랄드에게 사절을 보냈는데, 들려 보낸 친선 서한에는 왕과 우정을 나누기를 바란다고 썼다. 왕은 그 서한에 호의적인 답을 하며 토르핀과의 우정을 약속했다.

토르핀은 그곳에서부터 해안을 따라 남쪽으로 항해해 덴마크에 이르렀다. 그리고 육로를 택해 올보르그에 가서 스베인왕을 알현했다. 왕은 토르핀에게 왕궁에 함께 머물 것을 청했고 성대한 잔치를 베풀었다. 그러자 토르핀은 로마를 방문하고 싶다는 의사를 밝혔다. 작센 지방에서는 헨리 황제를 만났는데, 황제는 그를 따뜻하게 환영하면서 여러 필의 말과 함께 많은 멋진 선물을 안겨 주었다.

백작은 순례를 시작해 로마에 도착한 뒤 교황을 알현하고 모든 죄를 용서받았다. 그 뒤에 토르핀은 고향으로 길을 재촉한 끝에 자기 영지에 무사히 도착했다.

그 후로는 해적질도 마감하고, 모든 시간을 자기 백성들과 나라를 다스리는 일과 새로운 법률을 만드는 데 쏟았다. 그는 비르세이를 영구 거처로 정하고, 거기에 멋진 대성당을 지어 그리스도에게 바쳤다. 여기가 오크니 제도 첫 주교좌성당이다.[9]

이것으로 미루어 우리는 젊은 시절 족장이었던 토르핀이 기독교를 믿는 아일랜드를 대놓고 노략질(약탈품을 공유했던, 모험심 많았던 고대 노르웨이인들에게는 알맞은 직업)하여 수입을 확보했다는 것을 알 수 있다. 몇 문장 후에는 원로 정치인 토르핀 백작을 만나게 된다. 그는 로마로 기나긴 순례의 길을 떠나 교황으로부터 친히 면죄부를 받고, 조수가 밀려드는 자신의 요새 옆, 북대서양의 황량한 섬에 대성당을 세웠고, 입헌 군주로서 이름을 높이고, 공익을 위해 법전을 편찬한 사람이 되었다.

토르핀의 변화는 백성들의 변화로 이어졌다. 오크니 제도의 역사에서 그가 통치했던 반세기의 결정적인 기간에, 그는 물론 그의 백성들도 "해적질을 그만두었다." 정말로 그들은 더 부유하고 안정되기는 했지만 수많은 그리스도인이 사는 땅을 약탈하는 바이킹의 생활방식은 해적질이었음을 깨달았다. 물론 이것은 오크니 제도에 사는 사람들이 그리스도인이 되는 과정과 관계가 있었다. 그러나 그 관계는 단순하거나 직접적인 것이 아니었다. 예를 들어, 회심의 결과로 도덕적 개혁이 단숨에 이루어진 것은 아니었다. 비록 개개인의 경우에는 이런 일이 빈번히 일어나긴 했지만 말이다. 이로써 바이킹의 시대는 끝났다는 것이 정설이었다. 침략은 본질적으로 수확 체감의 법칙의 영

---

9   Orkneyinga Saga 31.

향을 받았고, 침략이나 하면서 사는 생활이 다른 중요한 활동과 양립할 수는 없었다. 다른 무엇보다도, 기독교는 침략에서 농사로 생활 방식을 조정할 수 있는 수단을 제공했다. 오딘에 대한 경배는 전사들의 국가가 아닌 곳에서는 적합하지 않았다. 오딘 신의 산당에서는 사람들이 해만 뜨면 싸움질을 하고 해가 지면 술타령이었다. 아마 농사꾼이 그렇게 살았다면 해마다 추수하기는 글렀을 것이다. 토르의 역동적인 에너지나 프로이/프로이야라는 풍요의 부부 신이 농사꾼을 도와주었을지도 모른다(그리고 정말로 북유럽에서 검은 토르는 마지막까지 화이트 크라이스트와 경쟁을 벌였다). 그러나 그보다 다행스러운 것은, 생계를 위해 꾸준히 일한 사람들은 땅과 하늘을 만든 유일하신 하나님을 경배함으로써 도움을 받았다는 것이다.

이와 비슷한 길을 따라간 집단은 북유럽 민족들 이후에도 많이 있었다. 여러 세기에 걸쳐 다른 게르만 종족들도 새롭고 광활한 약탈지에 고무된 용사들을 앞세워 계속 서쪽으로 진격했다. 그러나 이런 땅을 정복하고 방어하기보다는 경작하고 유지할 필요가 있는 때가 한 번은 오게 마련이었다. 그리고 신앙과 예배가 바뀜으로써 생활 방식도 바뀌었다. 그것은 지속적이거나 자주 일어나는 움직임은 아니었다. 비드는 우리에게 죽기까지 원수들을 용서한 이스트 색슨족 왕에 관한 이야기를 들려준다.[10] 이 경우에는 왕이 회심하여 싸움터로 나갈 의욕이 별로 없었기 때문에, 젊은 용사들이 왕의 완벽한 회심에 불만을 토로한 것으로 보인다. 이것은 정확히 이 사람들의 생계가 걸린 전쟁, 즉 약탈할 기회에 관한 문제였다. 평화란 그들에게서 정당한

---

10 Bed, *Historia Ecclesiastica* 3:22.

기대를 빼앗는 것이었다. 마침내 그들은 자기네 그리스도인 왕을 죽여 버렸다.

회심은 생활 방식의 변화를 촉진시킴과 동시에, 다른 민족들과의 안정적인 관계, 곧 기독교를 받아들인 민족들과의 대화도 촉진시켰다. 『오크니 백작들의 역사』를 쓴 작가가 올라프의 회심과 토르핀의 변화를, 그들의 항해, 결혼 동맹, 우정 등의 상황에서 이야기한 것은 다 이유가 있었다. 그러나 북유럽의 군 지휘관들과 무지렁이 농사꾼들이 기독교를 받아들임으로써, 기독교가 그리스-로마 문명에 지속적으로 침투했던 여러 세기 동안에는 결코 경험해 보지 못했던 상황, 우선순위, 걱정거리, 의문 사항 등을 떠맡게 되었다. 이러한 당황스러운 상황을 묘사한 선교사들의 편지들이 몇 개 남아 있다. 잉글랜드에서는 캔터베리의 아우구스티누스가, 한 세기 뒤 프리지아에서는 보니파키우스(영국인)가, 자기네들의 선교 사역으로 야기된 문제들을 각자 자기네 교황들에게 문의했다.[11] 이러한 질문들 가운데 대부분이 결혼 문제에 관한 것들인데, 이것은 선교사들이 신학과 실천의 기준에 관해 확실하게 숙지하고 있던 주제였다.

그러나 새로이 그리스도인이 된 사람들은 이전에는 전혀 다른 규칙을 가지고 살던 사람들이었다. **온갖** 전통적인 규칙들을 얼마나 바꾸어야 하는지가 전혀 분명치 않았다. (형제인 두 명이 자매인 두 명과 결혼할 수 있을까?) 또 결단코 기독교 신학의 일부로 편입될 수 없었던 북유럽 사람들의 전통적인 법체계 가운데서 다루어야 할 문제들이 있었다. 여자가 아기를 낳은 후 얼마가 지나야 교회당에 들어올 수 있

---

11 앞의 책, 1:27; Gregory to Boniface in Migne, PL 89; trans. in C. H. Talbot, *The Anglo-Saxon Missionaries in Germany* (London, 1954), letter 14.

는가? 나병 환자는 성찬을 받을 자격이 있는가? 남자가 몽정을 한 다음에는 예배에 참여하지 말아야 하는가? 이러한 문제들은 로마 법전에는 나와 있지도 않았고, 또 신앙의 본질과 아무런 상관이 없기 때문에 중요하지 않다고 말해도 소용이 없었다. 이러한 문제들은 새로 그리스도인이 된 사람들에게는 심각한 문제였고 없어지지 않는 문제였다. 온 세상이 휘청거렸기 때문이다. 거룩한 곳과 거룩한 때, 예배 의식의 세계가 흔들렸고, 안전을 보장해 주는 틀이 사라져 버렸기 때문이다. 새로운 신앙 안에서 안전감을 얻으려는 사람들에게는 옛 신앙이 남겨 놓은 문제들에 대한 만족할 만한 대답이 꼭 있어야만 했다. 보통 그렇듯, 결과는 기독교를 가르쳐 준 선교사들이 구체화한 신앙의 표현과는 다를 것이다.

그 선교사들과 세련되고 조직화된 이탈리아와 갈리아의 전통적인 기독교 중심지에 있던 그들의 지도자들은, 자기네들이 '야만인'이라고 부르는 동료들에 대해 상당한 자기 성찰을 했어야 했다. 패트릭의 파란만장한 생애와 그가 남긴 글을 통해 볼 수 있는 여러 종류의 변명이 적절한 예라고 할 수 있다. 그것은 단순히 패트릭의 형편없는 라틴어 실력과 관련된 것이 아니었다. 그런 문제쯤이야 식민지 상황에서는 용인될 수 있는 것이었다. 그가 젊은 시절에 큰 죄를 지었다는 사실 때문에, 교회 대표직을 '토착민들'에게 맡기기 전에 심사숙고해야 한다는 생각이 의심할 것도 없이 더 커졌다. 그러나 한층 세련된 동료들과 중재자들은 패트릭이 꿈을 하나님의 인도를 받는 통로라고 인식한 것에 대해, 또 큰 바위가 가슴을 짓누르듯이 악마가 내려와 자신이 얼어붙었다는 생생한 증언에 대해 어떤 생각을 했겠는가?[12]

일찍이 5세기에 살았던 패트릭의 경우를 보면, 전에 원시종교를 믿었던 새로운 북유럽 기독교는 문자 문명을 가졌던 북아프리카의 기독교와는 아주 다른 형태를 취하고 있었다는 것을 알 수 있다. 그러한 형태의 기독교는 더 오래 지속되었다. 1,500년이 지나 패트릭이 살던 땅에서 파송된 선교사들은, 아프리카와 태평양 지역의 기독교의 행태가 패트릭과 같은 사람 주변에 있던 가장 잘 운영되던 수도원들의 행태와 다르지 않다는 것을 보고 유보적인 입장을 취하게 되었다.

북유럽의 기독교를 형성하게 된 회심 과정을 살펴보는 것은, 현재 새롭게 떠오르는 남반구 기독교가 형성되는 과정을 이해하기 위한 새로운 연구에 도움이 된다. 실제로 어떤 점에서는 20세기 아프리카나 아시아, 태평양 지역의 원시사회에 기독교가 존재하는지에 대한 관찰이, 투르의 그레고리우스와 비드, 스노리(Snorri, 963-1031, 아이슬란드의 전설 작가—옮긴이)의 작품들을 조명해 줄지도 모른다. 그러나 그 유사점들 때문에 차이점들에 눈을 감아서도 안 된다. 또한 옛 북유럽 기독교가 경험해 보지 않은 사실들, 혹은 하나님이 어느 민족의 토착어 이름으로 그들의 과거에 들어오셨을 때, 거리낌 없이 토착어로 표현할 수 없는 기독교의 사상들이 있다는 점에 둔감해져서도 안 된다. 혹은 다시 말하지만, 그 유사점들 때문에 기독교 왕국의 붕괴나, 영토에 따라 기독교를 규정한 현상의 붕괴나, 기독교 국가에 관한 담론이 사라짐으로써 나타나는 결과에 눈을 감아서는 안 된다.

그러나 한 사회의 정신적·도덕적 구조가 해체된 경우, 단순히 문화적으로 새로운 것이 오래된 것을 대체하는 일은 충분히 자주 일어나지도 않고 가능하지도 않다는 사실에 경계를 늦추지 말아야 한다.

---

12   모두 Patrick의 간단한 *Confession*에 언급되어 있다.

혹은 사람들이 동시에 다양한 담론들이 있는 세상에서 살아야 하는 경우에, 아니면 사람들이 다른 질서에 속한 도덕적·사회적 책무에 직면하는 경우와 그들의 의무가 서로 상충될 경우에, 아니면 사람들이 다른 힘의 세계들이 있다는 것을 믿는(아니면 반쯤 믿는) 경우에도 마찬가지다. 만약에 아무런 상처도 생기지 않는다면, 만약에 사람들이 분명하게 도덕적 선택을 해야만 하고 또 그리스도의 신앙 안에서 그렇게 할 수 있다면, 사람들은 새것과 옛것을 결합할 수 있고, 자신들이 사는 세상을 통합할 수 있을 것이다.

2부 기독교 역사에서 아프리카의 위치

7 • 복음주의의 부흥과 선교 운동 그리고 아프리카[1]

복음주의와 선교 운동

근대의 선교 운동은 복음주의의 부흥이 무르익어 나온 산물이다. 노샘프턴과 캠버슬랑에서 대부흥 사건이 일어난 후, 기독교가 전해지지 않은 세계에서 그리스도인들의 활동을 촉진하기 위해 최초의 자발적인 선교 단체들이 만들어지기까지는 50년이 걸렸다. 이러한 복음주의의 부흥이 없었다면 선교 단체들은 생겨나지 못했을 것이다. 그 부흥은 쾌락을 추구하는 귀족 여인들(비록 세례도 받고 널리 퍼진 중상위 계층의 종교 체제를 고수하고 있지만)의 영적 상태와 남쪽 바다 위에 떠 있는 섬에 사는 사람들의 영적 상태 사이에 아무런 차이가 없다는 생각을 전함으로써, 그러한 활동의 근거를 명확히 해 주었다. 기독교 왕국에 사는 회개하지 않는 사람들과 해외에 사는 이교도들이 영적으로 동등하다는 인식은, 선교적으로 중요한 결과를 가져왔다. 마부까

---

[1] M. A. Noll, D. W. Bebbington, and G. A. Rawlyke, eds., *Evangelism: Comparative Studies of Popular Protestantism in North America, the British Isles, and Beyond, 1700-1990* (New York: Oxford University Press, 1944), pp. 310-330에 처음 출판되었다.

지 들어가는 따위의 천국이라면 자신은 가고 싶지 않다고 말한 헌팅턴 부인의 귀족 친구에게 해 준 권고처럼, 그것은 일종의 자명한 교만심에 가한 도끼질이나 마찬가지였다. 타락에 대한 인류의 공통적이고 지속적인 인식은 첫 선교사 세대가 최악의 인종주의에 빠지지 않게 했다.

또 복음주의의 부흥은 선교 운동을 뒷받침하는 지역 간, 국가 간, 교단 간 물류 연결망을 제공해 주었다. 1792년 윌리엄 캐리(William Carey)가 개척 선교의 선봉에 나서도록 해 준 연결망은, 한 스코틀랜드 장로교인이 잉글랜드의 침례교인에게 책 한 권을 선물함으로써 구축되었다. 그 책은 어느 뉴잉글랜드 조합교회 신자가 쓴 책이었다.[2] 또 다른 뉴잉글랜드 출신인 데이비드 브레이너드(David Brainerd)는 초기 영국 선교 영성의 중요한 본이 되었는데, 스코틀랜드에 기반을 둔 기독교 지식 장려 선교회가 그의 사역을 지원했다.[3] 대서양을 십자형으로 가로질러 수없이 오고간 끝없는 교신을 보면, 선교 요인으로 아프리카계 미국 사람들과 아프리카계 서인도제도 사람들이 얼마나 중요했었는지 알 수 있다.[4] 교회 선교 협회는 런던에 있는 어떤 독일 교회의 목사를 통해 베를린에 있는 한 신학교와 접촉한 끝에 어리

---

2   A. Fawcett, *The Cambuslang Revival: The Scottish Evangelical Revival of the Eighteenth Century* (London: Banner of Truth, 1971), pp. 223-236.
3   J. van den Berg, *Constrained by Jesus' Love: An Enquiry into the Motives of the Missionary Awakening in Great Britain in the Period between 1698 and 1815* (Kampen: Kok, 1956), pp. 57-58, 91-92; S. H. Rooy, *The Theology of Missions in the Puritan Tradition: A Study of Representative Puritans* (Grand Rapids: Eerdmans, 1965), pp. 289-293. 1816년에 *Missionary Register*는 영국 복음주의의 기원에 관해 다루면서, Jonathan Edward가 Brainerd에 관해 이야기하는 글을 연재했다.
4   A. J. Raboteau and D. W. Wills, "Rethinking American Religious History", *Council of Societies for the Study of Religion Bulletin* 20 (1991): pp. 57-61를 참고하라.

석은 짓에서 벗어날 수 있었다.[5] 아메리카와 아프리카 대륙에 관한 내용을 싣는 잡지들은 교단이나 출생지에 상관하지 않고 '선교 정보'를 수집해 보급하였다.[6]

무엇보다도 그 부흥은 선교사들을 지지했다. 이전에는 온갖 선교 계획들이 난무했지만, 문서상으로만 그칠 뿐 그것들을 맡아 하겠다는 사람이 아무도 없었기 때문에 전혀 진전이 없었다.[7] 첫 세대 개신교 선교 사역은 사실상 복음주의의 사업이었다. 제인 오스틴(Jane Austen, 1775-1817, 영국의 여류 소설가로 『오만과 편견』, 『에마』, 『설득』 등 여성을 주인공으로 해서 다수의 작품을 출간했다 - 옮긴이)이 등장시킨 총명한 사교적인 소녀는 신실한 젊은 교역자에게 이렇게 말한다. "제가 이다음에 당신에 관한 소식을 들을 때쯤이면, 당신은 어떤 큰 감리교회 교단에 소속된 유명한 목사가 되었거나, 아니면 외국 어디에선가 선교사로 활약하고 있을지도 모르겠네요."[8] 감리교회 목사나 외국 선교사는 열광의 대상으로 최고였다. 1813년에는 (개정 형식으로 새로 추가되어) 동인도회사의 정관에 암시된 것처럼 선교가 어느 정도 공식적인

---

5   E. Stock, *History of the Church Missionary Society*, Vol. 1 (London: CMS, 1899), pp. 82-83; Charles Hole, *The Early History of the Church Missionary Society to the End of 1814* (London: CMS, 1896), pp. 81-85.
6   가장 유명한 초기 예가 런던에서 발행된 *Missionary Register*이다. 1820년에는 비슷한 편집 경향을 가진 *Scottish Missionary Register*가 발행되었다.
7   van den Berg, *Constrained by Jesus' Love*, pp. 15-28에서 여러 가지 사례를 볼 수 있다. Justinian Welz에 관한 애절한 이야기는, J. A. Scherer, *Justinian Welz: Essays by and Early Prophet of Mission* (Grand Rapids: Eerdmans, 1969)을 보라. 18세기에 트란퀴바 선교회는 비록 국가의 최고위층(공식적으로 이 선교회를 창설한 사람은 덴마크의 왕이었다)과 교회(재정은 기독교 지식 장려 선교회가 부담했다)의 지원을 받았지만, 독일 할레에 있는 A. H. Franck의 경건파 기관에서 간사들을 충원했다는 점은 의미심장하다.
8   Jane Austen, *Mansfield Park* (1814), Vol. 3, Chap. 16 (대부분의 현대 판본에서는 Chap. 47).

인정을 받게 되었고, 1830년대에 이르러서 여러 부류의 진지한 그리스도인들이 선교를 선한 일이라고 인정하기 시작했다. 18세기 중반에 이르면 압도적으로 많은 복음주의자들이 선교사 자리를 메웠다. 따라서 어떠한 영향으로 인해 초기 선교사들의 신앙이 형성되어 갔는지 되짚어 볼 필요가 있다.

복음주의 신앙과 기독교 왕국

역사적 복음주의는 기독교답지 않은 기독교 사회에 불만을 표시하며 비롯된 신앙 운동이다. 눈먼 성직자에 대해서는 웨슬리의 찬송에 호소력 있게 표현되어 있다.

> 오, 주여, 죄를 밝히소서,
> 저들의 기쁨을 슬픔으로 바꾸소서.
> 세계는, 기독교 세계는
> 불신앙이 저주받을 것을 믿나이다.[9]

복음주의적 설교는 주로 기독교적이면서도 믿지 않는 세상에 전해진다. 이 세상에서는 한결같은 열심은 없더라도, 교회에 출석하는 것이 용인된다. 제인 오스틴의 『맨스필드 파크』(Mansfield Park)라는 소설로 돌아가 보면, 심지어 크로포드 집안을 대표하는 최상류 계급도 교회에 빠지지 않고 반드시 출석하고, 품행이 나쁜 헨리는 "심각한 문

---

[9] Collection of Hymns for the Use of People Called Methodists (London, 1780), No. 94.

제는 생각조차 해 본 적이 없는" 작자인데도, 예배에서 어떤 구절을 읽어야만 하는지를 잘 헤아리고 있다.[10] 이 세상에서는 또한 다른 사람들의 신앙에 대해 자주, 심지어 집중적으로 주시하는 것을 알 수 있다. 복음주의적 회심 이야기에서 분명히 드러나듯이 말이다. 그 소설은 부모의 경건함이 규칙적인 특징을 보이거나, 독실한 기간이 있다는 이력을 설명한다. 한술 더 떠서, 한바탕 미사여구를 동원해 주위를 놀라게 하지만, 기독교의 교리를 공공연히 부정하는 소리는 거의 들리지 않는다. 윌버포스(William Wilberforce, 1759-1833, 영국의 정치가, 노예무역을 반대했다-옮긴이)는 '회의론자들과 일신론자들'을 사회의 비주류로 보았지만,[11] 이 비주류의 폭이 넓어지는 것을 염려하기도 했다. 복음주의라는 벅베어(bugbear, 아일랜드의 환상 괴물. 아이들에게 겁을 주기 위해서 부모들에게 자주 인용되는 가상의 유령, 여기에서는 복음의 토착화의 형태를 지칭한다-옮긴이)는 불신앙을 천명하기보다는, '복음에 대한 특징적인 교리'가 없는 기독교를 천명했다.

복음주의 기독교에서는 한마디로 기독교 왕국(Christendom)을 당연한 것이라고 생각한다. 여기서 기독교 왕국이란 북유럽과 서유럽 야만인들의 회심으로 촉발되어 제정일치(祭政一致)를 달성한 기독교 신앙의 영토적인 개념이다. 아마도 우리는 그 뒤로 서양의 기독교가 북유럽 사람들이 기독교 신앙을 받아들였던 정황에 영향을 받았다는 정도까지는 생각해 보지 않았을지도 모른다. 북유럽 사람들은 개인이나 가족이나 집단이 아닌, 통치자를 중심으로 통합되어 각기 제 역

---

10 Austen, Vol. 3, Chap. 3(현대 판본에서는 Chap. 34).
11 William Wilberforce, *Practical View of the Prevailing Religious System of Professed Christians In the Higher and Middle Classes of This Country Contrasted with Real Christianity* (London, 1797; many editions).

할을 하는 정치, 사회 체계를 갖춘 사회 전체로서 신앙을 받아들였던 것이다. **개인적** 선택이란 개념상으로도 존재하지 않았다. 그 이상적인 결과로, 그리스도인 왕자들과 그 백성의 모임을 만왕의 왕 아래 있는 모습으로 묘사할 수 있었다. 이런 생각이 기독교 국가(Christian nation)라는 개념으로 발전할 수밖에 없었다. 그 국가에서 구성원 각자는 교회라는 세력 범위 안에 있게 된다. 기독교 왕국이라는 원리와 그 구체적인 실현 사이의 긴장이 바로 서양 기독교의 역사다. 우리가 개신교 종교개혁이라고 명명한 기독교 왕국의 북쪽 지방들에서 일어난 토착 운동이 영토 원리를 전혀 건들지 않고, 그 속에서의 긴장을 해결하지 않은 채 두었다는 것은 유념할 만하다.

선교 운동이 시작된 시기에 복음주의 주류는 기독교 국가라는 개념을 받아들였다. 예를 들어, 그것은 윌리엄 윌버포스의 『실제적 관점』(*Practical View*, 1797)에 기본이 되는 개념이다. 이 책은 우연히 복음주의 그리스도인이 된 한 공인(公人)이 심심풀이로 쓴 책이 아니다. 윌버포스는 자신이 공인이었기 **때문에** 이 책을 쓴 것이다. 그는 종교의 부흥만이 기독교 국가와 그 중요한 상징인 국교 둘 다를 구원할 수 있다고 주장한다. "초대교회 조직에 활력을 주었던 그 원리 같은 것들이 우리 사회 대부분 속으로 다시 주입되지 않는다면, 이 국교가 영속할 수 있다는 기대는 부질없다. 그러나 활기찬 기독교가 되살아나는 정도에 따라, 딱 그 만큼만, 국교는 강력해진다."[12]

이 복음주의자 의회 의원은 이미 원리로 존재하고, 그가 믿기로는 역사에서도 존재한 그것을 국가에서 현실적으로 실현하는 것에 관심

---

12 같은 책.

을 가졌다. 이 때문에 윌버포스는 자기 에너지를 국가적 정의(노예 매매 폐지)와 사회적 정의(결투 그리고 악 척결 협회)와 개인적 성결이라는 이슈에 균등하게 쏟았다. '진짜 기독교'는 국가 교회 안에서 또 그것을 통해서만 발현될 수 있다. 국가 교회가 베푸는 세례는 그 나라에서 태어난 모든 사람의 타고난 권리였다.

윌버포스가 쓴 책의 정식 명칭은 『진짜 기독교와 대비시켜서 본, 이 나라 중상위 계층에서 그리스도인이라고 고백하는 사람들의 지배적인 종교 체계의 실제적 관점』(Practical View of the Prevailing Religious System of Professed Christians in the Higher and Middle Classes of this Country Contrasted with Real Christianity)이다. 복음주의 신앙을 보증하는 것은 그것을 대치한다고 하는 것들에 대비되는 진짜 기독교이다. 그래서 존 웨슬리는 1780년 '**진짜** 그리스도인의 경험을 따라' 찬송집을 편찬하면서, '죄인들에게 하나님께로 돌아오라는 권면'이라는 제목이 달린 부분에, '형식적인 신앙 묘사'라는 하위 항목을 포함시켰다. 돌아오는 죄인들이 형식적인 신앙에 빠져 더 전진하지 못하는 것을 막기 위해서였다. 그 항목에 이어서 바로 '알짜 신앙 묘사'가 붙어 있다. 복음주의 신앙은 형식적인 신앙과는 전혀 다른 알짜 신앙과, 이름뿐인 종교와는 전혀 다른 진짜 기독교와 관련된 것이다. 다르게 표현한다면, 그 당시의 복음주의는 항의를 통해 사실상 이름뿐인 기독교로부터 그 정체성을 찾았다. 복음주의 신앙은 기독교 왕국, 즉 기독교 시민 사회를 전제한다.

그런데 그러한 사회는 일반적으로 '복음의 특징적인 교리', 혹은 윌버포스가 부른 것처럼 '기독교의 독특한 교리'와 관련된 결함이 있다. 그는 그것을 세 가지로 명시한다. 즉 원죄와 그 결과로 인한 인간의 타락, 그리스도의 속죄, 신자의 삶 속에서 역사하는 성령의 성화시키는 능력이다. 복음주의자들을 구분시켜 주는 교리는 인간론적이고 구원론적이다. 이러한 교리는 당시의 복음주의적 작품에 나타난 온갖 표현에서 볼 수 있다.[13] 예를 들어, 찰스 시므온(Charles Simeon, 1759-1836, 영국 복음주의 설교가, 1799년 CMS 창립자 – 옮긴이)은 설교의 목적이 죄인들을 겸손하게 하며 구세주를 찬미하고 거룩한 삶을 고취시키는 것이라고 요약했다.[14]

'그리스도인이라고 고백하는 사람들의 지배적인 종교 체계'에서는 죄의 극단성을 납득하지 못하고 있다. 그 결과 교회(와 기도서)가 고백하고 있는 속죄의 본질도 납득할 수 없게 되고, 거룩한 삶이 들어설 자리도 없게 된다. 이와는 대조적으로, 복음주의의 회심 패러다임은 죄에 대한 개인적인 자각에서 시작해, 그리스도께서 완성하신 사역에 대한 개인적인 신뢰로 옮겨 가서 결국 개인의 독실한 삶으로 이어진다.

복음주의 신앙은 피상적인 신앙고백에 반대하는 오랜 전통의 항거 운동과 맥을 함께한다. 그 전통은 멀리는 줄잡아도 4세기로 거슬러 올라갈 수 있다. 당시에 사막 교부들은 처음으로 널리 통용된 매력적인 상품, 즉 방종과 타협한 기독교에 등을 돌렸다. [코미아코프(Aleksey

---

[13] *Hymns for the People called Methodists*의 서문. 이 찬송집 첫 부분의 배열은, '진짜' 그리스도인의 경험의 논리적인 – 항상 연대기적이지는 않은 – 진행 과정을 암시하고 있다. 제1부 죄인들에게 하나님께로 돌아오라는 권면 – (1) 신앙의 즐거움, (2) 하나님의 선하심, (3) 죽음, (4) 심판, (5) 천국, (6) 지옥, (7) 복을 구하는 기도 묘사. 제2부 형식적인 신앙 묘사; 알짜 신앙 묘사. 제3부 회개 기도; 죄를 깨달은 참회자를 위해; 타락을 깨달은 사람들을 위해; 돌아온 타락자들을 위해. 제4부는 '신자'의 삶과 활동을, 제5부는 감리교회의 활동상을 다룬다.

[14] W. Carus, *Memoirs of the Life of the Rev. Charles Simeon...With a Selection of His Writings and Correspondence* (London: Hatchard, 1847), p. 188.

Stepanovich Khomiakov, 1804-1860, 러시아의 종교 시인―옮긴이)가 주장하는 것처럼, 만약 교황이 첫 번째 개신교인이라고 한다면, 콥트교인인 성 안토니우스(Saint Anthoninus, 251-356, 사막 교부들의 지도자―옮긴이)는 첫 번째 복음주의자였다.] 그러나 복음주의의 부흥은 항거 운동보다 더 활발하게 일어났다. 그것은 성 안토니우스가 그의 시대에 그랬던 것처럼 살고 있는 시대와 장소에 기독교의 메시지를 설득력 있고 적절하게 전달하는 문화적인 발전을 말한다.

기독교 왕국이라는 개념은 여러 세기에 걸쳐 생성된 것이지만 그 역할을 다했고, 그것을 실제에 적용하는 일도 점차 모호해졌다. 아일랜드에서부터 카르파티아 산맥까지 이르는 하나뿐인 기독교 영토에서 하나뿐인 교황좌로부터 하나뿐인 교회가 명시한 그리스도의 법도를 받아들이며 하나뿐인 종교적인 언어를 가진 기독교 왕국은 더 이상 존재하지 않았다. 강력한 통치자들과 성직자들이 처음에 가졌던 직감과는 반대로, 많은 국가들이 종교에 관한 타협을 받아들였고, 마지못해 다른 종교를 가진 자들을 인정하게 되었다. (종교적 관용은 자비심이 아닌 정치적 현실주의의 파생물이다.)

그러나 종교적 다원주의는 종교의 사유화, 곧 종교가 사적인 판단과 개인의 결정의 영역 속으로 들어간 현상을 나타내는 한 요소일 뿐이었다. 지성적·사회적 발전도 같은 방향으로 나아갔다. 의식이 점점 개인화되고(여기서는 "나는 생각한다. 따라서 나는 존재한다"가 자명한 이치일 수 있다), 상호 합의가 줄어든 사회는 야만인들이 회심한 이래 서구 기독교(심지어 개신교라는 형태를 포함해)를 지탱하던 영토적 개념의 기독교라는 원리를 약화시켰다.

그래서 서구의 기독교는 문화적 위기를 맞게 되었다. 제도 교회의 제재가 약화되고, 중앙 집권화된 국가의 효율성이 증대되었으며, 종교가 개인의 영역으로 강등되어 서구 문화 안에서 기독교의 기반이 마모된 것이다. 복음주의의 부흥은 변화를 겪는 서구 문명의 상황에서 기독교가 다시 공식화되는 모든 과정들 가운데 아마도 가장 성공적인 경우였을 것이다. 물론 그것은 어떤 새로운 것이 생겼다는 뜻은 아니다. 초기 기독교 역사에서 그렇게 자주 들렸던 급진적인 제자도를 향한 부르심을 새롭게 하는 것 말고도, 복음주의의 부흥은 화합에 대한 (유럽 사람들의 정신 속에 깊게 뿌리내린) 중세적 관심을 간직하고 있었다. 또 세속 세계와 가정 안에서 거룩한 순종의 삶을 살아야 한다는 (특히 영국의 청교도들이 발전시킨) 종교개혁 정신을 확대하고 명확히 했다. 복음주의 부흥 운동은 무엇보다도 기독교 국가와 국교(공식적인 제정 **원리**가 있느냐 없느냐는 사실상 지역적 특성의 문제였다)라는 전통적인 틀과, 개인적인 자아와 개인의 결정에 대한 진지한 인식을 결합시켰다. 이러한 결합은 기독교의 자기 인식 안에 있는 문화적 간극을 메워 주었다. 또한 복음주의 신앙이 서구 문화에서 결정적인 세력이 되도록 도와주었다. 그 신앙은 확실히 진품에다 토착 기독교의 모습을 하고 있었다. 지금 쓰고 있는 전문적인 선교학 용어를 빌린다면, 복음주의의 부흥은 북유럽 세계의 개신교를 위해 복음을 상황화한 것이었다.

기독교 왕국을 넘어서: 선교 운동의 핵심

물론 성공적인 토착화라 하더라도 거기에는 예외 없이 위험이 잠복해 있다. 복음을 집처럼 더 편안한 곳으로 만들수록, 다른 사람들이 그곳에 살 수 없게 되는 위험성은 더 커지게 된다. 또 선교 운동을 위해서는 개인적인 신앙을 서구 문화와 제대로(비록 비판적이라 하더라도) 조율한 사람들이 있어야 했다. 그것은 그들의 신앙을 빚어낸 전제가 적용되지 않는 비서구 환경에서 기독교의 메시지를 전달하기 위해서였다. 초기에는 선교 지역에 기독교 왕국, 즉 기독교화된 사회들이 없었다. 실제로는 설교의 표적 집단인 기준 집단 역할을 하는 명목상의 기독교가 존재하지 않았다. 그리고 많은 경우에, 아마도 새로이 복음을 접한 대부분의 사회들에는 청중들이 친족들과의 연결망을 무시하고 개인적으로 선택할 수 있는 역량이 없었다. 실제로 복음주의 선교사들과 그들의 후원자들에게 선교 초기의 성공과 환호는 실패와 비탄, 재앙의 이야기들보다 더욱 이해하기가 힘들었을 것이다. 선교사들이 하나님이 하신 일로 돌릴 수밖에 없는 사건들이 있었다. 섬에 사는 모든 사람들이 전통적인 예배를 거부하고 그리스도를 인정하는 것을 달리 어찌 설명할 수 있겠는가? 그런데 오랫동안 정평이 난 복음주의적 회심이라는 선례를 따르지 않고도 이런 일이 일어날 수 있었다. 회중교회의 선교지였던 타히티 섬에 파송된 선교사들은 '신앙고백이 부족 차원에서 일어났기' 때문에 회심자들의 이름을 일일이 기록하는 것을 그만두었다.[15] 그것은 '회심'이라는 단어의 의미가 확장되었다는 징표였다. 그것은 이제 종교적 충성의 변화를 전심으로 인정한다는 의미였다. 죄를 깨닫고 거룩하게 되기를 갈망하는 일은 이후에 따라올 것이다. 시간이 흐를수록 선교사들은 이런 특징들

---

15   참고. R. Lovett, *The History of the London Missionary Society, 1795-1895* (London: Henry Frowde, 1899), pp. 184-237. J. Garrett, *To Live among the Stars: Christian Origins in Oceania* (Geneva: World Council of Churches; Suva: University of the South Pacific, 1982), pp. 13-31.

이 빠져 버린, 겉으로 보기에는 진지한 신앙고백에 주목했다. 어떤 미국인 선교사는 "이교도들이 처음 기독교로 회심했을 때 그들 가운데 마음속 깊이 통절하게 죄를 깨닫기를 기대할 수 없다는 결론에 이르렀다. '죄를 깨닫게 하는 것은 율법이다.' 그러나 이 말을 제대로 이해하고 있지 않다. 가슴속으로 녹아내리기에는 너무 짧은 세월이었다"[16]고 술회하였다.

그럼에도 불구하고, 전체적으로 보아 가톨릭은 물론 개신교에서도 선교 운동이 기독교의 얼굴을 바꾸어 놓았다. 선교 운동은 교회의 인구 구성과 문화의 구성 요소에 변화를 가져왔다. 아직까지는 앞으로 교회 생활이 어떠할지, 그 리더십, 신학, 예배가 어떤 방향으로 갈지 따지기는 이르지만 말이다. 이 변화에서 가장 눈에 띄는 특징이라면, 선교 운동이 시작되었을 때는 아프리카 대륙에서 그리스도인이라 고백하는 사람들의 숫자가 아주 미미했지만, 대부분의 서구권 사회가 후기 기독교 시대로 접어든 지금, 아프리카 대륙에서 그리스도인이라고 고백하는 사람들의 숫자가 다른 어떤 대륙보다 많아졌다는 점이다.[17] 다음에 이어지는 사례들은 복음주의 기독교와 아프리카의 만남을 보여 주는데, 모든 사건이 복음주의 선교사의 노력과 역사적으로 관련이 있다. 아프리카 그리스도인들을 다르게 만드는 요소는,

---

16 회중교회 선교사들은 타히티 왕에게 기름을 붓고 왕관을 씌워 주었고, 여러 섬들에서 부족들의 법규 초안을 작성했다.
17 D. B. Barrett, *World Christian Encyclopedia* (Nairobi: Oxford University Press, 1982)에 있는 통계 분석을 보라. 또 D. B. Barrett, "A. D. 2000: 350 Million Christians in Africa", *International Review of Mission* 59 (1970): pp. 39-54; Roland Oliver, *How Christian Is Africa?* (London: Highway Press, 1956)를 보라. 참고. A. F. Walls, "Towards Understanding Africa's Place in Christian History", in *Religion in a Pluralistic Society: Essays Presented to Professor C. G. Baeta*, ed., J. S. Pobee (Leiden: Brill, 1976), pp. 180-189.

아프리카에서 작동하고 있는 요인들과 복음주의적 주제들과의 상호작용에서 유래한다.

기독교와 아프리카인들의 주도권

아프리카 대륙에서 그리스도인이라고 고백하는 공동체가 엄청난 규모로 성장한 것이 아프리카의 중요성을 진지하게 검토해야 할 이유 가운데 하나인 것은 틀림없다. 그러나 기독교 선교라는 것은 단지 교회 규모가 커지는 것만을 뜻하지 않는다. 그것은 민족들을 제자로 삼는 문제와 관련이 있다. 선교는 그리스도에 관한 말씀이 문화와 사고방식 속에 침투하는 것과 관련이 있다. 선교는 번역과 관련이 있다. 즉 말씀이 육신으로 번역되는 것이라고 말할 수 있다. 선교의 출발점은 하나님의 아들이 유대 팔레스타인이라는 문화적으로 특정한 상황에서 살게 된 성육신이기 때문이다.[18] 선교는 그리스도에 관한 말씀이 각 문화의 준거 틀, 즉 사람들이 자기네들의 소속을 알고 인식하게 되는 틀에 영향을 미치도록 성경을 사고와 행동으로 번역하는 것과 관련이 있다. 따라서 그 중요성을 평가하려 할 때, 교인 숫자의 증가만큼 번역 과정에도 주의를 기울여야 한다. 지금까지의 내 주장이 옳다면, 복음주의의 부흥 자체도 그러한 번역의 한 본보기다.

현대 아프리카의 기독교는 아프리카인들 가운데서 진행된 운동의 결과일 뿐 아니라, 아프리카인들이 중심이 되어 지탱해 왔고, 또 놀라

---

18 참고. A. F. Walls, "The Translation Principle in Christian History", in *Bible Translation and the Spread of the Church in the Last Two Hundred Years*, ed. P. C. Stine (Leiden: Brill, 1990), pp. 24-39. 이 책 3장에 전재되었다.

울 정도로 아프리카인들이 주도권을 행사한 결과다. 물론 선교사라는 요소도 고려 대상에 포함되어야 하지만 말이다.

현대 적도 아프리카의 첫 번째 교회는 선교사들이 세운 것이 아니라는 사실에는 무엇인가 상징적인 요소가 있다. 미국 독립전쟁 기간에 영국군의 병사나 농장의 노예로, 혹은 그 후에 노바스코샤에서 농부나 불법 정착민으로 있으면서 그리스도를 믿게 된 아프리카 태생 또는 그 후손들 그룹이 이미 그곳에 있었다.[19] 그 수는 1,100명으로, 그들은 1792년 시에라리온에 도착해서 클래팜 인도주의자들이 사들인 좁다란 땅을 '자유주'(自由州)로 삼아 정착했다. (전해지는 바에 따르면) 그들은 아이작 와츠(Issac Watts)가 지은 "깨어서, 모세와 어린 양의 노래를 부르자"라는 찬송을 하면서 바닷가를 행진했다고 한다. 그들이 고른 찬송가는 의미심장했다. 그들은 속박되었던 곳에서 떠나 홍해를 건너서 이제 약속의 땅에 들어선 것이다. 그들 가운데는 목회자들도 있어서 그들이 시에라리온에 세운 교회는 첫 선교사들이 들어오기 전까지 거의 20년 동안 잘 운영되었다. (실제로 그들은 두 번째로 온 선교사를 '감리교회 선교사인 것에 대해 너무 거만을 떤다'는 이유로, 또는 그 선교사가 생각하는 대로라면, 그들이 가지고 있던 '미국의 공화국 정신' 때문에 추방했다.)[20] 시에라리온은 19세기에는 아주 작은 나라로, 현재의 공화국 국경선이 명확히 그어진 상태가 아니었다. 시에라리온은 서아

---

19 시에라리온에서 노바스코샤 정착민이라 부르는 사람들에 관해서는 Christopher Fyfe, *A History of Sierra Leone* (Oxford: Oxford University Press, 1962) 및 같은 저자, *"Our Children Free and Happy": Letters from Black Settlers in Africa in the 1790s* (Edinburgh: Edinburgh University Press, 1991)를 보라.
20 A. F. Walls, "A Christian Experiment: The Early Sierra Leone Colony", in *The Mission of the Church and the Propagation of the Faith*, Studies in Church History 6, ed. G. J. Cuming (Cambridge: Cambridge University Press, 1970), pp. 107-130.

프리카의 다른 지역에 많은 아프리카인 선교사들을 파송하였고 심지어 어디에서든지 일할 수 있도록 한두 명 정도의 예비 인력을 두기도 했다. (1880년대에는 시에라리온 선교사들이 케냐로 파송되었다.)²¹ 시에라리온은 5만 명 정도에 지나지 않는 인구에서 60년 넘게 교회 선교 협회에만 100명의 목사를 대 주었고, 그 밖에도 헤아릴 수 없을 만큼 많은 수의 교리교육가(catechist), 교사, 선교 동역자들을 배출했다.²²

아프리카 대륙의 다른 쪽에서는 루이 피루에(Louise Pirouet)가 지금의 우간다에 해당하는 지역에서 기독교가 확산되는 과정에 이목을 집중시켰다. 그 일을 행동에 옮긴 것은 우간다의 간다족 복음주의자들로, 그들은 종종 집을 멀리 떠나, 유럽에서 온 '생소한 선교사들'이 느끼는 것만큼 언어, 전통, 음식이 다른 지역에서 활동했다.²³ 이 일은 아프리카 기독교 역사에서 복음전도자와 교리교육가의 중요성을 되새기게 해 준다. 그들은 대개 서양의 시각에서는 공식 교육도 제대로 받지 못한 사람이었고, 영어에 능통하지 못했거나, 아마도 영어를 거의 몰랐을 테지만, 기독교 신앙이 아프리카의 촌락 사회를 관통하는 데 최종적인 연결고리가 되었다. 그러나 복음전도자-교리교육가도 그 이야기의 일부일 뿐이다. 어떻게 나이지리아의 한 인구 밀집 지역 안에 수많은 신자들이 있게 되었는지를 조사한 일이 떠오른다. 그리스도인으로 새로 법원 서기가 된 사람, 또는 새로 생긴 철도

21　T. A. Beetham, "A Sierra Leone Missionary to Kenya", *Sierra leone Bulletin of Religion* 1, no. 2 (1959): pp. 56-57.
22　P. E. H. Hair, "The CMS 'Native Clergy' in West Africa to 1900", *Sierra Leone Bulletin of Religion* 4 (1962): pp. 71-72; 참고. 같은 저자, "Freetown Christianity and Africa", *Sierra Leone Bulletin of Religion* 6 (1964): pp. 13-21.
23　M. L. Pirouet, *Black Evangelists: The Spread of Christianity in Uganda, 1891-1914* (London: Collings, 1978).

에서 일하는 사람, 아니면 자기 재봉틀을 소유한 재단사, 장사꾼 같은 사람들이 거듭 중요한 인물로 등장했다. 이런 낯선 사람, 혹은 이런 낯선 무리가 그곳에 와서 가족 기도 시간을 시작하고, 일요일에는 일을 하지 않고, 그 대신 찬송을 부르자, 그곳에 사는 사람들 몇몇이 관심을 가졌다. 아니면 처음 추진력은 학교든, 일터든, 가게든, 여러 차례 감옥에 갔다 온 사람들이든 그들이 다시 마을로 왔을 때 생겼을지도 모른다. 아니면 집에 돌아온 후에 여행에서 발견한 것을 시도한 사람들에게서 그런 추진력이 나왔을지도 모른다. 조사에 따르면, 선교사가 불러모은 회중도 없었고, 교회의 공식 파송을 받은 사람이 불러모은 회중도 없었다. 대부분의 경우에 선교사들은 공동체 안에서 어떤 주도적인 움직임이 있었을 때 거기에 반응―때로는 몇 푼 안 되는 돈으로, 그것도 뒤늦게, 아주 약소하게―을 보이는 역할을 했을 뿐이다.

아프리카에서 기독교가 확산된 다른 요인은, 교회 선교사들에게 직접적으로 신세를 진 일이 없고 또 누구로부터 어떠한 권한도 받은 일이 없는 역동적인 사람들이 등장했다는 것이다. 그러한 사람들은 제1차 세계대전 때부터 대공황(1929)이 끝날 때까지 특히 서아프리카에서 중요했다. 이들 가운데 가장 유명하고 또 아직까지 코트디부아르의 기독교 역사에서 가장 중요한 사람을 꼽는다고 하면, 리베리아의 예언자 윌리엄 웨이드 해리스(William Wade Harris)를 들 수 있다. D. A. 샹크(Shank)는 한 중요한 연구서에서 해리스를 현대의 예언자라고 불렀다.[24] 물론 해리스는 자신의 예언자적 소명을 확신했고, 성경

---

24 D. A. Shank, "William Wade Harris: A Prophet of Modern Times," 박사 논문(University of Aberdeen, 1980). 또 같은 저자, "The Legacy of William Wade Harris",

을 깊이 묵상했는데, 샹크가 말하는 것을 보면, 해리스는 성경을 선교사들이 읽는 방식과 아주 다른 방식으로 읽었지만 자신만의 준거 틀 안에서 아주 명쾌하게 읽어 내려갔다. 그는 사람들에게 회개하라고 했고, 많은 사람들에게 전통적인 아프리카의 종교적 관행을 버리라고 설득했으며, 그들에게 성경이 말하는 하나님을 가르쳐 주었다. 그것은 그들이 아직 성경을 읽을 수 없었기 때문이다. 보통 킹 제임스 성경은 준행해야 할 가르침의 원천을 나타내는 표징으로 두었다. 그는 또 물로 세례를 주고, 기도와 귀신을 쫓아냄으로써 악귀들을 제압하기도 했다. 그러나 선교사 대표들은 해리스의 가르침 속에서 빠진 것이 있다며 유감스러워했고 그 가르침의 어떤 특징들에 대해서는 개탄하면서도, 해리스의 사역 후계자로 낙점을 받으려고 여전히 애를 썼다. 그러나 해리스는 자신이 하나님의 소명을 받았다고 믿은 바에 대한 응답으로 선교 사역에 착수하였을 뿐, 어떠한 선교 단체로부터도 인증을 받은 적이 없었다.

가나의 아산티에 있는 감리교 교회는 샘슨 오퐁(Sampson Oppong)이라는, 카리스마 있는 죄수의 설교에 큰 도움을 입었다.[25] 오퐁은 늘 자신이 설교자로 부름받기 전에는 기독교에 관해서 아는 것이 없었다고 주장했다. 그가 자기의 천직에 발을 들여놓게 된 극적인 사건들이 있었다. 예언적인 꿈을 꾸고 나서 그 다음날 꿈대로 이루어진 것, 한 그리스도인을 독살하려는 음모가 있었는데 그 사람이 감사 기도를 한 후 먹은 것을 토해서 실패로 돌아간 것, 또 오퐁이 훔친 양이

International Bulletin of Missionary Research 10 (1986): pp. 170-176를 보라.

25 G. M. Haliburton, "The Calling of a Prophet: Sampson Oppong", *Bulletin of the Society for African Church History* 2, No. 1 (1965): pp. 84-96.

가혹하게 오퐁을 걷어차는 동안 알코올로 인사불성이 된 사건들이었다. 감리교 선교회는, 5-6년 사이에 2만 명이나 되는 사람들이 이 사람의 설교를 듣고 그의 목회적 돌봄을 받게 되었다고 추산했다. 나이지리아의 양대 교단인 사도교회(Apostolic Church)와 그리스도 사도교회(Christ Apostolic Church)는 종국적으로는 조셉 바바롤라(Joseph Babalola, 1904-1959)의 사역으로 생겨난 교단이었다. 증기 롤러 기사였던 그는, 롤러 엔진이 고장 났을 때 신의 명령을 듣고, 불황의 시기에 요루바랜드(나이지리아 인구의 21퍼센트를 차지하는 서아프리카의 종족이 사는 지역-옮긴이)를 휘저은 대중 운동의 중심인물이 되었다.[26] 이러한 현상은 서아프리카에만 국한된 것이 아니었다. 예를 들면, 파리 선교단이 알아낸 바에 따르면, 레소토에서도 거의 같은 시기에 많은 사람들이 월터 마티타(Walter Mattita)라는 젊은 평신도의 설교를 듣고서 교회로 몰려왔다고 한다. 그 젊은이는 얼마 전까지만 해도 고작 고집불통에다 교회 출석을 등한시하던 사람이었다.[27]

이 사람들 가운데 어떤 선교 교회의 사역 구조와 리더십에 잘 들어맞는 사람은 하나도 없었지만, 그 교회들은 이 사람들의 효과를 인지하고 있었다. 모두가 하나님으로부터 꿈이나 환상을 통해서 직접 명령을 들었고 뒤따르는 표징이 이를 확인해 주었다고 주장했다. 그리고 각자의 사역 때문에 기존 교회들(바바롤라의 경우만을 제외하고, 선교사가 개척한 모든 교회들도)이 크게 성장했다. 우리는 또 선교라는 사

---

26 참고. H. W. Turner, *History of an African Independent Church: The Church of the Lord (Aladura)* (Oxford: Clarendon Press, 1967), pp. 16-32.
27 S. N. Mohlomi, *Kereke ea Moshoeshoe: Lesotho's First New Religious Movement*. 문학 석사 논문(Edinburgh: Centre for the Study of Christianity in the Non-Western World, 1977).

다리의 하단에 있는 다른 부류의 사람들을 들 수 있는데, 그들은 선교사들의 영향력이 미치지 못하는 곳에서 비견할 만한 기독교 운동을 시작한 사람들이다. 이 사람들 가운데 엘리야 2세로 알려진 개릭 브레이드(Garrick Braide)가 있는데, 그는 니제르 삼각주에 있었던 성공회 교리교육가(Catechist)로, 치유 교회인 그리스도 군대(Christ Army)를 세웠다.[28] 이런 사람들 가운데 가장 극적인 유산을 남긴 사람은 침례교회 전도사 사이먼 킴방구(Simon Kimbangu, 1887-1951)로, 그는 1917년 콩고에서 몇 달이라는 짧은 기간 동안 설교와 치유를 한 후에 벨기에 당국에 정권 전복 혐의로 체포되어, 여생을 감옥에서 보냈다. 그가 불붙인 운동은 금지되어 지하로 숨어들었다. 독립운동으로 기독교를 표현했는데, 벨기에의 식민 지배가 끝나자 킴방구의 아들의 주도로 '예언자 사이먼 킴방구가 세운 예수 그리스도의 교회'(Church of Jesus-Christ on the ground by the Prophet Simon Kimbangu)라는 이름으로 모습을 드러냈다. 그들은 신도 수가 500만 명이 넘는다고 주장했다.[29]

상황 안에서 일어나는 회심

왜 아프리카인들이 그리스도인이 되었는지에 관해 아프리카인들은

---

28 G. O. M. Tasie, "The Prophetic Calling: Garrick Sokari Braide of Bakana", in *Varieties of Christian Experience in Nigeria*, ed. E. Isichei (London: Macmillan, 1982), pp. 99-115.

29 킴방구와 그의 사역으로 생긴 운동과 교회에 관한 수많은 저술들 가운데 가장 중요한 것으로는 M. L. Martin, *Kimbangu: An African Prophet and His Church* (Oxford: Blackwell, 1975); Werner Ustorf, *Africanische Initiative: Das aktive Leiden des Prophten Simon Kimbangu* (Bern: Lang, 1975)을 들 수 있다.

다양한 이유를 든다. 현행의 역사 문헌은 보통 그 이유가 세속적이고 감춰져 있다고 주장한다. 유럽 사람들이 소유한 권력에 접근하거나, 아니면 그 유럽 사람들이 나누어 주는 매력적인 것들을 얻으려는 수단이었다는 것이다. 최근에 C. C. 오코로차(Okorocha)가 쓴 저술에서는 기독교에 대한 반응이 특히 빠른 지역이었던 이그보랜드(나이지리아의 남동부 지역. 고대 문명의 흔적이 발견된다-옮긴이)의 상황을 살펴볼 때 그런 이유들을 세속적이라 치부하는 것은 옳지 않다고 주장한다.[30] 이그보랜드에서 종교는 언제나 권력을 쟁취하는 것과 직결되어 있었으며, 신들도 권력을 줄 때에만 따르는 대상이었다. 그래서 군대가 영국에 패배하고, 탐나는 물건과 능력은 백인들의 지배 아래 있다는 사실 그리고 이 모든 것이 지금 그들에게 제시된 그 책[성경]의 능력과 관련이 있다는 인식이 어우러져, 전통적인 종교들은 열등한 것이라고 주장하게 되었다. 그들이 그 종교들을 포기하게 된 데는 각기 **종교적인** 이유가 있었다. 그러나 그런 것들을 포기하기 위해서 영적 세계의 지도를 완전히 새로 그릴 필요는 없었다. 이그보 사람들은 늘 추쿠(Chukwu) 또는 치네케(Chineke)라는 절대자를 인식하고 있었다. 기독교의 설교는 추쿠/치네케에게 직접적으로 접근하라는 권고로 보였다. 그러기 위해 요구되는 일은, 이제 의심스러운 더 약한 신들을 버리고 종교의 방향을 재설정하는 것이었다. 오코로차는 이것이 진정한 종교적인 반응, 곧 초월자와의 관계를 재정비하는 것이라고 주장한다. 여기에는 결단, 과거의 어떤 것과의 단절, 열광적으로 따라야 할 새로운 예배 양식 그리고 쉽게 인정할 수 있을 만큼(아마도 여러 명

---

30 C. C. Okorocha, *The Meaning of Religious Conversion in Africa: The Case of The Igbo of Nigeria* (Aldershot: Avebury Gower, 1987)

의 아내를 거느린 중요한 남자들은 제외하고) 전통적인 수칙과 아주 유사한 행동 수칙 등이 포함되었다. 이것은 성경과 함께 성경이 가져다준 능력에 곧바로 접근하게 해 주었다.

사실, 오코로차가 말한 이그보 이야기에서 기묘하게도 비드가 전해 준 잉글랜드 노섬브리아 왕국의 회심 이야기가 기억난다. 기독교에 우호적이었던 왕 에드윈은 합의를 보기 위해 회의를 소집했다. 첫 번째 발언자는 오래된 신들을 섬기는 사제였는데, 기독교를 받아들이는 데 찬성표를 던졌다. 그의 주장인즉 다음과 같다. 나만큼 신들을 지극 정성으로 섬긴 사람은 없으나, 내가 보기에 다른 많은 사람들이 나보다 더 왕실의 혜택을 훨씬 많이 입었다. 그래서 내가 얻은 결론은 그 신들을 섬기는 것으로는 이득을 기대할 것이 없다는 것이다. 투표가 끝나자, 그 사제는 신자들에게 실망을 안겨 준 신전을 앞장서서 더럽혔다.[31] 오코로차는 자신의 책에 충분히 포함시키지 못한 작업에서, 이그보 기독교에 이중적인 움직임이 있었음을 알아챘다. 처음 옛 신들을 버린 것은, 기독교 예배에 적극적으로 매달린 것과 이른바 신명기 신학으로 분명히 드러났다. 신명기 신학이란, 하나님을 공경하면 하나님이 너를 영화롭게 해 주신다는 것이다. 이후 세대는 그 옛 방식에 무언가가 숨겨져 있는 것 같다는 느낌을 알지만, 이그보 기독교는 십자가와 십자가를 지는 것을 새롭게 강조하고 있다. 또 오코로차는 나이지리아 내전 기간에 그 지역에서 경험한 끔찍한 고통이 이 순례 길에서 어떤 역할을 하는지에 대한 문제를 제기한다.[32]

---

31 Bede, *Ecclesiastical History* 2.13.
32 C. C. Okorocha, "Salvation in Igbo Religious Experience: Its Influence on Igbo Christianity." 박사 논문(University of Aberdeen, 1982).

이그보랜드는 물론 노섬브리아에서도 기독교는 처음에 전통적인 세계관을 염두에 두고 전통적인 목표와 관련해 받아들여졌다. 우리 중 누구라도 우리가 이미 가지고 있는 사고를 염두에 두지 않고 새로운 사고를 받아들인다는 것은 불가능하다. 그러나 이그보랜드는 물론 노섬브리아에서도 신앙 체계 속으로 받아들인 새로운 요소는 그 자체의 역동성을 가지고 전통 체계 속으로 깊이 들어가서 그것과 교호 작용을 했다.

서구 세계로부터 이질적인 세력이 아프리카에 영향을 미친 결과, 전통적인 사고 틀 안에서 철저한 종교적 적응과 변화를 모색하기 위한 온갖 이유들이 만들어졌다. 강을 가로막는 둑, 물의 요정의 거처 위에 세워진 콘크리트 건물, 돈을 벌기 위한 청년들의 대이동, 아무런 면역성도 없는 지역사회에 들어온 사람들이 옮기는 바이러스 같은 종교적인 영향들은, 안정되고 만족하며 살고 있는 사회에 몇 년 간 설교를 하는 것보다 종교적으로 더 충격을 줄 가능성이 있다. 안정된 원시사회에는 여러 세기에 걸쳐 쌓아올린 지식, 지혜, 해석 같은 장로들의 전통이, 온갖 가능할 수 있는 상황에 대처하는 수단이 된다. 그러나 전통이 아무런 대답도 줄 수 없는 상황이 생기면, 침투한 요소들을 품는 방법이나, 대안적이거나 보완적인 전통에 따라 행동할 수 있는 새로운 생활 규범을 찾아내지 못한다면 그 사회는 붕괴될 위험성이 있다. 그러한 조처를 위한 해결책이 없다면, 그 사회의 여러 가지 관계, 위계질서, 가치관 등이 한꺼번에 혼란에 빠진다. 사람들은 혼란을 겪는다. 의무들에 모순을 느끼는 상황에 직면하고, 적절히 행동하려고 해도 모호함에 휩싸인다. 아프리카에서 흔히 있는 일이지만, 기독교를 받아들이는 일은 부담스럽고 또 잠재적으로 위험한 상황에 적응하는 길이었다. 새로운 인생의 비결을 찾고자 하는 마음, 선한 양심으로 확실한 선택을 하고자 하는 열망은 분명 철저하게 종교적 동기다. 그것이 선교사들이 주로 역점을 두었던 가르침은 아니라 하더라도 말이다.

행동의 비결을 찾는 일의 배후에는 분명 율법주의가 있을 것이다. 그것은 보통 복음주의 설교에 뒤따르는 일이었다. 해리스나 아프리카의 다른 복음주의자들의 설교를 듣고 옛 생활 방식에서 돌아선 사람들은 간혹 새로이 도착한 선교 교회의 선교사들에게 그리스도인이 먹어야 할 특별한 음식이 있는지, 또 그리스도인은 유럽인들이 하는 것처럼 바닥에서 일정한 높이를 두고 잠을 자야 하는지를 물어보았다. 이런 질문은 하찮은 것이 아니었다. 하나의 전통 규범을 버리기로 했다면, 반드시 그것을 대체하는 다른 규범이 요구하는 바를 다 알아야 한다.[33]

잉글랜드의 켄트 왕국에 파송된 로마의 선교사였던 아우구스티누스도 분명 비슷한 상황과 마주쳤다. 비드가 알려 주는 바에 따르면, 잉글랜드에서 처음으로 그리스도인으로 회심한 사람들과 질문자들이 터뜨린 질문들은 형제끼리가 자매끼리와 결혼하는 것이 가능한지, 아니면 임신 중에, 월경 주기에, 또는 성교 후에 예배에 참석해도

---

33 이 관심사에 관한 실례는, G. M. Haliburton, *The Prophet Harris: A Study of an African Prophet and His Mass Movement in the Ivory Coast and the Golf Coast, 1913-1915* (New York: Oxford University Press, 1973), p. 222를 참고하라. 그리스도인의 순례 길에서 율법의 자리에 관해서는 D. A. Shank, "African Christian Religious Itinerary: Toward an Understanding of the Religious Itinerary from the Faith of African Traditional Religion(s) to That of the New Testament", in *Exploring New Religious Movements: Essays in Honor of H. W. Turner*, ed. A. F. Walls and W. R. Shenk (Elkhart, IN: Mission Focus, 1990), pp. 143-162를 보라.

되는지와 같은 주제들이었다.[34] 말할 나위도 없이 그들이 기독교를 믿기 전의 종교의식에서는 그러한 것들에 관한 규제들이 있었다. 만약에 그러한 금지 사항들을 요구한 신들을 버려야 한다면, 새로운 하나님이 그러한 사안들에서 무엇을 요구하는지를 알아야 했다. 이에 대한 대답이 주어지지 않는다면, 사람들은 혼란을 겪게 되고 위험한 금기를 깨는 것에 대한 두려움을 갖게 될 것이다. 많은 아프리카의 독립 교회들이 바로 이런 문제들에 관하여 명확한 규정을 가지고 있다는 것에 주목할 필요가 있다. 아우구스티누스에게 질문들을 들은 그레고리우스 교황처럼, 그들은 레위기의 성결법이 그들의 관심 사안의 일부를 다루고 있음을 알아차렸다. 이 때문에 그들은 성경을 기초로 신(新)-레위기 공동체의 생활방식을 확립할 수 있다. 그들이 곧 제사장 나라가 아닌가?

아프리카 그리스도인들의 주도권

서아프리카인들의 삶에서 잘 알려진 특징 가운데 하나는 예언자-치유 교회들이다.[서아프리카에서는 알라두라(aladura)라고 하는데, 이는 요루바 말로 '기도하는 사람들'이란 뜻이다][35] 이 교회들은 서구의 어떤 교회와도 전혀 다른 교회 모델로 세워졌다. 그것은 곧 성경을 그들 고유의

---

34 Bede, *Ecclesiastical History* 1.27.
35 알라두라 운동의 기원에 관해서는 Turner, *History*; J. D. Y. Peel, *Aladura: A Religious Movement among the Yoruba* (London: Oxford University Press for International African Institute, 1968)를 보라. 짝을 이루는 Turner의 책 *African Independent Church: The Life and Faith of the Church of the Lord (Aladura)* (Oxford: Clarendon Press, 1967)에는 예언자-치유 교회의 삶에 관해 구할 수 있는 모든 자료가 들어 있다.

방식대로 읽고 또 불안에 시달리는 많은 사람들의 우선순위를 적극적으로 이해한 데서 비롯된 모델이었다. 예언, 치유, 점, 계시는 그들의 삶에 자주 등장하는 특징이다. 교회 의식은 보통 복잡하고 정밀하고, 교인들은 상징적인 디자인에 지위와 역할이 표시된 제각기 다른 제복을 입는다. 은사를 가진 지도자가 있을 수도 있고, 분명 많은 회중이 참석할 것이다. 또 제한 사항, 훈계 사항, 금지 사항에 관한 것은 물론이고 금식과 기도를 포함하는 강력한 영적 훈련에 관한 상세한 규정도 있을 것이다. 대부분 교인들이 마법이나 마술과 싸우고, 어떤 교인들은 마녀를 구별해 낼 것이다. 훨씬 더 놀라운 것은, 어떤 교인들은 마녀들을 사악한 힘에서 빠져나오게 할 것이다.

이러한 많은 것들의 발단이 된 이 움직임이 복음주의적인 성공회에 속한 성숙한 평신도들 가운데서 시작되었다는 사실은 기억할 만하다. 이 사람들은 부흥을 위한 기도 모임으로 처음 만나서, 그리스도인으로서 황폐하고(제1차 세계대전 후에 유행성 독감이 만연했다) 영적으로 침체된 인간 사회 가운데서 하나님이 능력을 보여 주시기를 간구했다.[36]

최근까지도 이 예언자-치유 교회들은 토착 교회들 가운데 가장 중요하고 성장이 빠른 교파라고 할 수 있다. 그러나 더 이상은 그렇게 분명하지 않다. 단지 두 나라만 열거하자면, 나이지리아와 가나에서도 다른 형태의 독립 교회가 생겨나고 있다.[37] 많은 예언자-치유 교회

---

36 Turner, *History*, pp. 9-13.
37 이 운동은 이제야 문헌에서 타당한 관심을 끌기 시작했다. 그 중요성을 알린 것은 Rosalind Hackett, "Enigma Variations: The New Religious Movements in Nigeria Today", in *Exploring New Religious Movements*, ed. Walls and Shenk, pp. 131-142 이다. 그 대표적인 운동의 하나를 연구한 것으로는, Matthews Ojo, "Deeper Christian Life Ministry: A Case Study of the Charismatic Movements in Western Nigeria",

들처럼, 이 독립 교회들도 병마와 악령의 고통에서 구해 내는 신적 능력을 주장하지만, 그 주장하는 형태가 미국의 재림파와 오순절파의 설교에서 주장하는 것과 비슷하다. 아프리카의 북과 알라두라들이 입는 흰색 제복은 없지만, 그곳을 찾으면 전자 키보드와 앰프 기타가 내는 소리를 듣고, 우아한 아그바다(agbada, 전통적인 아프리카인의 정장-옮긴이)나 멋진 신사복을 입은 설교자와 나비넥타이를 맨 찬양대원들은 볼 가능성이 높다. 그러나 이러한 급진적인 은사주의 운동은 그 원류나 지도층, 돈줄이 모두 아프리카에 있다. 그들은 기업 조직과 아주 비슷하고, 라디오, 텔레비전, 카세트 사역은 물론이고 캠페인과 대규모 집회를 활발히 한다. 또 성서유니온(Scripture Union) 같은 급진적인 기독교 학생 단체들로부터 또 다른 분파의 교회들이 생겨나고 있다. 이 교회들은 안정된 교회들이 현실에 안주하고, 세상과 타협하고 능력을 상실했다고 보고, 그 교회들 가운데서 철저한 제자도를 추구하고 있다. 아프리카에서는 새로운 기독교적 금욕주의가 눈에 띄는데, 이들은 기도와 금식, 고난을 감수하는 데 초점을 맞추고 있다. 모든 새로운 운동들은 성령의 분명한 임재를 추구하고, 현대 아프리카인들이 도회지 생활에서 겪는 문제들과 장애물들에 대한 직접적인 반응을 추구하는 면에서 예언자-치유 교회들과 공통점이 있다.

복음주의의 계승

선교 운동을 시작한 사람들은 분명 기독교가 아프리카인들을 유럽

Journal of Religion in Africa 18 (1988): pp. 141-162를 참고하라.

의 생활 방식에 동화시킬 것이라 기대했다. 그들의 변증은 그들의 동시대 사람들을 향해 있었다. 즉 그들은 아프리카인들이 '문명', 다시 말해 삶에 대한 유럽인들의 담론에 동일한 조건으로 참여할 정신적 능력을 갖지 못했으며, 그런 일은 가능하지도 않다고 주장했다. 그래서 초기 선교 활동은 기회를 동등하게 준다면 아프리카인들이 유럽 사람들처럼 잘해 낼 수 있음을 입증하는 데 집중했다. 그리고 19세기 중반에 이르러 선교사들은 그 목적을 달성한 듯 보였다. 적어도 시에라리온이라는 아프리카의 한 지역에 문명화된 삶의 모든 면모를 갖춘 그리스도인 공동체가 생겨났다. 사람들은 유럽식 복장을 갖추고 예배에 참석했다. 그들은 영어로 찬송가를 부르고 시편을 읊조렸다. 자녀들을 학교에 보냈는데, 그 학교에서 영특한 학생들은 라틴어를 배웠다. 문자 해득률은 유럽에 있는 대부분의 나라들보다 높았고, 심지어 여학생들을 위한 중등학교도 있었는데 이러한 학교는 19세기 중반까지도 영국의 도시들에서도 흔한 것이 아니었다. 이것만으로 보면 아프리카의 기독교 국가는 모든 점에서 영국과 같거나, 아니 더 나은 것처럼 보일 수도 있었다.[38] 또 나중에 주교가 된 새뮤얼 크라우더 목사(Samuel Crowther, 1809-1891, 요루바 출신의 나이지리아 최초의 성공회 주교—옮긴이)가 런던에 왔는데, 사람들은 이 근엄하고 품위 있는 흑인 교역자가 공개석상에서 빼어난 영어로 연설하는 것을 들었을 때, 또 그가 버킹엄궁전을 방문해 아프리카와의 무역에 관한 앨버트 왕자의 질문에 대답했을 때, 선교 사역의 궁극적인 목적을 이룬 것처럼 보였다. 그러므로 선교의 목적은 이와 똑같은 결과를 더 많이 만들어

---

38 참고. 교회 선교회 총무 Henry Venn이 *West African Colonies: Notices of the British Colonies on the West Coast of Africa* (London: Darton and Lacy, 1865)에 남긴 사진.

내는 것이어야 했다. 아프리카인 교역자와 영국인 교역자는 피부색을 빼고는 모든 면에서 똑같아야 했다.[39]

그러나 시에라리온은 특별한 경우였다. 주민의 중심 세력은 대서양을 건너기 전 노예선에서 내린 사람들의 후예로, 언어가 제각각이었고, 다시는 볼 수 있으리라는 기대 없이 고향 땅을 떠난 사람들이었다. 그들은 자신들의 옛 정체성을 잃어버렸고, 너무 다양했기 때문에 그것을 쉽사리 재건할 수도 없었다. 대안은 새로운 정체성, 바로 그리스도인이자 근본적으로 영국인이 가진 정체성이었다. 물론 크리오(Krio, 서인도제도로 팔려간 노예들의 후예로 시에라리온 인구의 5퍼센트를 차지한다 - 옮긴이)라는 정체성은, 사람들이 보통 알고 있는 것보다 아프리카 토양에 더 깊이 뿌리를 내렸다. 그러나 그것을 알아내는 일은 나중에 하게 된다. 더 먼저 알게 된 것은, 고향 땅을 떠난 적이 없는 아프리카인들은 보통 검은 피부의 유럽인이 되기를 원하지 않는다는 사실이었다. 그런 사람들은 유럽이라는 묶음에서 입맛에 맞는 것만 고를 것이다. 그들은 그리스도인이 될 수는 있지만 선교사들이 전파한 기독교의 첫 모델인 시에라리온을 다시 만들어 낼 수 없었다.[40]

여러 가지 새로운 모델이 만들어지면서, 서구 기독교의 경험과는 다른 경험을 공유하게 되었다. 아프리카의 그리스도인들은 온전해지

---

39 참고. *An Appeal for a Great Extension of Missions to the Heathens*...(London: CBS, 1873), 나이 지긋하고 학자 기질을 가진 복음주의자 성공회 신부가 쓴 것이 분명하지만 익명으로 되어 있는 이 책은 이렇게 말한다. "헬라어 신약성경을 아주 편안하게 보는 한 흑인 주교가 있다. 그는 니제르 교구를 열의를 가지고 분별 있게 관리하고 있는데, 여느 영국의 주교가 하는 것과 같다. 내게는 그와 사제인 그의 아들이 복음 전도를 하는 귀한 사진이 한 장 있다. 아마 아프리카 조상들의 사진들도 같은 색깔이었으리라" (p. 32).
40 참고. J. F. A. Ajayi, *Christian Missions in Nigeria, 1841-1891: The Making of a New Elite* (London: Longmans, 1965).

려면 기독교 용어, 즉 그리스도에 관한 말씀과 성경을 적용해 해답을 찾아야만 하는 상황에 직면한다. 그런데 기독교 전통의 발원지인 서구 기독교에는 비슷한 경험이 없었기 때문에 서구 기독교에서는 해답을 찾을 수 없었다. 그래서 그들은 그리스도에 관한 같은 말씀과 같은 성경으로, 일찍이 헬라의 그리스도인들이 마주했던 그리스의 우주관만큼 나름대로 일관성이 있는 축적된 지혜의 집결체와 사고방식과 행동 방식을 관통하는 과업에 직면한다.

시간이 부족하니 기독교에 대한 아프리카의 경험이 서양의 경험과 달랐던 일부 상황들에 대하여 아주 간결하게 언급하는 것으로 이 이야기를 끝내자.

하나님과 아프리카의 과거

그리스도인들은 (대부분) 유대인들의 하나님을 경배하는 이방인들이다. 초기의 이방인 그리스도인들은 여러 민족들이 섬기는 여러 신들, 특별히 그리스-로마의 이교 신앙의 대상이었던 대중적인 신들에 대해 유대인들이 가졌던 태도를 이어받았다. 이것들은 신들이 아니라 우상들이었다. 제우스나 주피터는 우리 주 예수 그리스도의 아버지 하나님이 아니었다. 그러나 고유한 그리스 사상의 중요한 한 흐름도 대중 종교의 신들을 받아들이지 않았고, 그리스의 철학적 전통은 이름도 없고 또 부정적인 방법으로 표현하기는 했지만, 지고선(至高善)이라는 하나님의 개념을 발전시켰다. 헬라인 그리스도인들은 자연스럽게 이러한 비인격적이고 이름도 없는 존재를 성경에서 말하는 하나님, 곧 유대인들의 하나님과 융합시켰다.

이것이 의미하는 바는, 유대인들의 하나님이 더 이상 어떤 이름으로 부르는 대상이 아니게 되었다는 것이다. 그분은 그저 '호 테오스' (ho theos), 즉 하나님(the God)이었다. 기독교가 북유럽과 서유럽의 야만인들에게 전파되었을 때에도, 그들 역시 자신들이 섬기던 만신(萬神)들을 버리고 모든 신을 중립적인 용어인 '하나님'으로, 즉 많은 신을 유일신으로 대체했다.

그러나 일반적으로 말해서, 아프리카 그리스도인들의 경험은 달랐다. 서아프리카 지역을 가로질러 기독교의 메시지를 처음으로 전한 사람들은 비록 온갖 잡신을 숭배하는 우상숭배 사회를 상대하고 있다고 생각했으면서도, 그 사회가 우주의 도덕적 지배자이기도 한 창조주 하나님을 인식하고 있다는 것을 발견했다. 멘데족(Mende, 시에라리온의 양대 부족중 하나. 전 인구의 30퍼센트를 차지한다-옮긴이)은 그를 느게우(Ngewo)로, 아칸(Akan)족은 니아메(Nyame)로, 요루바족은 올로룬(Olorun)으로, 이그보족은 추쿠(Chukwu) 또는 치네케(Chineke)로 불렀다. 타락의 교리도 어렴풋하게 윤곽을 드러냈다. 하나님은 한때 지금 계신 곳보다 지구에 더 가까운 곳에 계셨는데, 몇몇 옛 사람들 쪽에서 탐심을 드러내거나 어리석은 어떤 행동을 했기 때문에 하나님이 거리를 두게 되었음을 암시하는 이야기들이 이따금 있었기 때문이다. 실제로 느게우나 올로룬 신은 사람들이 매일 드리는 기도에 그다지 관여하지 않았다. 절대자에게 드리는 제사는 드물거나 아예 없었고, 기도도 급한 경우에나 하는 것이었다. 다른 신들이 꿈에 나타났고, 이들에게는 영매(靈媒)도 있었다. 그러나 느게우나 니아메, 올로룬 신은 그렇지 않았다. 따라서 이런 사람들과 이와 비슷한 처지에 있는 다른 사람들은, 절대자와 그보다 낮은 서열의 신들 사이에 절대적인 계급 차이가 있다고 보았다. '하나님'과 '신들' 사이에 격렬한 경쟁이 생길 가능성은 없었고, 셈족의 종교사에 자국을 남긴 것으로 보이는 신들 사이에 사활을 건 경쟁이 있었다는 흔적은 없었다. 낮은 서열의 신들은 쉽게, 아마도 제한된 자율권을 가지고 따로 존재할 수 있었다. '하나님'이 누구냐라는 문제에 대해 아무런 의심도 없었다.[41]

그러므로 성경의 하나님을, 느게우, 니아메, 올로룬 같은 이름으로 부르는 것은 자연스러운 일이었다. (말이 난 김에 무슬림들은 이렇게 하는 것을 아주 꺼려 왔다는 점을 덧붙일 수 있다. 아프리카의 무슬림들은 오직 '알라'뿐, 자기 나라의 고유한 이름은 쓰지 않는다.)

동아프리카 일부에서는 다른 상황이 벌어졌다. 아랍인들이 19세기 부간다의 카바카(부간다 왕국 왕의 명칭이다. 이 나라는 전통적으로 영적인 왕과 육적인 왕 두 사람이 다스렸는데, 영적인 왕은 왕실의 북으로 상징되어 영원히 존재하는 것으로 여겨졌다 — 옮긴이)에게 알라를 전파하려고 하자, 카바카는 "어디에 나보다 더 위대한 왕이 있는가?"라고 응대했다. 그것도 맑은 정신으로 진지하게 말했다.[42] 부간다 사람들에게는 카바카의 영적인 왕들보다 더 경의를 표할 수 있는 다른 신은 없다. 그러나 카톤다(Katonda)라는 영이 하나 있었는데, 그 신전에는 불을 피운 적이 없었고, 그는 꿈속에 나타나지도 않았으며, 제물을 받는 일도 거의 없었다. 그 영은 정말로 간다족(Ganda) 종교에서는 별 볼일 없는 존재였다. 그러나 카톤다가 창조의 일을 했었기 때문에 성경의 하나님과 동일시되는 일이 벌어졌다. 결과는 모두를 어리둥절하게 만들었다. 아

---

41 참고. P. J. Ryan, "'Arise O God': The Problem of 'Gods' in West Africa", *Journal of Religion in Africa* 11, No. 3 (1980): pp. 161-171.
42 J. V. Taylor, *The Growth of the Church in Buganda* (London: SCM, 1958), p. 9.

무도 크게 눈여겨보지 않았고 거의 잊힌 카톤다가 모든 사람에게—기독교의 선포에 따르면—모든 다른 무지무(muzimu)들에 대한 예배를 단념하라고 명하고 있었다. 카톤다는 사람들이 그렇게 하도록 자기 아들을 보냈다는 것이다. 그 결과 실제로 많은 사람들이 그 아들을 조금도 받아들이지 않게 되었다. 이것 때문에 선교사들이 죄를 사하기 위하여 완벽한 희생을 하신 그리스도를 소개하고, 성령을 통하여 거룩한 삶으로 이끄는 일이 어려워졌다. 간다족의 공공장소에서 이런 말을 하는 것이 즉시 금지되었다. 홀대를 받던 카톤다의 갑작스런 출현이 빚어낸 결과였다.[43]

우리는 그 영향을 그저 피상적이라 생각해서는 안 된다. 간다족 기독교 역사의 교만했던 첫 장면은 기억할 만하다. 카바카("어디에 나보다 더 위대한 왕이 있는가?"라고 거드름을 떤)가 자기의 그리스도인 시동들에게 하나님이 금지하라고 한 것을 그대로 행동으로 옮기라고 명령한 것을 보면, 그리스도인이라는 고백은 부간다 지역에서는 아직 덜 여물었다. 그 시동들은 명령을 거부했고, 그 많은 그리스도인 십 대 청소년들이, 가톨릭 교인이든 개신교인이든 가릴 것 없이 공개적으로 손발이 잘리고 생화장되었다.

우리에게는 이후의 이야기나, 간다족의 그리스도인들이 카톤다와 자신들 사이에 있는 큰 공간을 채우느라—사도 바울이 비슷한 문제를 가진 골로새 인들에게 사용한 충만(pleroma)[44]—겪곤 했던 어려움을 생각할 시간이 없다. 오래전에 지구를 한 차례 잠시 찾은 일이, 영

---

43 같은 책, pp. 252-260
44 골 1:19. 이 구절을 보면 pleroma(충만)가 그리스도 안에 거한다. 바울은 이 말을 하나님과 우주 사이에 있는 매개적인 힘이 작동하는 전체 영역이란 뜻으로 쓰고 있다.

적 세계를 대표하는 온갖 일을 이어받는 충분한 근거가 된다고, 모든 사람이 즉석에서 믿기는 어렵다. 반세기보다 전에 동아프리카에서 있었던 대단한 부흥 운동은 간다족 그리스도인들의 또 다른 단계의 여정인지도 모른다. 아프리카 대부분 지역에서처럼 부간다 지역에서도, 하나님이 인격적인 이름을 갖고 계신데, 그것도 그 나라 말로 된 이름을 가지셨다는 점만은 지적하고 싶다. 그래서 하나님이 아프리카 과거의 일부가 되셨다. 정말로, 하나님은 카톤다나 니아메 또는 올로룬이란 이름으로 간다족의 일부가 되셨고, 아칸이라는 이름으로 요루바족 과거의 일부가 되셨다.

현재 진행 중인 아프리카의 신학 논쟁 상당 부분은 이 질문과 관련이 있다. 아프리카의 그리스도인 학자들은 아프리카의 종교적 유산을 찾고 있다. 그것은 한때 아프리카 그리스도인들이 가르침을 받았던 대로, 자기네 유산을 더럽히거나 깔보려는 것이 아니라, 하나님이 자기 백성들과 함께하신 방식들을 알아내기 위함이다. 몇몇 유럽과 아프리카의 인류학자들은 이것을 놓고 아프리카 종교를 기독교화하려는 짓이라고 한탄스러워한다. 또 오코트 프비텍 같은, 아프리카의 그리스도인 학자는 약탈당했다고 불만스러워한다.[45] 몇몇 기독교 신학자들은 조금 다른 것을 염려한다. 아프리카의 과거에서 하나님을 찾는 과정 때문에 기독교에서 말하는 계시가 필요 없게 되지 않을까 하는 염려다.[46]

다시 말하지만, 우리는 이 논쟁 속으로 들어갈 수는 없다. 그러나

45　Okot p'Bitek, *African Religions and Western Scholarship* (Kampala: East Africa Literature Bureau, 1970).
46　예를 들어, 고인이 된 Byang Kato의 *Theological Pitfalls in Africa* (Kisumu, Kenya: Evangel Publishing House, 1975).

이것이 2세기와 3세기의 그리스도인들 사이에서 있었던 자기네 과거의 본질에 관한 논쟁과 얼마나 비슷한지를 주목할 필요가 있다. "난지 팔 일 만에 할례를 받았고, 베냐민 지파"라는 등등[47]을 거들먹거리던 유대인 그리스도인들은 아브라함 이후의 이야기를 샅샅이 알고 있었다. 그러나 이후에 참감람나무에 접붙인 바 된 이방인 그리스도인들은 어떻게 되는가?[48] 어떤 이방인들은 자기 조상들 가운데 거짓 신들을 거부하여 그것 때문에 고난을 당한 분들이 있었다고 꼬집어 말하기 시작했고, 또 어떤 이방인들은 주께서 유대인들을 인도하셨던 것처럼 철학이 헬라인들을 그리스도에게로 인도하는 스승 역할을 했다는 주장을 펴기 시작했다.[49] 2세기 헬레니즘 시대의 그리스도인들은 같은 문화적 유산을 가진 사람들에게 그리스도를 소개하고 싶어서 그 유산, 즉 헬라인으로서 자신들의 과거와 그리스도의 관계를 깊이 생각했다. 어느 누구도 자신의 과거를 부정하고는 정체감을 가질 수 없다. 콰미 베디아코(Kwame Bediako)는 고대 헬레니즘 시대의 정체성과 현대 아프리카의 정체성에 대한 질문의 유사성을 연구한 적이 있다.[50] 20세기의 아프리카인 그리스도인들은 '아프리카의 과거에 하나님은 어디에 계셨는가?'라는 질문에 부딪칠 수밖에 없었다. 이것이 아프리카의 신학적 의제에서 첫 번째 질문이다. 그리고 이 질문은 서양의 신학적 경험만 가지고는 결코 대답할 수 없다. 니아메,

---

47 참고. 빌 3:5.
48 참고. 롬 11:16-24.
49 그 사실을 증명하던 소크라테스와 다른 이들에 관해서는 Justin, *Apology* 1:46을 참고하라. 그리스도에게로 가는 개인 교사로서의 철학에 관해서는 Clement of Alexandria, *Stromateis* 1:5을 참고하라.
50 Kwame Bediako, *Theology and Identity: The Impact of Culture on Christian Thought in the Second Century and Modern Africa* (Oxford: Regnum, 1991).

느게모, 올로룬이 성경에서 말하는 우리 주 예수 그리스도의 하나님 아버지이지만, 제우스나 오딘은 결코 아니었다.

치유 과정

아주 통찰력 있는 박식한 선교사가 30년 전에 들려준 우간다 이야기를 음미해 보라. 그는 나중에 영국 성공회의 주교가 되었다.[51]

성공회 교회에서 성체 배령자로 봉사하는 어떤 부인이 있었는데 그녀에게는 자식이 없었다. 그런데 어느 날 갑자기 카바카 물란도의 아들인 루이데 왕자의 '무지무'가 달라붙는 일이 생겼다. 그를 위한 산당은 그녀가 사는 동네에서 멀지 않은 언덕 위에 있었다. 딱딱하게 굳고 마비된 그녀의 몸에서 두 목소리가 들렸는데, 하나는 "나는 루이데다"라고 되풀이하는 소리였고, 다른 하나는 "나는 그리스도인이니 갈 수 없다"라고 되뇌는 그녀 자신의 목소리였다. 며칠 동안 정신이상 증세가 계속되었으나 도와줄 사람이 없는 것 같아, 결국 성체 배령자로 봉사하는 그녀의 오빠들과 남편은 그녀를 보내는 것 말고는 달리 방도가 없다고 인정했다. 그녀는 이제 루이데에게 속해 있기 때문에 남편과 떨어져 언덕에 있는 그 산당에서 살고 있다. 어쩌다가 신이 들리면[okusamira] 루이데의 목소리로 말하지만, 그 외에는 평상시처럼 아주 정상적으로 예배에 참석하고 여전히 성체 배령자로 봉사하고 있다.

51　Taylor, *Growth of the Church in Buganda*, p. 211.

신관, 무당, 영매, 점쟁이 들은 가끔 완치가 불가능한 병을 얻어 평생토록 그런 일에 종사하도록 부름을 받는다. 그들이 그 부름에 응답하여 신당의 의무를 받아들이거나 그런 일에 관한 공부를 시작하면 즉시 병이 낫는다.

앞의 경우에는 부름받은 사람이 그리스도인이어서 가기를 원하지 않았다. 그러나 교회의 병기고에 있는 그 무엇도 그녀의 병에 도움이 되거나 그녀에게 마음의 평안을 주지 못하고 있다. 말라위 출신의 실라스 응코자나(Silas Ncozana)가 최근 발표한 논문을 보면, 어떻게 이와 같은 상황이 지금 그 나라에서 중요한 목회 문제가 되고 있는지를 밝히고 있다.[52]

아프리카에서는 병이 들면, 의식적이건 무의식적이건, 통상적으로 영적 세력 또는 도덕적 사회적 범죄나 책무와 관련이 있다고 본다. 그래서 진단을 위한 중요한 질문이 '무슨 병이냐?'가 아니라 '무엇, 또는 누구 때문이냐?'가 된다. 마찬가지로 낫게 하는 방법도 잘못된 것을 바로잡아 주거나(진단한 결과 스스로의 책임이라고 판명된다면), 공격에 대처하기 위해 할 수 있는 노력(다른 누군가의 악의의 결과로 밝혀진다면)이 전부였다.

전통 의학에서는 분명 약초를 처방하지만, 전통적인 치료자가 되려면 약물들에 대한 지식 외에도 다른 것이 필요하다. 인간 본성에 대한 성찰이 있어야 하고, 자신의 종교적 또는 마술적 전문 지식은 물론, 면밀한 질문을 할 수 있는 능력이 있어야 한다. 이와는 대조적으로 서양 의학은 전적으로 속세에 속해 있다. 우리는 병을 치료하는

---

[52] S. N. Ncozana, "Spirit Possession and Tumbuka Christianity, 1875-1950." 박사 논문(University of Aberdeen, 1985).

원리에 기초한 의료 행위를 구축해 왔지만, 아프리카의 전통 의학은 사람을 다루는 원리에 기초해 있다.

그러나 기독교적인 가르침이 아프리카에서 치유에 어떤 영향을 주었는지 생각해 보라. 그리스도인들에게는 마술적인 방법을 쓰는 치료 행위가 금지되어 있다. 그 진단 장치의 중심에 있는 점쟁이들 역시 금지되어 있다. 따라서 병자에게는 전통적인 치유 기관 전체가 차단된다. 방법은 알약을 먹는 것일 테고, 만약 이 약이 목사나 선교 병원에서 온 것이라면 그것은 하나님의 도구로 보일 것이다. 그러나 그 행동 자체로 볼 때, 알약을 먹는 것은 특별히 기독교적인 것이 아니다. 그리고 어떤 경우라도 당신이 사는 지역에 의약품이 공급되지 않는다면 당신은 어떻게 하는가? 전해지는 말에 따르면, 예언자 해리스가 회심시킨 사람들은 아프면 그 예언자에게 행동 지침을 달라고 압박했다고 한다. 그 예언자가 이미 하나님을 믿는 자에게는 전통적인 치유가 '아무 소용도 없다'고 말한 적이 있기 때문이었다. 사실 그의 대답은, 필요하다면 전해 내려오는 약을 먹어야 하지만, 약초 잎을 따는 동안에도 하나님께 기도하고, 약을 달이는 동안에도 하나님께 기도하고, 그 약을 마실 때에도 하나님께 기도하라는 것이었다.[53] 이렇게 전통적인 약제사는 무시된다.

해리스는 양보를 한 것이었다. 만약에 기독교의 신념에 따라 전통 의학의 싹을 완전히 잘라 버린다면, 그리스도인은 병을 막을 방법도 없이 기도와 그리스도에 대한 믿음만으로 버티게 되는 것이다. 많은 그리스도인들이 그러한 엄격한 윤리를 일관되게 견지하고 있다. 더

---

53 Haliburton, *Prophet Harris*, p. 54.

급진적인 독립 교회들은 약이라면 모두 끊어야 한다고 역설한다. 약병이 무엇이냐? 표면적으로 전통 의학과 같은 것이 아니냐? 신앙을 대신하는 백인들의 주물(呪物)이 아니냐? (그리스도 사도 교회가 사도 선교회에서 갈라져 나온 이유 가운데 하나는, 키니네를 처방한 선교사들에게 환멸감을 느꼈기 때문이다.)[54] 그러나 우리는 이것이 많은 사람들에게 얼마나 지나친 일이었는지 알 수 있다. 그래서 병들거나 다치면, 점쟁이에게 가는 일이 생긴다. 그러나 밤에 양심의 가책을 받으며 간다. 왜냐하면 아픈 사람은 정말로 그래서는 안 된다고 생각하고 있으니까.

이 지점에서 예언자-치유 교회들은 특히 강력하게 말한다. 이 교회들은 그리스도가 참 구원자이시고 지금도 구원 사역을 계속하고 계시며, 자기네들의 집회를 통해서 치유하고 계신다고 믿는다. 집회를 통해 교감을 하면서 은사가 있는 지도자가 악령과 씨름하여, 병자의 질병과 그 원인을 제대로 잡아내는 것이다. 병자의 반응과—아마도 세례를 받을 때—또 교회당에서 하나님께 계속 예배드릴 것을 강조하는 모습은 그 점을 더 분명히 보여 준다. 이는 앞의 주교 이야기에 나오는 사람처럼, 혼을 부르는 무희나 영매로 부름받은 사람이, 영들과의 대전투에서 회중 전체의 도움을 받아, 모든 것을 파악하면서 치료받을 수 있는 체제다.

일반적으로 예언자-치유자들도 전통적인 점쟁이들과 치유자들이 특유의 질문을 던지는 기법과 방식을 사용한다. 그러나 예언자-치유 교회들 가운데에는 전통적인 점쟁이들과 야음을 틈타서 그 점쟁이들의 집을 살그머니 들락거리는 완강한 적들이 있었다. 이들은 치유의

---

54 Turner, *History*, pp. 31-32.

원천에 대해 확고하다. 치유는 그리스도나 성령의 사역(이 사람들이 그 차이를 항상 분명히 알고 있는 것은 아니다) 때문이라고 굳게 믿는다. 아픈 사람의 머리에 성경책을 대거나 축성한 물을 한 병 주는 것은 미신적인 행위라 묘사될지도 모르고, 주문을 외는 것과 별 차이가 없을지도 모른다. 그러나 능력의 출처가 성경의 하나님이고 그리스도의 영이라는 것이 눈에 띄게 드러나면, 아프리카의 전통적인 능력과는 차이가 생긴다. 질병보다는 사람을 치유한다는 전통적인 아프리카인들의 개념은 유지하되, 그것이 그리스도 안에서 치유된다는 입장으로 바뀌고 있다. 그것은 낮에는 교회에 가고 밤에는 점쟁이에게 가는 것보다 '살아온 세상'과의 더 철저한 단절을 요구한다.

그 아픈 여인에게 루이데가 이제는 죽었으니 그녀를 해할 수 없을 것이라고 말해 주는 것은 부질없는 짓이다. 그녀는 다르게 알고 있었다. 그것은 기독교적이지도 않다. 그렇게 하면 그녀의 필요에 그리스도가 적용되지 않기 때문이다. 마찬가지로, 서구 기독교는 마법이라는 객관적 실체가 설 자리가 없는 세계관을 가지고 있었기 때문에, 마법으로 인한 파괴적인 상황에 효과적으로 도움을 줄 수 없었다. 서구 기독교가 중요하게 여기는 바는, 마법에 걸렸다고 비난받고 의심받는 많은 사람들을 그 과한 고통에서 구원하는 것이다. 그러나 마법의 공포를 줄이기 위해서는 아무것도 하지 못하고 있으며, 실제로 어떤 경우에는 오히려 공포심을 가중시키기도 한다. 또 예언자-치유자에게로 와서 자신이 마녀이고[55] 사람들을 죽였다고 주장하면서, 죽인 사람들의 이름을 들먹이고 사람들을 파멸시키는 이 같은 저주에

---

55 참고. R. W. Wylie, "Introspective Witchcraft among the Effutu", *Man*, n.s. (1973), pp. 74-79

서 구해 달라는 애원을 담은 고백을 하는, 심한 고통 속에 있는 영혼을 위해서 아무것도 못하고 있다. 마녀로 의심받는 이들을 심문하는 것이 야만적이고 심리적인 학대일 수 있다는 것은 말할 필요도 없다. 노련한 치유자의 심문을 통해서 치료할 부분과 교화해야 할 부분들이 표면으로 떠오를 수도 있다. 마법은 결국 증오가 구체화된 것이다. 노련한 심문은 경쟁자의 아이가 죽었을 때 기뻐하는 질투와 증오를 드러낸다. 이런 수단을 쓰면 증오가 겉으로 드러나고 그 실체를 알게 된다. 그러면 용서, 심지어 화해가 따라올 수 있다. 그렇게 해서 그리스도는 마녀와 희생자 두 당사자 모두의 필요에 적용되고, 승리자로 인식될 수 있다. 여기서 합리적인 설명은 별 소용이 없을 것이고, 하나님의 사랑에 대한 일반화된 확신도 별 호응을 얻지 못할 것이다.

복음주의 유산

아프리카에서 복음주의 사역의 열매는 무척 다양하고 풍성하다. 더 많은 예를 들 수 있겠지만, 그 가운데 몇 가지, 특히 동아프리카의 부흥은 서양에서 발전했던 복음주의 전통에 더 근접해 있다.[56] 그러나 복음주의적 가르침이 처음 나타났을 때보다 더 폭넓고 더 역동적인

56　동아프리카 지역의 부흥은 지나가는 정도로만 언급했다. 이 지역의 부흥은 그 시초에 유럽 선교사들뿐 아니라 아프리카인들에게도 영향을 끼쳤고, 그 조상들은 두 전통 모두에서 찾을 수 있다. 이 부흥은 서양, 특히 영국의 복음주의적 삶에 특정한 영향을 주었지만, 본질적으로 아프리카의 운동으로 발전했다. J. E. Church, *Quest for the Highest: An Autobiographical Account of the East African Revival* (Exeter: Paternoster, 1981); P. St. John, *Breath of Life* (London: Norfolk Press, 1971), 그리고 서구와 아프리카의 영향에 관해서는 R. Anker-Petersen, "A Study of the Spiritual Roots of the East African Revival Movement", 신학 석사 논문(Edinburgh: Centre for the Study of Christianity in the Non-Western World, 1988)을 보라.

결과를 낳은 것을 지적하는 것이 더 중요할 듯싶다. 선교 운동을 불러일으킨 복음주의 신앙의 특징들, 즉 성경을 최고의 권위로 두고 직접적인 개인의 체험을 인정하는 것 같은 것들이 아프리카 기독교의 평범한 특징들이 되었지만, 중요한 것은 복음주의 선교사들의 사역의 열매가 서구의 복음주의를 단순히 복제한 것이 아니라는 것에 주목하는 것이다. 선교사들이 아프리카에 자유롭게 들려주는 기독교의 메시지는, 나름의 필요와 상처가 있는 아프리카인의 삶과 독창적이고 비판적으로 만나면서 그 자체의 역동성을 발휘했다. 복음주의가 부흥하면서 북유럽 개신교에 대한 문화적 간극을 메워 대단한 효과를 일으켰을 때와 아주 똑같은 일이 생겼다. 아프리카인들은 선교사들이 있던 자리가 아니라, **자신들이** 있던 자리에서 복음에 반응한 것이다. 그들은 기독교의 메시지에 대한 선교사들의 경험이 아닌, 자기네가 들은 그 메시지에 반응한 것이다.

그럼에도 불구하고 처음 듣고 첫 반응을 보인 것이 이야기의 전부도 아니고, 또 반드시 그 절정도 아니다. 여러 세대가 걸릴지도 모르는 공동체적인 신앙의 순례를 조심스럽게 지켜보면서, 기독교 역사에서 세대를 이어 가는 과정에 더 세심한 주의를 기울여야만 할 것이다. 많은 경우에 한 사람이 평생 동안 모든 이정표를 전부 지나가기는 불가능하다. 또한 지름길을 택하려는 시도는 위험하다.[57]

선교사들은 자기들이 파송된 목적이라고 믿는 바를 정확하게—때로는 그들 자신도 모르게—성취한 셈이다. 결국 선교사들은 아프리카에 복음주의가 아니라, 복음을 전하러 갔으니 말이다.

---

57 Shank, "African Christian Religious Itinerary" pp. 154-157를 보라.

8 • 검은 피부의 유럽인 - 흰 피부의 아프리카인[1]

근대 선교 운동이 첫 개가를 올린 곳은 시에라리온이었다. 1787년부터 1830년까지의 기간은 처음에는 비록 자급자족하는 농사꾼들을 먹여 살릴 만큼 옥토는 아니더라도, 어떤 녹지와 강변에 있는 노예 공장에서 시작해서 재해 지역 안에 있는 유토피아를 형성하기까지 선교 운동이 진행된 시기였다. 그 후 노바스코샤와 자메이카에서 풀려난 흑인들에 의해 다시 변화를 겪었다. 그들은 복음주의 신앙과 미국의 공화주의로 충만한 상태에서, 클래팜 분파(Clapham, 특히 1790-1830년에 런던 클래팜에서 윌버포스를 중심으로 일어난 성공회의 사회개혁 네트워크-옮긴이)로부터 영감을 받은 제도를 실행했다. 그러나 클래팜 분파에 속한 사람들이 항상 좋아했던 방식은 아니었다. 그리고 또다시 서아프리카 전역에 걸쳐서 고향을 떠나온 새로운 사람들로 그 인구를 뒤덮는 일이 일어났다. 그들은 대서양 건너편에 있는 농장을 보지도 못한 채 노예선에서 내려 들어온 사람들이었다. 신입자들은 선

---

[1] D. Baker, ed., *Religious Motivation: Biographical and Sociological Problems for the Church Historian, Studies in Church History*, 14 (Oxford: Blackwood, 1978), pp. 339-348에 처음 출판되었다.

교사들의 가르침에 때로는 열광적으로 반응했고, 끈덕진 저항은 거의 없었다. 또 자기네들의 속세의 복지는 물론 영적인 복지를 책임지도록 위임받은 그 선교사들과 함께, 노바스코샤와 마룬(서인도제도와 남북아메리카 등지에서 도망친 노예들이 만든 독립 거주 지역-옮긴이)에 살던 전임자들의 규범과 특질을 받아들였다. 당시 영국 자료들을 보면, 그 때 시에라리온을 크게 성공한 지역으로 받아들였다는 어떤 암시도 없다. 영국에 있는 사람들은 백인 묘지에 묻혀 있는 선교사들의 섬뜩한 죽음과 시에라리온 선교에 든 엄청난 비용만을 염두에 두는 경향이 있었다. 거기다 그들은 서아프리카의 집 마당에는 여전히 뱀들이 살고 있다는 이야기만 듣고 있었다. 그럼에도 불구하고 시에라리온은 아프리카의 첫 선교지였고, 세계에서 기독교 신앙을 향한 대규모 움직임이 있었던 드문 지역 가운데 하나였다. 그곳에서 그리스도인이 아니었던 모두가 그리스도인이 된 것이다.[2]

다른 관점에서 보면, 시에라리온은 새로운 민족과 새로운 문화가 탄생한 지역이었다. 크리오 부족과 크리오 문화는 유럽과 아프리카의 요소들을 서로 나눌 수 없을 정도로 잘 배합시켜 놓았고, 유럽의 제도를 아프리카의 상황에서 받아들여 적용했다.[3] 다시 하는 이야기지만, 당시로서는 이 점을 부분적으로만 실감했다. 유럽인들의 눈에는 그들이 유럽의 제도들을 전면적으로 받아들인 것으로 보였기 때문이다. 자의식이 강한 그리스도인 공동체는 레스터, 글로스터, 켄트 또는

---

[2] C. H. Fyfe, *A History of Sierra Leone* (London, 1962); J. Peterson, *Province of Freedom: A History of Sierra Leone 1787-1870* (London, 1969); A. F. Walls, "A Christian Experiment: The Early Sierra Leone Colony", *The Mission of the Church and the Propagation of the Faith, SCH* 6 (1970), pp. 107-129를 보라.

[3] A. T. Porter, *Creoledom* (London, 1963); L. Spitzer, *The Creoles of Sierra Leone: Response to Colonialism 1870-1945* (Madison, 1974)와 비교해 보라.

서섹스, 아니면 윌버포스, 배서스트, 워털루 또는 웰링턴이라는 마을들에 영국의 교구 교회처럼 보이는 건물들로 모여들었다. (웰링턴 마을에 있는 교회의 헌정 대상은 예상 외로 성 아서 웰링턴이다.) 그들은 할 수 있는 만큼 의도에 맞게 근사한 유럽식 복장을 했고, 유럽 양식의 영향을 받은 집에서 살았다. 그들은 또한 식자 공동체로서, 해를 거듭하면서 소년 소녀들을 위한 중등학교를 발전시켰고, 포우라베이 대학에 있는 고등교육기관에서는 1870년대에 문학과 신학 학위를 취득할 수 있었다.

이런 것들은 크리오 공동체도 아프리카인 공동체였다는 사실까지 숨겨 버렸던 것 같다. 그 공동체는 사실 할례와 같은 고유한 의식을 유지하고,[4] (비록 통상적으로 교회가 승인한 것은 아니지만) 여러 형태의 조상 숭배에 집착하며, 장례 관습과 공제 조합을 가족 간의 유대와 산송장 같은 아프리카적인 개념에 적응시킨 공동체였다.[5] 기독교를 크리오 공동체 방식으로 독특하게 표현하는 일이 생겼다. 교파에 상관없이 대부분의 교회들이 성공회의 예전을 사용했으며, 그 교회들은 또 감리교회의 속회 모임 같은 것도 받아들였다. 관찰자들이 크리오 문화나 교회가 영국 문화나 교회와 차이가 나는 것을 보았을 때, 그들은 그 차이라는 것이 무지에 기인한 결함이라고 보았다. 시간이 흐르고 좀 인내만 한다면 고칠 수 있다고 여긴 것이다. 예를 들면, 언어 문제를 들 수 있다. 영어가 시에라리온에서 행정, 교육, 예배의 언어가

---

4 같은 책, p. 85.
5 Peterson의 책, 특히 pp. 259-263; H. Sawyerr, "Traditional Sacrificial Rituals and Christian Worship", *SLBR* 2, 1 (1960), pp. 18-27; H. Sawyerr, "Graveside Libations in and Near Freetown", *SLBR* 7, 2 (1965), pp. 48-55와 비교해 보라. 또 S. Rowe, "Judas die don tidday", *SLBR* 7, 1 (1965), pp. 1-12와도 비교해 보라.

8. 검은 피부의 유럽인·흰 피부의 아프리카인

된 것은 어쩔 수 없는 일이었다. 그런데 새로운 공통어가 생기기 시작했다. 그 공통어는 영어를 비롯한 많은 다른 언어들에서 나온 낱말들을 포함하고 있었지만, 아프리카 언어임을 나타내는 구문 체계를 발전시켰다. 영국 사람들은 그 말을 듣고는, 잘못된 영어, 혹은 형편없는 영어, 심지어 (CMS의 중추인 독일인 선교사들에게 빈정거리는 투로) '독일식 영어'라고 불렀다. 그들은 그것이 영어의 어휘와 아프리카의 구문을 가진 새로운 언어라는 것을 생각조차 할 수 없었다. 그 결과, 모든 크리오족이 집에서는 크리오 말을 쓰지만, 지금까지 크리오 교회에서는 예전과 설교에 영어, 그것도 '훌륭한 영어'를 쓰고 있다.

크리오 교회는 다시 노예가 된 아프리카인들을 바탕으로 세워진 교회로, 결속되어 있던 사회에서 완벽하게 떠난 그들에게서 다시는 예전의 결속력을 찾을 수 없게 되었다. 이제 그들에게 있는 한 가지 정체성이라면, 새로운 정체성뿐이었다. 그래서 그들은 그들에게 열린 유일한 구체적인 대안을 취해, 기독교와 유럽 문명이라는 묶음을 받아들이고 그것들에 맞게 조정했다.[6]

그 아프리카인들과 동시대 유럽인들 모두 시에라리온에서와 같은 반응이 기독교에 대한 아프리카인들의 전형적인 반응일 수 있고, 또 그것이 마땅한 일이라고 생각한 것은 놀랄 일이 아니다. 다시 노예가 된 이들이 아프리카에서도 평범한 존재가 아니었음을 우리도 이제야 알 수 있으니, 1840년대의 관찰자들이 이 점을 알아채지 못한 것은 당연하다. 시에라리온을 비평하는 이들은 시에라리온이 유럽 양식을 어설프게 겨우 흉내만 내었다고 할지도 모른다. 좀더 우호적으로 바

---

6 A. F. Walls, "A Colonial Concordat: Two Views of Christianity and Civilization", D. Baker, *Church, Society and Politics*, SCH 12 (1975), pp. 293-302와 비교해 보라.

라보는 이들은 영어를 편하게 사용하며 어쩌면 더 종교적이고 더 도덕적이며 더 박식하다는 점에서만 유럽인들과 차이가 나는, 박식한 '검은 피부의 유럽인' 그리스도인, '검은 피부의 유럽인' 문명을 볼 수 있었다. 이것은 기회를 동등하게 준다면 아프리카인들도 다른 사람들처럼 '개선'될 수 있다는 선교사들의 주장에 대한 성공적인 실례였다. 새뮤얼 크라우더같이 위대하고 진지한 인물이, 흠 하나 없는 검은 성직자 복장을 하고 영국의 연단에 서서 빅토리아 여왕을 비롯한 청중에게 확신에 찬 연설을 하고, 아프리카의 무역에 관한 앨버트 왕자의 지적인 질문에 거침없이 대답했을 때, 사람들은 선교 사역 전체가 정당하다고 보았다. 아프리카에서의 선교 사역은 이와 같은 모습을 더 많이 만들어 내는 쪽으로 가야만 했다. 그때까지는 성과를 측정할 수 있는 유일한 표준이 유럽 문명이라는 것에 의문을 제기할 여지가 없었다. 아프리카의 사역자는 피부색만 빼고는, 영국의 목회자들과 다를 것이 없을 것이다. 아프리카의 사역자들도 영국의 사역자들과 같은 종류의 신학 훈련을 받았을 것이다. 따라서 그것은 그들을 지도하는 영국인 선교사들 대부분이 받았던 훈련보다 더 훌륭한 훈련이었을 것이다.[7] 시에라리온에서는 영국인 사역자들과 비등한 수준의 사역자들을 배출하기 시작했을 뿐 아니라[선교 현장과 이즐링톤 칼리지(런던 중심부에 있는 평생 교육기관―옮긴이)를 통해서 안수를 받은 다소 거친 전문 전도사(Catechist)들보다 아마도 조금은 더 나은 훈련을 받은], 문화와 안락을 추구하는 상인 계급도 배출했는데, 이들은 독실한 신앙심과

---

7   A. F. Walls, "Missionary Vocation and the Ministry: The First Generation", *New Testament Christianity for Africa and the World: Essays in Honour of Harry Sawyer*, ed. M. E. Glasswell and E. W. Fashole-Luke (London, 1974)와 비교해 보라. 이 책 12장에 게재되어 있다.

함께 상재(商才)를 과시할 수 있는 이들이었다. 실제로 시에라리온은 CMS 자체의 회원 수와 지도력에 영향을 미친 견고한 지지층을 배출하고 있었다. 그래서 프리타운에서 선교사를 교장으로 하는 중등학교를 시작했을 때, 거기에 건 기대는 성직자 하나를 교육하는 것 이상이었다. 이 학교에서는 성서의 역사, 영국사, 수학, 음악, 지리학 그리고 헬라어와 라틴어를 가르칠 예정이었다. 헬라어는 성직자 교육 내용의 일부였지만, 라틴어는 일반인의 요청으로 가능하게 되었다.[8] 시에라리온은 영국에서 기대하는 모든 것을 원했고, 그들은 원하는 바를 모두 얻었다.

마지막 사항이 의미심장하다. 유럽 개신교의 최고의 규범과 융합하는 것이 가장 옳은 길이라는 것은 그저 선교적 전제가 아니었다. 아프리카인들도 다른 사람들처럼 훌륭한 유럽인들이 될 수 있다는 것은 그저 선교적 의도가 아니었다. 크리오 문화 주창자의 의도도 동일했다. 19세기 후반에는 의식적으로 더 '아프리카적'인 형식을 찾으려 했다. 이는 19세기 중반에는 보기 힘든 일이었다. 일찍이 1830년에 [영국] 정부는 점차적으로 "모든 부서를…유색인으로" 채우겠다는 방침을 발표했다. 그래서 1840년대 초반에는 서아프리카에 있는 가장 중요한 영국 영토의 주지사, 법원장 및 다른 주요 관리들을 '유색인', 특히 아프리카계 서인도제도 출신자들로 채웠다.[9]

크리오 교회는 서아프리카 지역에서 기독교가 확산되는 데 헤아릴 수 없을 만큼 중요한 위치에 있었다. 우선 크리오 교회는 일반적으로 알고 있는 것보다 훨씬 많은 인력을 공급했다. 40년 동안 CMS만에

---

8   Fyfe, *Sierra Leone*, p. 237.
9   같은 책, pp. 178, 211, 220 및 229.

도 백 명이 넘는 목사들과 선교사들을 보냈고, 또 선교 현장에 이보다 훨씬 더 많은 수의 교사, 전도사(Catechist), 직공들을 보냈는데, 이들은 교육과 설교도 할 수 있는 이들이었다.[10] 그리고 이는 시에라리온에서 CMS의 니제르 선교에 모두 아프리카인들로 구성된 선교사를 보낼 정도가 되었을 때, 또 새뮤얼 크라우더가 그들의 주교가 되었을 때, 절정에 이른다. 그런 선교사들이 있다는 것은 시에라리온의 중요성을 나타내는 것이었고, 그 선교사들은 니제르 강 상류 수백 마일 떨어진 곳에 훈련 기관을 세우고, 그것을 복지 예비 학교(*Institutio Causa Preparandi*)라고 불렀다.[11]

그러나 시에라리온 선교사들이 중요하기는 하지만, 그들은 서아프리카 지역에 기독교가 확산되는 데 시에라리온이 미친 영향 가운데 일부에 지나지 않는다. 시에라리온 사람들은 사무원, 철도원, 기계공, 또 무엇보다도 무역상으로 영국 사람들이 침투했던 곳 어디에든, 아니 종종 그 이상으로 침투해 들어갔다. 그들은 가는 곳마다 성경책을 끼고, 찬송가를 불렀고, 가족들이 함께 기도했다. 20세기에 들어서서도 곳곳에서 아프리카인들이 기독교 신앙과 처음으로 접촉하게 된 것은, 시에라리온의 순례자나 이민자를 통해서였다. 아프리카 내지에 굳건한 교회를 세우는 일에 전환점이 된 요루바랜드 선교는, 무역상이 된 시에라리온 사람들이 주일 예배를 그리워해서 한때 그들이 노예로 잡혀 있었던 곳에서 수백 킬로미터나 떨어진 곳까지 돌아왔기

---

10 P. E. H. Hair, "Niger Languages and Sierra Leonean Missionary Linguists, 1840-1930", *Bulletin of the Society for African Church History* 2, 2 (London, 1966), pp. 127-138.

11 예를 들면, J. F. Ade Ajayi, *Christian Missions in Nigeria 1841-1891: The Making of a New Elite* (London, 1965)를 보라.

때문에 일어났다.[12]

당시 최고의 선교 이론은 기독교, 상업, 문명이 본질적으로 공존한다는 신념을 바탕으로 하고 있었다. 그것은 노예무역을 폐지하는 것이 기독교의 확산에 필수적이라는 신념—경험적 증거라는 유리한 점을 가진 듯한—이었다. 또 경제 제도인 노예무역은 경제 수단으로만 무력화시킬 수 있다는 신념이었다. 그래서 선교 이론과 경제 이론이 의도적으로 서로 얽히게 되었다. 상업이 발달하면 노예무역을 없애고 복음을 권하는 데 도움이 될 것이다. 그리고 그러한 복음을 전하는 사람들의 일은 그저 개인적인 회심자들을 불러내는 것만이 아니다. 그것은 CMS의 총무로 완벽한 복음주의자인 헨리 벤이 1868년에 선교사들에게 말한 대로 "모든 민족을 제자, 즉 그리스도인으로 만들어…모든 민족이 점점 기독교 신앙을 그들 민족의 신앙고백으로 삼게 하고, 그런 민족 교회들이 증가함에 따라 보편적 교회를 가득 차게 만드는"[13] 일이었다. 그런 비전을 가진 사람들에게는 시에라리온이야말로 산 위에 있는 등대였다.

19세기 마지막 25년 동안 선교 운동에 유례없는 가속화가 일어난 사실이 종종 주목을 받는다. 그러나 선교 일선에 투입된 이들은 열정 넘치는 젊은이 무리만이 아니었다. 새로운 유형의 선교사들도 있었다. 19세기 초반 영국이 배출한 표준 선교사들은 공식적인 학위가 거의 없는 무척이나 소박한 성품을 가지고 있었다. 반면 19세기 말엽

---

12 같은 책, p. 25 이하. 시에라리온 디아스포라에 대해서는 아직도 충분히 다루어지지 않았다. 요루바랜드의 '사로'(Saro, 남중부 말리의 마을 이름—옮긴이)의 실태와 중요성에 관해서는 J. H. Kopytoff, *A Preface to Modern Nigeria: the "Sierra Leonians" in Yorba 1830-1890* (Madison, Wisc., 1965)을 보라.
13 1868년 6월 30일에 있었던 교회 선교회 위원회의 지침. 이 연설은 W. Knight, *The Missionary Secretariat of Henry Venn* (London, 1880), p. 282 이하에 수록되어 있다.

에는 이튼스쿨(영국의 유명한 사립 중등학교 — 옮긴이)의 운동장에 복음의 승전보가 울려 퍼지고 있었다. 헌신의 양상과 신학의 영향력 또한 달랐다. 이들은 복음주의적 명령을 받았다고 느꼈는데, 그것은 개개인이 의사 결정을 하도록 복음을 제시하라고 요구하고, 또 하나님께 온전히 헌신하여 자기를 비우고 '제단 위에 모든 것을 내려놓으라고' 요구했다. 이들은 자기 부인의 윤리를 가지고 있었고, 믿기만 하면 죄악을 이기고 평안과 승리의 삶을 얻으리라는 교리를(케직 사경회와 관련이 있는) 견지했으며, 복음이 전 세계에 선포될 때 주님의 재림을 볼 것이라는 종말론을 견지하고 있었다.[14]

그런 동기를 지닌 사람들을 불러 모은 그 시대의 영향들은 아프리카 선교에 대한 혁명으로 이어졌다. 새 빗자루를 쥔 젊은이들이 전부 아프리카인으로 구성된 니제르 선교단을 휩쓸어 버리고 그 과정에서 크라우더에게 상처를 입힌 이야기가 가끔씩 전해진다. 그리고 지금은 자치 교회 이론을 버린 관점에서나, 아니면 앞선 시대의 좀더 관용적인 이론을 대신한 제국주의 시대의 인종차별주의적 전제를 가지고 그 이야기를 하는 것은 불충분하다.[15] 이 젊은이들을 선교사로 만든

14 그 배경에 대한 자세한 설명은 아직 나오지 않고 있지만, J. C. Pollock의 글(안타깝게도 증거 자료가 없다)에서 약간의 맛이나마 느낄 수 있다. *A Cambridge Movement* (London, 1953); *The Cambridge Seven* (London, 1955); *The Keswick Story* (London, 1964)와 비교해 보라. 또한 A. Porter, "Cambridge, Keswick and Late Nineteenth-century Attitudes to Africa", *JICH* 5, 1 (London, 1976), pp. 5-34를 보라.
15 여러 각도에서 해석한 것에 대해서는, P. Beyerhaus, *Die Selbstandigkeit der jungen Kirchen als missionarisches Problem* (Wuppertal, 1959), pp. 123-162; Ajayi, Chap. 8; J. B. Webster, *The African Churches among the Yoruba 1888-1922* (Oxford, 1964); P. E. H. Hair, *The Early Study of Nigerian Languages* (Cambridge, 1967), p. 60; G. O. M. Tasie, *Christianity in the Niger Delta 1864-1918*. 출간되지 않은 박사 논문(Aberdeen, 1969); G. O. M. Tasie, "The story of S. A. Crowther and the CMS Niger Mission Crisis of the 1880s: A Reassessment", *Ghana Bulletin of Theology* 4, 7 (London, 1974): pp. 47-60와 비교해 보라.

그 시대의 영향들은 서아프리카 선교가 그 동안 견지해 온 우선순위와 지난 한 세대 동안 사용해 온 선교 방법론 기저에 있던 전제들에 이의를 제기했다. 단순히 그러한 선교의 명백한 실수를 강조할 뿐 아니라, 그러한 선교의 성공에 대해서도 의문을 제기하는 방식으로 말이다.

우리는 바로 교회 안에 영적 생활이 결여되었다고 느낀다. 실제로 회심이라는 것을 아는 사람이 없으니, 세례를 받고자 할 때 이를 필수적으로 요구하지도 않는다. 사도신경, 주기도문, 십계명에 대한 쥐꼬리만큼의 지식만 있으면 세례를 받을 자격이 충분하다고 여겨 주었다. 이런 환경에서 교회가 순결하지 않고 속속들이 썩어 문드러졌다고 해도, 놀랄 일이 아니다.[16]

이것은 젊은 선교사 하나가 선교지에 도착한 지 얼마 안 되어 쓴 글이다. 마을과 군구(郡區)마다 술병이 산더미처럼 쌓여 있던 때였으므로(신랄한 비평가들이 지적하는 것처럼, 특히 기독교가 퍼진 지역에서 그런 일이 벌어졌다. 이슬람화된 지역에서는 그런 일이 훨씬 적었다) 기독교와 상업이 함께 이득을 보고 있는지는 더 이상 확실하지 않았다. 선교적 영감에 따른 경제 활동으로 방해를 받던 대서양 노예무역은 이제 없어졌다. 그러한 세속적인 활동을 뒷받침하는 선교 신학도 없었다. 오래된 제휴의 상징으로, 선교사들은 상품을 뭍에 내리는 배에 올라 강을 거

---

16 *Letters of Henry Hughes Dobinson* (London, 1899), p. 49 이하. 렙튼과 옥스퍼드 브레이지노스 칼리지의 Dobinson은 한두 달 전 영국의 목사보에서 그 선교단에 합류했다.

슬러 올라갔다.

우리가 탄 배에는 위스키나 진 같은 독주가 잔뜩 실려 있는데, 닿는 곳마다 약간씩 부려 놓는다. 아무도 원하는 사람이 없는 나라에 바다처럼 많은 양의 불결한 술을 날마다 퍼붓고 있으니, 이는 우리나라에 끔찍한 치욕이다.…[로얄 니제르] 회사(19세기 대영제국의 인가를 받은 식민회사로 영국의 상업적 이익을 대표하였다 - 옮긴이)는 영국 상품을 제외하고는 모든 상품에 무거운 세금을 물려서, 실질적으로 다른 나라들이 자기네 니제르 지사들에 독주를 공급하지 못하게 방해하고 있다. 그들은 자기네 회사 제품은 엄청난 양으로 처분하지만 그 일에서 아무런 문제도 생기지 않는, 서아프리카에서 유일한 회사다. 이 극악무도한 무역이 행해지는 것을 본다면 누구라도 자기 나라를 수치스럽게 여길 것이 틀림없다….[17]

그러나 새로 온 선교사들을 괴롭힌 것은, 로얄 니제르 회사와 진짜 괴물 같은 선교사, 백인 무역상들만이 아니었고, 심지어 이들이 핵심도 아니었다. 오히려 마음대로 살며 독주를 팔면서 찬송가를 흥얼거리는 시에라리온의 장사꾼들이거나 회사 직원들이 문제였다.

오니차(독주의 거래가 성행했던 서아프리카 동네)에서 우리는 문제에 맞닥뜨릴 것이다. 그곳에서는 몇몇 지도자 격의 교인이 대부분 독주 거래를 하고 있기 때문이다. 독주 운송을 방해하면 교회 사역을 완전히 망치

---

[17] 같은 책, p. 40.

게 될 것이라는 말이 니제르 강가에서 공공연하게 나돌고 있었다. 교회가 여기 독주 상자 위에 세워진 것이라면, 교회가 소멸되도록 내버려 두자. 그러나 교회가 반석 위에 세워진 것이라면, 넘어지지 않을 것이다. 우리가 썩어 문드러진 버팀목, 버팀벽과 싸워 그것을 넘어뜨릴 것이기 때문이다.[18]

그래서 젊은 선교사들은 적폐를 청산하고 교인 명단을 바로잡았다.
이 젊은 선교사 그룹은 혹평을 들었지만, 스스로를 비판하기도 했다.[19] 그래서 어떤 비난들은 면할 수 있었다. 그들은 자기들이 세운 원칙에서 벗어나지 않았으므로, 사람들은 그들을 거만하게 여겼다. 그들이 아프리카의 기존 제도를 함부로 다룬다고 비난하는 사람들은 적어도 제국주의의 냉혹함이나 유럽이 모든 면에서 아프리카를 능가한다는[20] 자동적인 우월감이 이 젊은이들의 태도를 결정하지 않았다는 것에 주목해야 한다. 젊은 선교사들은 그들이 소속된, 이름뿐인—

---

18 같은 책.
19 동료 선교사들보다 더 오래 살았던 Dobinson은(1897년 4월 아사바에서 '아프리카 열병'으로 죽었다), "하나님을 더 신뢰하고 아프리카인들을 더 신뢰하라"고 주장하며, "유럽인 선교사는 원주민 실행 직원을 자기 곁에 두고 적어도 한두 해 동안 도움을 받지 않는다면 쓸모가 없다"고 추론하게 되었고, "나는 브루크와 로빈슨의 시절에 내가 느꼈던 것보다, 그 깊이를 알 수 없는 거칠게 흐르는 강물 속에서 서두르고 있었을 때 느꼈던 것보다, 내가 서 있는 곳을 더 확실히 느끼고 있다"(같은 책, p. 166 이하)고 돌아보았다.
20 종종 이들의 대표로 지목받는 Graham Wilmont Brooke는 니제르 강 상류에 사는 사람들에 관한 생각을 보여 준다. "지적인 면에서는 우리와 대등하고, 예절 바르기로는 우리를 앞서고, 교육 면에서는 우리보다 못하다"(CMS Archives G 3A 3/04, December 23, 1890). 헤일리버리(Haileybury)와 "울위치를 위한 독서 모임"(reading for Woolwich)의 Brooke는 처음에는 어디에도 소속되지 않은 선교사로 일하다가, 1889년 새로 생긴 수단 선교단의 공동 대표직을 수락했다. Brooke는 목사 안수를 받지 않았으므로, 선교 사역에 뛰어든 많은 부자 청년들처럼 선교 단체로부터 급여를 받지 않았다. A. Porter, "Evangelical Enthusiasm, Missionary Motivation and West Africa in the Late 19th Century: The Career of G. W. Brooke", *JICH* 6 (1977)을 보라.

그러나 실제로는 얼마나 동떨어져 있는지!—기독교 단체에 대한 근본적인 비판(비록 개인주의적으로 표현하는 경우가 많았지만)을 드러냈다. 그리고 그들은 지금 그들과 함께 살고 있는 사람들의 삶에 동화되기를 바랐다. 사실상 "아무쪼록 몇 사람이라도 구원하고자" "여러 사람에게 여러 모습이" 되려 했다.

시에라리온에서 파송된 '검은 피부의 유럽인' 선교사들에 관한 그들의 유익한 비판들 가운데 하나는—일종의 오해에 근거한 것이었으므로 적지 않게 진지했다—그 선교사들이 토착민의 삶과 거리를 두었다는 것이었다.

> 아직까지 토착민들은 선교사 구역을 무척이나 성스러운 땅으로 여기고 있다. 토착민들은 그곳으로 들어올 구실이 없다. 우리는 그들이 이런 어리석은 생각을 타파해 버리기를 바란다.[21]

이것은 그들의 선교 방법에서는 없어서는 안 될 것이었다. 그들이 속한 기독교적 삶의 전통에서는 날마다 성별된 삶을 증거하는 것을 강조했다. 케임브리지 대학교에서든 오니차에서든, 사람들은 단순히 설교를 통해서뿐만이 아니라 생활 태도를 보고 영향을 받을 것이다. 만약에 '검은 피부의 유럽인' 성직자가 유럽식 가옥에 숨어 있다면, 이것 또한 그들의 '세속적인' 생활 모습을 보여 주는 또 다른 증거가 될 것이다.

21　Dobinson, p. 39.

우리가 듣기로, 성직자들은 도움을 청하러 오는 사람들에 대해 전혀 모르고, 그 사람들이 가까이 와서 **자기들의 삶을 들여다보는 것**을 두려워한다.²²

사실상 기독교와 상업 활동과 문명이 절정기였을 때 초기 선교사들이 서양식 가옥을 소개하고 아프리카 내륙에 기독교 구역을 개발한 것을 보면, 이것 역시 복음이 가져다주는 이점을 과시하려는 의도였다. 창틀과 가정 예배 둘 다 여기에 제몫을 했다.²³

만약에 시에라리온 사람들이 유럽식 복장을 하고 있었다면, 새로 온 젊은 선교사들은 그들이 받아들인 원칙에 따라 아프리카인처럼 보이고 싶어 했을 것이다. 허드슨 테일러(James Hudson Taylor, 1832-1905, 영국 개신교 선교사, 내지선교회를 만들고 51년간 중국에서 선교 활동을 했다-옮긴이)와 중국내지선교회(China Inland Mission)의 영향을 받아서 "여러 사람에게 여러 모습이" 되는 것을 복장에 적용했다.²⁴ 젊은 선교사들은 하우사 지역(니제르 강과 차드 호수 사이에 산재한 작은 추장국들의 총칭-옮긴이)으로 들어갈 때에는 토브(tobe)를 입었고, 이슬람 교사를 가리키는 말람(mallam)이라는 호칭을 받아들였다. 그들은 하우

---

22 같은 책, p. 40 (저자 강조).
23 Ajayi, 5장과 비교해 보라.
24 그래서 몇 해 앞서, '캠브리지 7인'(1885년 중국에 선교사로 가기로 결심한 케임브리지 대학교 일곱 명의 학생들: Charles Thomas Studd, Montagu Harry Proctor Beauchamp, Stanley P. Smith, Arthur T. Polhill-Turner, Dixon Edward Hoste, Cecil H. Polhill-Turner, William Wharton Cassels-옮긴이)에게 있었던 일이다. "나는 우리들이 기괴한 모습으로 변한 것을 보고 하루 내내 웃고 있을 수밖에 없다. Stanley, Monty, A.P.-T는 중국인으로 변신했다. 우리는 오늘 아침에 중국옷을 걸치고, 여기에 어울리게 변발을 했다.…Monty, Stanley와 나는 중국인치고는 덩치가 컸다. 이것 때문에 우리는 사람들의 눈에 잘 띄었다"[C. T. Studd, N. P. Grubb, *C. T. Studd* (London, 1933), p. 55에서 인용].

사 지역의 복장, 음식, 가옥을 유럽인들의 건강에 심각한 위험 요소 없이 받아들일 수 있었다고 적어 놓았다.

그래서 생활 조건을 보자면 그리스도의 종이 그들 가운데서 똑같이 살 수 있었다. 그들처럼 옷을 입고 예절도 지키며 하루 내내 그들과 함께 지내면서 그들 생활의 속 모습, 관심사, 또 필요들이 무엇인지 배우면서 말이다. 또 그들에게 매시간 몸소 그들 가운데서 그들과 같은 집에서 사시는, 내주하시는 그리스도의 영향력을 보여 주면서 말이다.[25]

어쨌든 이슬람화가 된 지 얼마 안 된 지역에서 토브가 급증하는 이 슬람의 상징이었다는 것을 생각해 보면, 이 모든 상황에는 약간의 아이러니가 있었다. 또 그리스도인 말람의 지위라는 것도 무척 불편한 것이었다. 사람들은 젊은 선교사들이 그러한 신분에 어울리는 사람들처럼 선물을 주리라 기대하고 있었다. 아프리카인 선교사들은 겉모습은 유럽인들처럼 하고 있어도, 그 관습은 알고 있었다. 그러나 '영적인 무기'와 자기 부인이라는 자기들의 윤리를 고집한 새로 온 선교사들은 구두쇠로 치부되었다.[26]

아프리카인 성직자들이 서양인들처럼 사는 것을 노골적으로 추천하고 몸소 실천하는 사이에, 젊은 선교사들은 달리 행동했다.

---

25 *CMS Sudan Mission Leaflet* No. 1 (January, 1890).
26 A. C. Owoh, *CMS Missions, Muslim Societies and European Trade in Northern Nigeria, 1857-1900*. 출간되지 않은 신학 석사 논문(Aberdeen, 1971), p. 297 이하와 비교해 보라. Owoh는 또한, 백인 말람들이 무슬림 말람들처럼, 성경 구절을 적어 달라는 요청을 받았을 때의 어려움을 말하고 있다(쿠란의 구절들은 부적으로 사용되는 경우가 많았다). 문제는 선교사들이 성경 구절을 적어 주면서 아무런 대가도 받지 않아서 시장을 교란시켰다는 사실에서 야기되었다.

우리는 이교도들에게 문명이나 문명화된 강국들을 내세우는 것을 조심스레 삼가고 있다. 또 만약 이교도들이 문명을 극찬하고 있다면, 우리는 그들에게 하늘 아래 있는 것들에 절대로 연연해서는 안 된다고 말한다.[27]

아프리카인 성직자들이 영국 시민권을 받는 것을 자랑스레 여기는 사이에, 새로 온 젊은 선교사들은 영국의 보호를 끊어 버렸다. 그 선교사들도, 이슬람으로부터 변절하라고 유인하고 싶어 한 그들과 같은 위험에 처해 있던 것이 분명하다.

그들에게나 회심자들에게나 동원할 수 있는 무력행사 등으로 강요하거나 협박해서는 안 되었다.[28]

기독교와 상업의 동맹은 끝났다. 로얄 니제르 회사는 정평 난 무신론자 조지 골디 경(Sir George Goldie, 1846-1925, 나이지리아 건국에 중요한 역할을 한 식민 행정가―옮긴이)의 손아귀에 있었는데, 그는 호전적인 이슬람을 선동할 만한 수단 측의 잠재력을 두려워하고 있었다.[29] 크라우더가 오랫동안 견지해 오던 토착민 지도자들을 조심스럽게 다루는 외교 정책도 마찬가지로 새로운 방향으로 선회하게 되었다.

---

27 CMS Sudan Mission Leaflet No. 18 (February, 1891).
28 CMS Sudan Mission Leaflet No. 1 (January, 1890).
29 Goldie에 관해서는, J. E. Flint, *Sir George Goldie and the Making of Nigeria* (London, 1960)를 보라. 1889년 7월 22일자, 1889년 8월 9일자 편지에 그의 불안한 심리가 나타나 있으며, 이는 1889년 10월 29일에 열린 CMS 위원회 회의록에 첨부되어 있다. 한편 Brooke 또한 CMS 위원회가 로얄 니제르 회사와 협약을 맺고 그와 타협할까 봐 불안해했다(같은 책, 1889년 9월 16일자 편지). 위원회는 그것에 관한 강요나 협박은 하지 않기로 결의했다(회의록, 1889년 2월 9일).

우리의 경험으로 보자면 이 분야에서 영향력을 끼칠 가치가 없다. 왜냐하면 신실한 태도를 회복하는 순간, 모래로 만든 밧줄처럼 갈라지기 때문이다.[30]

동기와 방법에서 급격한 변화가 일어났기 때문에, 성공회에 충성하느냐 복음주의에 충성하느냐의 문제로 전혀 흔들리지 않았던 한 선교 단체의 유일한 분야를 드러낼 수 있었다.

---

30 CMS Sudan Mission Leaflet No. 18 (February, 1891). Owoh, p. 284이하와 비교해 보라.

9 • 아프리카 독립 교회의 도전[1]

우리는 이제 겨우 아프리카 기독교의 복잡성을 이해하기 시작했을 뿐이다. 20년 전(1960년 전후-옮긴이) 사람들은 '종파'의 활동에 대해 불평하는 선교사들과 목사들은 볼 수 있었지만, 아프리카 독립 교회는 일반적으로 관심의 대상이 아니었다. 벵그트 선드클러(Bengt Sundkler)가 쓴 『남아프리카공화국의 반투 예언자들』(*Bantu Prophets in South Africa*, 1948년, 개정 1961년) 그리고 한두 편의 지역 연구서(특히 Efraim Andersson, *Messianic Movements on the Lower Congo*)가 전부였다. 용어도 아주 불분명해서, '메시아'(messianic), '분리주의자'(separatist), '천년왕국'(millennial), '종교혼합주의'(syncretistic), '예언'(prophetic) 같은 단어들을 정말로 서로 바꾸어 쓸 수 있는 것처럼 아무렇게나 사용했다. 실제로 선드클러의 책의 뛰어난 점은 '시온주의자' 운동과 그가 '에티오피아' 운동이라 불렀던 것을 구분했다는 것이다. 10년이 지나자 상황이 변했다. 한편에서는 '주님의 교회'(Aladura)에 관한 H. W. 터너(Turner)의 두 권의 책(*History of an African Independent Church*

---

[1] *The Occasional Bulletin of Missionary Research* 3 (April 1979): pp. 48-51에 처음 출판되었다.

와 *African Independent Church*, 1967)이, 이 운동들 가운데 하나에 대하여 총체적이며 호의적인 설명을 했다. 그뿐 아니라 그 과정에서 어떤 아프리카인 그리스도인 집단의 생활과 예배에 관해 여태까지 발간된 어떤 자료들보다 가장 자세한 설명을 했다. 부분적으로는 그의 영향으로, 또 국제 선교 협의회의 연구(V. E. W. Hayward, ed., *African Independent Church Movements*, 1963)에 힘입어 용어가 엄격해지고 있었다. '독립 교회'라는 말은 이제 '기존 교회'(예를 들어, 선교적 관계를 유지했던 교회)와 대비되어, 또렷하게 기독교적이라 할 수 있는 새로운 운동을 일컫는 용어로 널리 쓰이게 되었다. 또 선드클러가 일찍이 '에티오피아' 운동과 '시온주의자' 운동을 구분해서(남아프리카공화국만을 위한 것이었다) '예언자-치유' 운동을 하나의 범주로 사용하게 됨으로써 더 예리하고 더 널리 적용되었다. 더 이상 이 주제를 소수만의 관심사라고 말할 수 없게 된 것이다. 홍수처럼 많은 논문들이 쏟아졌으므로, '독립' 교회라는 범주 안에 넣을 수 없는 아프리카 기독교의 견고한 집단이 무시될지도 모를 실제적 위험이 도사리고 있었다. 국민의 정체성을 담아내는 수단이라는 이러한 운동들의 의미 때문에 일부 학생들은 흥분했다. 또 오래된 종교와의 가교라는 이러한 운동들의 의미 때문에 매력을 느끼는 이들도 있었다. '선교학적' 관심을 가진 관찰자들 가운데서, 눈에 띄는 태도 변화가 생겼다. 이는 마리-루이스 마틴(Marie-Louise Martin)이 쓴 강경 노선의 『메시아 신앙의 성서적 개념과 남아프리카의 메시아 신앙』(*Biblical Concept of Messianism and Messianism in Southern Africa*, 1964)과 『콩고에서의 예언적 기독교』(*Prophetic Christianity in the Congo*, 1968) 그리고 나중에 그녀가 쓴 『킴방구』(*Kimbangu*, 1975)를 비교해 보아도 알 수 있다. D. B. 배럿

(Barrett)은 아프리카 대륙 전역에 걸친 조사[(『아프리카에서의 교파 분열과 갱신』(Schism and Renewal in Africa, 1968)]를 통해, 한편으로는 새로운 운동들의 모습을 과학적으로 예측할 수도 있는 변수표를 만들어 냈고, 다른 한편으로는 (일반적으로 선교사들의) '사랑의 실패'라는 견지에서 많은 운동들을 종교적-신학적으로 설명했다.[2]
이제 우리는 먼저 '전체 종교사에서 이 운동들이 어떤 위치에 있는가?' 하는 문제와, 다음으로 '이 운동들이 아프리카 기독교에서 어떤 위치에 있는가?' 하는 문제를 생각해야만 하는 새로운 상황에 와 있다. 터너는 이 두 가지 연구에서 개척자였다. 비록 그 일련의 연구서들은 그가 아프리카에 낸 기부금보다 덜 주목을 받았지만, 그는 그 연구서들을 통해 독립 교회 운동을 포함한 아프리카에서 일어난 새로운 종교 운동들이 다른 곳, 곧 남북아메리카와 오세아니아, 아시아의 몇 지역, 심지어 유럽의 몇 군데에서도 일어났다는 것을 보여 주었다. 그는 조심스레 선을 그어 이 종교 운동을 정의하였다. 이 종교 운동들은 "한 부족 사회 및 그 부족의 종교가 고등 문화 및 그 주요 종교와 상호작용을 하면서 생긴 역사적으로 새로운 진전이다. 거부당한 전통들을 다른 종교 체계와 접목시켜 관련된 두 문화의 고전적인 종교 전통과는 상당히 거리를 둠으로써 회복을 도모한 것이다"[『브리태니커 백과사전』(Encyclopaedia Britannica, 1975), "Tribal Religious Move-

---

[2] "그러므로 모든 독립 교회 운동이 전개된 공통된 근본 원인은 감성 면에서 일어난 이러한 유일한 실패에서 찾을 수 있다. 이것은 아프리카 기독교의 한 작은 지점에 생긴 실패로, 그들과 동등한 다른 사람들을 향한 감성적인 이해라는, 성경에서 말하는 사랑이라는 개념의 완전성을 보여 주려 한 선교사들이 야기했다. 또한 아프리카인들이 자기네 말로 번역된 성경을 통해 이러한 실패의 파국적인 면에 관해 인식하기 시작하면서 비롯된 것이다"[D. B. Barrett, Schism and Renewal in Africa (London: Oxford University Press, 1968), pp. 269-270].

ments, New"]. 터너는 애버딘 대학교 종교학과에서 시행된 '원시사회들에서 일어난 새로운 종교 운동 연구 프로젝트'를 통해 그러한 운동들 수천 개를 밝혀냈다. 이 작업이 나중에 버밍엄의 셀리 오크 대학에 설치된 '새로운 종교 운동 연구 센터'의 핵심이 된다.

그러나 원시사회들에서 일어난 새로운 종교 운동 현상의 범세계적인 성격 때문에, 새로운 종교 운동의 여러 형태 중 일부를 대표하는 독립 교회와 다른 형태의 아프리카 기독교 사이의 차이가 과장될 수 있다는 사실을 외면해서는 안 된다. 다시 한 번 터너가 내린 정의를 음미할 가치가 있다. [새로운 종교 운동이란] 한쪽 편에 있는 "한 부족 사회 및 그 부족의 종교가" 다른 한쪽에 있는 침략 문화 및 그 종교와 "상호작용을 하면서 생긴 역사적으로 새로운 진전"으로, 두 문화의 종교 전통에서 상당히 이탈하게 되고, 거부당한 전통들을 새로운 것과 접목시킨다. 이는 기독교 신앙이 문화의 벽을 넘어 제대로 이식될 때마다 반드시 겪게 되는 일이다. 그것이 집처럼 완벽하게 편안한 것이 되었다면, 공동체적 삶이 산산조각 난 모습을 띤 빌려온 직물을 잘 고쳤다면, 그저 충분히 소화되지 않은 '외래물'이 아니라면, 그것은 옛것과 새것을 접목시킨 '새로운 종교 운동'일 가능성이 높다. 이것이 맞다면, '독립 교회'와 '기존' 교회 사이의 구별은 별 소용이 없는 일일지도 모른다. 또한 교회사의 측면에서 볼 때, '역사적으로 새로운' 운동이 '질적인 면에서 새로운' 운동이 아니라, 기독교 역사의 다른 부분에서 확인할 수 있는 '기존 종교 운동'을 새롭게 표현한 것은 아닌지 의심의 눈으로 볼 수도 있다.

교회와 종교 운동

다시 한 번 '새로운 종교 운동'은 '독립 교회'보다 더 넓은 뜻을 가진 용어라는 점을 지적해야겠다. 종교 운동들 가운데 일부는 근본적으로 기존 종교에서 일어난 갱신 운동이거나 교정 운동이다. 또 한두 개의 종교 운동은 지식인들의 지원을 받아 낭만적으로 묘사된 전통을 개념화한 것이기도 하고, '지적'인 전통 종교를 달리 표현한 것이기도 하다. 어떤 사람들은 그런 운동을 심지어 '교회'라고도 부른다. 반면 대다수는 터너가 '히브리 전통 신봉자'라 부르는 것으로, 이들은 기존 종교에서 핵심으로 여기는 면에서는 분명하고 의식적으로 결별하면서도, 그리스도는 없지만 자기신들이 기독교라 여겨질 수 있는 여지를 자신들의 체계 안에 둔다. 또 몇몇 종교 운동은 다른 주요 종교와 같은 것으로 발전하기도 했다. 예를 들면, 우간다의 바유다야 (Bayudaya, 1917년 세메이 카쿤굴루가 이스라엘 자손은 아니지만 자기들을 유대인이라고 생각하고 유대교를 실천하기 위해 세운 종교 집단—옮긴이) 같은 것을 들 수 있다. 이들은 선교사들이 전한 기독교에서 시작해 '히브리 전통 신봉자' 운동을 거쳐 외형상 유대교 형태를 갖추었다. 사실, 움직임이 운동의 본질임을 기억하는 것이 중요하다. 역사를 보면 무수한 종교 운동들이 정통 기독교의 주장을 따르기도 하고 벗어나기도 하면서 발전했음을 알 수 있다.

여기서는 기독교 신앙이나 실천을 조직화한 표현 방식인, 교회가 된 종교 운동들만 다루기로 한다. 그렇게 시작되었느냐 아니냐는 상관없다. 이와 동시에 교회라고는 주장하지 않으면서도 교회의 특징들을 가지고 있는 '병행 교회'(Para-churches) 운동을 따로 분류하는 것이 현명하다. 많은 수의 중요한 독립 교회들이 이러한 모양새로 시작했다. 즉 새로운 교회를 세워야겠다는 의식적인 바람은 없었지만, 기존 교회 안에서 어떤 모임이나 운동을 하겠다는 마음을 갖고 있었다. 나이지리아 서부의 알라두라 교회는 '보석 협회'(Precious Stone Society)로부터 시작되었다. 이 협회는 유아 세례에 관한 회원들의 견해 때문에 교회 당국이 어떤 조치를 취하기 전까지는 성공회 내에 있었다. 한편 시에라리온의 '마사 데이비스 비밀 자선 연합회'(Martha Davies Confidential and Benevolent Association)는 그 화려한 역사를 거쳐 오는 내내 그 형태를 그대로 유지하고 있으며, 자기들 소유의 건물도 갖고 있지만, 프리타운 교회들을 대신하는 것이 아니라 그 부속 기관으로 남아 있다. 레소토의 '케레케 에아 모세쇼'(Kereke ea Mosheshoe)는 아마도 과도기적인 형태로, 별도의 교회가 되는 과정 중에 있는 (잘 정착한) 종교 운동이다. 한편 자이르의 킴방구주의의 복잡한 역사에는 거대한 교회인 킴방구 교회(EJCSK)의 역사가 담겨 있다. 킴방구 교회는 몇 개의 작은 교회들과 더불어 훨씬 더 다양한 응군지스트 운동(Ngunzist movement)에서 비롯되었고, 마침내 단일한 법적 단체로서 정당성을 주장하게 되었다. 물론 서양 기독교 역사에서 이와 같은 각각의 상황에 비견되는 예들을 찾기는 그다지 어려운 일이 아니다. 감리교회와 구세군의 역사가 바로 떠오른다. 당시 둘 다 아프리카 독립 교회가 당했던 것만큼이나 대대적으로 성직자들에게 학대를 받았다.

용어의 문제

지난날 뒤죽박죽으로 쓰던 것들을 정리해 그 뜻을 분명히 함으로써 도움을 주었던 용인된 용어들도 지금은 새로운 부담에 직면한다.

첫째, '독립' 교회란 무슨 뜻인가? 오늘날 대부분의 아프리카 교회는 아프리카인들이 주도하고, 그 사역 대상도 아프리카인들이 압도적으로 많으며, 선교사들의 지시도 최소한이라는 의미에서 독립적이다. 그러므로 아마도 백인들이 정착한 나라들의 경우를 제외한다면, 더 이상 '에티오피아' 분리 교회라고 부를 명백한 이유가 있을 것 같지 않다. 사실상 지금 모든 아프리카 교회가 '에티오피아' 분리 교회이기 때문이다. 오래된 예로, 요루바랜드의 소위 '아프리카' 교회들(아프리카 토착 연합 교회, 토착 침례교회 등)의 삶은 실제로 그 교회들이 뿌리를 두고 있는 '주류' 교회들의 삶과 구분할 수 없다. 그 종교 운동들은 역사적인 의미에서만 '새로운 종교 운동'일 뿐, 질적인 의미에서는 더 이상 그렇지 않다. (물론 에티오피아 교회의 동기는 분리나 심지어 인종이나 집단을 기반으로 한 분리가 아니다. 그러나 이것은 별개의 문제다.)

둘째, '독립'이라는 용어 때문에, (모두는 아니지만) 많은 '독립' 교회들이 의식적으로 선교의 유산을 유지하고 있다는 사실을 흐려서는 안 된다. 독립 교회들도 보통 '기존' 교회들만큼이나 온전히 '선교가 낳은' 교회들이다. 어떤 독립 교회들은 심지어 존재 이유가 특정 형태의 선교의 전통에 충성하는 것이라는 주장을 펼치고 있다.

다시 말하지만, 시간이 지남에 따라 이제 상당한 연륜을 가진 독립 교회들이 있다. 1916-1930년 사이에 일어난 엄청난 종교적 발전에 뿌리를 두고 있는 많은 '독립' 교회들은 이제 많은 '기존' 교회들보다 사실상 더 오래되었다. 그러나 어떤 독립 교회들은 겨우 지난 몇 년 사이에 선교사들의 관리를 벗어나서 실질적인 독립을 성취하였다.

상황의 변화

현재의 상황이 '기존' 교회와 '독립' 교회 사이의 질적인 간격을 더 좁히는 데 도움을 준다.

서양의 문화적 규범에 완전히 동화되기를 동경하던 시대는 이제 지나갔다. 그 한 가지 결과는 이전 시대에는 '원시주의'와 어떤 형태로든 관련되는 것에 당황스러워했을 식민지 지식인들(*évolués*)과 지성인들이 독립 교회들에, 또는 그것이 상징하는 바에 매료되는 일이 많아진 것이다. 일부는 이러한 이유 때문에, 또 일부는 더 오래된 독립 교회들에서 일어난 '은사의 일상화'로 인해, 독립 교회의 지지층이 바뀌고 있다. 어떤 독립 교회들은 유명한 기존 교회들의 노선을 따라 제도화되면서 발전하고 있다.

더 나아가서 '기존' 교회의 젊은 지도자들은 아프리카의 정체성을 추구하며, 또 그 추구의 결과로 제기되는 아프리카의 과거 전통과 현재 아프리카 기독교와의 연속성에 관한 질문에 대한 훈련을 받고 있다. 어떤 지도자들은 주류에 속하는 몇몇 교회들보다 독립 교회들이 그러한 연속성을 반영하거나 유지하는 일을 더 잘하고 있는 모습에 공감과 경의를 표하고 있다.

성경과 예전

그러나 '독립' 교회와 '기존' 교회 사이의 차이를 줄이는 역할을 하는 가장 타당한 요소는, 동일한 일반적인 문화 상황 속에서 성경과 예전을 공유한다는 것이다.

사실상 예전은 많은 아프리카 독립 교회들의 두드러진 특징은 아니었다. 그러나 아프리카 기독교 전체에서도 두드러지지 않는다는 말도 맞다. 이것은 가톨릭이든 개신교든 선교사들이 세운 교회들이 그들 나라의 관례를 고집한 데서 나온 결과이기도 하고, 또 신부나 목사만이 집례를 하도록 허용함으로써 대부분의 아프리카 그리스도인들이 주기적으로 경험한 것보다 성찬 예배를 더 자주 드리기에는 성직자들의 수가 충분하지 못한 데서 빚어진 결과이기도 하다. 몇몇 지역에서는 그 지역의 결혼 관습과 충돌하면서 교회가 규율을 정해 회중 가운데 소수 집단,³ 종종 나이가 더 많은 소수에게 성찬을 베풀도록 제한했다. 독립 교회들이 성례전과 사도신경을 교회의 일부나 전통의 일부로는 여기지만, 신앙생활의 핵심으로 여길 만큼은 아니라는 사실은 놀랍지 않다. 자이르의 킴방구 교회는 실제로 여러 해 동안 냉동 창고에서 성찬식을 가진 다음, 그곳을 아주 엄숙하게 꾸미고 여러 요소를 현지화했다. 그러나 아프리카 사회에서 오랫동안 두드러진 것이라고 할 수 있는 공동 식사는 성찬식과는 별개로 발전했다. 예를 들면, 남아프리카공화국 시온주의자들은 부활절 아침이 되면 기쁜 마음으로 사순절 동안의 금식을 끝내지만, 거기에 빵과 포도주나 관례적인 말씀은 없을 것이다. 성찬이 아프리카에 도입되었을 때 공동 식사라는 면이 강조되지 않아서, 기존 교회와 독립 교회 모두 기독교식의 공동 식사는 성찬 없이 계속 발전되었다.

---

3   참고. J. V. Taylor가 어떤 성공회 선교 지역에 관해 한 말이다. "기도서에 '자유분방하고 악명 높은 난봉꾼'을 제외시키는 것에 관련하여 붉은 글씨로 적힌 전례 규정은 교회 내 유부남의 87퍼센트, 유부녀의 약 80퍼센트에게 적용된다. 이는 교인들의 거의 전부가 자기네들이 한 행동에 조금도 '마음이 상하지' 않는다는 사실에 전혀 개의치 않는다" [*The Growth of the Church in Buganda* (London: SCM, 1958), p. 244].

그러나 아프리카 기독교가 경험한 것의 중심에는 성경이 있다. 독립 교회들은 무엇보다도 극단적인 성서주의라는 특징을 보였다. 용기 있는 그리스도인은 실제로 성경이 말하는 대로 살아야 한다고 주장하는 것이다. 카리스마를 가진 사람이 자유로운 성령의 인도를 받아 말씀을 선포할 때 말씀이 심지어 가시적으로 임재한다. 그 가시적인 임재는, 심지어 성경을 간신히 읽을 수 있는 집단들 가운데서 더 활발하게 나타난다. 또 글을 모름에도 특별히 성령에 감화된 사람들 여럿이서 성경을 정확하게 상황에 맞게 인용할 수 있음을 과시하고 싶어 한다. 어떤 점에서 독립 교회들 가운데 있는 극단적인 성서주의자들을 서양 기독교 역사에 나타난 재세례파 교인들과 비교해 볼 수 있다. 야생 변종인 것도 같고, '하나님의 백성'으로서 강한 응집력을 보이는 것도 같고, 또 성경을 들은 대로 따라야만 한다고 고집하는 것도 같다.

독립 교회들이 이처럼 성경을 중심으로 삼은 것이 그들을 '보편화' 해 주는 중요한 요소가 되어 온 것 같다. 성경은 그들에게 준거 틀(따라서 잠재적인 변화의 원천)과 다른 교회들과의 공통된 기반을 마련해 주었다. 아프리카 기독교는 처음부터 성경에 기초한 종교였다. 독립 교회들과 다른 교회들 사이를 잇는 가장 효과적인 다리는 성경의 가르침을 공유하고 있는 영역에 놓을 수 있다. 과연 재세례파를 계승한 메노파가 이 점에서 두드러진 것은 우연의 일치라고 할 수 있을까? 어찌 되었든 이 점에서 독립 교회들은 어떤 형태로든 아프리카 기독교라면 공통적으로 가지고 있는 특징을 강화시켰다.

근본적인 차이점

그렇다면 독립 교회와 기존 교회의 근본적인 차이는 어디에 있는가? 사람들에게 그 차이를 규명해 보라고 하면, 독립 교회들이 가진 외형적 특징들을 떠올린다. 여기에서는 그것들 가운데서 몇 가지를 무작위로 골라서, 이것들이 아프리카 기독교의 일반적인 특성과 얼마나 차이가 있는지 질문할 것이다.

계시의 또 다른 원천

독립 교회들의 두두러진 특징들 가운데 하나는 성경 이외에 다른 계시의 수단을 사용한다는 것이다. 사실 그런 수단들이 매력적인 까닭 가운데 하나는 계시를 구하는 사람에게 직접 인격적인 '하나님의 말씀'이 닿을 수 있다는 점 때문이다. 이것의 배경으로는 두 가지 요소를 들 수 있다. 토착 문화에서 영매를 통해 최면을 사용하는 것과, 신약성경에 나타난 은사 가운데 있는 예언과 계시가 그것이다.

그러나 몇몇 교회에 주어진 '계시'를 연구한 결과, 그 계시들이 생각했던 것보다는 교회의 삶에 필수 불가결하지 않다고 한다. 황홀경 가운데 듣기도 하고, 모래 바닥에서 구른 다음에 받기도 하고, 의식을 고양하는 기술을 쓰는데도 불구하고(그리고 결국 구약성경의 예언자들도 때때로 그 목적을 위해 기술을 구사하지 않았는가? 참고. 왕하 3:15), 거의 모든 계시가 형식적이고 판에 박힌 듯했다.

계시의 원천에 관한 논란은 기독교 역사에서 늘 있는 일이었다. 실제로 '자구(字句)에 얽매이는 것'과 '영에 얽매이는 것' 사이의 간격은, 사람들이 그 주제에 관한 혹평만 듣고 짐작하는 것보다는 훨씬 좁았다. 영매의 역할이 또 다른 문화로 확고히 자리 잡은 4세기 초 프리기아 지역(Phrygia, 옛날 소아시아 중서부에 있던 작은 왕국 - 옮긴이)은 몬타누스주의(Montanism, 2세기 초에 일어난 기독교 운동으로 교회가 니케아 신조를 수용하기 전에 로마제국 전역에 퍼졌고 오늘날의 오순절 교회 운동과 맥을 같이한다 - 옮긴이)안에서 토착적인 형태의 기독교를 발전시켰는데, 이때 정통 교회는 몬타누스와 그를 따르던 여자 예언자들을 맹렬히 비난했다. 그러나 그들도 같은 성경을 사용하고 있음을 마지못해 인정할 수밖에 없었다. 또 이제 우리가 '새로운 예언'의 결과로 무슨 일이 일어났는지 알려고 해도, 일종의 과도한 금식이 관행적으로 행해진 것 말고는 몬타누스주의자들에 대한 비난에서 어떤 극적인 요소도 찾을 수 없다.

꿈과 관련해서는 독립 교회에서 그것이 두드러지게 나타난다. 꿈을 해석하는 것은 아프리카 사회에서는 주로 숙달된 사람에게 요구된다. 그러나 선드클러 주교가 보여 주는 것처럼,[4] 꿈이란 주류 교회에서도 중요한 요소다. 무수히 많은 신부들이나 목사들은 꿈속에서 먼저 자신들이 전통에 따라 성직자의 옷을 입고 제단이나 강단 앞에 선 것을 보고 자신들에게 소명이 있다는 것을 깨닫는다. 또 독립 교회에서는 이러한 직접적인 형태의 계시에 이의를 제기하는 사람들에게 요셉이나 다니엘의 이야기, 또는 성경의 다른 예들을 가리켜 보여 준다.

---

4   B. G. M. Sundkler, *The Christian Ministry in Africa* (London: SCM, 1960), pp. 25-31.

결혼 문제

보통 독립 교회 교인들은 결혼 문제에서 더 엄격한 교리를 가진 기존 교회를 피해서 나온 사람들이라고들 하지만, 이것을 증명하기란 쉽지 않다. 사실상 어떤 독립 교회들, 특히 킴방구 교회에서는, 일부일처제를 어떤 교회보다 엄격하게 가르치고 있다. 따라서 일부러 일부다처제를 장려하는 경우는 거의 없다. 이 문제를 행동강령의 맨 위에 올려놓지도 않는다. 독립 교회들은 아프리카인들의 결혼 생활의 현실을 있는 그대로 받아들인다. 자녀가 없는 것과 그 이유에 대해서는 대부분의 부부들이 마음속으로 중요하게 생각할 것이다. 오늘날 기존 교회들도 변화하는 경제 환경 속에서 자신들의 교리를 재검토하고 있다. 결혼 문제는 아마도 교회들 사이에 메울 수 없는 간격으로 오래 남아 있지는 않을 것 같다.

치유

아프리카 전통에서 치유는 종교적 상황에서 행해지는 것이 상례다. 의료 선교사들이 활발해진 시기와 그들이 사용한 방법은 (대부분의 지역에서) 치유에 관한 기존의 신앙을 새로운 신앙으로 원만하게 바꾸는 일을 어렵게 만들었다. 이치에 맞게 이 둘을 연결시킨 것이 바로 독립 교회들이었다. 만약에 그리스도인이 그리스도를 믿고 전통적인 신들에게 간구하지 않아야 한다면, 그가 한때 그 신들에게 간구한 일에 대해서는 그리스도를 의지해서는 안 되는가? 그러나 여기서 다시 한 번 기존 교회의 삶과 양립하지 못하는 것은 아무것도 없다. 독립 교회들은 의젓하게 예배에 참석하지만 그러고 나서 죄책감을 가진 채 병의 원인을 알고 처방을 얻으려고 몰래 점쟁이를 찾는 반(半)

그리스도인들에게, 이의를 제기하는 일을 계속하고 있다. 아프리카인의 생활 토질 자체에 필요한 것은, 아프리카의 구원이 성경의 구원처럼 철저하고 구체적으로 이루어지는 것이다.

다른 형태의 아프리카 교회 생활에서 같은 특징들을 찾아낼 수 있다면, 독립 교회들의 다른 모든 특징들에 대한 조사가 보여 주는 바가 있을 것이다. 특정 장소와 대상을 신성시하는 것은 생소하다. 그러나 아프리카에 있는 수많은 성공회 역시 엄격하게 성소를 고수한다는 사실을 기억한다면 이상할 것도 없다. 평신도, 특히 여인들은 그곳에 범접할 수 없다. 독립 교회에서 하는 약 처방은 때로 아프리카의 전통과 레위기 율법을 이상하게 혼합한 것(그리고 실제로 그것은 레위기 율법을 근거로 아프리카의 전통을 다시 강조한 경우가 많다)처럼 보이기도 한다. 그러나 얼마나 많은 아프리카 성공회, 감리교회, 또는 장로교회들에서 월경을 하는 여자들이 말없이 성찬식에 참석하지 않고 있는가, 혹은 남자들이 실제로 얼마나 구약성경에 있는 예전상의 정결 규정을 준수하고 있는가?

서양인의 눈으로 볼 때 독립 교회들이 가지고 있는 뚜렷한 특징들 가운데 하나는, 예전적이고 계급적인 요소들이 은사적이고 자발적인 요소들과 결합되어 있다는 것이다. 서양인들은 두 형태의 종교를 모두 알지만, 적어도 최근까지는 그 두 형태의 전통들을 서로 다른 것으로 구분하고 있다. 그러나 독립 교회들은 한 전통 안에서 두 형태를 결합시켰다. 두 가지 특징들 모두가 아프리카인들의 삶의 일부가 된 것이다. 아프리카인들의 삶은 질서 정연하며, 적절한 시간, 장소, 사람을 인식한다. 그러나 또한 자발적이고 즉흥적이며 호응을 보이는 측면이 있다. 아프리카인들의 춤보다 더 질서 정연하면서도 훨씬 더 자발적인 것이 무엇이 있는가?

  끝으로 아프리카 기독교의 역사는 한 가닥의 이야기로 이어질 것이고, 그 이야기 속에서 선교 시기는 단지 하나의 사건에 그칠 것이다. 아프리카의 교회를 판단하는 일은, 그 교회들을 '기존 교회' 또는 '독립 교회'로 부를 수 있느냐 하는 문제가 아니다. 그러한 구분은 때가 되면, 아마도 머지않아 모두 무의미해질 것 같다. 모든 교회들에 대한 판단처럼, 그들에 대한 판단은 교회의 주님께서 성경 말씀에 기초해 하실 것이다.

10 • 오늘날 세계의 원시종교 전통들[1]

원시종교에 관하여 포괄적인 설명을 하려면 엄청난 어려움이 뒤따른다.[2] 그 작업의 규모는 엄청나다. 동토지대에서 우림지대까지 아주 다양한 외적 영향을 받고 있는 무수히 많은[3] 다양한 민족, 문화 및 환경에다 중앙집권적인 권위나 보편적으로 인정받는 문서나 전통도 없다. 갈피조차 잡을 수 없을 정도로 다양한 종교 구조에, 심지어 기본적인 통계 작성도 사실상 불가능한 상황이 세계의 종교 체계를 설명하려는 시도를 방해한다. 원시종교를 정의하는 것은 민감한 문제다. 우선 원시종교는 다른 모든 신앙의 기저에 깔려 있으며, 때로는 그러한 신앙들과 공존하기도 하고, 그러한 신앙들의 영향을 받는 문화들과 사

---

1 Frank B. Whaling, ed., *Religion in Today's World* (Edinburgh: T&T Clark, 1987)에 처음 출판되었다.
2 전반적인 설명과 참고 문헌으로는 J. R. Hinnells, ed., *A Handbook of Living Religions* (Harmondsworth: Penguin, 1984), pp. 392, 454에 있는 Joseph Epes Brown, B. Colless, P. Donovan, Aylward Shorter, and H. W. Turner의 글을 보라. 또 H. W. Turner, "The Way Forward in the Religious Study of African Primal Religions", *Journal of Religion in Africa* 12 (No. 1, 1981): pp. 1-15를 보라.
3 G. P. Murdock, *Africa: Its Peoples and Their Culture History* (New York: McGraw Hill, 1959)는 사하라 이남의 아프리카에서만 742개의 서로 다른 부족을 열거하고 있다. 이에 관한 지리학적 조사와 그 참고 문헌은 W. Dupre, *Religion in Primitive Cultures: A Study in Ethnophilosophy* (The Hague: Mouton, 1975), pp. 57, 176를 보라.

회 내부와 주변에서 (어떤 때는 더 변화된 모습으로, 어떤 때는 덜 변화된 모습으로) 지속적으로 활약하고 있기 때문이다. 우리가 편의상 '종교'라고 부르는 것은 어떤 경우에도 독립적인 것이 아니며, 마음대로 채택하거나 교환할 수 있는 상호 배타적인 실체들이 아니다. 신자나 신자 공동체의 입장에서 보면, 심지어 종교를 바꾸는 시기에도 인식과 경험은 계속 일어나기 마련이고, 기존 종교의 시각에서 새로운 생각과 활동, 심지어 새로운 생각과 활동에 대한 욕구가 불가피하게 나타난다. 그러므로 원시적 세계관은 기독교나 이슬람, 힌두교나 불교를 믿은 지 한참 후에도 계속 영향을 미친다. 그러나 이 말은 '회심'이 피상적이라거나 무시할 만한 정도라는 뜻이 아니다. 중요한 상징적 변화는 무척 뚜렷한 것일 수 있다. 그렇게 되면 원시사회의 종교 발전에서 전환점이 되기도 한다. 그래서 어떤 의미에서는 '원시'종교 자체의 전환점이 되기도 한다.

원시종교인들은 다른 사람들에 의해 분류되고 이론화될 뿐 그들의 이야기는 하지 못하는 처지에 있다. 초기에 그들은 종교의 기원과 인류의 초기 역사 이론에 동원되었고, 진화론의 해석 틀의 핵심을 제공하거나 포격을 당하는 진화론의 무기고가 되었다. 논쟁거리가 있다면 오늘날의 논쟁은 훨씬 더 치열하다. 그 이유는 이제 그 논쟁들이 문화적 정체성과 진정성에 관한 질문의 중심에 있기 때문이다. 원시종교에 관한 논쟁들은 이미 학술적이고 역사적인 논쟁의 범위를 벗어났다. 모든 민족이 자신들의 현재를, 또 그 현재와 자신들의 과거의 관계를 인식하는 데 그 논쟁들이 영향을 주기 때문이다. 아프리카에서, 북아메리카에서, 또 지금은 오스트레일리아에서 그 지역의 학자들은 원시종교에 대한 새로운 해석을 내놓고 있다. 그 지역의 학자들은 국제적인 통용어로 작업하지만, 그 지역의 대중이 의식하는 바에 호소하면서, 이러한 원시종교들을 [서구의 학자들이] 억지로 이질적인 범주로 분류하였기 때문에 오해가 생겼다는 주장을 펼치고 있다.[4] 특히 아프리카 학자들 사이에 날카로운 논쟁이 계속되고 있다.[5] 이러한 재평가 과정에 대한 언급을 피할 수는 없다. 그것은 어떤 의미에서 그 종교들 자체의 최근 역사의 일부이기 때문이다. 그렇지만 (보통 기독교나 이슬람, 힌두교와 불교와 같은) 또 다른 신앙이 만들어 낸 자의식을 가진 공동체 안에서 원시종교가 계속해서 효력을 발휘하고 있는 것과 관련된 이러한 질문들은 모두 이 글의 범위를 벗어나는 것이다.

'원시'의 뜻

많은 사람이 '원시종교'라는 용어를 달가워하지 않는다. 이 글에서는 세계의 어느 한 종교에 한정되지 않는 범세계적인 현상을 다룰 때 널리 받아들여지는 다른 용어가 없기 때문에 이 용어를 사용한다. 우리가 어떻게 달리 극지에 살고 있는 민족들과 아프리카, 인도 아대륙,

---

4   아프리카 지역의 예로, Okot p'Bitek, *African Religions in Western Scholarship* (Kampala: East African Literature Bureau, n.d., ca. 1971)을, 아메리카 원주민의 예로 Vine Deloria, *God is Red* (New York: Grosset and Dunlop, 1973)를 들 수 있다.
5   참고. E. B. Idowu, *African Traditional Religion: A Definition* (Maryknoll, N. Y.: Orbis Books, 1975; London: SCM, 1973); J. S. Mbiti, *African Religions and Philosophy* (London: Heinemann, 1969); G. M. Setiloane, *The Image of God Among the Sotho-Tswana* (Rotterdam: Balkema, 1976). 또한 D. Westerlund, *African Religion in African Scholarship: A Preliminary Study of the Religious and Political Background* (Stockholm: Almqvist och Wiksell, 1985)를 보라.

동남아시아, 아시아 내륙, 남북아메리카, 오스트레일리아, 태평양 지역에 사는 여러 민족들의 종교들을 하나로 아우를 수 있단 말인가? '원시'라는 말은 '미개'라는 뜻의 완곡어법이 아니며, 또 어떤 진화론적 의미를 깔고 있는 말이 아니라는 것만 말해 두자. 이 용어는 유용하게도, 앞서 말한 민족들이 가지고 있는 종교들의 두 가지 특징을 강조한다. 즉 그 종교들이 역사적으로 앞선 위치에 있다는 것과, 인간의 경험에서 그 종교들의 기초적이고 기본적인 지위를 말한다. 다른 모든 신앙은 그 이후의 것이기도 하고, 말하자면 이차적인 사상이다. 다른 신앙을 가진 모든 사람들, 또 이런 측면에서는 신앙을 가지지 않은 사람들도 그 기저에는 원시 신앙을 갖고 있는 셈이다.

원시종교의 내용과 구조

앞서 한 말이 원시종교가 단일한 우주관이나 공통적인 종교 행위를 가지고 있다는 뜻은 물론 아니다. 또한 그 종교에 역사도 없고 발전도 없다는 뜻도 아니다. 서양과 접촉하기 이전의 특정 민족들의 종교를 재건하려고 하면서, 마치 과거는 멈추어 있고 시간이 흘러도 변화되지 않는 것 같다는 생각이 계속 자리를 잡게 되었다. 그리고 '민족지학(문화인류학 및 사회학에 기원을 둔 연구방법인 문화기술지를 만들어 내는 방법에 관한 학문 – 편집자)적 현재'라는 표현을 일상적으로 사용함으로써 그 생각은 더욱 강화되기에 이르렀다. 그 흔적을 찾기가 쉽지 않은 까닭은 결점이 있어서가 아니라, 그 양이 엄청나고 역사가 복잡하기 때문이다. 다른 모든 신앙과 마찬가지로, 원시종교는 언제나 적응하면서 변화하였고, 화석화되고 또 부흥했다. 예언자들과 개혁자들

이 있었고, 새로운 방향과 새로운 제도를 만들어 냈다.[6]
종교의 형태를 가지고 특정 사회의 성격을 규정하는 경향이 최근까지도 남아 있다. 어떤 학자들은 종교 현상 자체를 집중적으로 연구한다. 예를 들면, 일반적으로 절대자, 여러 신들, 조상, 권력을 가진 실체라는 네 가지 형태에 근거해 아프리카 대륙을 섭렵하고 때로는 아프리카 대륙 밖으로까지 나가서 종교의 공통 구조를 규명하려 한다.[7] 다른 학자들은 특정 민족들의 상징체계에 관한 연구에 집중하고 있다.[8] 또 다른 학자들은 사회 자체의 기능과 인간관계를 유지하고 결

---

6 스톡홀름 대학교의 Åke Hultkrantz 교수와 그의 제자들의 연구는 원시종교의 역사적 측면을 숙고한 면에서 특별한 성과를 거두었다. 예를 들어, Åke Hultkrantz, *The Religions of the American Indians* (Berkely: University of California Press, 1979); L. Backman and Åke Hultkrantz, eds., *Saami Pre-Christian Religion: Studies on the Oldest Traces of Religion Among the Saamis* (Stockholm: Almqvist och Wiksell, 1985); Åke Hultkrantz, "History of Religions on Anthropological Waters: Some Reflections Against the Background of American Data", *Temenos* 13 (1977): pp. 81-97를 보라.
한 아프리카 민족의 종교사와 그것이 기독교와 상호작용하던 시대까지 연속된 것에 관한 최근의 연구는, Janet Hodgson, *The God of the Xhosa: A Study of the Origins and Development of the Traditional Concepts of the Supreme Being* (Cape Town: Oxford University Press, 1982)을 보라. 역사가들로부터 특별한 주목을 받고 있는 아프리카의 제도는 '제례 성지'(cult-shrine)다. J. M. Schoffeleers, ed., *Guardians of the Land: Essays on Central African Territorial Cults* (Gweru: Mambo Press, 1979); W. M. M. van Binsbergen, *Religious Change in Zambia: Exploratory Studies* (London: Kegan Paul, 1981)를 보라.
7 이는 Geofferey Parrinder의 *African Traditional Religion* (London: Hutchinson, 1954)에서 자세히 설명하고 있다. 이 책은 같은 저자의 책 *West African Religion* (London: Epworth, 1949)을 기반으로 하고 있다. H. W. Turner, "Geoffrey Parrinder's Contribution to Studies of Religion in Africa", *Religion* 10 (No. 2, 1980): pp. 156-164; Andrew F. Walls, "A Bag of Needments for the Road: Geoffrey Parrinder and the Study of Religion in Britain", 같은 책, pp. 141-150를 보라.
8 G. Dieterlen, *Essai sur la religion Bambara* (Paris, 1951); M. Griaule and G. Dieterlen, "The Dogon", in D. Forde, ed., *African Worlds: Studies in the Cosmological Ideas and Social Value of African Peoples* (London: Oxford University Press, 1954)를 보라. 참고. E. M. Zuesse, *Ritual Cosmos: The Sanctification of Life in African Religions* (Athens, Ohio: Ohio University Press, 1979), pp. 135-179.

속을 다지는 면에서 종교의식과 종교 전문가들의 자리에 관한 연구에 집중하고 있다.[9] 하지만 대다수의 학자들은 선배들의 뒤를 따라서 수렵인, 유목민, 농경민의 종교처럼 환경에 따른 종교 형태 같은 것을 연구하고 있다.[10]

이 글은 이러한 범주화 방법을 연구하기에는 적당하지 않다. 다만 그런 것들을 한데 묶어서 마음에 새길 필요가 있는 네 가지 중요한 사실만을 상기하고자 한다.

1. **종교 생활의 구성 요소는 종교 생활의 구조와는 다르다.** 분명한 것은 한 민족의 전통에는 그 민족이 하나님 중심의 종교 전통과 접촉하게 되었을 때, 그 절대자의 모든 특질을 투사할 신적인 어떤 존재가 있으리라는 것이다. 또는 어떤 다른 방법으로 그 전통이 초월적인 세계의 궁극적 통일성, 삶의 기저에 있는 기본적 원리를 인식할 수도 있다. 그러나 종교의식에 관한 행위와 말을 정기적으로 한다고 해도, 그러한 인식이 그 공동체에 속한 대부분의 사람들의 삶에 거의 영향을 미치지 않을 수도 있다. 그러한 인식은 일상생활의 주변만 맴돌 수도 있고, 종교 전통에 숙달한 사람들의 전문 지식 속에만 갇혀 있을 수도 있다. 그러므로 많은, 아마도 거의 모든 원시종교들을 앞에서 말한 네 가지 요소로 규명하는 것은 별개의 일이다. 이러한 요소들을 배열하는 다양한 방식에 따라 여러 종교들이 생겨날 뿐 아니라, 다양한 종류의 종교들이 생겨난다. 특정 민족에 관한 전통적인 연구를 하다 보면, 하나님이 지배하는 체계, 여러 신이 지배하는 체계, 조상이 지

---

9 B. C. Ray, *African Religions: Symbol, Ritual and Community* (Englewood Cliffs, N. J.: Prentice-Hall, 1976), 제1장에 있는 논평을 보라.
10 Zuesse, *Ritual Cosmos*, pp. 17-32를 보라.

배하는 체계 그리고 초월적인 대상을 실체화하는 일이 쉽지 않다. 그래서 권력을 가진 대상이나 비인격화된 권력 자체가 사람들을 지배하는 체계로 나타나는 것을 보게 된다. 그런데 마지막으로 지적한 체계에서는 종교와 마법 사이의 경계가 거의 없어지게 된다.

에일워드 쇼터(Aylward Shorter)는 아프리카인들 사이에서 기도가 어떤 위치를 차지하는지에 대한 연구에서 기도의 대상과 관련해 종교를 여섯 가지 형태로 구분한다.[11] 그는 첫 번째 형태를 '절대적 일신론'이라고 부른다. 절대적 일신론은 아프리카 대륙 중앙부 우림 지대에 살고 있는 메루 부족(Meru, 케냐 동부 산악지대에 사는 부족-옮긴이)과 피그미 부족들처럼, 삶 속에서 직접 신을 경험하고 기도를 통해 직접 신께 예배를 드린다. 반면 '상대적 일신론'도 있다. 상대적 일신론은 누에르 부족(Nuer, 수단 남부와 에티오피아 서부에 사는 유목 부족-옮긴이)과 딩카 부족(Dinka, 수단 남부 나일 강 상류에 사는 반유목 부족-옮긴이)처럼 독립적인 존재가 아니라 절대자가 존재하는 방식이라 생각하는 다양한 존재들에게 예배를 드린다. 또 다른 형태로는 '대칭적 중보'라는 것이 있는데, 중간 역할을 하는 영들(보통은 조상의 영혼)이 절대자와 소통하는 통로 구실을 한다[콩고 부족, 툼부카 부족(Tumbuka, 말라위 북부, 잠비아 동부, 탄자니아 남부에 흩어져 사는 부족-옮긴이)]. '비대칭적 중보' 형태에서는 중개인이 기도를 받고, 절대자에 대한 공식적인 예배는 거의 드리지 않거나 아예 드리지 않지만, 그 힘과 존재는 삶 속에서 인정된다[도곤 부족(Dogon, 니제르 남쪽 말리 고원에 사는 부족-옮긴이), 쇼나 부족(Shona, 짐바브웨와 모잠비크 남부에 사는 여러 부족의

---

11 Aylward Shorter, *Prayer in the Religious Traditions of Africa* (Nairobi: Oxford University Press, 1975), pp. 8-13.

총칭—옮긴이), 잔데 부족(Zande, 중앙아프리카 북부에 사는 부족—옮긴이)]. 그러나 숭배의 근거가 되는 절대자를 분명하게 언급하지 않는 '절대적 자연신론'도 존재하며(아출리 부족),[12] '상대적 자연신론'도 아주 흔하다. 이런 형태의 종교 생활은 수호신, 종교 영웅, 조상을 향한 것이라서, 아예 절대자나 중개자라는 개념이 종교 생활에서 두드러진 역할을 하지는 않는다. 그러나 절대자를 경험하고 예배할 가능성을 아주 없애 버리지는 않는다[요루바 부족, 응고니 부족(Ngoni, 중앙아프리카 동부의 말라위, 모잠비크, 탄자니아, 잠비아에 사는 부족으로 남아프리카공화국에 사는 줄루 족에 뿌리를 두고 있다—옮긴이) 등등]. 같은 종교적 요소들이 적어도 대여섯 가지 형태로 나타나지만 그 형태의 종교 구조들은 전혀 다르다.

2. 모든 종교 전통들처럼, **원시 공동체 안에서도 종교적 지식과 경험의 수준이 제각기 다르다**는 점을 상기할 필요가 있다. 공동체 전체의 종교 생활을 생각할 때에는, 일상적인 경건 생활, 공동 의식(儀式), 위급한 상황에서 의지하는 공인된 수단, 전문가들의 특별한 지식, 대중적인 설교와 전통에 통달한 사람들의 성찰에서 제시되는 다양한 형태의 설명 등에 주의를 기울일 필요가 있다. 프랑스의 인류학자들이 밝혀낸 복잡하기 그지없는 아프리카인의 상징체계들과 그들의 준거 틀의 너비는 가시 세계와 비가시 세계를 다룬 일련의 사려 깊은 주석가들의 관점으로만 설명할 수 있다. 그들은 다른 상황에서라면 철학적 방법이라고 부를 수 있는 것을 발전시켰다. 또 여러 형태의 점(占)이 함께 발견되는 것은 아주 흔한 일이다. 지금은 외부인들에게도

---

[12] Okot p'Bitok, *Religions of the Central Luo* (Kampala: East African Literature Bureau, 1971)를 보라.

널리 알려진 이파(Ifa, 서아프리카의 요루바 집단에서 기원한 전통적인 아프리카 의술의 한 형태로, 다른 부족들과 아메리카 대륙에 퍼졌다 - 옮긴이) 점[13]을 좀더 알아보면, 초기 서양의 관찰자들이 생각했던 것처럼 능란한 솜씨나 점쟁이들이 점을 보는 데 늘 필요하게 마련인 심리학적 통찰에 주안점을 두지는 않았다. 만일의 경우까지 대비해 어떤 통전적인 신화 사전(辭典)을 능숙하게 응용하는 것이 주된 목적이었다. 이것은 어려움에 처한 수많은 보통 사람들이 찾게 되는 영매가 비몽사몽 중에 떠드는 말에서 끄집어낼 수 있는 것보다 더 확실한 의미에서 본질적으로 '신의 말씀'이다. 말하자면, 그것은 신적 세계의 더 심원한 원천에서 나오는 것이다.[14]

3. 상징체계, 종교의식, 사회조직은 상호 관련성이 있으므로, 이 가운데 어떤 것이라도 제대로 이해하지 않은 채 강조하는 것은 다른 것들에 부담을 주게 된다는 점을 유념해야 한다. 격동적인 사회 변화는, 시대에 뒤진 상징체계와 또 이론적 근거를 잃어버린 쓸모없는 예배 의식만을 남겨 놓는다. 새로운 여건에 따라 조정하지 않는다면 말이다. 상징체계나 예배 양식에 추가되는 것이 있거나 급격한 수정 사항이 생긴다면, 기존 사회 질서나 그 질서 안에서의 어떤 기능에 대하여 의구심이 생긴다. 제도는 새로운 양식에 맞게 조정하거나, 그 양식을 무시하여 상징과 질서를 분리해 놓을 수밖에 없다.

4. 살아 숨 쉬는 종교는 공동체 안에 있는 생계 기반과 밀접한 관

---

13   W. R. Bascom, *Ifa Divination: Communication Between Gods and Men in West Africa* (Bloomington, Ind.: Indiana University Press, 1969)를 보라.
14   Zuesse, *Ritual Cosmos*, chap. 11; '인공두뇌' 체계의 하나로서의 점에 관해서는, V. W. Turner, *The Drums of Affliction: A Study of Religious Processes Among the Ndembu of Zambia* (Oxford: Clarendon Press, 1968), pp. 25-51를 보라.

련이 있을 가능성이 높다. 이 말은 물론 종교가 공동체의 환경에 의해 결정된다는 말은 아니다. 아케 홀트크란츠(Ake Hultkrantz)는 실제로 생태적 요소는 '베일에 싸인' 종교에 내용물을 제공하기보다는 그 형태를 정해 준다고 설명한다. 종교의 내용물은 그 종교 자체의 역사와 전통에서 나온다.[15] 그럼에도 불구하고 생계 기반에 변화가 생기면 새로운 일련의 '베일'이 필요하게 된다. 아니면 종교가 공동체의 생계 기반과 아무런 접촉도 없게 된다.

원시종교에서의 변화 요소

이러한 일반화는 사회에서 일어나는 어떠한 근본적인 변화든 모두 종교적으로 어떤 중요한 의미가 있음을 시사한다. 그 변화가 이민이나 거주지의 급격한 변화에 기인한 환경적인 변화든, 인간관계 방식이 변하고 지위를 인정받는 기반이 변하는 새로운 교류 방식 같은 것이든, 정치적·경제적 변화나 생소한 존재가 주는 새로운 압력에 노출되어 생기는 친척 관계나 공동체 질서상의 변화든 상관없다. 이러한 요소들 가운데는 새로운 것도 없고, 현대 세계라는 상황에서만 생기는 것도 없다. 원시사회는 태곳적부터 그러한 변화에 열려 있었기 때문에 가끔은 여러 세기에 걸쳐서 그러한 사회와 그 사회의 종교가 변화된 양상을 추적해 볼 수 있다. 예를 들어, 나바호 부족은 14세기나

---

15 Åke Hultkrantz, "An Ecological Approach to Religion", *Ethnos*, 31 (1-4): pp. 131-150; "The Religio-Ecological Method in the Research on Prehistoric Religion", in *Valcamonica Symposium: Les Religions de la Préhistoire* (Capo di Ponte: Centro Camuno di Studi Preistorici, 1972)를 보라. '베일에 싸인'이라는 발상은 Hultkrantz가 기포드 강연에서 개발한 것이다.

15세기에 뉴멕시코 북부에 도달한 수렵인들의 후손이다. 이들은 어쩔 수 없이 농업으로 전향한 후 이웃하고 있던 정착 농경민들인 푸에블로 부족의 영향을 받아 모계사회 제도, 양을 사용하는 방식, 복잡한 신화 체계를 받아들였다. 나바호 부족의 경우, 수렵 문화에 알맞은 의식과 가치관 위에 새로운 신화 체계를 겹쳐 놓았다.[16] 따라서 이제 원시사회에서 되풀이되는 변화 현상에서 여섯 가지 개념을 더 도출시켜 보기로 한다.

1. 쇼터의 책에서 이미 언급한 것과 같은, 원시종교의 서로 다른 유형 모델이 도움이 되긴 하지만, 그런 모델들에는 어떤 경고가 필요하다. 특히 특정 민족의 특정 모델이 정해져 있다고 생각해서는 안 된다. 예를 들자면, '상대적 일신론'과 '상대적 자연신론' 사이에서는 그 요소들의 모양이나 구조가 일정하지 않을 수 있고, 그 반대의 경우도 있을 수 있다. 어떤 경우라도 다른 전통에서 비롯된 것을 범주화하는 것을 조심해야만 한다. 제프리 패린더(Geoffrey Parrinder)는 아프리카 대륙의 어떤 종교를 놓고 '일신적', '다신적' 또는 '범신적'이라는 용어를 쓰는 것이 얼마나 오해의 소지가 있을 수 있는지를 보여 주었다. 그 이유는 바로 같은 사회 안에서도, 상반된다는 생각도 없이 세 가지 입장을 다(아니면 서양 문화에서는 그렇게밖에는 달리 부를 수 없는 것) 표출하는 경우가 있기 때문이다.[17]

2. 상호 관련성이 있는 사회 체계, 상징체계, 종교의식 체계를 혼란시킬 만큼의 변화가 생기면, 무엇보다도 '종교 종사자' 전통이 무시

---

16 G. H. Cooper, *Development and Stress in Navajo Religion* (Stockholm: Almqvist och Wiksell, 1984), 특히 제6장을 보라.
17 E. G. Parrinder, "Monotheism and Pantheism in Africa", *Journal of Religion in Africa* 3 (No. 2, 1970): pp. 81-88.

될 위험이 있다. 그 전통의 위신, 그 전통을 소유한 사람들의 위신은 여전히 높을지 모르지만, 그 영향력, 아니 심지어 일상생활에 미치는 영향력을 인정하는지조차 불확실해진다. 정말로 그 전통의 범위를 벗어나는 새로운 질문들과 새로운 상황이 생기게 된다. 그렇게 되면 그 전통만으로는 모든 우발적인 사태에 더 이상 대처할 수 없게 된다. 그 전통이 수정되거나 보완되지 않는다면, 소수 엘리트와만 제휴하거나, 남는다고 하더라도 특별한 경우에만 행해지는 지배자 숭배와 연결된 듯한 예식으로 한정되거나, 지식 계급만의 내밀한 소유물이 될 것이다. (지식 계급이 의도적으로 그들의 전통을 전수하지 않는 예를 많이 들 수 있는데, 아마도 마오리 부족의 경우가 가장 잘 알려진 예일 것이다.)[18] 그러나 일반인들의 종교적 지식과 태도는 그대로 남은 채로, 그 사회에서 작동하고 있는 새로운 영향력에서 유래한 요소들을 융합하거나 더한다.

3. 그러한 변화가 반드시 사회 구성원 모두에게 동일하거나 똑같은 방법으로 영향을 미치지는 않는다. 따라서 변화하는 사회에서는 일련의 많은 상징 세계들이 나타나는데, 그것들은 서로 배타적이지 않고 겹쳐진다.[19]

4. 따라서 사회적 변화의 압력 때문에 생기는 상징과 종교의식의 변화를 피할 길은 없다. 어느 사회에서나 의식과 예전 문제에서는 보수적인 경향이 있다. 이미 잘 정착된 기존의 세계관에 생소한 현상이

---

18 이오(Io) 부족의 약혼 의식의 역사적인 근거에 관한 논의로는 James Irwin, *An Introduction to Maori Religion* (Bedford Park, South Australia: Australian Association for the Study of Religion, 1984), p. 33 이하를 보라.
19 제2차 세계대전 이후에 아프리카에서 나온 뛰어난 소설 작품인 Chinua Achebe, *Things Fall Apart*(『모든 것이 산산이 부서지다』, 민음사, 2008)와 Ngugi wa Thiono, *The River Between*의 경우에 이것을 분명히 보여 주고 있다. 참고. S. D. Okafor, *A Nigerian Villager in Two Worlds* (London: Faber, 1966)의 자기 아버지에 대한 흥미로운 전기.

존재한다는 것만 가지고서는 세계관이 즉각 바뀌지는 않는다. 보수적인 것을 따라가는 것 말고도 여러 가지 반응이 있을 수 있다. 그 사회에 영향을 주는 세력들에서 나온 요소들이 전통적인 세계관에 흡수되어 그 구조를 바꾸는 수정 과정이 있을 수도 있다. 또 아주 중요한 시점에 그 세계관과 철저히 끊어지거나 전통상의 중요한 요소들을 포기하는 일이 있을 수도 있다. 그러한 절연은 보편적인 종교들 가운데 하나로 '회심'하는 것과 관련하여 생길 수도 있지만, 그런 움직임 없이도 생길 수 있다. 그것 자체가 모든 전통적인 인식을 바꾸지는 않는다.

5. 전통적인 형식과 실재에 대한 새로운 경험 사이에 차이가 얼마나 큰지 느끼거나, 전통적인 종교 형태가 그 사회에 일어난 붕괴에 대처하지 못할 정도로 세력이 약화된 것이 입증되면, 그 사회는 종교 용어로 불가지론이라 묘사할 수 있는 환멸과 재평가의 시기에 들어갈 것이다. 이러한 '불가지론적' 상황에서도 전통적인 예배 형태가 변하지 않고 남아 있을 수는 있지만, 그 상황은 아마 종교상 중대한 변화의 필수적인 전제 조건일 것이다.

6. 전통과 실재에 대한 새로운 경험 사이의 차이가 그다지 큰 것이 아니라면, 어떤 상징들이나 제도들은 사라질 것이고, 나머지 것들은 대부분 의례적인 목적으로 보존될 것이다. 그 공동체 안에 있는 대부분의 사람들에게 전통적인 체계가 삶의 새로운 기반을 염두에 두고 확장되거나 수정되지 않는다면, 사실상의 세속화가 진행되기 마련이다. 공동체의 삶에 가장 큰 영향을 주는 요소들이 이제는 종교의 영역 밖으로 물러나고, 남아 있는 요소들도 살아 있는 전통, 즉 삶의 모든 경우를 포괄하는 관례와 더 이상 이어지지 못한다.

제2차 세계대전과 그 후

제2차 세계대전 이후의 시기는 그 특성상 원시종교들의 변화를 수반한 요소들이 특별히 많이 생긴 시기였다. 이 시기에 많은 지역에서 이미 진행되던 변화 과정이 눈에 띄게 가속화되었고, 그것은 전에는 그런 변화를 인식하지 못했던 지역에까지 미쳤다.

태평양 지역에서는 제2차 세계대전 자체가 극적인 종교적 효과를 가져왔다. 특히 멜라네시아에 사는 사람들은 외국인들과 크나큰 갈등을 겪게 되었고, 어느 날 갑자기 자신들의 경험과는 동떨어진 표현들에 노출되었다. 묵시적인 규모의 사건들이 날마다 터졌고, 멜라네시아 사람들의 세계관 속에는 그것들을 묘사하고 설명할 수 있는 종말론적 요소(전설적 인물이나 조상의 귀환)가 섞여 들어갔다.[20]

제2차 세계대전이 끝나자, 이전에 사하라 이남의 아프리카 대륙 거의 전부, 인도반도, 태평양 지역, 동남아시아 대부분을 지배하던 유럽 제국들이 물러갔다. 몇 가지 사례에서 볼 수 있듯이, 되살아났거나 수정된 원시종교들은 탈식민화 과정을 지나는 중이었다. 이리안자야(Irian Jaya, 파푸아주의 전 이름으로 인도네시아에 있는 주. 뉴기니섬 서쪽의 대부분을 차지한다-옮긴이) 주에서는 기독교적인 요소로 전통적인 종말론적 기대감을 북돋운 새로운 종교 운동이 네덜란드의 전시(戰時) 통치를 무너뜨리고 전후 독립의 길을 준비하는 데 일조하였다.[21] 솔로몬 군도에서는 전통적 가치관(아마도 기독교의 가르침 같은 것을

---

20 특히 F. C. Kamma, *Koreri: Messianic Movements in the Biak-Numfar Area* (The Hague: Nijhoff, 1972)를 보라.
21 F. Steinbauer, *Melanesian Cargo Cults: New Salvation Movements in the South Pacific* (St. Lucia, Queensland: University of Queensland Press, 1979), pp. 10-17를 보라.

거부하는 것은 아닐지라도)을 강하게 주장하는 '마칭 룰 운동'(Marching Rule Movement, 제2차 세계대전 후 솔로몬 군도에서 일어난 자치, 자결 운동으로, 'Maasina Ruru', 'Marxist Rule' 또는 'Rule of Brotherhood'라고도 부르며, 아프리카계 미군들의 인간적 태도에 의해 촉발되었다 — 옮긴이)이 사실상 영국 통치의 대안으로 오랫동안 유지되었다. 이 운동은 목적을 달성한 후 슬며시 사라진 것으로 보인다.[22] 케냐에서 일어난 마우마우 운동(Mau Mau Movement)의 종교적 측면들은 복합적이지만, 여기에 백인 지배(그리고 특히 백인 지주권) 반대자를 모으는 수단으로서 키쿠유 부족(Kikuyu, 케냐 인구의 20퍼센트 이상을 차지하는 주요 부족 — 옮긴이)의 전통적인 의식을 집어넣은 것만은 확실하다. 그러나 일반적으로 말하자면, 아프리카와 아시아에서 독립운동을 촉발하고 새로운 국가를 건설하는 데 중요한 역할을 한 이는 서양식 교육을 받은 사람들이었다. 그들은 주로 선교사들이 세운 학교에 다녔으므로, 의심할 여지없이 기독교 사상의 영향을 받았고 교회와 밀접한 관계가 있었다.

아프리카와 태평양 지역의 여러 민족국가들이 식민지 제국의 뒤를 이었다. 그러나 이 국가들은 식민지 시대에 세워진 것으로, 예전의 식민지 경계선을 국경으로 삼고, 많은 경우에 물려받은 행정 조직을 그대로 유지하면서, 여기에 지역적이고 부족적인 정체성을 뛰어넘는 민족 정체성 개념을 덧붙였다. 그래서 신생국들은 기동성을 북돋우고, 이해관계와 지역이 서로 다른 민족들을 접촉시키는 정치·경제·사회 구조를 만드는 면에서 옛 식민지 시절보다 훨씬 더 효과적이었다. 예

---

22 Darrell Whiteman, *Melanesians and Missionaries: An Ethnohistorical Study of Social and Religious Change in the Southwest Pacific* (Pasadena, Calif.: William Cary Library, 1983), pp. 250-273를 보라.

외가 있었다면, 중앙정부가 사실상 붕괴된 나라들과, 지역적 요인 외에는 사실상 다른 방해를 받지 않는 몇몇 곳에서 살 수 있는 소규모 집단들이었다. 대부분의 민족들에게 온 세상은 영구히 확장되는 곳이었다. 종교적 사고는 더 이상 순전히 지역적이고 민족적인 요소에 의해서만 좌지우지될 수 없었다. 종교적 사고는 국제적인 것은 아니더라도 다른 민족과 나라라는 요소를 계산에 넣어야만 했다. 따라서 이러한 종교적 사고는 가장 중요한 지점, 곧 동일한 종족에게는 동일한 관습이 있어야 한다는 의무의 면에서 원시종교를 넘어선다.

다른 한편, 신생국들의 발흥을 계기로 아프리카와 아시아에 사는 민족들에게 정체성을 확립할 필요성이 대두되었다. 정체성이란 것은 과거를 돌이켜보지 않고는 찾을 수 없는 것이었다. 그런데 식민지 시대에 주로 나타났던, 과거 폄하와 거부와는 대조적으로 아프리카와 태평양 지역에 대한 과거의 가치와 탁월함을 확인하는 것은 과거 세대의 특징이었다. 결론적으로 종교적인 측면을 포함해 전통문화에 대한 새로운 자부심이 전통문화를 잘 모르던 사람들 가운데서도 표출되기에 이르렀다. 이 자부심이 민족국가와 같은 새롭고 더 큰 실체(실제로 자부심 때문에 '아프리카인'과 같은 훨씬 더 큰 정체성이 강화되고 있다)를 거부한다는 의미는 아니다. 현대적 교육·기술·통신 같은 것을 거부하는 것도 아니다. 또 국제 통용어(영어·프랑스어·스와힐리어)의 사용을 거부한다는 의미도 아니다. 또 꼭 보편적인 신앙(기독교·이슬람)을 거부한다는 의미도 아니다. 지적·종교적 요구는 오히려 과거와 현재를 조화시켜야 한다는 필요성에서 비롯된다.

아프리카와 태평양 지역에서 일어난 신생국들의 발흥은 여러 세기에 걸쳐 유럽 세력이 확장하면서, 자기네들이 오랫동안 살아온 땅에서 민족적·문화적 소수 집단으로 전락한 다른 민족들의 각성을 유발한 요인들 가운데 하나가 되었다. 최근 수십 년 동안 아메리카 원주민들과 오스트레일리아 원주민들이 자기네들이 살던 땅을 빼앗긴 다음 독보적으로 그 문화적 정체성을 주장하게 되었다. 두 경우 모두 이러한 정체성에 대한 새로운 확신은, 한동안 인구가 감소한 끝에 다시 꾸준히 증가한 배경에서 생겨났다. 또 두 경우 모두 오랫동안 침체되었거나 심지어 폐기되기도 했던 전통적 종교 제도를 복원하는 특징을 보였다. 다시 한 번 뿌리 찾기를 통하여 과거에 매료된다는 것은, 더 엄격하게 지역적이고 편협한 민족 사상에 매료된다는 뜻이라기보다는, 아메리카 원주민들이나 오스트레일리아 원주민들처럼 백인 주도의 문화를 극복하면서 더 큰 정체성에 매료된다는 뜻이다. 또한 소위 현대 세계를 거부하지 않는다는 뜻이다. 실제로 과거를 살리는 동기의 하나는, 자기네 민족이 이 세상에서 가지고 있는 몫을 증진하고자 하는 것이다.

종교적 변화를 촉진한 또 다른 요소는 모든 국가가 실제로 민족적 제반 요소를 중심으로 구상되고 운영되는 경제 발전 모델을 받아들인 것이었다. 모델에 따라 그 특징은 다르게 마련이다. 어떤 모델은 분명하게 자본주의를 따르고, 또 다른 모델은 자명하게 사회주의를 따르고, 어떤 모델은 실용적이면서 절충적이기도 하다. 그러나 고유한 전통에서 영감을 받았다고 주장하는 모델들(탄자니아의 '아프리카적 사회주의' 같은)에서도 종교와 사회의 전통적 연계성이 약화되고 있다. 화폐경제, 판매를 위한 잉여물 생산, 기계화된 광물자원 채취, 일정 수준의 산업화, 인구 대이동, 토지와 조상들을 연결하는 일이 사라진 것은 실제로 모든 현대 국가들의 특징이다. 비록 현실에서는 불완전하게 실현됨에도 불구하고 그것은 그러한 대부분의 국가들이 자의적으로 선택한 길이기도 하다. 전통적인 가치 체계는 바뀌거나 위축되거나 대체되고 만다. 그 영향은 단지 신생국들에 국한되지 않는다. 제2차 세계대전 이후 라틴아메리카의 우림(雨林) 지역은 크게 잠식당해 결국 개발, 환금작물 허용, 광물자원 채취로 이어졌고, 브라질, 콜롬비아, 베네수엘라와 중앙아메리카 숲 속에 사는 많은 사람들의 생존 기반이 바뀌게 되었다.

경제개발 압력 때문만이라고 할 수는 없지만, 그것과 관련된 중요한 환경적 변화가 생겼다. 1945년 이후 세계의 열대림이 크게 감소했다. 여기에는 환금작물(또는 중앙아메리카의 경우에는 목초지)을 허가한 탓도 있고, 현대 과학 기술을 기반으로 고엽제를 사용한 전쟁(특히 동남아시아 지역) 탓도 있으며, 지속적인 인구 증가로 식량과 연료를 조달하기 위해서 더 많은 땅을 남용한 탓도 있다. 이 모든 것에는 생존 기반의 변화가 따르며, 이는 종교와 관련이 있다. 중앙아프리카 전 지역에 걸친 연이은 가뭄 때문에, 어떤 곳에서는 지역 분쟁 때문에 양상이 더 복잡해지면서, 사하라 사막 주변 대초원에 사는 많은 부족들의 생존 기반이 바뀌었다. 어떤 부족들은 살던 땅에서 쫓겨나기도 했고, 또 많은 유목민들과 반유목민들의 생존 기반이 무너졌다. 가장 중요한 요소로는 도시화를 들 수 있다. 공통된 기원으로 인정하는 소규모 농촌 공동체를 기반으로 그들 자신이나 그 부모들의 종교 세계를 형성해 온 수백만 명의 사람들이 현대 도시들로 모여들었다. 그 도시들은 전통적인 종교 관념과 조직의 범위를 크게 벗어나서 다양한 종류의 사람들이 밀집해 있고, 긴장되고 문제가 산적해 있으며, 소외를 겪는 곳이었다. 거대한 이러한 현상은 심지어 세계 기준으로는 아주 소규모 집단이라고 할 수 있는 파푸아뉴기니의 포트모스비의 경우에도 마찬가지라고 할 수 있다. 하지만 대부분의 아프리카 도시들은 1945년 이후 인구가 50만 명을 넘어섰다.[23]

마지막으로, 식민지 시기 동안 시행되던 원시 종족들에 대한 정치적 압박은 유럽 제국들이 종말을 고한 후에 더 가중되었다. 이와 관련하여 입법적 측면은 아마도 중요시되지 않았던 것 같다. 전체적으로 식민 세력을 승계한 나라들은 식민 세력들이 만들어 놓은 법률을 그대로 유지하면서, 인신제사 같은 종교 제도는 불법화했다. 하지만 관련된 종교들은 오래전부터 대용물을 사용하는 것에 이미 익숙해져 있었다(실제로 입법과 상관없이 그렇게 하고 있었다는 주장이 있다).[24] 어떤 형태의 마법 탐지와 고발 또한 여전히 불법이었다. 아무런 영향도 받지 않은 채 마녀를 찾는 일이 유행하였고, 도시 생활이 주는 긴장 때문에 마법 행위에 대한 의혹의 범위가 점점 넓어진 것 같지만, 새로 형성된 사회는 이런 행위에 대처하는 새로운 방법을 찾고 있었다.[25] 원시 종족들에게 더 의미심장한 일은, 때로는 강제적으로, 때로는 비공식적으로, 그들을 더 큰 실체에 가입시키려 하거나, 애국 운동으로 몰아넣거나, 다른 종족들이 주도하는 분쟁에 동원시키려

23　D. B. Barrett, *World Christian Encyclopedia* (Nairobi, London, and New York: Oxford University Press, 1982)를 보면, 아프리카 대륙에서 인구 100만이 넘는 도시가 10개였고, 10만이 넘는 도시는 적어도 145개에 달한다고 한다. 물론 1982년 이후 이 수치는 분명 증가했을 것이다.

24　S. O. M. Adebola, *The Institution of Human Sacrifice in Africa and Its Analogies in Biblical Literature*, 박사 학위 논문(University of Aberdeen, 1985).

25　마녀 신앙은 원시종교의 절대적인 구성 요소가 아니지만(예를 들어 마녀 신앙은 오스트레일리아에는 존재하지 않는다), 어떠한 종교적 틀 안에서 둥지를 틀 수 있다. 사용되는 치료 방법에서 종교적 측면이 나타난다. R. W. Wyllie, "Ghanaian Spiritual and Traditional Healers' Explanations of Illness: A Preliminary Survey", *Journal of Religion in Africa* 14 (No. 1, 1983): pp. 46-57.

는 압력이었다. 말레이반도의 원시림 속에 사는 사람들은 말레이시아가 독립하기 전에 영국 식민 당국과 공산주의자들 사이의 분쟁에 말려들었고, 독립 후에 정부는 돼지나 기르는 이 사람들을 이슬람의 우리 안에 가두려고 획책하기도 하였다.[26] 그 뒤 최근에도 파푸아주와 동티모르를 인도네시아와 합병하기 위하여 자바에 살던 사람들을 이주시키는 일이 벌어졌다. 원시 종족들에게는 엄청난 결과를 초래하는 일이었다. 여러 세기 동안 다양한 인도 부족들은[27] 많든 적든 간에 힌두교의 영향을 받았으나, 부족과 카스트는 여전히 엄격하게 구별되어 있다.[28] 부족민들의 지위는 법적으로 보호되고 있지만, 부족민들이 분명하게 별개의 정체성을 갖는 일을 줄이는 것이 국가에는 크게 유리한 구석이 있다. 인도와 중국 사이에 긴장이 감돌던 시기에 국경 지역에 살고 있는 부족들이 잠재적인 불안 요소였던 사실에서 그 유리함을 분명히 알 수 있다. 방글라데시에 사는 작은 부족들은 본질적으로 이슬람 국가에 살면서 불편하지만 아무런 소리도 내지 못

---

26 Mustapa b. Hj. Daud, "The Religion of Two Negrito Peoples: A Comparative Study of the Semang of Peninsula Malaysia and the Andamanese of Andaman Islands." 문학 석사 논문(1970), p. 29 이하.
27 인도반도에서 가장 오래된 문화들이 "자주 급격한 위축 단계"에 있다(Dupré, *Religion in Primitive Cultures*, 76). 종교와 관련하여 인도 부족 사회들에 대한 가장 괄목할 만한 연구들 가운데는 P. Juliusson, *The Gonds and Their Religion: A Study of the Integrative Function of Religion in a Peasant, Preliterary, and Preindustial Culture in Madhya Pradesh, India* (Stockholm: Acta Universitatis Stockholmensis, 1974); A. van Exem, *The Religious System of the Munda Tribe* (St. Augustin: Haus Volker und Kulturen, 1982); Barbara M. Boal, *The Konds: Human Sacrifice and Religious Change* (London: Aris and Philips, 1982) 등이 있다. Boal 박사가 그에 앞서 쓴 *Fire Is Easy: The Tribal Christian and His Traditional Culture* (Manila: Christian Institute for Ethnic Studies in Asia, 1973)는 더 많이 읽히는 책으로, Kond 부족의 종교 생활에 관한 간결한 개요가 실려 있다. *Sevartham*이라는 전문 잡지에서는 인도의 부족 종교에 관한 귀중한 일련의 연구를 볼 수 있다.
28 Juliusson, *The Gonds and Their Religion*, pp. 102-107.

했다. 그들은 특히 혹독한 압박을 받고 있는 것 같다.[29] 아프리카에서 많은 운동들과 국가들이 마르크스주의 이데올로기를 공식적으로 받아들이고 있었지만, 종교를 폐기하려는 지속적인 시도에 관한 증거는 거의 없다(원시종교에 관한 한 정반대다). 그러나 정당, 군대, 또는 준군사 조직이라는 수단으로 그들을 동원함으로써, 농업 생활을 기반으로 하는 원시 부족들을 흡수시키는 또 다른 일이 일어났다. 중앙아메리카에서 인디언 부족들은 다양한 공화국들 사이의 권력 싸움 가운데서 최악의 고통을 당하고 있다. 그 공화국들은 온갖 방법을 써서 토착민들을 지배 문화에 융합시키려 하는 수백 년 묵은 전통을 유지하는 곳들이다. 중앙아메리카는 물론 남아메리카의 몇몇 지역에서도 그러한 토착민 공동체들은(부분적으로는 원시 부족, 그러나 주로 기독교 부족) 계속 폭력과 붕괴를 겪고 있다.

이러한 변화의 원인들 때문에 원시종교는 일종의 위협을 받고 있다. 이러한 원인들은 가치를 따지는 전통적인 방법과 의무에 대한 전통적인 방침과 승인과 금지에 관한 전통적인 양식과 접촉하면서 가치관에 혼란을 일으킨다. 이러한 원인 때문에 위계질서에 혼란이 생긴다. 이것들 때문에 토지와의 연결이 약해지고 따라서 조상과의 연대도 약해진다. 이것들 때문에 전통적인 신분과 실제 권력 사이의 연계가 분해되고, 지위를 얻는 새로운 방법이 열리며, 이것들 때문에 뚜렷한 구분조차 없어지는 일이 잦아진다(남자와 여자가 맡은 일 사이의 구분을 예로 들 수 있다). 또 이러한 원인들은 지역성을 초월해 꼭 필요한 비전을 제시하며 구심점에 혼란을 일으킨다. 그 공동체는 분명

---

29 *Inside Asia* 9 (July 1986): p. 28 이하를 보라.

사건들이 터지는 온 세상의 일부다. 초자연적인 세계에 대한 인식은 이제 온 세상에 대한 비전으로 확대된 이 온 세상을 고려하여야만 한다.

이러한 혼란의 모습들 그 자체로는 아무것도 새로울 것이 없다. 원시 부족들의 생활의 기반, 따라서 인식의 기반은 전쟁, 정복, 이민, 다른 종족과의 결혼, 이웃들의 적응, 유행병, 환경 변화 등에 따라 끊임없이 바뀌게 된다. 새로운 것이라고는 그 변화시키는 힘의 규모, 강도, 보편성일 뿐이다.

반응의 형태

이러한 변화시키는 힘에 대한 반응에서 공통적인 모습에 대한 조짐은 없다. 제2차 세계대전이 끝난 후 우리가 침체, 흡수, 재설명, 축소, 창안, 조정, 소생, 전유라고 부를 수 있는 과정상의 표징들은 분명히 있었다.

침체

침체가 시작된 것은 1945년보다 훨씬 전으로, 이는 가장 뚜렷한 추세였다. 현대화 과정에서 나온 가치관, 위계질서, 구심점의 혼란은 현대화가 요구하는 더 넓은 세계와 분명하게 관련이 있는 세계적인 종교들이 존재하고 있었기 때문에 생겨났다. 1945년 이후 원시 부족들 대부분이 기독교나 이슬람으로 종교를 바꿨다. 아프리카에서 두 종교로 개종하는 추세는 오랫동안 지속되고 있다. 비록 기독교와 이슬람 사이를 넘나드는 일이 있긴 하지만,[30] 대규모로 원시종교로 회귀하는 경우는 좀처럼 없는 것 같다. 제2차 세계대전이 끝난 후 멜라네시아와 인도네시아의 원시 부족들 가운데서 기독교로 개종하는 경우가 부쩍 많아졌고, 인도에서는 부족들이 기독교와 힌두교로 개종하였다. 어떤 경우에는 세계적인 종교들 가운데 하나가 존재한다는 것이, 지배 문화가 가하는 압력의 와중에서 어떤 부족의 정체성을 유지하는 수단이 된다. 기독교는 성경과 예배의 중심 행위에 대해 기꺼이 토착어와 그 지역의 이미 존재하던 개념을 받아들였기 때문에, 흡수 당하거나 지배당할 위협을 느끼고 있던 집단들(예를 들어, 몇몇 인도의 부족들과[31] 나이지리아 고원에 사는 소수 민족들)에게 특별히 매력적인 종교였다. 오랫동안 이슬람에 저항하고 자기네들 땅에 들어온 기독교 선교사들에게도 별 관심이 없었던 아프리카 사람들은 도시로의 이주가 진행되면서 교회파와 모스크파로 갈라졌다. 접촉 기간이 길었던 그린란드와 캐나다 북극 지방에서는 원시종교를 적극 실천하는 일이 사그라졌고, 가장 특징적인 제도인 샤머니즘도 폐기되었다.[32]

전의 몇몇 시기에 기독교로의 개종은 특히 백인들이 가진 권력에 동참할 욕심과 연결되었다. 그것은 현대화 과정을 백인들이 주도하였

---

30 J. K. Parratt, "Religious Change in Yourba Society: A Test Case", *Journal of Religion in Africa* 2 (No. 2, 1969): pp. 113-128.
31 참고. Augustine Kanjamala, "Christianization As a Legitimate Alternative to Sanskritization", *Indian Missiological Review* 6 (No. 4, 1984): pp. 307-331.
32 참고. I. Klevin and B. Sonne, *Eskimos: Greenland and Canada* (Leiden: Brill, 1985), p. 2. D. Merkut, *Becoming Half-Hidden: Shamanism and Initiation Among the Inuit* (Stockholm: Almqvist och Wiksell, 1985): "서양의 관찰자들이 아는 한, 이 누이트 부족의 샤머니즘은 오늘날 멸종되었거나 쇠퇴했다. 전에 무당 일을 하던 사람들이 아직 조금은 살아 있지만 더 이상 무당짓거리는 하지 않는다. 그러나 앞으로 수년이나 수십 년 안에 샤머니즘이 되살아날지는 두고 보아야 한다"(p. v). 최근 아메리카 원주민들의 종교가 되살아나는 것을 보면 현명한 분석이다.

고 백인 선교사들이 활동하면서 동시에 일어났기 때문이다. (그러한 권력에 접근하는 일이 이루어지지 않았을 때 따라온 실망은 기독교적인 종교 행위와 원시적 종교 행위 모두에 영향을 주었다.)[33] 1945년 이후, 특별히 지난 20년(1960년대 중반부터-옮긴이) 어간 동안, 그러한 직접적인 관련은 점차 사그라졌다. 그러나 더 넓은 우주와 연결시켜 줄 역량이 있고 대안적인 행동 규칙을 가지고 있으며 결단 같은 것이 포함된 상징적인 변화를 요구하는 기독교와 이슬람은, 한 민족의 전통적인 전승이 더 이상 그 역할을 감당하지 못하게 되자 새로운 상황에 의미를 부여하고 적응할 방법을 끊임없이 찾아주었다. 두 종교는 불가지론이 원시사회를 붙잡아 둘 때 여전히 가장 흔히 쓰는 도피처로 남아 있다.[34]

흡수

침체 과정의 결과물 가운데 하나는, 원시종교의 외형 대부분이 기독교와 이슬람 공동체에 흡수된 것이었다. 이 과정의 결과는 엄밀하게는 이 두 종교에 관한 연구에 속한 것으로, 두 종교 모두 원시종교와

---

33 H. W. Turner, "The Hidden Power of the Whites: The Secret Religion Withheld From the Primal Peoples", *Archives de Sciences Sociales des Religions* 46 (No. 1, 1978)을 보라; *Religious Innovation in Africa: Collected Essays On New Religious Movements* (Boston: G. K. Hall, 1979): pp. 271-288에 다시 출판되었음.

34 아프리카에서의 회심의 성격에 관한 논쟁을 주도한 사람은 Robin Horton으로, 그는 확장된 우주라는 측면을 강조한다. 토론에 기여한 글들 가운데 R. Horton, "African Conversion", *Africa* 6 (2, 1971): pp. 91-112; H. J. Fisher, "Conversion Reconsidered: Some Historical Aspects of Religious Conversion in Black Africa", *Africa* 43 (1, 1973): pp. 27-40; C. Ifeka-Moller, "White Power: Social Structural Factors in Conversion to Christianity, Eastern Nigeria, 1921-1966", *Canadian Journal of African Studies* 8 (1, 1974): pp. 55-72 등이 볼 만하다. 또 Lamin Sanneh, "The Domestication of Islam and Christianity in African Societies", *Journal of Religion in Africa* 11 (No. 1, 1980): pp. 1-12를 보라. 더 자세하게 논의한 사례 연구로는 C. C. Okorocha, "Salvation in Igbo Religious Experience: Its Influence on Igbo Christianity." 박사학위 논문(University of Aberdeen, 1982)을 보라.

의 상호 침투라는 역사적으로 오랜 경험을 가지고 있다. (특히 기독교는 초기부터 지금까지 예나 지금이나 단연코 원시종교들에게 가장 큰 영향을 끼쳐 왔다.) 우선순위를 수정하고 재정리하는 일은 상당한 일일 것이고, 많은 사람들, 아마도 대부분의 사람이 영적인 인식이 중복된 세계에서 살고 있을 것이다. 그러므로 보기에 따라서는 원시종교가 보편 종교들 안에서 연명하고 있다고 생각하는 것이 맞을지도 모르겠다.[35] 그러나 좀더 근본적인 각도에서 보자면, 그러한 경우에 종교사에서 원시종교라는 장(章)은 끝난 것이다. 은사를 가진 예언자가 점쟁이의 후계자가 되어, 비슷한 상황을 다루면서 혹 동일한 기술을 사용할지도 모른다. 그러나 그 예언자가 이스라엘의 하나님의 이름으로 그렇게 하고, 그의 행동이 옛 전통에서 비롯된 것이 아니라 성경에 근거한 것이라고 설명하며, 점쟁이들과 전통적인 능력의 실체들을 거부한다면, 역사적 변화가 온 것이다.

재설명

이 과정은 정확하게 규명하기가 가장 어려운 부분이지만, 보편 종교의 존재 자체 때문에 생긴다. 기독교와 이슬람의 변증자들과 접촉하게 되면 신자들은 성찰과 해명을 강요당한다. 그러면 그들은 불가피하게 신앙 바깥의 언어를 쓸 수밖에 없고, 그리스도인들과 무슬림들의 가르침과 대화에서 가장 강력하게 드러나는 주제들을 언급하게 된다. 문제의 성격상 가장 흔히 다루는 화제는 하나님의 본성에 관한 것이다. C. R. 가바(Gaba)는 안로(Anlo, 가나의 행정구역-옮긴이)의 한 장

---

35 상호 침투와 공생이라는 복잡한 경우는 P. B. Steinmetz, *Pipe, Bible and Peyote Among the Oglala Lakota* (Stockholm: Almqvist och Wiksell, 1980)에서 추적했다.

로가 보인 반응을 인용한다. 그 장로는 그리스도인이 안로의 최고신인 마우(Mawu)와 성경의 하나님을 동일시한 것에 대해 평한다.

내 아들아! 마우는 좁은 방에 가두고 그곳에서만 예배하기에는 너무 큰 분이다. 안로의 땅 모든 곳에서 이런 짓을 하는 사람들은 그리스도인들뿐이다. 어떻게 눈으로 볼 수도 없으며 어디든 바람처럼 스쳐 가는 존재를 방 안에 가둘 수 있는가? 우리가 믿는 조무래기 신들이야 우리 눈에 띄도록 그들 스스로가 우리에게 나타나고 부분적으로 어떤 장소에서 우리와 관계를 맺고 있어서, 다른 부족들이 자기네 신들을 모시는 것처럼 집 안에 모실 수 있다. 정말로 의심스러운 점은, 너희 그리스도인들이 너희 교회당에서 예배하는 대상이 백인들의 조무래기 신이 아닌가 하는 것이다![36]

그 장로는 마우가 그리스도인들이 하나님의 특징이라고 말하는 모든 특징을 가지고 있다고 단언한다. 그리고 바로 그 점 때문에 그리스도인들이 예배드릴 때 그분과의 친밀함을 표현하는 것을 헐뜯고 있다. 기독교는 사교의 하나이고, 그 사교의 신을 숭배하는 것이고, 그 때문에 낯선 것일 수밖에 없다. 그러나 마우에 관한 그 장로의 신학에는 아마도 기독교가 들어오기 전 안로의 전통에 낯선 것이 담겨 있지는 않겠지만, 그 신학 자체는 기독교라는 존재와의 긴장 속에서 형성된 것이다. 하나님에 관해 그렇게 적극적이고 분명한 주장을 하는 기독교와 이슬람의 존재가, 계속해서 신화를 성찰하고 조정

---

36   C. R. Gaba, "The Idea of a Supreme Being Among the Anlo People of Ghana", *Journal of Religion in Africa* 2 (No. 2, 1969): pp. 64-79.

하며 용어와 개념을 새롭게 설명하는 과정을 가져온 요인임에는 틀림 없다. 실제적인 회심이 일어나려면, 특히 그리스도인이 되려는 사람들 가운데서 그 과정이 더 진행되어야 한다. 아프리카의 무슬림들은 알라에 대해 토착어 명칭을 사용하는 것을 기피하는 특징을 보인다. 그러나 그리스도인들은 보통 그러한 명칭을 만들고, 그럼으로써 옛 신앙과 새로운 신앙 사이의 연속성을 강화하면서, 적당하게 과거를 '전환시킨다.' 어느 특정 민족이 기독교와 접촉하기 전 시대에 그들이 섬기던 절대자의 특질과 예배에서의 위상에 관하여 현재 학자들이 벌이고 있는 논의의 공통적인 논점은 오히려 부차적인 것으로 보인다. 종교적 과정 자체는 끊임없이 전통을 재해석하고 또 필연적으로 과거를 해석한다.[37]

축소

원시종교는 중심적인 제도들을 제거하거나, 거꾸로 삶 전체에 영향을 미치는 복잡한 전통과 단절된 제도를 만들어 냄으로써, 축소되거나 그 범위가 제한되는 경우가 많다. 제물을 바치는 형식은 유지하지만 상징에 그치는 경우가 많아서, 값비싼 짐승들은 상상으로만 잡아 죽이고, 실제로는 귀만 잘라 바치고 돌려준다. 사람들의 자의식 속에 너무 깊이 뿌리 박혀 있어서 젊은이들의 성년식 같은 것도 없애지는 않지만, 절대로 교육에 지장을 초래해서는 안 되므로 방학 때 진행하는

---

37 참고. O. Bimwenyi Kweshi, *Discours théologique nègre African: Problèmes des Fondements* (Paris: Presence Africaine, 1981), pp. 61-65 이하; Kwame Bediako, "The African Evidence for a Christian Theology of Religious Pluralism", in J. A. Thrower, ed., *Essays in Religious Studies* (Aberdeen: University of Aberdeen Department of Religious Studies, 1986), pp. 44-56.

것으로 약식화된다. 위생도 고려해야 하므로 할례 자체는 병원에서 행한다.[38] 그 결과, 한때 살아 있는 종교의 심장에 해당하던 제도가 세속화된 것이다. 당당하고 으뜸가는 자리에 있는 종교의식은 보편 종교의 영향을 강하게 받는 많은 사회 안에 여전히 남아 있으면서(유럽에서처럼 선뜻 기독교의 관습으로 여겨지지는 않는다), 역사적이고 의례적인 이유들로 널리 존중되지만, 종교의 본원과는 더 이상 관련이 없다. 그 종교의식에 밀접하게 관련된 이들은 단지 그 종교의식(과 간혹 아내가 여럿 있어야 한다는 요건)이 그 사회에서 가장 '타협할 수 없는' 마지막 제도라는 이유로, 그 부족 대부분의 사람들보다 더 끈질기게 회심에 저항하곤 한다.[39] 다시 한 번 범위를 축소하는 일이 세속화의 흔적임이 드러난다.

H. W. 터너(Turner)는 기독교가 종교 세계에서 한 정치적 실체가 역할을 하는 '존재론적 통치'(ontocratic)의 특성을 파고들면서, 기독교 자체가 어떻게 아프리카의 세속화에 영향을 미쳤는지를 보여 준다.[40] 그러나 세속화 과정이 어디까지 이르렀든, 병의 원인과 치료법을 밝히는 전문가인 점쟁이의 필요성을 없애지는 못한 것 같다.

---

38 F. B. Wellbourn, "Keyo Initiation", *Journal of Religion in Africa* (No. 3, 1968): pp. 212-232; 특히 직접 성년식을 한 D. K. Kiprono가 현대판 행사들에 대해 언급한 부분을 보라. pp. 230-232.
39 1955년에 전통적인 희생 제사를 없애고 설립된 나이지리아 독립 교회에서 중요한 인물인 이바단의 왕 I. B. Akinyele의 경우가 그 방대한 도시의 역사에서 전환점이 된다. 참고. H. W. Turner, "The Late Sir Issac Akinyele, Olubadan of Ibadan", *West African Religion* 4 (1965): pp. 1-14; Religious Innovation, pp. 129-132에 재발간되었다.
40 참고. H. W. Turner, "The Place of Independent Religious Movements in the Modernization of Africa", *Journal of Religion in Africa* 2 (No. 1, 1969): pp. 43-62.

창안

때로는 원시종교 안에서부터 새로운 창의적인 활동이 튀어나오는 일이 있다. 이것 때문에 원시종교가 새로운 상황에 처하게 되어 다른 문화들에 있는 요소들을 거리낌 없이 흡수하고 받아들이게 된다. 이 과정을 가장 극명하게 보여 주는 예들이 1945년보다 훨씬 전에 아이티와 브라질에서 있었다.[41] 아프리카 대륙에서 생명력을 유지한 종교들이 다른 곳에서도 연속성을 가진 것이 분명하지만, 옮겨 간 상황에서 그 종교들에 다른 측면이 더해졌다. 특히 브라질에서는 아프리카의 영향을 강하게 받은 움반다(Umbanda, 움반다는 원래 의사, 주의, 제사라는 뜻으로, 아프리카 토속신앙 성격이 강한 심령주의적 혼합종교의 총칭이다 – 옮긴이)와 다른 심령주의적 종교들이 점점 더 중요한 위치를 차지하게 되었다. 이런 종교들은 최근 몇십 년 동안에 새로운 면모를 갖추게 되었지만, 대중적인 가톨릭 신앙이 대규모로 조직적으로 주입되었기 때문에, 이렇게 창안된 종교는 원시종교라기보다는 새로운 종교라고 보는 편이 나을 것 같다.[42]

다른 형태로 창안된 종교라면 기독교나 이슬람을 대체하는 '보편' 종교를 만들려는 의도로 예배와 의식적 요소들을 조직화하기도 하는데, 이들은 때로 고등교육을 받은 이들을 위해 고안된 의례서와 변증서를 가지고 있었다. 이러한 운동들은 받아들일 만한 민족주의적 종교를 제시함으로써, 독립운동을 하던 시기에 정치적인 의식을 가진

---

41 R. Bastide, *The African Religions of Brazil* (Baltimore: Jones Hopkins University Press, 1978); R. F. Thompson, *Flash of the Spirit: African and Afro-American Art and Philosophy* (New York: Random House, 1984).
42 I. Zaretsky and C. Shumbaugh, *Spirit Possession and Spirit Mediumship in Africa and Afro-America: An Annotated Bibliography* (New York: Garland, 1978)에 방대한 참고 문헌이 실려 있다.

사람들 사이에서 인기를 얻기도 했다.⁴³ 전직 로마가톨릭교회의 신부가 설립한⁴⁴ 아프리카니아(Afrikania)처럼 새로운 형태의 종교들은 좀 더 대중적인 아프리카인의 의식에 호소하는 방향으로 전개되었다.

조정

새로운 현상들을 고려해 세계관을 조정하고 확장하려는 시도가 계속되어 원시종교의 특징이 되기에 이른다. 1945년 이후 새로운 영향력과의 접촉이 상대적으로 늦었지만 이러한 현상은 유달리 급격히 새로운 영향력이 침투해 들어왔던 멜라네시아에서 특히 두드러졌다. 한때 적하(積荷) 숭배(cargo cult, 조상의 영혼이 배·비행기로 돌아와 백인에게서 해방시켜 준다는 뉴기니 지역 주민의 신앙—옮긴이)라고 한데 묶어 버린 과도한 운동을 조정 운동이라 기술하는 것이 이제는 흔한 일이 되어 버렸다.⁴⁵ 서양인들의 관점에서 너무 낯설고 이야깃거리가 되는 적하 요소를 지나치게 강조하는 것은 오해의 소지가 있을 수 있다. 그러나 비견할 수 없는 새로운 현상들을 통합하기 위해서는 결국 조상들이 돌아와 건강과 행복의 시기를 연다는 신앙을 포함하는 기존의 종교적 틀을 조정하고 그것에 맞추어야 한다는 것이다. 1977년 파푸아뉴기

---

43 예를 들어, 당시 베닌 왕국의 왕과 제휴하였던 아루오사(Aruosa)의 경우, 베닌의 예배 의식적 요소들과 나이지리아와 카메룬 국가 교회의 요소들을 갖고 있었고(같은 두문자를 가진 정당과 나란하게), K. O. K. Onyioha가 강력하게 이끌었다.
44 H. J. Beckon이 가나의 신문 보도를 수집하여 논평하였다. *Zeitschrift für Mission* 9 (1983): pp. 233-239; 참고. *Exchange* (Leiden) 13 (37-38, 1984): pp. 98-106.
45 이러한 운동들에 관해서는 P. Worseley, *The Trumpet Shall Sound: A Study of Cargo Cults in Melanesia*, 2nd ed., (New York: Shocken, 1968); K. O. L. Burridge, *Mambu: A Melanesian Millennium* (London: Methuen, 1960); K. O. L. Burridge, *New Heaven, New Earth: A Study of Millenarian Activities* (Oxford; Blackwell, 1969); J. G. Strelan, *Search for Salvation: Studies in the History and Theology of Cargo Cults* (adelaide: Lutheran Publishing House, 1977)를 보라.

니의 한 선교사의 짐을 하역하는 일이 더 많은 백인들을 대표단으로 보내는 일로 이어졌다. 석유탐사 착수는 땅에 파놓은 구멍을 통해서 조상들이 귀환할 것이라는 기억을 다시 일깨웠다. 과학기술에 심취한 다른 선교사가 비행기를 정기적으로 이용한 것이, 다음과 같은 새로운 방향의 신화를 만들어 냈다. "미 크리스투스(Mi Kristus, 그리스도) 가 하늘나라에서 돌아와서 타이예베(Taiyeve)에 착륙하였다. 타이예베에 살고 있는 사람들을 위한 화물을 싣고, 비행기들이 줄달아 그곳에 착륙하고 있다."[46] 가장 자주 조정을 요하는 면은 규모다. 태평양 지역에서 일어난 새로운 운동이 해묵은 민족적 분열, 심지어 오랫동안 서로 소원하게 지냈던 사람들을 초월해 얼마나 자주 발생했었는지는 주목할 만하다.

소생

오늘날의 원시종교들은 단지 조정하는 일에만 그치지 않는다. 어떤 원시종교들은 소생하기도 한다. 이러한 소생은 부분적으로는 문화적 정체성을 주장하고, 유럽의 규범이 유일한 기준이라는 시각을 거부하며 서양 이외의 부족들 편에서 문화적 자신감을 회복한 결과다. 아프리카와 아프리카계 미국인 학자들, 예술가들, 지식인들이 아프리카의 문화유산을 재발견하고 재확인하는 중이다. 몇몇 경우를 보면, 보통은 짧은 기간이기는 하지만 정부와 정치 운동에서 충성심을 시험할 목적으로 전통 관례(특징상 그 지역의 그리스도인 집단들은 맹렬히 반대

46　A. DeVries, "Cargo Expectations Among the Kwerba People", in Wendy Flannery, ed., *Religious Movements in Melanesia Today* 1 (Goroka: Melanesian Institute, 1983): pp. 25-30. 'Mi Kristus'는 인도네시아어로 그리스도라는 말이다. 3권으로 되어 있는 이 시리즈는 지난 10년 동안에 있었던 다른 많은 운동들을 기록하고 있다.

한다)를 사용하기도 한다.⁴⁷

그러나 소생한 종교에 대한 가장 놀라운 표현들은 아메리카 원주민들과 오스트레일리아 원주민들같이 백인들과의 경쟁에서 모든 것을 영구히 빼앗긴 소수 부족들 가운데서 나타난다. 조지프 브라운(Joseph Epes Brown, 1920-2000, 미국 학자로 아메리카 인디언의 종교 전통을 연구했다-옮긴이)이 1948년 오글랄라 수(Oglala Sioux, 미국 사우스다코타 주 인디안 보호 구역에 거주하는 부족-옮긴이) 부족의 성자 검은 고라니(Black Elk, 1863-1950, 오글랄라 라코타의 치료 주술사였다-옮긴이)를 찾아냈을 때, 그는 검은 고라니가 "이 민족의 지경이 파괴된 것을 애통해한다"는 것을 알게 되었다. 일반적으로 사람들은 심지어 전문가들도 겉으로 보기에 구태의연하고 시대착오적인 문화를 가진 인디언들이 자기들의 우월성과 목표의 적법성을 확신하고 있는 더 큰 미국 사회에 완전히 동화되는 것은 단지 시간문제(실제로는 초읽기에 들어간)일 뿐이라고 생각했다.⁴⁸ "자기 부족에게 전성기를 되찾아 주려는" 검은 고라니의 사명은 그에게 많은 고통을 안겨 주었고, 그가 노력한 방법으로는 달성되지 못했을 것이다. 그러나 거의 사라질 지경에 이른 한증막과 환각 탐색 같은 전통 종교의 특성을 가진 제도를 부활시켰다.⁴⁹ 또 자동차를 몰고 텔레비전을 보는 젊은이들로부터 충성을 얻어 냈다.⁵⁰ 이와 함께 전통 종교, 특히 그 가치의 풍성함에 대한 인식과 땅

47　예를 들면, 마우마우식 '서약'과 한때 차드에서 시행했던 성인식 같은 것이다.
48　Joseph Epes Brown의 *The Sacred Pipe: Black Elk's Account of the Seven Rites of the Oglala Sioux* (Hamondsworth: Penguin, 1971), 서문, p. xv를 보라. 검은 고라니(Black Elk)는 1950년에 죽었다.
49　Joseph Epes Brown, *The Spiritual Legacy of the American Indian* (New York: Crossroad, 1982), p. 65 이하.
50　참고. C. Dusenberry, *The Montana Cree: A Study of Religious Persistence* (Stockholm: Almqvist och Wiksell, 1962) 참조; 아메리카 원주민 운동에 관한 참고 문헌

을 존중하는 마음을 되찾았다. 환경 파괴와 백인들의 가치관 중 별로 호감이 가지 않는 여러 특징들 때문에, 그 문화에 동화되는 것에도 그다지 호응을 얻지 못했다. 특히 흥미로운 두 가지 특징을 들 수 있다. 첫째, 비록 뿌리를 찾는 일이기는 하지만, 소생 운동은 편협한 인종 집단의 의식에 중점을 두지 않았다. 설사 두었다 하더라도 그것은 인디언 전체와 관련된 것이었다.[51] 둘째, 과거에는 일부에서만 사용되었지만 나중에는 종교적 목적을 띠고 아메리카 원주민 교회를 통해 확산된 페요테(peyote)라는 환각제의 사용이 수그러들기 시작한 것으로 보인다. 새 운동은 소극적인 것이 아니라 긍정적인 것이었다.[52]

오스트레일리아에서 일어난 일도 어떤 면에서 이와 비슷하다. 원주민의 토지 소유권에 대한 질문 그리고 원주민들 사이에서 새로운 정치의식이 싹트고 있었다는 것이 중요한 내용이다. 토지 소유권 문제는 조상들이 살던 땅의 성스러움과 밀접한 관련이 있다. 살던 땅에서 강제로 쫓겨나 이주하면서 원주민들이 겪은 탄압은 많은 경우에 가족과 터전의 실제적인 연결을 끊어 내는 데 어떤 역할을 했다. 그러나 (이미 받아들인 기독교를 분명하게 거부하는 일이 반드시 수반될 필요까지는 없지만) 전통문화의 소생을 통하여 일반적인 원주민들이 옛 터전의 가치를 인식하는 일이 촉진되었다. 다시 한 번 원시종교 안에서 일

은 H. W. Turner, *Bibliography of New Religious Movements*, vol. 2, *North America* (Boston: G. K. Hall, 1978)를 보라.

51 Brown은 *Spiritual Legacy*에서 범 인디언주의(pan-Indianism)의 '이중성'을 지적하고 있다: "수많은 그 운동들의 배후에 있는 자극제는, 소수 인종에 대한 백인들의 태도에 대한 대응이다.…그 결과는 여러 다양한 형식과 관행을 가진 복합체로, 대중성도 있고 상업적인 이득도 있지만, 참된 영성을 희생시킬 위험이 있다"(p. 67). 그러나 Brown은 의례가 중요한 개인적 덕목과 또 새롭게 등장한 샤먼들을 포함해 수많은 지도자들의 고상한 개인적 자질을 표출하는 수단이라는 점을 강조한다.

52 같은 책, p. 18.

어난 새로운 운동이 원주민들을 지역적으로 한정된 곳에 머무르는 소수 인종으로 남겨두지 않고 더 넓은 시각을 갖게 해 주었다.

전유

마지막으로 역사적으로 전혀 다른 전통을 가진 사람들이 원시종교를 받아들이고 추천하는 현상에 주목해야 한다. 서양에서 환경에 대하여 책임을 져야 한다는 생각이 발전됨에 따라, 인간 대 동물, 생물 대 무생물, 성물 대 속물 같은 뚜렷한 구분을 하지 않는 원시 부족들의 세계관에 대한 새로운 인식이 생겨났다. (아마도 기독교 이후의 서구 사회에서 사실상 종교 없이 자란 사람들 가운데서 의미를 새롭게 추구한 것과 결부된) 이러한 변화는 특히 아메리카 원주민들의 종교에 높은 가치를 부여하게 만들었다. 하지만 그 일부는 별나고 비현실적인 말로 표현되기도 했다. 또한 소규모 사회들을 착취나 서방 세계와의 접촉으로 생기는 더욱 사악한 결과로부터 보호하려 하면서, 1969년에 결성된 세계적인 인권 운동 단체인 서바이벌인터내셔널(Survival International)의 활동 같은 국제적인 관심을 통해서 표현되는 운동이 활발하게 표출되었다.[53] 이러한 운동은 때로 원시적 세계관을 좀먹고 소규모 사회들을 서양의 영향을 받는 문화와 경제로 편향되게 만든 데 대한 책임을 기독교 선교사들에게 돌리는 것으로 주의를 집중시키기도 한다. 이러한 운동들이 발행하는 잡지에서도 특히 라틴아메리카를 언급하면서 이런 내용을 정기적으로 싣고 있다.[54]

---

53 C. Ahern, "Spiritualities on the Land", 문학 석사 논문(University of Aberdeen)을 보라.
54 S. Hvalkof and P. Aaby, eds., *Is God An American? An Anthropological Perspective on the Missionary Work of the Summer Institute of Linguistics* (Copenhagen:

비단 역사적으로 원시종교와 관련된 문화에 대한 새로운 확신만 있는 것이 아니라, 전에는 스스로의 우월성을 당연하게 여겼던 문화에서도 새로운 자기비판의 기운이 일고 있다. 그러나 이것이 현장에서 변화시키는 힘을 축소시키거나 원시적 세계관과 보편 종교와 현대 세계의 상호작용을 크게 축소시키리라는 어떤 조짐도 없다. 예를 들어, 어떤 관찰 결과에 따르면, 음핵 절제 폐지 운동을 펴는 국제적인 여성운동 단체가 아프리카와 아시아 문화권 여성들을 전면에 내세워 압력을 가하고 있다. 음핵 절제는 수많은 아프리카 사회에서 여자가 되는 성인식에 아주 깊게 뿌리내린 제도다.

여덟 가지 형태의 반응 모두 1945년 이후 원시종교들에서 발견되었고, 지금도 찾아낼 수 있는 것들이기도 하다. 터너는 멜라네시아 운동을 네 개의 범주로 나누어 도식으로 제시했다. **신 원시 운동**(Neo-primal, 전통 종교의 개조만을 추구), **합성 운동**(Synthetist, 오랜 전통과 새로이 인지한 기독교를 결합해, 명시적으로 또 다른 종교를 찾으려 하는 운동), **히브리 복고 운동**(Hebraist, 원시 세계로부터 이스라엘의 하나님께 충성으로 인종적인 이동이 있었다고 보지만, 예수 그리스도를 구원의 중보자로 보지 않는 운동) 그리고 **독립 교회 운동**(새로운 기독교의 모델을 추구하는 운동)이 그것이다.[55]

멜라네시아에는 마지막으로 언급한 독립 교회 범주에 드는 것이

International Work Group for Indigenous Affairs: London: Survival International, 1981); 참고. G. Cano, *Los Nuevos Conquistadors* (Quito: CEDIS, 1981).

55 Flannery, *Religious Movements* 1, pp. 1-6에 있는 H. W. Turner의 글. 다른 형태와 해설에 관해서는 V. C. Haves, ed., *Australian Essays in World Religions* (Bedford Park, S. A.: AASR, 1977), pp. 38-48와 *Religious Innovation*, pp. 3-13에 실린 Turner, "New Religious Movements in Primal Societies"를 보라. 또한 "A Typology for African Religious Movements", *Journal of Religion in Africa* 1 (No. 1, 1967): pp. 1-34와 *Religious Innovation*, pp. 79-108를 보라.

드물지만, 현대 아프리카에서는 새로운 운동의 특징적 형태로 자리 잡고 있다. 이 모델은 이슬람과 우리가 말한 몇몇 축소되고 세속화되는 운동들과 관련지어 확장할 필요가 있다. 그러나 이 모델이 20세기에 여러 문화의 영속적인 상호 접속에 의해 야기되는 새로운 상황과 함께, 앞에서 말한 범주들 사이의 유동성을 감안하는 것은 눈여겨볼 만하다. 그것은 또 제2차 세계대전 이후 원시종교에서 일어난 중요한 변화를 지적하고 있다. 그것은 곧 단지 지역적이거나 민족적인 문제에 그치는 것이 아니라, 보편적인 준거 틀, 한 마을에 적합한 새로운 초점을 추구하는 일이 세계적인 것임을 안다는 것이다.

3부 선교 운동

11 • 선교학의 구조적 문제들[1]

선교학의 중요성

선교학을 올바르게 정의하려면 많은 시간이 필요할 테지만, 어떤 주제들을 선교학에 포함할 것이냐에 대해서는 그 누구도 이의를 제기하지 않을 것이다. 나는 여기에서 선교학 안에서 그 주제들의 상대적 중요성이나 그것이 선교학에서 어느 정도로 중심적인 주제인가 하는 문제에 관심이 있는 것이 아니라, 이러한 주제들이 학문으로서의 선교학이 아주 중요함을 실증해 준다는 사실에 관심이 있다.

먼저 해묵은 '선교단'(missions)으로 시작해 보자. 요즈음에는 서양 선교사들의 활동, 또 그들을 배출한 운동을 연구한다는 것에 대해서 이따금 설명이나 변명이 필요하다. 그러나 역사를 살펴보면, 적어도 선교 운동이 지난 몇 세기 동안 세계의 종교 분포에 일어난 가장 충격적인 변화와 어떤 관계가 있는 것은 틀림없다. 지구의 한쪽에서 북쪽의 야만인들이 회심한 이래 가장 많은 이들이 기독교 신앙을 갖게

---

1 *International Bulletin of Missionary Research* 15 (October, 1991): pp. 146-155에 처음 게재되었다.

된 반면, 다른 쪽에서는 이슬람의 발흥 이후 기독교 세력이 상당한 침체를 겪었다. 지금 그 세력 확장의 중심지는 적도아프리카 지역이다. 그곳은 한 세기 전만 하더라도 통계적으로 볼 때 기독교의 변경이었다. 가장 침체가 심한 곳은 서부 유럽 지역으로, 그곳은 한 세기 반 전까지도 가장 역동적이고 중요한 기독교 중심지로 자리매김하던 곳이다.

이러한 사건들과 선교 운동 사이에 어떤 관련성이 있다는 것은 분명하다. 또 현대의 선교 운동은 앞서 있었던 사건들이 여러 가지로 중요한 영향을 주어서, 19세기에 이르러서야 제대로 된 모양새를 갖추게 되었다. 하지만 지금 기독교를 연구하는 학생이 현대 기독교의 이 중요한 원동력을 어떻게 하면 이해할 수 있겠는가? 19세기 영국 교회사에 관한 규범적인 연구가 도움이 될지도 모르는데, 이때 영국은 개신교 선교사들을 가장 많이 배출한 나라였고 선교 운동의 본거지였다는 점을 기억해야 한다.

윌리엄 오언 채드윅(William Owen Chadwick, 1916-2015, 영국의 교회사가, 성공회 신부-옮긴이)의 『빅토리아 시대의 교회』(The Victorian Church)[2]는 학문적으로 대단한 깊이가 있는 방대한 작품이다. 또 이 역사가는 어떤 한 전문 분야에 얽매이지 않은 교회사가의 살아 있는 뛰어난 본보기라 할 수 있다. 그는 심지어 아프리카에 파송된 선교단에 관한 귀중한 작품을 쓰기도 했다.[3] 더 주목할 일은 두 권, 1,116쪽

---

[2] Owen Chadwick, *The Victorian Church* (London: Black, vol. 1, 1966, vol. 2, 1970).

[3] *Mackenzie's Grave* (London: Hodder and Stoughton, 1959)는 중앙아프리카에 파송된 대학교 선교단의 초기 활동에 관한 연구서이다. Chadwick교수는 최근에 펠리칸 출판사의 교회사 시리즈의 하나로 Stephen Neill의 책 *Christian Missions*의 개정판을 내놓았다.

에 달하는 경이롭고 다방면에 걸친 이 연구서에 빅토리아 시대의 선교 운동에 관한 장이나 절은 따로 두지 않고 있다는 점이다. '선교단'이라는 단어는 ('missions, parochial, see also revival'이라는 것을 빼고는) 색인에서도 보이지 않는다. (존 헨리 뉴먼의 초기 경력과 관련해) CMS에 대한 언급과 (중앙집권화된 모금에 대한 회중교회의 관심과 관련된) 런던 선교 협회(London Mission Society, 이하 LMS)에 대한 언급도 각기 한 차례에 지나지 않는다. 내가 찾아낸 것은 단 세 명의 선교사 이름뿐이었다. (웨스트민스터 사원의 장지와 관련해) 리빙스턴과 남아프리카공화국 주교인 W. 콜렌소(Colenso)와 로버트 그레이(Robert Gray, 1809-1872, 케이프타운의 첫 성공회 주교—옮긴이)가 그들이다. 뒤의 두 명을 이단이나 분파, 또는 다른 주교들을 추방한 것으로 유명한 주교들이다.[4]

『빅토리아 시대의 교회』라는 책의 귀중한 특징은, 균형과 운동을 기압계와 같은 감각으로 본 것이다. 영국이라는 중심에 서 있고 규범적인 종교적 세계의 관점에서 당시의 사건들을 보고, 그 세계를 기준으로 그 사건들을 비례적으로 서술하였다. 다른 말로 한다면, 채드윅의 작품에서는 절정기에 있던 영국의 선교 운동이란 것도 빅토리아 시대의 교회를 놓고 보면 주변적인 것에 지나지 않았다는 점을 밝히고 있다. 그 종교의 장래를 결정지은 19세기 서구 기독교의 특징 가운데 하나가 당시에 살던 사람들에게는 큰 인상을 남기지 못했고, 따라서 역사가들도 소홀히 취급했다는 것이다.

이것은 선교학, 또 차라리 인기 없는 '선교단' 연구가 이제는 서양의 교회사를 이해할 때 중요한 해석적 역할을 할 수도 있음을 시사한

---

4 뉴질랜드의 주교 G. A. Selwyn 또한 여러 차례 언급되고 있으나, 그 주된 이유는 그의 나중 경력이 리치필드 주교였기 때문이다.

다. (주후 66년경에 예루살렘에서 작성된 기독교 역사에서는 이방인 선교를 기독교의 발전에서 오히려 주변적인 것으로 제시할 것이 틀림없다. 다른 해석이 가능한 이유는 우리가 사도 바울과 사도 누가가 쓴 '선교학' 문서를 가지고 있기 때문이다.)

교과 과정 뒤집기

그러나 기독교의 무게중심이 변화되는 문제는 그리스도인 학자들에게는 여전히 중대한 의미가 있다. 잠시 역사적 탐구라는 영역에 머물러 보자. 아프리카, 아시아, 라틴아메리카, 태평양 지역의 교회사는 '선교학'에 포함될 수 없다. 이 지역들의 교회사에서 선교 시대란 것은 단지 하나의 사건 이야기에 지나지 않는다. 많은 경우에 그것도 아주 짧은 이야기이고, 다른 많은 경우에도 이미 오래전에 끝난 이야기들이다. 그러나 남반구 대륙의 다양한 그리스도인 공동체들과 관련해서 보면, '선교 역사'와 '교회 역사'는 다른 시대일 뿐 아니라, 다른 종류의 역사이기도 한다.

구전된 것이든 기록된 것이든, 선교 사료와 그 지역의 교회 자료를 이용한 일이 있는 사람이라면, 이 서로 다른 자료들이 완전히 다른 역학과 관점과 우선순위를 드러내고 있음을 알게 될 것이다. 남반구의 교회사는 교회들, 민족들과 그 분야를 연구하는 학자들의 특별한 관심을 불러일으킬 것이 분명하다. 그러나 그것은 그들만이 독점적으로 소유하거나 관심을 둘 사안이 아니다. 그 교회의 역사 전체는 교회 전체에 속해 있다. 이것은 아프리카나 아시아의 기독교 역사가 아프리카인들이나 아시아인들이 아닌 사람들에게는, 교과 과정상 그저 흥미로운 선택 과목의 하나가 된다는 뜻이 아니다. 또 이러한 역사를 마치 최신 내용을 보강하듯, 기존의 강의 계획표에 첨부할 수 있다는 뜻은 더더욱 아니다.

세계 전체에 걸친 기독교의 변화는, 바로 교회사 강의 계획표에 대한 전면적인 재검토를 요구한다. 늘 의식적으로 그랬던 것은 아니지만, 지금까지 교회사 강의 계획표는 대부분 특정한 지리적, 문화적, 신앙고백의 우선순위에 따라 틀을 짜 왔다. 아쉽게도 마치 그것이 보편적인 입장인 것처럼, 그러한 강의 계획표를 남반구에서도 대물림하는 경우가 적지 않았다. 이제 그러한 강의 계획표는 서구의 그리스도인들에게조차 한물간 것인데도 말이다. 그 결과, 전통적인 교육을 받은 많은 교역자들이 교회를 있는 그대로 이해하는 데 필요한 지적인 자료나 개괄적인 지식조차 얻을 수 없게 되었다. 아마도 대부분의 신학 교육기관들로부터 습득하는 것들 가운데 유일한 희망이라면, '선교학'을 통해 듣는 최근의 논의들일 것이다.

실제로 기독교 확장의 최근 국면을 보자면, 기독교 신앙의 본질 자체에 관한 근본적인 질문이 생긴다. 이것은 세계적 차원에서 일어난 기독교의 변화가 불러온 이슈들이 기독교 역사에서 새로운 것이기 때문이 아니다. 서양사의 어떤 단면들, 즉 눈에 띄게는 교회의 기독교 왕국 모델과 로마제국의 유산 때문에 그러한 이슈들이 최근 들어 모호해졌기 때문이다. 문화의 벽을 넘는 확산 현상이 언제나 역사적인 기독교의 생명선이 되어 왔다는 사실, 기독교의 확산이 중심부로부터가 아니라 변두리에서부터 시작되었다는 특징을 갖고 있다는 사실, 또 교회 역사는 진보적이 아니라 연속적인 것으로 발전과 후퇴가 되풀이되는 과정이며, 강했던 지역에서 쇠퇴하고 전에는 약했던 지역에서 때로는 새로운 모습으로 부상하는 과정을 되풀이하고 있다는 사실들을 한 세기 전에 비해서 지금 훨씬 더 쉽게 이해하게 되었다. 이 사실이 뜻하는 어떤 측면, 번역과 성육신이라는 주제와의 관련성은 라민 사네[5]를 비롯한 학자들이 탐구했다. 그러나 기독교 신앙에 관한 그러한 기본적인 질문들을 검토하는 가장 분명한 방법은, 남반구 교회들의 경험에 표현된 기독교를 연구하는 것이다. 그러한 연구는 우리가 문화라고 부르는 (그리고 그 문화의 언어가 작동하는 모델인) 속성, 곧 한 공동체가 공유하고 습득한 이러한 속성들이 어떻게 기독교 신앙을 입증하는 토대가 되는지, 기독교 신학의 작업장이 되는지를 밝혀 준다. 선교학이 서양의 신학 과업에 크게 기여하는 방법은 서양 문화와 관련된 신학적 문제들을 진지하게 제기하는 것이다. (나는 그러한 진지함이 문화를 일종의 전도 기법인 것처럼 취급하는 시각, 문화를 지나치게 단순한 도구적 시각으로 보는 것을 차단할 것이라 생각한다.)

기독교 신학의 작업장

문화가 기독교 신학의 작업장이라면, 기독교가 지금 남반구의 여러 문화들 — 예를 들면, 그리스-로마 문화처럼 여러 가지가 뒤얽혀 있고 광범위한 문화들 — 과 상호작용을 하는 것은 기독교 신학으로서는 새로운 창조적 단계에 와 있다는 의미다. 역사적인 영역에서 그랬듯

---

5   특히 Lamin Sanneh, *Translating the Message: The Missionary Impact on Culture* (Maryknoll, N. Y.: Orbis Books, 1989)에서. 또 *Bible Translation and the Spread of the Church: The Last 200 Years*, ed., P. C. Stine (Leiden: Brill, 1990), pp. 1-23 와 24-39에 각기 실린 Lamin Sanneh, "Gospel and Culture: Ramifying Effects of Scriptural Translation"과 A. F. Walls, "The Translation Principle in Christian History"(이 책 제3장에 재수록)를 보라.

이, 이미 있던 강의 계획표에는 '아프리카 신학'이나 '라틴아메리카 신학' 또는 (자비를 베푼다면) '제3세계 신학'을 첨가하려는 경향이 다시 한 번 생길 것이다. 선교학이 이의를 제기하는 것은, 바로 고정된 보편적인 신학 개론이라는 개념, 모든 상황을 포괄하는 일종의 기준적인 매뉴얼이다. 선교학을 통해서 우리는 '진행 중인'[6] 신학을 보게 되고, 신학의 '부정기적' 속성, 그리스도인의 결단의 필요성에 반응하는 성격을 알게 된다. 예를 들어 아프리카라는 상황은 기독교 신학을 새로운 삶의 영역으로 가져가고 있다. 그 영역에서 서구 신학은 답을 주지 못한다. 질문을 하지 않기 때문이다. 그러나 아프리카가 아닌 다른 곳에 있는 그리스도인들은 아프리카라는 무대에서 생기는 질문에 어떤 반응이든 보여야 할 것이다. 기독교가 인도 문화와 접촉을 진행하고 있을 때—아마도 기독교 신앙이 이제껏 만나 본 것들 가운데 가장 어려운 환경일 것이다—그 신학적 과정은 단지 새로운 담론의 영역에 이르는 데 그치지 않고, 이를테면 오리게네스(Oregenes) 같은 초대 개척자들이 들어가기 시작했던 어떤 영역을 다시 다루었다.

라민 사네의 탐구가 충격적인 것은, 기독교 신앙의 본질을 이슬람 신앙의 특질과 대조하며 제시했기 때문이다.[7] 헌신의 본질은 바로 상호작용에서 나타난다. 아마도 지금 가장 시급한 연구 분야의 하나를 든다면, 기독교와 원시종교들의 상호작용, 수백만 그리스도인들의 종교적 기반, 또 기독교 신앙으로 들어온 대부분의 대규모 운동들이 언

---

6 K. Appiah-Kubi and S. Torres, *African Theology en Route: Papers from the Pan-African Conference of Third World Theologians* (Maryknoll, N. Y.: Orbis Books, 1979)라는 책의 제목에서 내가 빌려온 것이다. 신학의 부정기적 속성에 관해서는 또한 A. F. Walls, "The Gospel as the Prisoner and Liberator of Culture", *Missionalia* 10 no. 3 (1982): pp. 219-233 (이 책 제1장에 재수록)를 보라.
7 Lamin Sanneh, *Translating the Message*, 7장을 보라.

제나 가지고 있던 역사적 배경 같은 것들이다. 그러나 또 다른 이슈로 다원주의가 있는데, 다원주의로 인해 다른 종교들과 기독교의 관계에 대한 질문이 서양에서 두드러지게 부각되었다.

기독교 신학자들이 세계의 다른 종교들을 심도 깊게 섭렵하고 있다면 훌륭한 일이다. 그러나 나는 아직도 서양에서 많은 논쟁들이 진행되는 상황이 몹시 불편하다. 이에 관해 여러 이유를 들 수 있다. 하나는 인류의 대부분과 수많은 그리스도인들의 배경인 원시종교들과의 사이에 진지한 연대가 없다는 것이다. 또 하나의 이유는 우리가 갑자기 종교 간 만남의 첫 장면에 있다고 확고하게 추정한다는 것이다. 이것은 여러 세대에 걸친 누적된 경험들을 무시하는 것이다. 더 나쁘게는 암암리에 기독교를 서양의 틀 속에 가두어 버리는 것이다. 최악의 결과이자 (식민 지배라는 죄책감으로 가득 찬) 서양식 사고 틀의 직접적인 결과는, 선교 운동을 치욕스러운 것으로 인식하게 만드는 것이다. 이는 기독교 신자들 대부분의 입지를 약화시킨다. 대다수의 기독교 신자들이 남반구에 살고 있고, 그들이 기독교 신앙을 갖게 된 것은 궁극적으로 선교 운동과 결부되어 있기 때문이다. 선교 운동에 대한 책임이 없다면, 다른 종교들에 대한 서양의 반응은 이치에 맞지 않기 때문이다. 다른 종교들에 대한 서구인들의 반응이 만약 암암리에 비서구권 세계에 있는 기독교 신자들과 벽을 쌓는 것이라면, 기독교의 일체성을 보여 준다고 할 수 없다. 그리고 선교 운동으로 이루어 낸 종교 간의 만남에 축적된 경험을 주목하지 않는다면, 또 매일 그리스도인들이 세계적인 큰 규모의 비기독교 신앙들에 의해 형성된 문화들에 참여하며 나누는 이야기들에 나오는 종교 간 만남에 축적된 경험을 주목하지 않는다면, 서구인들은 심각할 정도로 결핍된 반응을 보일 것이 틀림없다. 다원주의는 서양에서는 새로운 쟁점일지 모르지만 세계 대부분의 그리스도인들에게는 통상적인 경험이었다.

선교학의 르네상스

논의를 좀더 진전시켜 보자. 예를 들어, 우리는 성서학에 대해 아직까지 언급한 적이 없는데, 남반구에서는 성경을 새롭게 읽고 이해하고 있다는 증거가 아주 많다. 그러나 지금은 선교학 앞에 놓인 도전을 보여 주는 것만으로도 충분하다. 현대 신학은 선교학을 통해 새로워질 필요가 있다. 현대 신학은 선교학이 가지고 있는 지식, 훈련, 기법, 자료 등을 필요로 한다. 또 서양 이외 세계 교회들의 역사, 사상, 삶과, 그 교회들의 촉매 역할을 한 선교 운동의 역사와 이해, 또 이러한 주제들에 관한 연구를 하게 만든 기독교 신앙의 본질에 대한 이해와 기독교 역사에 대한 이해, 또 문화에 대한 지속적인 관심과 이러한 연구가 권하는 문화적 전제들에 대한 통상적인 비평 등을 가지고 씨름해야 할 필요가 있다. 남반구 교회들의 신학 연구에서는 이러한 문제들을 모두 다루어야 한다. 하지만 적어도 그들은 이러한 연구들이 필요함을 **알고 있다**. 그곳에서는 선교학이 우위에 있음을 잘 알고 있다. 보통 부족한 것은 그것을 위한 자원이다. 그러나 서구의 신학은 1942년의 싱가포르와 닮은꼴이다. 육중한 무기로 잘 무장하고 있었지만, 모두 엉뚱한 곳을 겨냥하고 있다. 서구의 신학적 장비들은 바른 과녁을 겨냥해야 한다. 방향 전환이 필요하다. 바로 선교학에서 비롯될 수 있는 새로운 비전이 필요하다. 동서양, 남북반구 하나된 교회(oecumene)를 다 아우르는 신학적 과업을 이루려면, 선교학이 르네상스를 맞아야 한다.

새로운 발견들이 있었기에 19세기의 신학적 의제가 바뀌었다. 고고학, 파피루스 사본, 본문 비평 분야에서의 새로운 활동, 고대 이스라엘과 초대교회를 둘러싼 세계들에 대한 더 깊은 이해는 성서학의 새로운 장을 열었다. 신학에 부여된 과업은 역사학과 자연과학의 새로운 발전을 이루고 사회의 변화를 고려하는 것으로 확장되었다. 이런 모든 일들이 일어나고 있던 사이에 새로운 것들을 발견하기 위해 더 많은 자금을 투입한 결과, 아시아와 아프리카에서 기독교 지성에 훨씬 더 큰 영향을 끼치는 역량을 발휘하게 되었다. 그러나 그것이 신학에 중요하다는 것을 바로 알아차리지는 못했다. 아프리카와 아시아에서 선교가 끼친 영향을 처음으로 감지한 것은 세속적인 학문이었다. 선교 연구는 경계선을 새로 그었고, 완전히 새로운 학문을 구축했고(아프리카 언어학은 선교 활동의 직접적인 열매다), 다른 학문 분야에도 혁명적인 변화를 일으켰다. 선교 운동 때문에 과학적 인류학이 가능해졌다. 그것은 초기 선교사들이 빠뜨리고 가져가지 못한 것이 아니었다. 비교종교학과 그것의 부산물인 종교 현상학의 경우도 마찬가지다. 아주 오랫동안 다른 문화들에 대한 이해가 거의 없었다. 1807년 로버트 모리슨(Robert Morrison, 1782-1834, 스코틀랜드 태생으로 중국명은 馬禮遜, 중국어로 성경 전체를 번역했다-옮긴이)이 중국 선교사로 임명되었을 때, 영국의 학술 도서관들에 중국에 관한 자료라고는 통틀어서 대영박물관과 왕립학회에 하나씩 있는 필사본이 전부였다. 영국에는 중국어를 읽거나 말할 수 있는 사람이 하나도 없었다. (지금은 성경 번역자이자 두꺼운 중국어사전의 저자로 알려진) 모리슨이 첫 번째이자 유일하게 가졌던 휴가로 고국에 돌아왔을 때, 그는 동양철학 연구소를 설립하는 걸음을 내딛었다. 19세기 최고의 영어권 중국학자인 제임스 레게(James Legge, 1815-1897, 스코틀랜드 태생으로 중국명은 理雅各, 옥스퍼드 대학교 최초의 중국어 교수-옮긴이), 20세기에 인도 문헌의 해석에 크게 공헌하였던 J. N. 파커(Farquhar, 1861-1929, 스코틀랜드 태생의 콜카타에서 활약한 선교사이자 동양학자-옮긴이) 같은 선교사들이 아시아의 종교, 철학, 역사에 관한 고전에 서양인들이 깨우칠 수 있도록 도와주었다. 그러나 아무도, 심지어 선교사들 대부분도 이런 모든 학문의 신학적 함의를 알아차리지 못했다. 신학에서는 여전히 한낱 **자료**에 지나지 않았다. 오늘날 이러한 새로운 지식을 발전시킨 나라들에서 기독교 역사의 새 장(場)이 잘 시작되었다. 그 결과, 우리는 한 세기 전의 풍부한 발견과 새로운 과학과 비견될 수 있을 만한 신학적 금맥(金脈)을 갖게 되었다. 금맥에 이르는 길이 포함된 바로 이 영역에서 겸허하게 매일같이 수고하는 것이 선교학 연구에서 우리가 맡은 임무다.

선교학과 학문 세계

앞에서 말한 모든 것은 선교학의 구조적 문제를 설명하는 서두로서는 지나친 감이 있을지 모르겠다. 그러나 이러한 설명이 그저 서두에 그치지 않는 까닭은, 우리가 당면한 선교학의 구조적 문제들 가운데 많은 것들의 뿌리가 선교학과 나머지 학문 세계와 관계가 있기 때문이다.

남반구가 기독교 신앙의 핵심부가 됨으로써, 기독교 세계의 무게 중심에 근본적인 전환이 일어났음에도 신학 부분에서는 아직도 그 사실을 받아들이지 않고 있다. 심지어 그러한 전환을 현실로 받아들이는 곳에서도, 이 전환이 신학적 담론에서 코페르니쿠스적인 혁명에 버금가는 어떤 것을 요구한다는 의미가 있다는 점을 깨닫지 못하고 있다. 어쩌면 그 사실을 환영하지 않는 것 같기도 하다. 그래서 신학교들은 아프리카와 아시아의 학생들에게 그러한 세계에 대해 아무런 인식도 없고 그런 것을 위한 아무런 지적인 공간도 없는 프로그램을 진행함으로써, 제3세계를 돕고 있다는 믿음을 버리지 않고 있다. 또 신학교들은 자신들이 개설한 프로그램들이 그러한 학생들에게 도움을 줄 수 있다고 전제함으로써, 그 접촉을 통해서 자신들이 얻을 수 있을지도 모르는 이득을 최소화하고 있다. 어떤 경우에는 세계 방방곡곡을 뒤집고 다니면서 제3세계의 교수를 명목상의 간판으로 삼은 다음, 자신들이 '제3세계'의 관점을 포용하고 있으므로 세계교회주의를 따르며 포괄적이 되었다고 자부한다. 신세계 발견이 유럽에 미친 충격에 대한 연구를 한 뛰어난 역사학자 한 사람은, 그 발견을 공식화하는 데 얼마나 시간이 필요했는지를 지적했다. 아메리카 대륙을 발견했다고 해서, 사람들이 가지고 있던 지도를 내던지고 새로운 지도를 가진 것은 아니었다. 또 식자들 편에서, 유럽인들이 자기들 세계 너머에 다른 세계가 있다는 사실을 몰랐을 때 만든 인간과 사회에 대한 개념을 버린 것은 더더욱 아니었다.[8] 실제로 새로운 발견은 지적인 면에 위협을 가했고, 너무나 많은 기존의 확실한 것들을 포기하라고 요구했고, 너무나 많은 새로운 사상과 기술을 습득하라고 했고, 너무나 많은 일반 원리들을 수정하라고 했고, 당연하게 여기던 너무

---

8 J. H. Elliot, *The Old World and the New, 1492-1650* (Cambridge: Cambridge University Press, 1970).

나 많은 권위들도 갑자기 부적절한 것이 되어 버렸다. 그 발견이라는 사실을 받아들이고 그 경제적인 결과로 이득을 얻으면서도, 그런 것들을 무시하고, 지적인 영역을 그려 낸 낡은 지도(그리고 때로는 지리적인 영역을 그려 낸 낡은 지도까지도)를 계속 갖고 있는 것이 더 쉬웠다.

현대의 '세속적인' 학문 세계는 다른 종류의 문제들을 제기한다. 앞서 지적한 대로 19세기는 선교 운동 덕분에, 신학을 제외하고는 모든 (이렇게 말하고 싶은 충동을 받는다) 분야의 학문이 굉장한 발전을 보였다. 학문 세계에는 이러한 유산이 여러 군데에 남아 있다. 새로운 과학(언어학)이 생겨났고, 지식을 체계화하는 새로운 방법이 창안되거나 하나로 흡수되었고(인류학), 서양 학문의 한계 안에 비서구 세계를 들여오는 새로운 일단의 주제들(동양학과 아프리카학)을 생성하는 데 기여했다. 그러나 현대의 다른 괄목할 만한 종교적 발전은 지연되었다. 서양 여러 나라에서 기독교가 침체 상태에 빠지고 결과적으로 신학이 소외당하는 사태에 이르렀기 때문이다. 사상의 세속화로 학문과 선교 운동의 관계가 은폐되기에 이르렀다. 선교 활동과 식민주의의 연관성 때문에 때로 당혹감이나 심지어 적개심까지도 더해졌다. 여러 세대 동안 지속된 세속주의 때문에 서구의 학자들은 비서구 세계 종교의 엄청난 분량, 회복력, 열정에 대처할 역량을 잃어 갔다. 이러한 현상은 그 종교가 기독교일 때 특히 눈에 띄게 일어났다. 아프리카 대륙에서 기독교가 엄청나게 확산되고 있는데도 현대의 아프리카학에서 별로 주목을 받지 못하고 있는 것도 희한한 일이며, 이 현상에 관한 학문적 관심도 서양인들이 보기에 아주 이국적인 현상들에만 얼마나 집중하는지 참으로 놀랍다. [우리는 브위티(Bwiti, 서부 중앙아프리카 가봉 지역의 바봉고 부족과 미초고 부족의 종교로 애니미즘, 조상 숭배,

기독교가 혼합된 종교―옮긴이)교에 대해 침례교회 신자들의 신앙생활보다 더 많은 것을 알고 있으며, 또 잼마(Jamaa, 콩고공화국 인구의 과반을 차지하는 가톨릭교회를 가리킨다―옮긴이)는 아마도 아프리카의 가톨릭교회를 가장 잘 보여 주는 측면일 것이다.]⁹

내가 제안하는 바는, 선교학의 르네상스가 교회 전체로부터 오는 요청일 뿐 아니라, 신학이든 세속 학문이든 관계없이, 학문 세계 전체의 긴급한 필요임을 받아들이라는 것이다. 그것은 선교학을 연구하는 사람들에게 다음과 같은 책무를 맡긴다.

먼저, 선교학은 신학적인 통섭을 필요로 한다. 우리는 지금까지 당연한 것으로 삼아 왔던 교회의 규범에 따라 그린 지성의 지도와 신학의 지도 위에 오늘날의 교회 모습을 끼워 넣어야 한다.

그 과업의 본질 가운데 어떤 것은, 새로운 발견들을 통하여 19세기의 학문을 재활성화시키는 방법으로 추론을 전개할지 모른다. 재활성화란, 그저 '발견한 것들'을 줄 세워 놓거나, 표어로 삼거나, 아니면 그것에 추측과 가설을 적당한 양으로 뒤섞는다고 될 일이 아니었다. 예전의 학문과 새로운 학문을 통합하려는 노력을 포기한다는 것은 파괴적인 일이 될 뿐이다. 19세기는 거침없이 이론을 세우고 경도된 표어를 외쳐 대는 일이 횡행했던 세기였다. 그러나 재활성화에 대해 지속적으로 영향력을 미친 일꾼들은 학문적 깊이를 가진 이들이

---

9 Bwiti는 가봉의 퐁(Fong) 부족의 종교로, J. W. Fernandez의 예를 들어, *Bwiti: An Ethnography of the Religious Imaginations in Africa* (Princeton University Press, 1982)와 Stanislaw Swiderski가 쓴 수많은 문헌에 특히 자세하게 기술, 분석, 기록되어 있다. Jamaa는 Placide Tempels 신부의 노력으로 카탕카(Katanka)에서 시작된 중요한 종교 운동이지만, 때로 교회 당국이 마땅치 않게 여겼다. J. Fabian, *Jamaa: A Charismatic Movement in Katanka* (Evanston: Northwestern University Press, 1971) 및 W. De Craemer, *The Jamaa and the Church: A Bantu Catholic Movement in Zaire* (Oxford: Clarendon, 1977)를 보라.

었고, 당대의 신앙과 교회의 삶을 통합하려고 노력한 이들이었다.

우리가 라이트풋(Joseph Barber Lightfoot, 1828-1889, 영국의 신학자, 더럼의 주교-옮긴이)과 웨스트콧(Brooke Foss Westcott, 1825-1901, 영국의 신학자, 더럼의 주교-옮긴이)의 신약성서 주해를 지금도 새로운 시각으로 볼 수 있고, 호트(Fenton John Anthony Hort, 1828-1892, 아일랜드의 신학자로 웨스트콧과 함께 헬라어 신약성서를 펴냈다-옮긴이)의 탁견과 몰턴(William Moulton, 1835-1898, 영국 감리교회 목사, 성서학자-옮긴이)의 언어적 박식함에서 유익을 얻은 것은 우연한 일이 아니다. 또 라이트풋의 건실한 교부학이 기독교의 기원에 관한 사변적인 이론들이 들어오지 못하게 만들었던 것도 우연한 일이 아니다. 민감성과 준비성을 갖춘 그러한 견실성 때문에, 당대의 위대한 신학자들은 자신들에게 주어진 시계(視界)를 넘어서는 비전을 갖게 되었다. 웨스트콧이 인도의 어떤 기독교 신학자가 요한복음에 관한 불후의 주해서를 쓸 수 있을 것이라고 예언했을 때, 이 예언은 신앙과 학문을 통합시킨 데서 나온 결과였다.[10]

그러나 주어진 과업은 단지 정평 있는 신학적 자료만을 가지고 해낼 수 있는 일이 아니다. 우리는 이미 선교 운동의 유산 가운데 일부가 '세속' 학문으로 흡수되고 있었다는 점과, 20세기의 지적인 발전이 이러한 학문을 신학적 과업과 분리시켜 왔다는 점을 되새긴 적이 있

---

10 David Newsome, *Godliness and Good Learning: Four Studies on a Victorian Ideal* (London: Cassel, 1961, p. 105 이하를 보면, 학교 친구이자 케임브리지 대학교의 동문이었던 Westcott, Lightfoot, E. W. Benson (역시 뛰어난 교부학자로서 나중에 캔터베리 대주교가 된다)이 어떻게 선교적인 진지함을 가지고 영국의 대학들과 교회들의 영적인 소생에 헌신했는지를 알 수 있다. 그 이유는 (나중에 Benson이 썼듯이) "우리가 어쩔 수 없이 내린 결론은, 영국에는 신앙을 인간의 모든 활동과 사고와 생동감 있게 접촉하도록 만들 수 있는 실제적인 영적 능력이 없다"는 것이었다[A. C. Benson, *Life of Edward White Benson*, 2 vols. (London, 1899-1900), p. 2:690 이하].

다. 우리 신학교만을 놓고 보더라도 이루고자 하는 르네상스를 자체적으로 구현할 수 있는 연구 자료를 보유하고 있지 못한 실정이다. 선교학은 마땅히 (북반구의 여러 측면은 말할 것도 없고) 남반구의 역사, 언어, 정치·경제·사회조직, 문화와 문학에서 현재 진행 중인 작업과 교류해야만 한다. 그 안에는 하고많은 성속의 학문을 재정비할 만한 잠재력을 가진, 20세기판 앗시리아 비문들과 대중 헬라어 파피루스가 있을 것이다.

선교학의 르네상스라는 것은 그저 교수 자리의 수, 관련 서적과 박사 학위 소유자를 늘리는 것으로 이룰 수 없을 것이다. 르네상스를 위해서는 철저한 학풍만이 아니라 학문의 깊이, 즉 라이트풋과 웨스트콧 같은 사람들이 보여 준 것과 같은 깊이가 필요하다. 또 그것을 위해서는 학문의 통섭도 필요하다. 기존의 모든 신학 분야를 관여시킬 때, 또 그렇게 함으로써 학문들은 풍성해질 것이다. 선교학의 르네상스를 위해서는 그 과업에 최고의 신학자들 대부분도 잘 모르는 광범위한 학문과 연구 자료를 동원해야 한다. 또 종교 현상학과 종교 역사에서 그리고 역사, 언어, 사회와 관련된 학문에서 학식과 전문적 역량을 보여 주어야 한다. 그러한 학문들 역시 선교학의 르네상스를 필요로 하기 때문이다.

또한 특별히 우리의 문제인 구조적인 문제와 대면해야 한다. 선교는 본질적으로 실천에 관한 것이고, 보통은 행동주의자 중심으로 이루어진다. 전통적으로 선교를 가르치는 이들은 선교사 지망생들에게 실제적인 훈련을 할 것으로 여겨진다. 선교를 가르치는 교수 자리의 수가 줄어든 것은(다행스럽게도 지금은 늘어나는 징조가 보인다), 오래된 교회에 속한 선교 단체들이 파송하는 선교사들의 숫자가 줄었음을 의미한다. 그러나 선교사 숫자를 유지하려는 선교 단체들과 그러한 오랜 전통은 당연히 그 공부의 실용적인 관련성을 높이 평가한다. 이 글은 선교에서 선교사의 적절한 자리를 논하는 곳은 분명히 아니다 (또한 혹시라도 한국인들이 그 역할을 맡을 수 있을지를 논하는 자리는 더더욱 아니다). 그 질문에 대한 우리의 견해가 무엇이건 간에, 실천을 훌륭하게 하다 보면 여기에 제시된 것처럼 그러한 변화나 선교와 관련된 학문에 대한 질문에 시달릴 가능성이 있다. 훌륭한 사람들, 또 금전적인 영향력을 가진 선의의 사람들은 그런 일이 있을지도 모른다고 걱정할 거라고 확신한다. 그러므로 학문의 세계가 또한 선교지와 마찬가지라고 인식할 필요가 있다. 학문의 질, 심도와 범위는 소명의 표지이자, 함께 책임을 나누는 벅찬 소명으로, 헌신과 인내와 희생이라는 전통적인 선교적 속성이 필요한 분야다.

지금까지 선교학의 소명과 신학과 다른 학문 세계의 구조적 관계와 관련된 여러 가지 사항을 살펴보았다. 이어지는 내용은 우리가 실무진으로 사역하는 상황에서 야기되는 좀더 낮은 차원의 구조적 문제(실제로 많은 사람들의 표현에 따르면 기반 시설의 문제라고 할 수도 있다)와 관련이 있다. 이 내용은 하나의 선택일 뿐이므로, 아마도 한 사람의 편견에 찬 체험이 반영되어 있을지도 모른다. 따라서 중요도나 우선순위에 따라 어떤 순서가 있는 것은 아니다.

연구 도구

이 논문에서 제시한 지난 세기(19세기)의 신학 연구를 새롭게 만든 운동들과 유사점들을 고려해, 지금까지 적극적인 연구자들에게 도움이 된 많은 양의 참고 문헌을 찾아보기로 하자. 19세기는 괄목할 만한 어휘 책, 문법, 사전들, 성경 대사전 안에 담긴 불후의 비판적인 글들과 주요 학문들의 대규모 찬집들이 나온 (혹은 그런 작업이 가능하도록 상황을 구축한) 세기였다. 이때는 주로 전문 연구가들이 꾸준히 훨씬 더 근본적인 작품들을 만들어 냈거나 만들어 내도록 이끈 세기였다. 비문들이 수집되었고, 주요한 전집들이 나왔고, 훌륭한 학문적 사전들이 발간되었다. 더 연조가 깊은 학문 분과들에서조차 뛰어난 참고 문헌을 내놓았다. 스미스(William Smith, 1813-1893, 영국의 저명한 사전 편찬자—옮긴이)의 뼈를 깎는 노력 끝에 나온 네 권짜리 『기독교 인물 사전』(Dictionary of Christian Biography)[11]이나 두 권짜리 『기독교 고전 사전』(Dictionary of Christian Antiquities)[12] 덕분에 지금도 접할 수 있게 된 교부학의 무게를 생각해 보라.

바르덴헤베르(Bertram Otto Bardenhewer, 1851-1935, 독일의 교부학자—옮긴이) 같은 학자들의 헌신으로 정보의 출처들이 정리되었고, 독자는 수십 개의 나라에서 구할 수 있던 수많은 교부의 작품들을 검색할 수 있게 되었다.[13] 스코틀랜드 출신인 해스팅스(James Hastings, 1852-1922, 스코틀랜드 장로회 목사, 성서학자—옮긴이) 또한 신학적 도구를 만드는 일에 평생을 바쳤다.[14]

---

11 William Smith, *Dictionary of Christian Biography* (London: Murray, 1877).
12 *Dictionary of Christian Antiquities*, ed. William Smith and S. Cheetham (London: Murray, 1875). Westcott, Lightfoot, Benson이 이 작품뿐 아니라 *Dictionary of Christian Biography*의 출간에 도움을 주었다.
13 Otto Bardenhewer, *Patrologie* (Freiburg-im-Breisgau, 1901 및 그 후속판).
14 Hastings는 5권짜리 *Dictionary of the Bible*, 이와는 전혀 다른 한 권짜리 사전, 방대한 분량의 *Encyclopaedia of Religion and Ethics* (최근까지도 유일하게 영문으로 시도한 종교 현상에 대한 본격적인 조사 연구서다) 외에도, *Dictionary of Christ and the Gospels*, *Dictionary of the Apostolic Church* 같은 전문가적인 연구 성과물을 찬집하

신학 연구 분야에서 선교학처럼 학문적인 도구가 마땅치 않거나 낡아빠진 분야는 없으리라고 확신한다. 모든 사람이 닐(Neill), 앤더슨(Anderson), 굿윈(Goodwin)의 『기독교 세계 선교 사전』(*Concise Dictionary of the Christian World Mission*)[15]을 귀중히 여기지만, 수록된 정보가 그리 많지도 않고 벌써 20년 전의 낡은 자료에 지나지 않는다. (한 권짜리라도 좋으니) 좀더 많은 정보가 수록된 선교 사전을 찾으려면, 20세기 초 드와이트(Dwight), 투퍼(Tupper), 블리스(Bliss)의 작품[16]을 참고하는 것이 필수적이지만 이 작품들 역시 만족스럽지는 않다. 그리고 이 사전들은 단지 일반적인 간단한 참고 자료 정도이지, 학문적 도구로 사용하기는 어렵다.

이에 대해 여전히 더 많은 대가를 치러야 한다. 『과거와 현재의 종교』(*Religion in Geschichte und Gegenwart*, 물론 정보는 많지 않지만, 『기독교 교회 옥스퍼드 사전』(*Oxford Dictionary of the Christian Church*처럼 널리 사용되는 책)처럼 널리 읽히는 대중적인 신학 참고 자료를 보면, 선교학 부분이 제대로 대접을 받지 못하는 걸 당연하게 여기고 있다. 나아가서 이것은 현재 기독교의 중요한 거점들인 아프리카, 아시아, 라틴아메리카, 태평양, 카리브해 지역들이 기독교 지식의 전 분야를 다루어야 하는 작품들에서 과소평가되고 있다는 뜻이다.

연구 도구를 만드는 데 안성맞춤의 때가 왔다. 선교 운동과 남반구 기독교에 관한 방대한 양의 기초 연구가 이루어지고 있는데, 이것

였다.
15 *Concise Dictionary of the Christian World Mission*, ed. Stephen Neil, G. H. Anderson, and J. Goodwin (London: Lutterworth Press, 1971).
16 *The Encyclopedia of Missions: Descriptive, Historical, Biographical, Statistical*, ed. Edwin Munsell Bliss (New York: Funk & Wagnalls, 1891; 1904)를 보라.

은 라투렛(Latourette, 그의 저서 목록에 추가될 수 있는 것이 여전히 많지만) 같은 학자들에게는 제공되지 못했던 것이다. 이러한 기초 연구의 대부분이 아직 출판되지 않은 논문들이거나 읽히지도 않는 학술지에 게재된 것들이어서 그대로 썩고 있는 형편이다. 자료를 저장하고 전달하는 현대적인 방법들이 동원된다면, 대규모의 협동 연구가 지금까지와는 달리 훨씬 쉽게 진행될 수 있다. 진짜로 최고 수준의 연구 도구가 만들어지면 선교학의 르네상스가 전개될 것이다.

연구 자료

도서 자료실 이야기는 다른 논문의 주제이므로 이 부분은 간략하게 다루려 한다. 이제 부분적으로는 역사학과 또 부분적으로는 지리학에서 생긴 기본적이고 구조적 문제들에만 국한해서 언급하겠다.

첫 번째 문제는 특히 개신교의 측면에서 선교 운동을 연구하는 사람들에게 영향을 준다. 선교 운동은 대서양을 사이에 두고 일어난 현상이었다. 선교 운동을 구현하고 지탱한 영향력은 유럽 대륙과 아메리카 대륙 사이에서 일어난 지속적이고 복합적인 상호작용의 열매다. 그 결과가 연구 자료에 좋지 않은 영향을 미쳤다(이것은 도서 수집은 물론이고 문서 보관에도 적용된다). 서로 다른 학문 전통을 가진 다른 나라들에서 연구가 활발히 진행되었기 때문에, 우리가 생각하고 있는 수준 높고 심도 깊은 연구가 이루어지려면 북아메리카, 영국, 유럽 대륙에 흩어져 있는 자료를 활용할 필요가 있다. 내가 아는 한, 어떤 도서관—내가 한없이 선망하고 감사를 표하는 예일대 신학대학원의 데이 미션즈 도서관(Day Missions Library)조차—도 그 한곳에서 해당 분야를 두루 섭렵할 수 있을 정도로 완벽하게 자료를 갖추고 있지는 않다. 선교사학자로서 일을 하기 위해서는 순회하는 사람이 되어야 한다. 학문적으로 네덜란드의 유령선 선장에 맞먹는 사람이 되어야 한다. 이러한 구조적 분단을 극복하려면 대서양을 넘나드는 사고뿐 아니라 공식적으로나 비공식적으로 학문적인 면에서나 교제 면에서나 다양한 협력이 필요하다. 만약 당신이 이 분계선의 양쪽을 넘나들지 않는다면, 기성 전통은 그러한 분계선이 거기에 있다는 것을 깨닫기가 쉽지 않다는 사실이 진짜 위험하다.

구조적인 난점들 가운데 둘째로 중요한 문제는, 아직 출판되지 않은 기록 자료가 어디에 있는지에 관한 문제다. 일반적으로 선교 기록들은 유럽과 북아메리카에 있는데, 보관 상태와 접근성에서 서로 차이가 많이 난다. 일반적으로 말하자면, 교회 기록들은 훨씬 더 다양한 상태로 남반구 대륙에 있다. 나는 여기에서 그런 기록들의 소재 위치와 보존이라는 큰 주제는 다루지 않으려 한다. 사실 현재의 학자들은 이전보다 더 자료들을 더 자주 이용할 수 있기 때문이다.

그 결과, 학자들이 해석의 과제를 수행하기 위해서는 **두 가지 형태의 자료로 두 지역에서 활동을 전개할 수밖에 없게 되었다**. 남반구 출신의 학자들이 선교 기록 보관소에 접근하는 것이 필요하고, 북반구의 학자들도 남반구에 있는 기록 보관소에 접근하는 것이 필요하다. 여기에서 신중함과 윤리라는 두 가지 숙고할 문제가 생긴다. 신중함에 대해서는 1960년대 초의 경험을 예로 들어 설명할 수 있다. 그때 나는 나이지리아의 기독교 역사를 쓰기 위한 자료 복구 프로젝트에 관여하고 있었다. 우리는 나이지리아 남동부의 어떤 지역에서 수많은 문서 명부, 세례 명부, 교리서, 각종 서류 뭉치를 찾아냈다. 사람들이 교육 수준에 따라 온갖 방법으로 보관해 온 것들로, 선교사들이 보통 접하기 어려운 자료들이었다. 어떤 아프리카 교회의 50년, 60년, 70년 이상의 예배, 복음 전파, 범죄, 회개 등을 지켜볼 수 있는 기록물들이었다. 우리는 이 자료들을 환경적으로 꽤 견실한 조건에서 안전한 곳에 모아들였다. 우리는 '그 다음해'에 그것을 사진처럼 선명하게 복사하려고 작정하고 있었다. 그때만 해도 복사를 한다는 것은 복잡하고 느린 일이었고, 비용도 만만치 않아서 다음해에 하려 했다. 그때 나이지리아 내전이 터졌다. 보관 장소인 건물이 직격탄을 맞았고 수집품 전부가 한꺼번에 날아가 버렸다. 후손들에게 선물로 남겨주어야 마땅한 자료들이 터무니없는 우매함의 표징이 되어 버렸다. 우리는 그 자료들을 다시는 복사할 수 없었다.

비슷한 시기에 아프리카의 다른 나라에 마지막으로 남아 있던 영국인 주교가 자기 자리를 현지인에게 승계하는 과정에서 앞으로 어찌 될지 미심쩍어한 나머지, 교구의 기록 일체를 영국으로 들여왔다. 그러나 그것들은 예상치 못했던 홍수를 겪었다.ND 자료 손상은 제3세계에서만 생기는 일이 아니다.

윤리적 측면을 살펴보자면, 우리가 그러한 자료들에 상당한 위험이 닥칠 것이라고 믿든 믿지 않든 상관없이 자료들은 원래의 소유자들에게 귀속되어야 한다는 인식에서 출발한다. 학자들은 어떤 자료에 대해서라도 소유권을 주장할 수 없으며, 그들이 얻은 자료를 고맙게 여겨야 한다. 남반구 교회들의 문서는 그 기록들이 지금 활용되고 있는지의 여부와는 상관없이 그들의 소유다. 그러나 숙고해 보면, 기록보관소에 있는 선교 자료들 역시 남반구 교회의 소유가 아닌가? 또 교회의 모든 유산은 교회 전체의 유산이 아니란 말인가? 여기에서 특정한 제안을 하려는 것은 아니지만, 선교학이 당면한 이러한 구조적 난제를 다루기 위해서 어떤 주제들을 점검할 필요가 있다. 하나는 이동성이다. 선교학 분야 박사 학위 수준의 많은 연구는 여러 대륙에 걸쳐 진행된다. 이것은 연구 프로그램을 계획하는 방법, 어쩌면 연구 기관 사이의 협력에 영향을 미친다. 다른 하나는 공동 연구의 가능성이다. 복사든, 마이크로필름이든, 전자식 저장 장치든 알맞은 기술을 활용해 자료를 공유하는 일에 투자함으로써, 같은 기록 자료에 남반구와 북반구에 있는 연구자들이 함께 접근할 수 있게 만드는 것이다. 이 방법은 안전 문제를 해결하는 데 도움을 준다. 더 중요한 의미에서, 제3세계가 당면하고 있는 중요한 장애, 즉 정보의 식민주의를 피해 가는 방법이 될 수 있다.

피터슨 박사가 이 분야에서 실제적인 이슈들을 다루고 있으므로, 나는 다시 구조적 문제들을 다루는 일로 돌아가겠다. 선교 운동과 남반구 교회를 연구할 때 고통스러운 점, 두 운동에서 나온 문헌들이 당시 주요 도서관들로부터 '학문적' 관심을 끌기에 충분하지 못했다는 것이다. 남반구 대륙에서 나온 문헌들 때문에 도서관들은 더 많은 문제들에 봉착했다. 끔찍한 목록 작성 작업, 변칙적인 저장 방법, 불확실한 유용성, 엄청나게 많은 '희미한' 자료들 때문이다. 그러므로 우리는 문헌의 파편처럼 보이는 자료들을 대할 때 전문 사서처럼 진지한 주의를 기울일 필요가 있다. 사본과 공식 문서를 되살리는 일을 하는 연구자들은 일련의 새로운 습관을 배워야 한다.

지금 여러 나라들에서 엄청난 양의 기독교 문헌들이 쏟아져 나오는데, 그것들은 그 나라들 안에서조차 체계적으로 수집되지 않고 있는 형편이다. 다시금 수탁자의 직무와 식민주의 사이에서 줄타기를 하는 것에 대해 생각해야 되겠지만, 그전에 수집이라는 주요한 과제가 있다.

나는 지나치게 많은 말을 하지 않기 위해 선교학 참고 문헌에 관한 언급은 일부러 피할 것이다. 이 분야는 특히 국제 선교학 협회(International Association for Mission Studies)의 후원 아래 국제 협력이 활발하게 전개되는 영역이다. 다만 정말로 급선무는 참고 문헌에 있다기보다는 그 문헌들에 대한 접근성에 있다는 점을 알려 주고 싶다. 우리는 어쩌면 구할 수 없는 항목에 관한 정보 때문에 속상해할지도 모른다. 서방의 도서관에서는 선교학에 관한 아주 평범한 자료들만 소장한 곳 어디에서라도 구할 수 있는 작은 항목 때문에 자이르에서 어떤 교수는 탄원하는 편지를 보냈다. 정보 공유를 위한 가장 중요한 협력 방안은 아마 정보 공급과도 연관이 있을 것이다.

교수진과 학생들

이 글의 목적상 우리는 선교 훈련보다는 선교학 연구에 관심이 있다. 선교학의 르네상스에 필요한 학자나 교수를 생각할 때, 우리는 선교학의 위대한 개척자들을 만들어 낸 상황으로부터의 변화에 직면하게 된다. 이 개척자들 대부분은[그렇다고 해도 구스타프 바르넥(Gustav Warneck) 같은 사람을 포함해 예외가 있었지만] 실제로 선교사로서 활동하였고, 상당한 수준으로 다른 언어를 배웠으며, 다른 문화에 대하여 상당히 깊은 지식을 지녔던 사람들이다. 아주 최근까지도 다소 정도의 차이는 있을지라도, 비슷한 고려 사항들이 적용되었다. 선교학 연구가들은 다른 문화권에 대해 상당한 수준의 경험을 했고, 어떻게든 자신들의 고국보다는 다른 곳에 있는 교회에 속했던, 또 속해서 일했던 사람들이었다. 그러나 지금은 그러한 경험을 가진 사람들을 찾기가 어려워졌다. 새로운 세대의 선교학자들은 해외 선교의 기회는 얻지 못했지만 모든 종류의 필요한 기술을 갖추고 준비를 한 채로 등장하고 있다. 아마도 선교학의 르네상스에서 다룰 구조적 문제들 가운데 하나는 연구 수단을 개발하는 일일 것이다. 가르치는 일을 하는 사람들이 날 때부터 거부당한 '몰입의 경험'을 얻을 수 있는 수단 말이다.

일련의 구조적 문제 가운데 다른 하나는 학생들에게 영향을 미친다. 경험을 들어 보면, 선진 신학을 공부하기 위해 서양으로 오는 많은 학생들이 홀대를 받는다. 그들이 간 학교의 교수진 가운데는 그들의 연구 과정과 그들에게 중요한 상황을 연결시키는 적절한 문헌에 대한 지식이나 경험이나 이해를 가진 교수가 아무도 없다. 존경받아 마땅하며 존경받는 성서학자들이나 교의학자들은 '아프리카에 대한 주제와 관련된' 학위 논문의 맨 마지막 장에서나 그 과제를 다룰 수 있다고 생각한다. 심지가 굳은 학생들은 때때로 관례적으로 주제를 선택하거나 공식화된 주제를 마주할 때마다 좌절을 느낀다. 그렇지 않은 학생들은 소위 '불쌍하고 가난한 아프리카' 증후군의 피해자가 된다. 기초가 약하고 정돈되지 않은 연구가 '제3세계를 섬기기 위하여' 논문 심사에서 통과되는 것이다. 더 깊은 지식과 더 나은 지도가 훨씬 더 나은 성과물을 생산하게 할 수 있고, '제3세계'를 훨씬 더 잘 섬길 수 있는데 말이다. 다른 한편, 그러한 지원자들을 받아들일 준비가 되어 있고 그들을 최선으로 도울 수 있는 대부분의 신학교에서는 유망한 지원자들이 기금 부족으로 보류되는 상황이다.

이러한 문제들은 우리가 살펴본 신학의 더 깊은 차원의 구조와 뒤얽혀 있다. 이러한 문제들이 극복되지 않는 한 최종적인 해결책은 나올 수 없지만, 그 중간 단계에서 그러한 상황을 개선하는 길을 모색하는 것도 해 볼 만한 일이다.

지난 30년 동안 서양의 신학교들은 말 그대로 아프리카와 아시아의 학생 수백 명에게 박사 또는 이와 동등한 자격을 주었다. 그 학생들 대부분이 그 과정에서 높은 수준의 연구를 하였고, 적지 않은 학생들이 그 연구를 통해서 학문에 상당한 기여를 했다. 그들에게 기대하는 바는 이 학생들이 남반구 대륙 신학 연구의 기수가 되는 것이었다. 그들 가운데는 분명 어떤 단체에서 기수 노릇을 하는 사람, 세상 전역에 영향력을 행사하는 사람이 있다. 그러나 마찬가지로 분명한 점은, 이렇게 잘 훈련된 집단이 학문에 미치는 영향은 전체적으로 그들의 재능이나 훈련에 상응하는 것 같지는 않다는 것이다. 서양에 남아 있거나 더 이상 교수직에 남아 있지 않은 사람들을 제외하더라도, 여전히 많은 사람들이 남반구 대륙의 대학교, 전문대학, 신학원 등에서 일하고 있다. 그러나 백인들이 학문 세계를 좌지우지하는 현상은 깨지지 않는다. 기대했던 연구 결과가 출판되지 않고 있거나 그들의 국제적인 영향은 전무하다. 그리고 이것은 지역에 국한되는 문제를 위주로 하는 연구에나 매달려 있는 것처럼 보인다.

여기에는 다양한 구조적인 이유가 있다. 때로는 강의 부담이 지나치게 무겁기도 하다. 유능한 사람들은 곧바로 대학, 교회, 국가에서 다양한 책임을 지는 부담을 지게 된다. 그런 사람들은 가정과 지역사회로부터 시간과 에너지를 쏟아부으라는 끊임없는 요구에 직면할 것이 틀림없다. 세계 교회를 대표하는 책무에도 시간을 써야 할지도 모른다.

경제적인 문제와 연구 자료 문제는 훨씬 더 슬프다. 남반구에 일류 도서관들을 세우겠다는 신학 교육 기금(Theological Education Fund)의 무모한 계획은 현실과는 동떨어진 이야기이다. 지금 아프리카에 있는 신학원들 대부분의 현실을 보면, 중요한 도서들이 몹시 부족하고, 학생들은 교과서를 사기 위해 쟁탈전을 벌이고, 책들에는 누락된 부분이 있고, 도서관들은 신간 서적들을 구입할 엄두도 못 내고, 정기간행물이라고는 몇 해 전 국가 통화 규정이 바뀌었을 때 구독이 끝난 것들만 가지고 있는 형편이다. 기적이라고 한다면, 이런 어려움 속에서도 아프리카에서 연구와 논문 발표가 거의 없는 것이 아니라, 활발히 이루어지고 있다는 것이다. 그렇다고 치더라도 아프리카의 학자들은 그 숫자와 능력만큼 대접을 받지 못하고 있다. 지역에서 발간되는 학술지의 숫자는 늘어나고 있을지 모르지만, 국제 학술지에서는 (심지어 특히 아프리카에 관한 연구에서도) 아프리카는 여전히 대접을 받지 못하고 있다.

만약에 아프리카 학자들이 선교학에서 걸맞은 자리를 차지해야 한다면, 또 다양한 규모로 같은 모습이 다른 남반구 대륙의 여러 지역에도 일어나야 한다면, 아프리카 학자들에게는 그들의 연구를 쇄신하기 위한 시간과 연구 자료가 필요할 것이다. 또 안식년을 이용하여 방문하는 아프리카 학자들 덕분에 서양의 많은 기관들이 더욱 풍성해질 수 있다. 그 방문 교수들로 말하자면 교수진 확충을 위해 스카우트되는 것도 아니고 강의 부담이 큰 것도 아니지만, 연구에 기여하며 추구하는 학문적 과제가 있기 때문에 동료로서 환영받을 수 있다. 가장 큰 유일한 장애물은 재정적인 문제다. 많은 경우에 아프리카의 나라들에서는 국가 통화 규정상 돈을 해외로 반출하는 것을 막고 있다. 안식년 연구 제도에 투자하는 방식(때로는 아마도 학교 사이의 거래 방식으로)은 다양한 효과를 볼 수 있다. 그 효과로는 상호 교류, 기관 상호 간 협력, 동료 간 협조(때로는 공동 저작으로 나타난다), 견문과 비전의 확장, 심도 있는 연구, 남반구 출신 학자들이 국제적 공헌을 할 수 있게 해 주는 것 등을 들 수 있다. 현재 이미 연구에 임하고 있는 남반구 출신의 학자들과 교수들을 양성하고 활력을 주는 일은, 다른 새로운 사람들을 찾는 일보다 더 시급한 일이라고 주장할 수 있다.

선교학의 르네상스를 지향하며

세상에서 기독교 신앙의 위치가 함축하는 바가 분명해지기 시작하면서, (그 이름을 무엇이라고 붙이든지) 선교학에 대한 수요가 폭발적으로 증대되는 문턱에 있다고 확신한다. 중요한 것은 대응의 질적인 면이다. 이를 위하여 현재로서는 존재하지 않는, 깊이 있고 다양한 학자층, 도서관, 연구 자료의 공급이 필요하다. 또 국제적이고, 통전적이며, 협력적인 활동도 필요하다.

그 활동은 **국제적**이어야만 한다. 그 이유는 교회가 받은 은사는 모든 교회에 속하는 것이기 때문이다. 또 전 세계적인 선교를 배우는 사람으로서 우리의 역사는 상호 의존적이고, 우리가 가진 자료와 연구 방법은 문화의 벽을 뛰어넘는 것이기 때문이다. 북반구에 있든 남반구에 있든, 미국인이든 유럽인이든, 우리 모두는 상호 의존적이다. 각자가 연구 자료, 지식, 기량, 통찰력을 가지고 있고 그것들은 다른 사람들도 필요로 하는 것들이다.

북반구 대륙에는 큰 규모의 선교 기록 보관소들이 있다. 그러나 그것은 남반구 대륙에서 비롯된 것이다. 남반구 대륙에서는 방대한 양의 자료가 날마다 세월과 흰개미의 먹이가 되고 있는데, 그 자료들은 때로 선교 기록 보관소에 있는 것과는 현저히 다른 기독교 이야기를 볼 수 있게 해 주는 것들이다. 남반구 교회의 현재 생활상을 알려 주는 문헌들, 대규모 도서관들이 무시하는 문헌들이 날마다 쌓여서 산을 이루고 있다. 또 남반구에는 살아 있는(그러나 세상을 떠나기도 하는) 중요한 구전(口傳) 전승자들이 살고 있기도 하다.

　　그것은 북반구나 남반구 가릴 것 없이, 연구자들은 혼자서 버틸 수 없다는 말이다. 북반구 연구자들에게는 남반구에 있는 자료가 필요하고, 남반구 연구자들에게는 북반구에 있는 자료가 필요하다.

　　북반구에는 비서구 사회에서 살아 본 경험을 통해 유익을 얻을 수 있는 학자들이 많이 있다. 남반구에는 일상적 연구 환경이 그다지 좋지 않아서 그들이 마땅히 끼쳐야 하는 학문적 영향력을 끼치지 못하는 학자들이 있다.

　　다소 진부할지 모르지만, 북반구에는 뚜렷한 신학 전통이 있는데, 그것은 서양의 역사와 문화라는 화석이 떠받치고 있는 것이다. 그런데 우리는 마치 그런 화석이 없는 것처럼, 남반구에서 온 학생들에게 이것을 팔아먹고 있다. 남반구에서는 신학 전체의 지도를 새로 그려야만 하는 과정이 진행 중이다. 이러한 두 전통은 보편 교회를 위해서 모두 필요하다. 그러나 그 사이에서 중재할 수 있는 사람들, 곧 남반구 출신으로 북반구에서 신학 훈련을 받은 사람들은 간혹 그들이 받은 교육 때문에 그 일을 하지 못하게 된다.

　　선교학 르네상스의 국제적 측면의 효능을 가늠해 볼 수 있는 방법은 상호주의 원칙의 존재 유무를 따져 보는 것이다.

그러나 그 르네상스는 **통전적**이어만 한다. 선교학은 그 자체만으로는 존재할 수 없다. 선교학은 다른 학문들과 분리될 수도 없다. 교과과정에 다른 데서 일어나는 일에 관심을 가지고 있기 때문에 선교학은 전복의 가능성이 있는 학문이다. 낡은 교과서들은 때로 오늘날 기독교와의 조우라는 경험으로 새롭게 조명해 볼 수 있다. 유럽의 옛 종교들 한가운데서 패트릭이나 비드, 또 투르의 그레고리우스의 경험을 통해서 우리가 본 기독교에 대한 반응과, 기독교와 아프리카 원시종교들과의 상호작용을 나란히 놓고 생각해 봄직도 하다. 성경 연구는 새로운 연구 과제가 주입되는 것을 받아들일 수 있고, 서구의 성서학자들과 신학자들은 오직 선교학을 통해서만 자기들 분야에서 아프리카, 아시아, 라틴아메리카의 동료 학자들이 한 연구에 대하여 배울 수 있다.

여기에서 앞서 지적한 요지를 한 번 더 강조하고 싶다. 그것은 선교학 연구자들이 수탁받은 연구 자료들이, 19세기에 고고학과 문헌학을 통해 발견한 것들이나 르네상스 시대의 그리스 문헌에 버금간다는 사실을 말이다. 그 연구 자료들은 신학의 방법론과 관점을 바꿀 동일한 잠재력을 가지고 있다. 그러나 선교학과 신학 둘 다의 영역 밖에서 아주 면밀하게 해석할 솜씨를 가다듬고 유지하는 일 역시 필요하다. 우리는 종교 현상학과 종교사 연구를 이상하리만치 소홀하게 취급하고 있다. 원시종교들이 역사적으로 기독교의 가장 큰 운동들이 일어나는 기반이 되었음에도, 여러 원시종교들을 연구할 때 특별히 그런 현상이 벌어진다. 언어, 역사, 문화를 다루는 모든 학문이 르네상스 시대에 도달한 선교학을 이용하게 될 것이다. 신학에 대한 우리의 임무는 신학 자료만을 가지고 수행해 나갈 수 없다.

    마지막으로, 그 반응은 **협력적**이어야 한다. 누구도 혼자 힘으로 버틸 수 없으므로 반드시 공동 작업이 필요하다. 우리가 여기에서 상상했던 것과 같은 연구를 통해서, 북아메리카 안에서는 물론 대륙을 뛰어넘어, 일련의 상호 간 및 다자간 연계, 즉 사람들 사이에, 기관들 사이에 연계를 만들어 낼 수 있다. 이 모든 것은 신뢰를 바탕으로 한다. 보통 가장 훌륭한 안배는 신뢰가 구축되어 함께 일하기를 바라는 사람들 사이에 있게 마련이다. 그러나 그 목적은 우리 연구의 질, 범위, 심도를 높이는 것이다. 따라서 연구 방법의 엄격함과 포괄성, 자료에 대한 충실성, 세밀한 부분에 대한 관심, 비전과 통찰, 성직에 대한 의식 같은 것들이 요구된다. 하나님의 섭리 안에서, 신학을 재정비하고, 인문 사회 과학을 갱신하는 데 선교학의 르네상스가 그 서곡이 될 수 있으리라.

12. 선교적 소명과 사역[1]

현대의 선교 운동은 복음주의 부흥 운동의 산물이었지만, 그것은 늦둥이였다. 존 웨슬리의 심장이 이상스럽게 뜨거워지고, 영국에서 헌팅던 백작 부인(Selina, Countess of Huntingdon, 1707-1791, 18세기 영국 감리교회 운동의 지도자 – 옮긴이)이 휫필드로 하여금 상류사회 응접실을 자유롭게 드나들게 했던 시기에서 사람들이 세계 복음화라는 실제적인 과업을 가지고 은밀히 회합을 가졌던 시기까지는 반세기의 간격이 있었다. 사람들은 당시 세계 인구가 7억 3,100만 명이라고 추정하고 있었다. 개신교인들은 실용적인 이유로 거의 서부 유럽과 북아메리카 동해안 쪽에 몰려 살고 있었다. 그들은 선교 전통을 모아 정리하지도 않았고, 경험들을 끌어모으지도 않았고, 당면한 실제적인 문제들에 대한 지식도 거의 없었다. 그 사람들이 성공을 기대했던 단 하나의 이유는 성경의 예언 때문이었다. 물이 바다를 덮음같이 때가 차면 온 세상이 하나님을 아는 지식으로 가득 찰 것이라는 믿음뿐

---

[1] 이 글은 M. E. Glasswell and E. W. Fashole-Luke, eds., *New Testament Christianity for Africa and the World: Essays in Honour of Harry Sawyer* (London: SPCK, 1974), pp. 141-146에 처음 게재되었다.

이었다.² 따라서 첫 세대 선교사들에게 서두름이란 것이 없었으며, 또 관심사는 선교 단체의 설립자들이 그들을 사로잡은 과업을 맡을 인재를 어디서 기대하고 어디서 찾을지 파악하는 것뿐이었다고 해도 놀랄 일이 아니다.³

윌리엄 캐리의 책 『연구』(*Enquiry*)는 소교구에서나 이름이 알려진 사람이 지방에서 발행했음에도 예상 외로 많은 영향을 끼쳤는데, 캐리는 그 책에서 기독교 목회 소명을 받아들인 사람은 그 소명을 선교지에서도 기꺼이 받아들일 태세가 되어 있어야 한다고 주장한다.

그리고 이것[소명]만이 우리가 목사직에 나아감으로써 실제로 하게 된 모든 일에 두루 통할 것이다. 기독교의 목사는 특별한 의미에서 **자기에게 속한 사람이 아니다**. 그는 하나님의 종이다.…그는 하나님이 원하시는 곳이면 어디든 가고, 직분을 수행하는 가운데 받은 부르심이나 받은 명령에 합당하다고 여기는 일은 수행하거나 견디겠다고 약속한다. 그는 사실상 친구들, 쾌락, 평안과는 작별을 고한 사람이다.…목회자들이 수많은 청중, 다정한 친구, 문명화된 나라, 수준 보장, 풍요, 화려함, 또는 심지어 충분한 능력을 생각하며 만족하는 것은 모순된 일이다.… 다른 나라들에서는 하나님의 은총을 얻는 방법도 모른 채 많은 사람들이 죽어 가고 있는데, 이 땅에 살면서 이 모든 것을 누리는 것이 과연 올바른 일인지 묻고 싶다.⁴

---

2   예언의 중요성에 관해서는, 참고. J. A. de Jong, *As the Waters Cover the Sea: Millennial Expectations in the Rise of Anglo-American Mission 1640-1810* (Kampen, 1970).
3   19세기 선교사들의 배경과 이에 관한 유용한 성찰에 관해서는 M. A. Warren, *Social History and Christian Mission* (London, 1967), 특히 제2장을 보라.
4   William Carey, *Enquiry into the Obligations of Christians to use Means for the*

그리고 캐리는 자신의 주장을 증명할 준비가 되어 있었다. 그의 영향력이 미친 결과로 선교 단체가 창설되었을 때, 그는 그 단체의 첫 선교사 가운데 한 사람으로 파송받을 태세가 되어 있었기 때문이다.

말할 것도 없이 어떻게 보더라도, 캐리는 대단한 인물이었다. 그는 잉글랜드의 비국교도와 스코틀랜드의 분리주의자 가운데서 자란 전형적인 인물이었는데, 그들은 독립심이 강하고, 근면하고, 자기들만의 학문 전통을 세워 나가는 이들이었다. 수많은 목회자들이 소명을 받기 전에는 장사를 하거나 수공업에 종사했고, 그중에 어떤 사람들은, 캐리가 한동안 구두 수선하는 일을 했던 것처럼,[5] 목사가 된 후에도 하던 일을 그만두지 않았다. 선교사가 된 제화공에게는 그 자체로 전혀 어울리지 않은 일은 없었다. 이것은 목회자들이 국내 사역을 하는 방식이었다.

이런 전통을 가진 사람들은 선교를 권하고자 했던 잉글랜드와 스코틀랜드의 기성 목회자들처럼, 선교 사역에 대해 복잡한 시각을 갖고 있지 않았다. 이들은 캐리가 그랬던 것처럼, 선교사란 근본적으로 설교자이고, 또 설교자라면 상식적으로 목회자가 되는 것이 당연하다고 생각했다. 그러나 그들에게 목사는 사회에서 기성 교회를 대표하는 자리였고, 그런 자격이 있다면 존경의 대상이기도 했다. 이것은 체면을 구기지 않을 만한 어느 정도의 교육을 받고 사회적인 성공을 거둔다는 것을 의미하기도 했다.

희한한 일은, 초기에 이런 배경에서 선교 활동에 관한 글을 쓴 저

Conversion of the Heathens...(Leicester, 1792), p. 71 이하.
5 "제화공이 아니라 그저 수선공일 뿐입니다"라고 Carey는, 코웃음 치는 육군 장교에게 말했다. S. Pearce Carey, *Willian Carey D. D.* (London, 1923), pp. 34-35.

자들 가운데, 안수를 받고 사례비를 받는 성직자들이 선교사 모집에 응하리라는 **기대를 하는** 저자는 거의 찾아볼 수 없다는 점이다. 멜빌 혼(Melvill Horne)은 비록 자기가 속한 교회에 너무 듣기 싫은 소리를 할까 봐 바로 사과하긴 하지만, 그것을 기대하지 않는다고 누누이 말했다.[6] 아니, 사례비를 받고, 그런 생활이 주는 안전함, 또 상당한 것을 얻을 수 있는 안전함을 가진 사람이 시에라리온이나 타히티에서 고생하려고 그런 것을 포기하기를 바라는 것은 분명 너무 지나친 기대다. 혼은 그렇게 말하고 있지는 않지만, 아마 그것은 사례를 받지 못하는 성직자 지망생들에게도 너무 많은 것을 기대하는 것이었다. 줄을 서서 자신들의 차례가 오기만 기다리던 그들에게 그 자리를 포기하라고, 어쩌면 1년에 40파운드를 받는 부목사가 현세에서 가장 큰 축복이라 여기는 그 사례비를 영원히 받지 말라고 어떻게 기대할 수 있겠는가. 이런 사안들을 가장 정확하게 관찰한 제인 오스틴은 자신의 소설 『맨스필드 파크』의 결말에서 요지를 잘 정리하고 있다. 메리 크로퍼드는 엄청나게 진지한 에드먼드 버트램을 보고 놀라서 겸연쩍어하며 이렇게 말한다. "정말 아주 훌륭한 말씀이네요. 그건 목사님이 지난번에 하신 설교의 한 토막이었나요? 이렇게만 계속하시면, 얼마 안 있어 맨스필드와 손튼 레이시에 사는 모든 사람을 바꾸어 놓으시겠어요. 다음에 당신에 관한 소식을 들을 때쯤이면, 아마도 큰 감리교회 교단에 속한 성공한 목사가 되셨거나, 아니면 외국 어디엔가에서 선교사로 활약하고 계실지도 모르겠어요."[7] 에드먼드는

---

[6] Meivill Horne, *Letters on Missions Addressed to the Protestant Ministers of the British Churches* (Bristol, 1794), 제1장.

[7] Jane Austen, *Mansfield Park*, vol. 3, chap. 16 of the original edition; *Oxford Illustrated Jane Austen*, p. 458.

사례비를 받는 성직자였고, 『맨스필드 파크』가 나온 바로 그때(1811-1813) 영국에서 사례비를 받은 적이 있는 성직자가 그 용어의 제대로 된 뜻대로 '해외 선교사'로 나가는 일은 없었다.

　LMS를 후원했던 몇 안 되는 걸출한 성공회 신부들 가운데 하나인 토머스 호웨이스(Thomas Haweis, 1734-1820)는 1795년 LMS 창립식에서 행한 설교에서 비슷한 견해를 피력한다.

'내가 누구를 보내며 누가 우리를 위하여 갈꼬?' 내 대답은, 그들은 주님이 예비하셨으며 힘든 사역을 감당할 자질을 지닌 사람들이라는 것입니다. 자기 목숨을 소중하게 여기지 않는 그런 사람들, 그러나 영광스러운 사역에 자기 목숨을 쓰고 쓰임받을 준비가 되어 있는 그런 사람들입니다. 참으로 성령을 따라 그 사역에 헌신한 그런 사람들입니다.… 성령을 받았다는 내적인 증표를 가진 사람들, '자신의 영으로 자신이 하나님의 자녀인 것을 증언하는' 바로 그런 사람들입니다. 세상적인 온갖 것들보다 사람의 영혼을 구원하는 일을 좋아하게 만드는, 거룩한 열정을 가진 사람들입니다.…그런 사람들이라면 위대한 목자이자 영혼의 감독자 되신 분이 보내신 사람들이고, 그런 사람들이야말로 우리가 찾아야만 하는 하나님의 도구입니다.[8]

그러나 어디서 그런 사람들을 찾겠는가? 호웨이스는 아주 분명한 대답을 내놓는다.

8　이 설교의 대부분은, LMS의 탄생과 관련된 다른 많은 연설, 문서들과 함께 R. Lovett, *The History of the London Missionary Society 1795-1895* (London, 1899), pp. 1, 26 이하에 실려 있다.

그들을 찾는 일에 대해 절망할 필요가 없습니다. 학교나 신학원에서 찾기 어렵다면, 우리 회중 안에서 신실한 자들 가운데서 찾으면 됩니다.[9]

다시 말해, 호웨이스는 선교지에 보낼 사람들을 국내 목회자들 가운데서만 찾으리라 기대하지 않는다. 그는 국내 사역자들을 배출하는 통상적인 공급원이 선교지에 보낼 사람들도 배출할 것이라 기대하지 않는다.

아무리 바람직해도, 이미 죽어 버린 언어들에 관한 지식이 살아 있는 언어들로 복음의 진리를 소통하는 데 반드시 필요한 것은 아닙니다. 믿음과 성령이 충만하여 성경에 박식한, 자연적인 이해력을 가진 괜찮은 보통 사람이라면, 내가 보기에는, 그 사람이 대장간이나 상점에서 일을 하다가 왔더라도, 이교도들에게 보내는 선교사로서 학교에서 학식을 쌓은 다른 어떤 사람보다 훨씬 나을 것입니다. 또 그런 사람은 자신이 익힌 기술과 노동력이 있으므로, 무익한 학문이 결코 보완할 수 없는 이점을 지니고 있을 것입니다.[10]

선교사에게 필요한 것은 영적 자질과 성경 지식 그리고 상식이다. 망치나 톱을 쓰는 능력은 무조건 환영하지만, 공식 교육이 꼭 필요하지는 않다. 그리고 교육을 받은 사람들은 그런 일을 하겠다고 나설 것 같지도 않다.

그 설교를 들은 많은 사람들은 그것을 곤란한 이야기라 생각하지

---
9 같은 책, p. 27.
10 같은 책, p. 28.

않았다. 몇몇 걸출한 비국교도 교역자들은 실제로 대장간이나 상점 출신이었고, 또 죽어 버린 언어들에 대한 상당한 능력을 습득하기도 했기 때문이다. 그러나 호웨이스는 성공회 신부였고, 주교는 대장간이나 상점에서 일하다가 온 사람에게 단지 성경을 안다는 이유로 사제 서품을 내리지는 않을 것임을 잘 알고 있었다. 호웨이스는 오로지 압박으로만 이 논쟁에 대답을 내놓을 수 있을 뿐이다. 주교(또는 장로)가 거듭나지 않은 한, 누가 선교사로서 적합한지 아닌지 말할 수 없다.

형제들이여, 저는 감독교회 교인이며, 교육을 받고 자발적으로 국교회에 속하게 되었으며, 세상에서 [하나님의] 영광을 보기를 원합니다.…그러나 저는 편협한 사람은 아닙니다. 저는 구원이 백인들의 전유물이라거나, 아무리 바람직해도 교회 지도자들의 인정을 받는 일이 복음 전도의 사명에 필수적이라고 생각하지 않습니다. 진정한 그리스도인이라면 누구나 동의할 자명한 사실은, 주교든 대주교든 어떤 위엄 있는 직책을 가진 이라도, 얼마나 현명하고 배운 것이 많든, 장로회 전체라도, 그에게 성직이 주어졌다는 하나님의 부르심을 경험하지 못하고, 내적으로 성령의 감화를 받지 못했다면…말씀드리거니와, 그런 사람들은 바보 오미아(Omiah)가 유클리드 기하학의 가장 어려운 문제를 푸는 것보다, 귀머거리가 화음이 잘 어우러진 아름다운 작품을 판정하는 것보다 더 선교사의 자격을 판단할 능력이 없다는 것입니다.[11]

그렇기 때문에 선교사를 뽑을 자격이 있는 사람은 이런 사람들이다.

---

11   같은 책, pp. 28-29.

하나님에 대해 가르침을 받은 사람 그리고 그 연륜과 경험이 있어서, 우리 구주의 본을 따라 잘못된 열의의 분출과, 정말로 성령이 보내시고 감화하신 사람이 가진 신중한 헌신을 식별할 수 있는 사람입니다.[12]

다른 말로 하면, 그런 사람들이 LMS의 위원회로 구성되어야 한다는 것이다. 호웨이스는 성공회 복음주의자라는 좀 낡은 유형의 마지막 주자라 할 수 있는 사람으로, 교회 질서에 크게 개의치 않았고 또 권위자들과 잦은 충돌을 마다하지 않은 사람이기도 했다. 그래서 그는 만약에 주교들이 좀 둔감해서 복음의 관심사가 어디에 있는지 깨닫지 못한다면 서글픈 일이기는 하겠지만, 선교 단체나 그 단체의 선교사들이 주교의 지지를 받지 못하는 상황이 더 나쁜 상황이라 여기지 않았다.[13] 그러나 시므온으로 대표되는, 새로운 세대의 복음주의자들은 복음의 관심사와 교회의 훈련을 분리시키는 일을 그리 달가워하지 않았다.

이런 사람들이 나중에 CMS로 알려지게 된 단체를 결성하였다. 그들의 목적상 해외에 있는 성공회의 준공식 기구인 기존의 복음 전도 협회는 설사 더 분명하게 선교 사역을 감당했다 하더라도(실제로 그 역사의 다양한 시기에 그렇게 했던 것처럼), 복음주의자들이 이해한 대로의 복음에 헌신하지 않았기 때문에 부적절하다고 생각했다. 또 표면적으로 초교파 단체인 LMS 역시 성공회 교인들이 이해한 대로의 교회

---

12 같은 책, p. 28.
13 Haweis는 일찍이 1789년에 헌팅던 백작 부인과 연결된 학생들 가운데 둘을 뽑아서, 타히티 선교사 파송 계획을 세웠다. 그리고 노력했지만(그들의 주장대로) 주교의 서품을 얻어내지 못했다. A. Skevington Wood, *Thomas Haweis 1734-1820* (london, 1957), pp. 170 이하, 177 이하를 보라.

에 헌신하지 않았기 때문에 부적절하다고 생각했다.[14]

그러나 성공회 교인들이 이해한 교회에서는 주교가 성직을 임명했고, 그렇다면 성공회에 속한 선교 단체에서는 주교가 임명한 선교사들을 파송해야 할 것이라는 기대감이 뒤따른다. 그러나 만약에 그런 일이 일어나지 않는다면 그리고 우리가 살펴본 것처럼, 그렇게 되리라는 기대감이 없어진 것처럼 보이면, 또 선교 사역에 부름받은 사람들이 일반적으로 교역자에게 기대되는 사회 계층에 속하지 않고 그에 알맞은 형태의 교육을 받지 않은 사람들이라면, 설사 선교사가 되는 것이 가능하다고 하더라도, 그런 사람들에게 통상적인 서품을 하려 하는 것이 올바른 일이겠는가? 사회적으로 세련되는 것이 선교지에서는 필요 없다고 주장하는 사람들에게, 반대편에 선 사람들은 일단 서품을 받은 사람은 죽을 때까지 영국의 교역자가 되는 것이라고 재빨리 응수하였다. 또 천한 사람이 선교사로 서품을 받는다면, 그가 귀국한 다음 그에게 사회적으로 걸맞지 않을 것 같은 사례비의 수혜자가 되는 것을 무슨 수로 막겠는가? 모사꾼들과 신분 상승을 노리는 자들이 선교 사역을 하는 것을 그저 신분 상승의 지름길로 여기지는 않겠는가?

CMS가 결성되기 직전에 존 벤(John Venn, 1834-1923, 성공회 신부이며 선교사였던 아버지 헨리에 관한 비망록을 썼다─옮긴이)이 쓴 비망록을 보면, 이런 문제들을 놓고 진지한 토론이 벌어진다.

14　CMS의 기원에 관해서는 Charles Hole, *The Early History of the Church Missionary Society for Africa and the East to the End of A.D. 1814* (London, 1896) 및 Eugene Stock, *History of the Church Missionary Society* 1 (London, 1899), p. 58 이하를 보라. Hole의 책은 흔히 보는 문헌 정보의 일람표 같다.

분명한 것은, 영국 국교회는 **주교의 서품을 받은** 성직자가 아니라면 어떤 사람도 직무를 수행하도록 허락할 수 없다는 것이다. 주교의 서품은 이 섬(영국)에서 사회의 현재 발전 상태를 존중하므로, 국교회의 교역자 신분에 걸맞게 사회적으로 인정되는 교육을 받고 학식을 지닌 사람들에게만 베풀어야 한다. 그러나 막돼먹고 무식한 사람들 가운데서 생활하고 있는 선교사에게, 영국에서 직무를 수행하는 목회자에게 요구되는 것과 같은 수준의 자질이나 예절, 학식을 요구할 수 없다는 점도 분명하다. 그렇다고 해서 사회에서 교양이 있는 정도에 따라 서품의 차별을 허용해야 한다는 이야기는 아니다. 오로지 이교도들을 향한 선교사로 사역할 작정이라도, 일단 주교의 서품을 받은 사람이라면 성공회에서 그에게 허용한 직무를 수행하고, 그에 따른 사례비를 받을 권리가 있다. 상황이 이러하므로, 선교사로서만 사역할 사람을 서품할 때에는 반드시 극도로 조심해야 한다. 신분이 낮은 사람이 사역에 헌신했는데, 이교도를 구원하겠다는 순수한 열정보다는 사회적으로 상승된 신분이나 좀더 편안한 생활에 대한 욕망의 영향을 받지 않는다고 어떻게 보증할 수 있겠는가?[15]

벤의 대답은 서품을 받지 않은 낮은 신분의 사람들에게는 전도사(catechist)라는 명칭 정도만 주어야 한다는 암시다. 통상적인 성공회의 위계질서가 깨지는 것을 의식한 벤은 초대교회 역사로 살짝 빠져서, 초기 교회에는 전도사(catechist)들이 있었음을 입증한다. 이들은 복음 전파자로, 변증자로, 회심자들을 위한 교사로 활동했는데, 이것

---

15 Venn의 비망록은 M. Hennell, *John Venn and the Clapham Sect* (London, 1958), pp. 280-284에 부록으로 출간되었다.

이 바로 선교사에게 기대되는 임무들이다. 초기 성공회에서도 전도사(catechist)의 자리를 더 높은 성직으로 가기 위한 수습 단계로 보았다. 따라서 전도사가 선교지에서 제 역할을 잘 감당하면 결국은 서품을 받기 위한 탁월한 전적(前績)이 되었다.

전도사(catechist) 자리는 서품을 받지 않은 사람들을 선교사로 일하게 하기 위해 성공회 선교 협회가 만든 자리임이 분명했다. 또 그것이 필요하다고 생각하게 된 것은, 사실 임명식을 할 때 서품을 받았거나 서품을 받을 자격이 있는 사람들 가운데 필요한 숫자만큼 선교사로 지원하리라는 기대를 갖고 있지 않았기 때문이다. 그렇다고 하더라도, CMS를 확고하게 지지하는 사람들은 그것은 편법이므로 조용히 폐기해야 한다는 주장을 펴며 맹렬히 반대했다.[16]

CMS를 설립하기 위한 논의 과정에서 선교 사역을 위해 다음과 같은 말을 한 사람은 바로 교회의 기둥이었던 시므온 자신이었다. "**우리는 언제 그 일을 할 것인가? 바로 일각을 다루는 일이다.…우리는 어떻게 그 일을 할 것인가?** 선교사들을 기다리는 것은 부질없는 짓이다. 전도사(catechist)들을 내보내자."[17] 전도사(catechist) 제도를 버린 것은 그의 말의 진실성을 입증하는 것처럼 보였다. 선교사들을 기다리는 것이 부질없는 짓 같았다. 위원회는 전국의 복음주의 교역자들에게 독려하는 편지를 보냈으나 후보자들을 찾을 수 없었다. 시므온은 케임브리지 대학교에서 독실한 학부생들을 놓고 선교사로 지원하라고 부추겼으나 슬프게도 단 한 명의 지원자도 찾지 못했다.[18]

---

16 Hennell, *John Venn*, pp. 243-244.
17 W. Carus, *Memoirs of the Life of the Charles Simeon M. A.* (London and Cambridge, 1847), p. 169.
18 Hole, *Early History*, pp. 56 이하, 61-62.

그런 까닭에 CMS는 보고할 내용이 아무것도 없는데 보고서를 내놓아야 하고, 앞으로 하려는 일에 관한 논의를 유예해야 하는 불편한 입장에서 여러 해 동안 위축되었다. 아마 그들이 침례회 선교 협회(Baptist Missionary Society, 1792년 영국에서 설립된 선교 단체-옮긴이)와 LMS와 스코틀랜드 선교 협회(Scottish Missionary Society, 1796년 설립된 선교 단체-옮긴이)와 같은 선교 단체에서 초기에 파송한 선교사들과 같은 배경을 가진 사람들을 파송할 수 있었다면, 해외 선교를 시작할 수 있었을 것이다. 그런데 서품을 받은 사람이나, 아니면 적어도 그런 사람과 동행할 사람 외에는 보낼 수 없다는 고집이 그러한 가능성을 닫아 버렸다.

그러는 동안 LMS는 호웨이스가 제시한 원칙에 따라 후보자들을 모집하여 선교를 시작했다. 먼저 시에라리온에서 작은 규모로 시작했지만, 태평양 제도에 주력했고, 1796년에 가서는 30명의 선교사들과 그 부인들, 자녀들로 전열을 갖추게 되었다.[19] 그들 가운데 넷은 비국교도에 속한 교역자들이었다. 다른 사람들의 면면을 보면, 목수 여섯, 직조공 둘, 재단사 둘, 벽돌공 둘, 제화공 둘과, 마구 만드는 사람, 정원사, 통 만드는 사람, 모자 만드는 사람, 가게 주인, 귀족의 하인, 대장장이, 외과 의사(물론 당시에는 다친 팔다리를 잘라 내는 일이 주로 하는 일이었고, 그때까지는 이발사와 관련이 있었다), 면 기술자, 직물장사, 가구장이가 각기 하나씩이었다.[20] 또 동반자로는 부인 여섯과 아이 셋이 있었다. 이들 모두를 LMS 위원회에서 점검했다. 그들은 하나의 교회

---

19   Lovett, *London Missionary Society*, 제3장에서 솔직한 전말을 볼 수 있다.
20   이 일행의 면면은 J. Sibree, *London Missionary Society: A Register of Missionaries, Deputations etc. from 1796 to 1923*, Nos. 1-30에 있다. 참고. 그들의 생업에 관해서는 Lovett, *London Missionary Society*, p. 127.

이자 가족처럼 살면서, 설교하고, 선교단을 부양하고, 섬사람들을 상대로 유럽의 직업(섬사람들이 이런 직업 훈련을 받는 것을 갈망한다고 전제했다)을 가르쳤다.

첫 피해자는 포츠머스 항구에서 나왔다. 부인들 가운데 하나가 심한 뱃멀미 때문에 43,000킬로미터나 되는 뱃길을 더 이상 갈 수 없어, 그 남편도 떠날 수 없게 되었다. 나머지 일행은 길을 서둘러서 타히티, 통가, 마르키즈제도 사이에 나누어서 내렸다. 한 명은 상륙하지 않으려 했고, 다른 두 사람은 다음번 배가 왔을 때 떠났다. 처음 폭력 사태가 났을 때 11명이 떠나고 나니, 30명에서 15명으로 줄었고, 아내들도 겨우 한 사람만 남았다. 폭력 사태로 남자들 가운데 세 명이 살해되었고, 네 명은 몇 해를 사역한 후에 영국으로 돌아갔다. 세 명은 토착민 여자와 결혼해서 정착했고, 그들 가운데 두 사람은 기독교와 관련된 모든 일을 접어 버렸다.

여기에 호웨이스가 제시한 자격 기준을 충족시킨 듯한 사람이 서른 명 있었는데, 다섯 해가 지나고 나니 소수밖에 남지 않았다. 나머지는 선교사에게 지워진 육체적·정신적·도덕적·영적인 중압감 때문에 무너져 버렸다. 이런 일을 계기로 선교 기획자들이 마주한 많은 질문들 가운데 하나는 호웨이스가 교육과 선교 사역이 서로 관련이 없다고 말한 것이 맞는 말인가 하는 것이었다. 가장 먼저 든 질문은, 선교사들이 언어를 배워야 했는데, 타이티에서 내린 사람들 가운데 단 두 사람만이 선교사로서 필요한 현지어를 익혔다는 사실이다. 또 하나는 좀 덜 분명한 것이지만, 오늘날 우리가 문화 충격이라고 부르는 것이 있었다는 것이다. 즉 예절, 관습, 가치관이 아주 다른 사회에서 살게 되었다는 것이다. 어떤 선교사들은 이 문제와 씨름하며 그 사회에서 그들 나름의 삶을 살기 위해 이런 충격을 해결하는 데 필요한 지적인 노력을 할 수 없는 것처럼 보였다. 그래서 상상컨대, 그들의 부족한 교육과 미천한 경험을 어느 정도 탓했을지도 모른다. 어떤 사람들은 아주 어렸기 때문이다.

그러나 이 모든 사실에도 불구하고, 남아 있던 일행 가운데 핵심에 있던 사람을 보면, 앞과 같은 이야기를 가지고 일반화할 수는 없다. 이 일행 가운데 두드러진 인물은 헨리 노트(Henry Nott)였다. 그는 결단력이 있는 사람이라 일행의 지도자가 되었고, 그곳의 언어를 완벽하게 습득해 토착어로 설교한 최초의 사람이 되었으며, 27년 동안 섬을 떠나지 않은 채(결혼을 위해 몇 달 동안 호주에 간 것을 빼고는) 오로지 성경 번역에만 몰두하였고, 더 좋은 번역을 위해 히브리어와 헬라어까지 익혔다. 그는 27년을 채운 끝에 성경의 인쇄 교정을 보기 위해 영국으로 돌아갔고, 그 일을 한 다음 타히티로 돌아와서, 1844년 세상을 떠날 때까지 모두 합해서 50년에 가까운 세월 동안 단 한 차례의 휴식을 가진 것 말고는, 사역에서 손을 떼지 않았다. 노트의 직업은 벽돌공이었다. 그는 공식 교육을 거의 받지 않았으며, 일행과 함께 배에 올랐을 때 그의 나이는 겨우 스물두 살이었다.[21]

이 이야기가 중요한 이유는, 이것이 어떤 의미로는 호웨이스가 옳았다는 것, 즉 뚜렷이 습득한 것 없이 성경과 상식만을 가진 평범한 사람들이 뛰어난 선교사가 되었다는 것을 보여 주기 때문이다. 그들의 개인적인 성격 특성 외에도, 그들이 가진 기술이 빛을 발했다. 그들은 이튼과 케임브리지 출신의 허다한 목사들보다 교회당, 살림집,

---

21 Sibree, No. 23; Lovett, *London Missionary Society*, pp. 117-305를 보라.

학교를 건축할 때 훨씬 더 쓸모가 있었다. 또 그들은 배경 때문에 다른 면에서 유리할 때도 있었다. 노트와 같이 노동자나 기능공이었던 이들은 집에서 편안히 지내는 생활에 익숙하지 않았다. 그들은 사례비를 받는 성직자들에게는 궁핍하게 여겨졌을 일들을 결코 그냥 지나치지 않았다.

이런 유형의 사람들이 반세기가 넘도록 잉글랜드와 스코틀랜드 모두에서 배출한 선교사들의 주류를 이루었다. 스코틀랜드 장로교회는 성공회보다는 선교사 파송 면에서 원활하지 않았다. 1796년 장로회 총회는 원칙적으로 선교단을 승인한 동시에 실제로 그 일을 하는 것은 막는 내용을 모두 회의록으로 남긴 유명한 총회였다.[22] 그때부터 장로회 총회가 자체로 선교단을 구성한 1824년까지, 스코틀랜드의 선교 지망자들은 스코틀랜드 선교 협회[23]나, 아니면 LMS같이 영국에 기반을 둔 선교 기관들을 통하여 선교지로 갈 수 있었다. 상당수의 선교사들이 이 방법으로 선교지에 파송되었지만, 전체적으로 보아 이들 가운데 아주 소수는 분리 교회(Secession Church, 1733년 스코틀랜드 국교에서 분리된 장로교회-옮긴이), 특히 중산층 분리 교회와 스코틀랜드 조합 교회 출신들이었다. (경력이 아니라 배경으로 보아) 더 전형적인 사람들은 에든버러와 글래스고 선교 협회에 속한 처음 네 명의 지원자들로, 이들은 모두 시에라리온으로 파송되었다.[24] 버거 신학

---

22 1796년 5월 19-27일 에든버러에서 개최되었던 스코틀랜드 교회 총회에서 결의된 행동 강령(*The Acts of the General Assembly of the Church of Scotland*).

23 처음에 스코틀랜드 각지에 제각각 선교 협회들이 결성되었다. 에든버러와 글래스고의 선교 협회는, LMS가 1797년 시에라리온에 선교단을 파송할 때 선교사들을 보냈다. 에든버러 선교 협회는 후에 스코틀랜드 선교 협회로 이름을 바꾸었다.

24 참고. William Brown, *History of the Propagation of Christianity among the Heathen* (Edinburgh and London, 1854), II, pp. 415-446. Brown (Burgher Synod의 목사로 건강상의 이유로 선교지에 갈 수 없었다)은 스코틀랜드 선교 협회의 총무였다.

교 학생으로 셀커크 출신의 헨리 브린턴(Henry Brinton), 글래스고 출신의 재단사로, 선교사가 되는 것을 포기하고 무신론자 교수가 된 로버트 헨더슨(Robert Henderson),[25] 클레스데일 출신의 직조공으로 시에라리온 내륙에서 노예무역의 근거지를 찾아낸 덩컨 캠벨(Duncan Campbell) 그리고 인버케이딩 출신의 정원사로 재산 문제로 살해된 피터 그레이그(Peter Greig)[26]가 그 사람들이었다. 1802년이 되어서야 CMS는 지원서를 받았는데, 이것이 선교 개념에 변화를 몰고 왔다. 케임브리지의 세인트존스 칼리지의 연구원이자, 그전 해의 수학 학위 1등급 합격자였던 헨리 마틴(Henry Martyn)이 소명을 확신하게 되어 위원회는 크게 고무되었다. 그러나 이 일은 실현되지 않았다. 가세가 몰락한 마틴은 그 가정의 유일한 부양자가 되어 남을 수밖에 없었다. 그는 선교사로서 해외로 나갈 수 없었고, 그렇게 할 여유도 없었다. 그러다 몇 해가 지나서 그는 인도에 도착하였고 그의 짧은 생애는 현대의 선교사 열전(列傳)에서 가장 널리 알려지고 가장 감동적인 이야기로 소개되고 있다. 하지만 엄밀히 따지면 그는 결코 선교사가 아니었다. 그는 자랑스러운 동인도회사의 사목(社牧)으로 공식적으로 상당한 보수를 받고 있었다.[27] 마틴 이전과 이후에, 그와 같은 선교적 마음과 선교관을 지닌 몇몇 뛰어난 사람들이 동인도회사의 사목으로 섬

---

25 그러나 그는 사려 깊게도 자기의 선교 훈련 비용을 협회에 반환하였다. W. L. Mathieson, *Church and Reform in Scotland* (Glasgow, 1916), p. 81.
26 Greig의 짧은 사역은 간단한 일대기로 정리되어 있다. George Smith, *Twelve Pioneer Missionaries* (London, 1900), pp. 122-136를 보라.
27 마틴의 지원서에 관해서는 Hole, *Early History*, pp. 86-87, 91, 93를 보라. 여기서는 한 공식적인 후보는 공고된 내용과는 별개로, 1802년에 그 자격에 별 문제가 없었음을 시사한다. 마틴은 아직 성직자로 임명될 수 있는 나이가 되지 않았고, 1803년까지 아직 부목사로 서품되지 않았다. 이 날짜 전에 위원회는 그를 서아프리카로 파송하기로 이미 결정한 상태였다.

겼는데, 그들 가운데 하나인 클라우디우스 뷰캐넌(Claudius Buchanan, 1766-1815)은 아마도 어느 누구보다도 인도 선교에 관한 대중의 관심을 적극적이고 널리 일으키게 만든 장본인일 것이다.[28] 그러나 사목들은 그들을 고용한 회사에서 선교사로 여겨지지 않았고, 선교 협회를 통하여 임지에 온 것도 아니었다.

마틴이 CMS에 그의 첫 선교사 지원서를 작성하던 즈음에, CMS에서는 처음으로 선교사를 정규로 모집하고 있었다. 그런데 도움은 전혀 예기치 않은 곳에서 왔다.[29]

CMS가 런던에 있던 독일 교회를 통하여, 베를린에 있던 선교 신학원과 접촉한 것이다. 영어 사용권에서 선교 협회들을 만들어 냈던 세력들이 유럽 대륙에서도 일을 벌려, 그곳에서도 신학원들과 선교 훈련 체계를 발전시키고 있었다. 유럽 대륙의 선교 기획자에게 부족했던 것은, 훈련을 마친 선교사들을 배치하는 수단이었다. 그래서 사람들은 있지만 파송할 수단이 없던 신학원과, 수단은 있지만 사람은 없던 선교 협회 사이에 조율이 이루어졌다. 이를 계기로 오랜 기간 이어진 CMS와 유럽의 선교 훈련 기관들 사이에 협조가 시작되었다. 구태여 흠을 잡자면, CMS는 영국 성공회와 대륙의 개신교 교회들, 특히 루터파 교회는 서로를 인정한 오랜 역사를 보여 주었다. 동시에 흠잡을 데 없는 성공회 선교 협회가 인도에서 일했던 이들의 경우처럼,

---

28 특히 그가 쓴 *Memoirs of the Expediency of an Ecclesiastical Establishment for British India...* (London, 1805)에 잘 나타나 있다. [A. K. Davidson이 서문을 쓴 신판을 보라. *Memoir and Christian Researches in Asia with Notices of the Translation of the Scriptures into the Oriental Languages* (Cambridge and London, 1811)의 파급 효과를 알 수 있다.]
29 이후에 일어난 일에 관해서는 Hole, *Early History*, pp. 84-85, 114-115; Stock 1, p. 82 이하를 보라.

그리스도 지식 양성 협회(SPCK)에 속한 덴마크와 독일의 루터파 목사들을 오래도록 이용했음을 보여 준다. 심지어 루터파 선교사들이 선교지에서 현지인에게 목사 안수를 하게 되면 루터파의 예전에 따라 행할 것이라고 알고 있던 사람들까지 있었다(주교가 있는 가장 가까운 곳은 런던이었기 때문이다). 처음부터 CMS의 선교사 모집을 괴롭혔던 실제적인 문제가 한꺼번에 해결되었다. 이제는 대부분의 주교들이 용납할 수 없는 복음주의 원칙을 가진 '평범한 사람들'에게 안수를 하기 위한 길고 복잡하고 불분명한 고생을 할 필요가 없어졌다. 선교사가 되려면 독일에 가서 루터파에게서 안수를 받을 수 있었다. 더 이상 전도사(catechist)라는 편법으로 위원회에서 교리에 까다로운 사람들의 양심을 괴롭힐 필요가 없어졌다. 또 자격도 없는 사람이 선교지에서 돌아와서 영국의 사례비를 받고자 할까 봐 걱정하지 않아도 되었다. 안수를 받은 루터파 선교사들을 마치 성공회 교인인 것처럼 받아들일 때의 이점은 여러 가지였다.

1802년 베를린에서 온 두 학생을 처음으로 선교사로 받아들였다. 그 두 학생은 신학과 영어(선교사 후보자들은 영어를 전혀 몰랐고 위원들은 독일어에 문외한들이었으므로, 이들과 위원회의 첫 만남에서 소통에 어려움을 겪었다)와 수수어(Susu, 기니와 시에라리온에 사는 사람들이 쓰는 만데어-옮긴이)를 더 공부하기 위하여 영국에 머물렀다. 그 후 루터파에서 선교사 안수를 받기 위하여 독일로 돌아갔다가, 1804년에 시에라리온에 도착했다. 이렇게 CMS는 설립된 지 다섯 해 남짓이 지나서야, 선교지에 첫 선교사들을 파송할 수 있었다.

처음에는 베를린, 그런 다음 바젤, 세인트 크리스토나 그리고 중요도는 좀 떨어지지만 유럽의 다른 지역들과 관계를 맺는 일은 항상 쉽지만은 않았고, 많은 상처도 남겼다.³⁰ 그러나 선교사 수급에서 독일은 지대한 공헌을 했다. 1815년 말에 이르기까지 CMS가 파송한 24명의 선교사들 가운데 자그마치 17명이 독일인이었고, 안수를 받고 파송된 영국 사람은 세 명에 지나지 않았다.³¹ 같은 기간에 맨 처음 선교사를 파송하였던 지역이자 또 가장 위험한 지역이었던 서아프리카의 경우를 보면, 그 합계는 더 기가 막힌다. 남자 교사 하나를 빼고는 나머지 모두가 독일인이었다.³² 1815년이 지나서야 변화가 일기 시작했다. 그해 처음으로 성공회에서 성공회 부사제라는 직함으로 안수를 받고³³ 두 명이 CMS의 선교사로 파송되었는데, 케임브리지 대학교의 세인트존스 칼리지 출신으로 안수받은 연구원인 마틴처럼, 영국의 대학 출신으로도 처음이었다.³⁴ 그 이듬해 성공회 부제의 직함

---

30 참고. J. Pinnington, "Church Principles in the Early Years of the Church Missionary Society: The Problems of the 'German' Missionaries", *Journal of Theological Studies* NS 20 (2) (1969), pp. 523-532. 학생들 모두가 루터교인은 아니었고, 일부는 개혁교회 교인들이었다. 또 바젤 신학교는 초교파였다.
31 *Register of Missionaries (Clerical, Lay, and Female) and Native Clergy* (CMS, 1896 and 1905), Nos. 1,24.
32 *Register*, 위에서 인용한 글. CMS의 첫 선교사들인 Renner와 Hartwig는 처음에 시에라리온(당시에는 Freetown과 그 인근에만 엄격하게 적용되던 명칭)으로 파송되었으나, 내륙 지역에서 일하라는 명확한 지침을 받았다. 1816년까지 사역 중심지는 Rio Pongas 지역이었고, 대상은 수수어를 하는 사람들이었으며, 독일 선교사 한 사람과 함께 일했다. 그러나 가끔 Isles de Los 지역 그리고 심지어 영국이 점령하고 있던 시기의 Goree 같은 다른 지역으로 파송받기도 했다. 이후에는 Freetown과 그 반도에 있는 마을들에 사는, 다시 포로가 된 새로운 주민들에게로 관심이 돌려졌고, Rio Pongas 선교는 점차 축소되면서 선교사들이 시에라리온으로 재배치되었다. 영국인 남자 교사들 몇이 시에라리온으로 파송된 것 말고는, 1824년까지 서품을 받은 영국인 선교사는 하나도 없었다.
33 William Greenwood는 1813년에 부제로 안수를 받고 18개월 동안 Knutsford에서 부제로 사역했다. Thomas Norton은 1813년에 부제로, 1814년에 사제로 안수를 받고 York에서 부사제로 일했다. 둘 다 이미 선교사를 지망했었고, CMS에서 선교사 훈련을 담당하던 성경 주석가 Thomas Scott 밑에서 여러 해 동안 공부했다. 둘 다 인도로 파송되었다(*Register*, Nos. 29 and 30).
34 William Jowett (*Register*, No. 24)는 1810년 케임브리지 대학교에서 열두 번째 수학 학위 시험의 1등급 합격자였는데, CMS의 몰타 파송 선교사로 있다가 후에 CMS의 총무

으로 영국인 교역자 둘이 더 인도로 파송되었고,[35] 그해에 독일인으로서 파송된 선교사들은 유럽에 있는 신학원 출신이 아니라 런던에서 모집된 사람들이었다.[36] 그 이듬해인 1817년에는 14명을 모아 파송하였는데 그때까지 한 해에 모집된 숫자로는 가장 많았다. 그 가운데 일곱 명은 영국인 교역자였고 독일인은 넷뿐이었다.[37] 이때를 전환점으로 독일인들은 비록 가장 걸출한 이름들 몇을 배출하기는 했지만, 선교사 모집 정원에서 부족분을 메우는 정도였고, 차차 유럽 대륙의 신학원 출신들이라 하더라도 성공회의 서품을 받는 것이 선교사 세계에서는 통상적인 일이 되었다. 루터파의 안수는 이제 CMS와 대륙에 있는 관계자들 사이에 좋은 관계를 트는 데 장애물이 되었지만,[38] 초기에는 굉장히 편리한 방법이었다. 예측할 수 있듯이, 그 방법으로 일찍이 1820년에는 각 지역의 자격을 갖춘 선교사 후보자들에게 안수할 수 있었다.[39] 또 아주 효과적으로 목사직을 수행했던 W. A.

로 일했다.

35 Benjamin Bailey와 Thomas Dawson은 Yorkshire에서 부사제로 일했으나 그 기간이 선임자들보다 훨씬 짧았다(*Register*, Nos. 29 and 30).
36 Henry During과 또 유명한 W. A. B. Johnson은 둘 다 하노버 출신으로, 다른 많은 동포들처럼, 하노버 공국의 여러 영지를 훑으면서 일할 곳을 찾았다. Johnson은 런던에서 복음주의로 회심하였고 Surrey Chapel에 출석했는데 그때 교사가 되었다[W. Jowett, *Memoir of the Rev. W. A. B. Johnson* (London, 1862)]. Christopher Jost는 Johnson과 During과 같은 시기에 나갔고, 그들과 마찬가지로 교사로 런던의 사보이 교회에 출석했다. 이 교회의 목사 Steinkopt 박사는 최초로 CMS와 베를린 신학원을 연결시켰던 사람이다.
37 *Register*, Nos. 31-44. 영국인 교역자 가운데 하나는 몰타로, 나머지는 실론이나 인도로 파송되었다. 루터파 교회에 속한 독일인 하나와 영국인 평신도 교사 둘은 시에라리온으로, 나머지 독일인들과 교사 하나는 인도로 파송되었다.
38 참고. Pinnington, "Church Principles." 많은 루터파 선교사들은 당연히 두 번째 서품에 반대하였다.
39 유명한 무슬림 회심자인 Abdul Massih는 CMS의 전도사(catechist)로 일했고, 유럽인과 아시아인 사이에서 태어난 William Bowley (*Register*, No. 68을 보라)는 인도의 회중 속에서 놀라운 사역을 하였다. Middleton 주교는 자기에게는 인도인들에게 안수를 할 권한이 없다는 이유로 그들에게 안수를 하는 것을 사양했다. 그들은 1820년 루터파

B. 존슨(Johnson)과 헨리 뒤링(Henry During) 같은 평신도 선교사들도, 영국에 오는 머나먼 여행과 주교들에게 간청하는 불확실한 일을 하지 않고, 선교지에서 바로 안수를 받을 수 있었다.[40]

앞에서 1815년 이후 CMS의 선교사 모집 방식상의 변화를 살펴보았다. 이 책은 그렇게 된 이유를 생각하는 자리는 아니다. 다만 지방 유지의 젊은 아들들이 갑작스레 선교지에 매력을 느끼게 된 일과는 관련이 없지만, 지역 교구에 있는 많은 사람들이 처음으로 선교가 자기들과 관련이 있다고 생각하게 만든,[41] CMS가 도입한 새로운 선교단 조직 방식과, 새로이 주교에게 접근할 수 있게 된 것과 분명한 관련이 있다는 정도만 말해 두자.[42] 그러나 영국에서 모집 방법이 개선된 시기가, 선교 사역이 눈에 띄게 위험해진 시기와 겹친다는 점에 주목할 필요가 있다. 바로 CMS가 시에라리온 식민지에서 아프리카 사역에 집중하던 때였는데, 사람들은 시에라리온에 파송되는 경우 거기에서 죽거나 생명의 위협을 받는 것을 감수해야 할 것이라는 그럴싸한 선입견을 가지고 있었다.[43] 선교 운동사의 후반기가 보여 주듯, 어떤 요

의 안수를 받고 나서 1825년에 성공회의 부제서품을 받았다.
40 신학 공부를 하지 않았던 Johnson과 During은 1817년에 시에라리온에서 동료들로부터 루터파 교회의 안수를 받았다.
41 참고. Stock, *History of the Church Missionary Society* 1, pp. 129-143.
42 서임을 받은 첫 복음주의자 Henry Ryder는 1815년에 Gloucester의 주교(1824년에 Lichfield로 옮겼다)가 되었다. 그는 1817년 해외로 파송된 영국인 목사 일곱 가운데 여섯에게 안수를 주는 데 관여했고, 처음으로 성공회의 부제 자격을 안수의 조건으로 요구하지 않았다. G. C. B. Davies, *Henry Ryder, the First Evangelical Bishop* (London, 1958)을 보라. CMS 위원회의 위원이었던 Ryder 외에도, 다른 여러 주교들이 이때쯤 되어서는 CMS를 기꺼운 마음으로 더 지지했다.
43 1820년 이전까지 시에라리온에 파송된 27명의 선교사들 가운데, 그해 말까지 사망한 선교사가 15명이었다. 1822년에는 모두 12명의 CMS 선교사들(부인들을 포함하여)이 시에라리온에서 사망하였다. P. D. Curtin, "The White Man's Grave: Image and Reality 1780-1850", *Journal of British Studies* 1 (1) (1959), p. 94 이하와 *The Image of Africa* (Madison, Wisc., 1964), 제3장과 제5장은 많은 사람들이 질병 못지않게 처

소들이 선교사 모집에 부정적인 영향을 주었든지 간에, 신체적 위험이 존재한다는 것이 반드시 부정적으로 작용하지는 않는다.

그러나 전형적인 선교사는 첫 세대에 그러하였던 것처럼, 오랫동안 여전히 평범한 배경을 가졌고 그다지 대단하지 않은 것들을 이룬 사람이었다. 자기 나라에 목사가 있거나 어떤 경우 실제로 목사 일을 했던 드문 경우들을 제외하면, 그들은 숙련공, 장인(匠人), 사무원 같은 직업을 가진 사람들로서 잉글랜드를 떠나 선교지로 갔다. 스코틀랜드에서는 (잉글랜드보다 더 많은 경우) 제임스 헨더슨(James Henderson)처럼 농장에서 일했거나 소작농이었던 사람들, 혹은 리빙스턴처럼 공장에서 일하던 사람들, 또는 잉글랜드에서 정원을 돌보던 모팻(Moffat)처럼 남쪽으로 가서 일자리를 구하려는 이주민들이 선교사가 되었다. 그러나 이런 사람들의 이름을 언급하는 것 자체가, 본국에서는 선교사 안수를 받지 못할 것 같은 많은 사람들이 선교지에 갈 목적으로, 또는 선교지에서 효과적으로 일하기 위해 평상시의 삶을 살았더라면 필요했던 수준보다 훨씬 넘어서는 지적인 노력, 학식과 기술을 얻기 위한 노력을 기울였음을 상기시켜 준다. 그런 사람들 가운데 어떤 이들은 전설이 되었다는 사실, 많은 사람들이 목회자로서의 은사를 대단할 정도로 보여 주었다는 것은 결코 그냥 지나쳐 버릴 사실이 아니다. 그들은 목회 사역의 변화에 그들 나름대로 영향을 미쳤다.

치의 희생자가 되었음을 암시하는 증거를 제시한다.

13. 서양이 발견한 비서구 기독교 미술[1]

기독교는 아마 원칙적으로 세계적인 종교들 가운데 가장 혼합적인 성격이 강한 종교이다. 기독교는 힌두교와는 달리 특정 토양에 뿌리내린, 초점이 하나뿐인 종교 문화를 갖지 않는다. 또 이슬람처럼 공용의 종교 언어와 세계 어디에서도 알아볼 수 있는 문화적 틀을 가지고 있지도 않다. 역사적으로 기독교는 한 중심지에서 다른 중심지로 옮겨 가는 순차적인 방법으로, 한 문화 속에서 사그라진 다음 다른 문화 속에서 다시 뿌리내리는 방식으로 확장되었다. 기독교가 확장될 때에는 다른 문화들이 순차적으로, 세대를 이어 가며 그 지역에 침투하는 일이 일어난다.

기독교 고유의 여린 속성과 토착적인 성격은 기독교 예술에 특별한 영향을 미친다. 이러한 속성들 때문에, 규범적인 이슬람 문화 같은 규범적인 기독교 예술, 이슬람 문명 같은 기독교 문명을 수립하는 것은 불가능하다. 초기 기독교 미술에서 기독교적인 주제를 제외한다면 다른 미술과 두드러진 차이가 없었다. 기독교 미술의 양식이나 외양,

---

[1] Diana Wood, ed., *The Church and the Arts*, Studies in Church History 28 (Oxford: Blackwell, 1992), pp. 571-585에 처음 게재되었다.

기교를 보면 이교도 로마 미술이 사용하던 양식, 기교와 조금도 다름이 없었다. 기독교 미술은 토착적인 표현, 즉 현장 감각을 필요로 한다. 말씀은 육신이 되어, 짐작컨대 갈릴리의 악센트가 섞인 아람어로 말씀하셨다.

금세기(20세기)에는 기독교 인구의 통계적 중심이 크게 이동했고, 이러한 변화는 앞으로의 기독교 미술에도 큰 영향을 미칠 것이다. 1900년에는 그리스도인이라 고백한 사람들 가운데 대충 80퍼센트가 유럽과 북아메리카에 살았는데, 이제는 60퍼센트에 가까운 사람들이 아프리카, 아시아, 라틴아메리카 또는 태평양 지역에 살고 있다.[2] 앞선 기독교 역사에서 나타난 증거로 보아, 이제 기독교 미술에서 전적인 표현의 변화를 기대할 수 있다. 아마도 점진적이고 분명히 다층적인 변화이겠지만 말이다. 그러므로 이 글은 주로 초기 단계와, 기독교 미술이 근대 선교 운동의 주요한 영향 가운데 하나를 인식하고 있었다는 사실을 보여 주는 초기의 표징들에 관심이 있다.

1500년경 서방의 그리스도인들이 처음으로 남반구 대륙의 문화와 장기간의 접촉을 했을 즈음, 기독교는 다른 어떤 시대보다 전무후무하게 지역적으로 유럽이 중심이었다. 기독교는 핀란드와 발트해 지역을 기독교화하고 이베리아반도에서 이슬람 세력을 쫓아냄으로써, 동과 서를 가릴 것 없이 유럽 대륙 전체에서 승리를 구가했다. 유럽이 승리하던 시기는 다른 곳에서의 황혼기와 겹쳤다. 한때 아시아와 아프리카 북동 지역 전역에 널리 퍼졌던 기독교는 이제 유럽 밖에서는

---

2   D. Barrett, ed., *World Christianity Encyclopedia* (Nairobi, 1982)에서 추정. 특히 Barrett, "Annual Statistical Table on Global Mission, 1988", *International Bulletin of Missionary Research*, 12 (1988), pp. 16-17에서 개정한 Global Table 2에서 발췌.

작은 영토밖에 차지하지 못하고 쪼그라들어 있었다. 1500년까지 유럽의 기독교는 일관성 있고 대체로 동질한 미술 전통을 가지고 있었다. 그래서 보통 미술이라고 하면 기독교 미술을 가리켰다. '세속적'인 미술이 물론 존재했지만, 기본적으로 보완적인 역할을 하는 것에 지나지 않았다. 기독교 미술에는 공인된 범주의 주제들이 있었고, 또 도상학 기록부도 정리되어 있었다. 기독교가 아시아와 아프리카의 종교들과 접촉하기 시작했을 때 몇몇 토착적인 유럽식 변형들을 흡수했을 뿐 다른 선택은 없었던 미술 표현에 자신감을 갖고 있었다. 그 기독교가 아시아에서는 다른 종교들이 만들어 낸 미술 전통을 만났고, 아프리카에서는 투박하고 야만적이며 어쩌면 유치해 보이는 미술 전통과 만났다.

20세기 중엽이 되자 유럽의 모험이 끝났다. 1947년 인도의 독립을 계기로, 유럽이 대륙 중심의 미래를 선택함으로써, 민족국가 명단에 수십 개의 신생국들이 더해졌다. 바스코 다 가마(Vasco da Gama)는 고향으로 뱃길을 돌렸다. 이때까지 유럽의 종교 지도와 미술 지도가 알아볼 수 없을 정도로 변해 버렸다. 기독교가 아프리카와 아시아와 접촉함으로써 뜻밖의 결과가 생긴 것이다. 아프리카인들과 아시아인들은 유럽인들이 기독교와 결별하고 있던 바로 그때 기독교를 고수하고 있었다. 그리고 1500년에는 그렇게나 일관성이 있었고, 그렇게나 난공불락이었고, 그렇게나 기독교적이었던 유럽의 미술 전통이 이제 붕괴되었고, 주춤거리고 있었고, 주제나 관점이 지나치게 세속적으로 변해 버렸다. 심지어 십자가에 달리신 그리스도 같은 기독교적인 레퍼토리를 주제로 사용할 때에도, 초월적인 존재에 관한 표현이라기보다는 인간적인 상황을 설명하기 위한 실례로서 그렇게 하는 것 같았다. 주제의 통일성, 상징들에 대한 일치된 기록은 기억할 수 없을 정도로 없어져 버렸다. 다른 미술 전통을 대했을 때 유럽인들의 확신이란 것이 그런 모습이었다. 지난 한 세대 동안 유럽인들은 아프리카와 아시아의 힘과 신비 때문에 달라졌다. 그 토착적인 의미를 차용할 수도 없었고, 그 의례적인 맥락이나 우주론적 맥락을 규명해 볼 수도 없었다.

기독교 미술의 면에서 1950년은 예언적 의미가 있는 사건이 일어난 해였다. 즉 그해에 바티칸 선교 미술 전시회가 열렸는데, 이 전시회는 아마 지금까지 열린 비서구 기독교 미술에 관한 전시회들 가운데 가장 중요한 행사일 것이다. 이 전시회를 기획한 사람은 당시 포교성성(Propaganda Fide)의 총무였던 셀소 코스탄티니(Celso Benigno Luigi Costantini, 1876-1958) 추기경으로, 그는 그때 이미 비서구 세계 기독교 미술에 몰두한 상당히 광범위한 연구서를 집필한 사람이었다.[3] 코스탄티니는 신학으로 돌아서기 전, 석공 도제로 일할 때 건축과 미술사에 관한 서적을 읽으라는 권유를 받은 적이 있었다. 젊은 사제였던 그는 기독교 미술 동호회(Society of Friends of Christian Art)라는 단체를 만들어 화가, 사제 등을 불러 모아, 교구 및 교회 일과, 미술관 책임자와 고미술품 관리자 일을 결합시켰다. 그는 1922년부터 1933년까지 중국 주재 교황청 대사로 있었는데, 그의 이야기에 따르면, 그 시절 동안 중국 자체의 혁명과 선교 혁명, 두 가지 혁명을 보았다고 한다. 선교 혁명에서 그가 기여한 것들 가운데 하나는 새로운 교회당들과 다른 기독교 건물들 양식과 자재에 중국 전통을 반영해

---

3 C. Costantini, *L'Arte Cristiana nelle Missioni* (Rome, 1940); *L'art cheéiten dans les missions* (Paris, 1949).

야 한다는 주장을 편 것이다. 그는 이에 관련한 상당한 양의 지침서를 준비해 출간하기도 했다. 이와 비견할 정도의 대단한 기여로는, 일단의 중국인 미술가들(당시에는 이들 가운데 그리스도인이 하나도 없었다)을 모아서 중국 방식으로 복음서 주제들을 그린 그림을 조사하게 한 것이다. 이 일로 모인 미술가들 가운데 몇 사람, 특히 가장 뛰어난 미술가였던 루크 첸(Luke Ch'en) 역시 나중에 그리스도인이 되었다.[4]

선교 과정에서 개혁이 시작되는 것을 보았던 코스탄티니는 미술의 르네상스를 바랐다. 그는 새로운 세대의 아시아 그리스도인 미술가들이 창조 세계와 기독교 신앙에 대한 신선한 시각을 제시하였으므로, 자기네 미학 전통이 약화되어 무너지고 있던 서양 미술가들이 그들에게로 돌아서서(르네상스 '이전의 화풍'에 관해) 안도할 수 있으리라 생각했다.[5] 그러나 그를 주로 미술의 개혁자라 생각하는 것은 온당하지 않을 것이다. 그가 직접 중국에서 지낸 세월을 이야기하는 바에 따르면, 그의 관심은 주로 중국의 주교에 있었다. 그가 중국에 부임했을 때, 가톨릭교회는 중국에 들어온 지 300년이나 되었음에도 불구하고 중국에 있는 가톨릭 주교 50명 가운데 중국인은 하나도 없는 실정이었다. 그는 중국 기독교에 외국의 요소가 너무 강력한 것에 대한 폭넓은 관심을 보였는데, 미술과 건축(그리고 음악과 예전)에 대한 관심도 그 일환이었다.[6] 신고딕풍의 성당 건물은 북경의 궁과 탑과는 어울리지 않았으며, 한구에 있는 신고전식 성당 건물은 로마에 있는 회

---

4 Constantini는 5권의 회고록을 남겼다. *Foglie Secche* (Rome, nd); *Con i Missionari i Cina*, 2 vols (Rome, nd); *Ultime Foglie* (Rome, 1957). 이 회고록의 프랑스 요약판은 *Réforme des Missions au XXe siécle* (Paris, 1960)라는 제목으로 출간되었다. 그가 중국 주재로 임명되기 전까지 그의 생애 이야기는 *Réforme*, pp. 13-24에 실려 있다.
5 Costantini, *Réforme*, p. 242.
6 같은 책, p. 27 이하.

13. 서양이 발견한 비서구 기독교 미술

당이 유대인들의 존재를 증명하듯이, 유럽의 존재를 보여 주는 것이었다.[7] 현대의 그리스도인들은 초대교회의 관습을 따라가야 한다. 공자와 중국의 다른 성현들은 그리스철학이 지중해 세계에서 했던 것처럼 복음에 대비해 기독교 사상에 비슷한 겉옷을 입혔다. 현지의 미술을 기독교 본래 모습에 대한 위협으로 보는 대신에, 또 낯선 스타일을 성별하여 가톨릭 신앙을 이교와 대조시키는 대신에, 교황 그레고리우스 1세(540-604)가 캔터베리의 아우구스티누스(Augustinus of Canterbury, ?-604, 베네딕트 수도사로 초대 캔터베리 대주교, 595년 선교단을 이끌고 영국에 왔다—옮긴이)에게 명한 원칙,[8] 또 실제로 선교사들이 프랑스, 이탈리아, 스페인에서 하던 것을 그대로 해서는 안 된다는 포교성성의 원래 원칙으로 돌아가는 것이 현명할 것이다.[9] 핵심이 되는 원칙 세 가지는 식민화가 아닌 복음화, 선교지의 예술과 문화에 대한 존중, 성화(聖畵)에서 외국적인 형태의 제거다.[10]

코스탄티니가 포교성성의 책임자가 된 것을 계기로 이러한 생각은 중국을 훨씬 넘어서 영향을 미치게 되었다. 그의 생각은 제2차 바티칸공의회를 초래한 시기이자 그 자체로 그 사건에 기여한 시기에 가톨릭 선교학의 전통적인 지혜가 된 토착화 신학(theology of adaptation)이 발전할 수 있도록 도왔다. 토착적인 미술 형태를 찾는 일은 다른 영역으로 확대되었다. 예를 들어, 나이지리아에서는 전통적 목각공들에게 기독교와 관련된 주제들로 작업하도록 함으로써 전통적인

---

7   같은 책, p. 239.
8   많은 단락 가운데서도 *Réforme*, pp. 223-236를 보라.
9   같은 책, p. 238.
10 같은 책, pp. 237-242.

요루바 목각이 사라지는 것을 제때에 막아 내는 실험이 시작되었다.[11] 또 인도에서는 일반적으로 성직자 위계 제도가 도움이 되어, 예수회의 H. 헤라스(Heras) 신부는 주도적으로 결국 인도의 문화적 자산을 활용해 기독교 회화, 건축, 학문에 대한 관심을 발전시키게 되었다.[12]

코스탄티니의 생각 이면에는 미술이 기본적으로 **언어**라는 개념이 있었다. 미술은 어떻게 보면, '이교도적'인 것도 아니고 기독교적인 것도 아닌, 가치관 이전의 문제다. 미술도 감정, 기도, 신성모독을 표현하는 수단일 수 있다.[13] 같은 맥락에서 나이지리아에서 실험을 시작했던 사람들은 당시 큰 소리를 냈던 사람들[14]과는 대조적으로, 전통적인 요루바 미술은 '종교적'이라기보다는 '인본주의적'이며, 따라서 기독교 이전의 사상들과 혼동될 위험 없이 기독교적인 주제들을 표현할 수 있다는 주장을 폈다.[15] 인도 미술을 다룰 때에는 그러한 단순한 접근이 거의 불가능했지만, 문화의 의미에 대한 코스탄티니의 해설에서는 그러한 질문들이 거의 표면화되지 않았다.

개신교 세계에서는 교황청 대사라든지 종교적 집회 같은 것은 없다. 한편으로는 대단히 모험적인 실천이 있었지만, 다른 한편으로는 원칙에 대한 대중적인 토론이나 탐구가 거의 뒤따르지 못했다.

1883년까지 거슬러 올라가면, CMS가 아프가니스탄 국경에서 멀

---

11 K. Carroll. *Yoruba Religious Carving: Pagan and Christian Sculpture in Nigeria and Dahomey* (London, 1967). 민족지 연구가인 W. B. Fagg의 머리말을 보라.
12 참고. J. F. Butler, *Christian Art in India* (Madras, 1986), 124. Heras (1888-1955)는 무엇보다 역사가였지만 그의 작업은 인도의 문화를 다방면을 건드렸다. *Indica* 25 (1988), pp. 83-91에 실린 찬사의 글; M. Lederle, *Christian Painting in India through the Centuries* (Bombay: Heras Institute, 1987)를 보라.
13 Costantini, *Réforme*, p. 243.
14 특히 Ulli Beier, *Art in Nigeria 1960* (London, 1960).
15 Carrol, *Religious Carving*, pp. 70-72.

지 않은, 인도 펀자브주의 페샤와르에 교회를 하나 열었다. 대규모로 지어진 만성(萬聖) 기념 교회(All Saints Memorial Church)는 정면이 거대한 사각형에 가리비 모양으로 된(이슬람 건축에서 흔히 사용되는) 중앙의 아치형 장식과 양옆에 큰 별로 둘러싸인 작은 아치형 장식들이 있었다. 또 정면을 가로질러 아주 훌륭한 아랍식 필법으로 "아멘, 우리 하나님께 축복과 영광과 지혜와 감사와 영예와 권세와 능력이 영원토록 있을지어다. 아멘"이라는 말씀을 써 놓았다. 교회당의 각 모서리에는 가늘고 뾰족한 첨탑들이 있었고, 거대한 둥근 지붕이 건물 전체를 덮고 있었다. 하나뿐인 금도금한 십자가가 둥근 지붕 위에 얹혀 있는 것이 이 건물이 모스크가 아니라 교회라는 것을 보여 주었다. 그 내부도 마찬가지로 무슬림들에게 명소가 되도록 디자인되었다. 현지의 장인들이 현지 형식과 현지의 목재로 섬세하게 조각한 칸막이가 성찬 탁자 뒤로 둘러쳐져 있었다. 또 그 칸막이 뒤로는 애프스(건물 동쪽 끝으로 내민 반원형의 공간-옮긴이)를 가로질러 회랑이 있었고, 수랑(袖廊, 십자형 교회의 좌우 날개 부분-옮긴이)을 가로질러 칸막이가 하나 더 있었는데, 이것으로 여인들이 퍼다(이슬람 국가들에서 여자들이 남자들의 눈에 띄지 않도록 집안의 별도 공간에 살거나 얼굴을 가리는 것-옮긴이) 규칙을 지킬 수 있게 했다.[16] 교회당의 다른 구역에는 머리나 발을 드러내지 않으려는 방문자들을 위한 공간도 있었다. 벽면에는 이슬람 건물에 쿠란 구절을 새기듯이 아랍어, 우르두어(Urdu, 인도와 파키스탄의 무슬림들이 사용하는 힌두스타니어의 하나-옮긴이), 페르시아어, 영어로 성경 구절을 새긴 것 말고는, 다른 것을 표현하는 장식은 아무것도 없

---

16   내외부 사진은 D. J. Fleming, *The Heritage of Beauty* (New York, 1937), pp. 67-68 에 있다.

었다. 이 모든 것을 보면 페샤와르에 있는 만성교회는 1880년대 다소 보수적인 선교 협회 편에서는 기이한 건물로 보일지도 모른다. 그러나 이 건물이 자기반성이나 논란을 일으키는 것 같지는 않다. 또 CMS가 영국에 있는 일반 후원자들을 대상으로 발행했던 잡지를 보면 "기독교의 예배 처소를 동양 사상에 맞추어 설계한, 사라센 양식으로 지은 주목할 만한 이 건물"[17]을 개방한 것을 자부심을 가지고 자세히 묘사했다.[18]

그 영국의 후원자들은 반세기 뒤에 지은 다른 건물에 대해서는 훨씬 더 잘 알고 있었다. 그것은 도르나칼에 있는 대성당으로 아자리아 (Vedanayakam Samuel Azariah, 1874-1945, 영국 성공회의 첫 인도인 주교-옮긴이)주교가 설계한 것인데, 그는 인도 밖에서도 잘 알려진 인도의 성직자였다.[19] 아자리아는 인도 기독교의 정체성을 대변하는 사람으로 유명했다. 주로 새로운 그리스도인 공동체를 위한 성당이라면 그 정체성을 담아야만 했다. 그러나 인도에서는 미술이 종교적으로 중립적인 언어 같은 것이라는 코스탄티니의 원칙을 적용하기가 중국보다 쉽지 않았다. 인도 문화의 정체성은 이슬람 정체성을 가지지 않는다면 분명 힌두 문화의 정체성을 가지고 있다는 뜻이다. 그 전통들 가운데 어떤 전통이 특별히 기독교의 필요와 상징에 부합할까? 아자리아는 의도적으로 두 개의 결합을 시도하는 것이라고 대답했다. 즉 인도의 기독교 건물은 어떤 한 전통에 매이지 말고 그 나라의 과거 전

---

17 E. Stock, *History of the Church Missionary Society*, 3 (London, 1899), p. 471.
18 *Church Missionary Gleaner*, Nov. 1884.
19 C. Graham, *Azariah of Dornakal* (London, 1946)을 보라. 대성당에 관해서는 pp. 11-12, 99-100, 114-115를 보라. 저자는 오히려 힌두적인 요소를 강조하지만, 뾰족탑들은 오해의 여지가 없다.

체를 담아내야 한다는 것이다. 그래서 아자리아가 설계한 건물은 무슬림 양식의 원형 지붕과 뾰족탑은 물론, 힌두교 양식의 개방된 안뜰을 다 갖추었다.[20] 이와 가장 유사한 모습은 남인도 왕자들의 궁전에서 볼 수 있다. 이것은 도르나칼 성당의 또 다른 특징, 곧 그 규모와 구상의 웅장함을 떠올리게 한다. 그러나 사역 대상이었던 그 그리스도인 공동체는 극도로 가난해 연명하기에도 힘든 농부들로 주로 구성되어 있었다. 아자리아는 이 곤궁한 삶을 사는 사람들에게 장려함을 접하게 하고 싶었다. 한편으로 그 웅장한 건물은 인도 정부에서 무슨 일이 일어나든, 기독교가 그곳에 머물러 있겠다는 선언이었다. 다른 한편으로는 비록 최극빈층에 속한 그리스도인들이라 하더라도 그 장려함을 나누어 가질 수 있다는 징표이기도 했다. 아자리아는 최근에 인도의 원로 그리스도인 미술가인 지오티 사히(Jyoti Sahi)가 제기한 문제, 즉 지배적인 문화가 억압을 하는 환경에서 기독교 반문화는 어떤 적절한 예술적 표현을 할 수 있는가에 대하여 자기 나름대로 대처하고 해답을 찾고 있었던 것이다.[21]

예배를 위한 적절한 공간을 제공해 주는 교회 건물은, 그리스도인들에게 미술적 선택을 하게 해 주는 것이 당연하다. 그러나 인도에서는 특히 회화 분야가 중차대한 신학적 이슈를 제기하고 있었고, 이 이슈를 제기한 사람들은 비단 그리스도인 미술가들로 국한되지 않았다.

인도 르네상스의 가장 초기 단계에는 성경에 묘사된 그리스도의

---

20 J. F. Butler, *Christianity in Asia and America = Iconography of Religions*, 24:13 (Leiden, 1979), plate XIX에 삽화가 있다.
21 Jyoti Sahi, "Reflections on Biblical Images/Symbols in Relation to Indian Christian Spirituality", *Image*, 37 (1988), pp. 10-11.

모습이 명백한 영향력을 미쳤다. 20세기에 들어 미술이 르네상스의 영역 속으로 들어섰음이 분명해졌다. 여기에 산티니케탄에 있는 라빈드라나드 타고르(Rabindranath Tagore, 1861-1941) 인도 문화 대학교와 타고르의 조카 아바니드라나드(Abanidranath)가 학장으로 있는 그 대학교의 미술대학이 힘을 보탰다.

타고르 대학교 출신으로서 뛰어난 미술가들 몇 사람이 기독교적인 주제를 사용한다. 그들 모두를 통틀어 가장 위대한 화가인 자니니 로이(Janini Roy)는 예수 상을 자주 그렸는데, 그가 그린 예수 상은 우리보다 위대하고 또 특정 시대에 매인 분이 아니다. 그분은 물위를 걷고 계신다. (다른 신들처럼 그분은 원소들 가운데, 공기 가운데, 불 가운데, 물 가운데 있는 것이 편안하다.) 그것은 힌두교식으로 복음서를 이해한 것이다. K. C. S. 파니카(Panikkar, 그리스도인은 아니지만 전에 마드라스 기독교 대학에 다닌 적이 있다)는 그리스도 상을 자주 그린 또 다른 인도 르네상스 화가다. 가난한 사람들, 병든 사람들, 헐벗은 사람들을 축복하는 다른 화해자 부처와 간디와 함께 서 있는 인도인 그리스도를 그렸다.[22]

그러나 그리스도인 미술가들 역시 타고르 대학교에 입학했고, 그 가운데 하나인 V. S. 마소지(Masoji, D. 1977)는 그 대학교의 교수가 되었다.[23] 중요한 초기 인물들로는, 이미 언급했던 헤라스 신부와 관련이 있는 로마가톨릭 교도인 안젤로 다 폰세카(Angelo da Fonseca)[24]와

---

22 Roy와 Panikkar에 관해서는 R. W. Taylor, *Jesus in Indian Paintings* (Madras, 1975) 및 Butler, *Christian Art*, pp. 125-129를 보라.
23 Masoji의 그림 몇 가지는 A. Lehmann, *Afroasiatische christliche Kunst* (Berlin, 1966), 도판 161-166에 있다.
24 *The Art of Angelo da Fonseca* (Bombay, 1980)를 보라. 이 소책자는 헤라스 연구소에서 da Fonseca의 그림들을 전시할 때 쓴 것으로, 그 화가의 글과 M. Lederle가 그의 생

성공회 교도인 A. D. 토머스(Thomas)를 들 수 있다. 여기서 특히 토머스에 대해서 말해 두는 것이 좋겠다. 왜냐하면 1948년 복음 선교 협회(Society for the Propagation of the Gospel)가 그의 작품 24점이 실린 『한 인도 화가가 그린 그리스도의 생애』(The Life of Christ by An Indian Artist)[25]란 책을 출판해 서양의 주목을 끌었기 때문이다. 토머스는 서양 선교사 스탠리 존스(E. Stanley Jones, 1884-1973, 감리교회 선교사, 신학자-옮긴이)가 쓴 『인도의 길을 걷고 있는 예수』(The Christ of the Indian Road)[26]라는 책에서 존스가 글로 표현한 예수님에게서 영감을 받았다고 소개했다. 토머스의 그리스도 초상화 속에 표현된 그분은 분명 인도의 길을 걷고 있는 인도 사람이었지만, 부드러운 색으로 그려진 평온한 모습의 그리스도다. 그 그리스도는 세상과 세상이 할 수 있는 온갖 것들에 동요되지 않는, 부처의 미소를 띠고 있다.

인도의 그리스도인 미술가들은 아마도 기독교가 지금까지 만난 가장 힘겨운 환경에서 작업을 하는 것 같다. 그것은 그리스도의 신성, 그분의 가르침의 절대성, 예배, 헌신, 사랑에 대한 그분의 권리는 기꺼이 용인될 수 있지만, 그러한 인정이 유일무이하거나 배타적인 지위를 의미하거나, 한 공동체에서 다른 공동체로 옮겨 가는 것을 요구해서는 안 되는 환경을 말한다. 인도의 기독교는 줄타기를 하는 상황에 처해 있다. 밧줄의 한쪽에는 멀리서 온 낯설고 무척이나 떨어져

애와 작품에 관해 쓴 글이 실려 있다. da Fonseca는 고아(Goa) 태생으로 푸네(Pune)에서 성장했고, 1910년부터 1967년까지 살았다.

25 이 그림들은 또한 A. Lehmann, *Die Kunst der Jungen Kirchen*, 2nd ed. (Berlin, 1957)로 재출판되었다. 복음선교협회는 이보다 먼저 *The Life of Christ by Chinese Artists* (London, 1943)를 출판한 적이 있다.

26 E. Stanley Jones, *The Christ of the Indian Road* (London, 1925). 『인도의 길을 걷고 있는 예수』(평단문화사, 2005).

나가기 쉬운 조직(교회)이 있고, 다른 한쪽에는 힌두교의 다양한 형태 중 또 다른 하나로 (교회를) 흡수해 버리려는 위협이 있다.[27] 인도의 그리스도인 미술가들은 종교 역사상 가장 영향력 있는 개혁가 가운데 하나인 석가모니를 탄생시킨 동시에, 그를 비슈누의 화신(화육)으로 재해석한 땅에서 인간 그리스도를 설명해야 한다. 그리스도 상은 인도에서 오랫동안 교회와는 동떨어진 자리에 있었다. 구원이라는 주제로 그린 성화는 [16세기에] 그림을 좋아했던 아크바르 황제(Akbar, 1542-1605, 인도 무굴 제국의 제3대 황제―옮긴이)의 궁정에서 예수회 선교사들이 복음 전파의 중요한 수단으로 삼았던 것이었다. 후기 무굴의 회화에서 기독교에 관한 주제들은 전통적인 도해 기록부와 상관없이 나름의 대상으로 등장했다.[28] 인도의 르네상스에서는 그러한 도해 기록부에는 언급되지 않은, 인도의 길을 따라 걷는 그리스도를 그렸다. 파니카가 부처와 간디와 나란히 (그리고 인도 사람의 모습 그대로) 그리스도의 초상을 그린 것은, 시장에 나도는 허다한 복제화들과 짝을 이룬다고 할 수 있다.[29]

이 모든 것은 지난 세기(19세기) 동안 비서구 예술(특히 교회 건축과 내부 장식에서, 그러나 다른 면에서도 마찬가지였다)이 복음과 문화의 관계, 또 기독교와 다른 종교들의 관계를 탐색하는 수단으로 상당한 경지에 이르렀음을 보여 준다. 실제로 미술가들, 건축가들, 교회당 설계자들은 많은 신학 주석가들이 도달했던 수준보다 더 깊은 수준에서 이

---

27 이에 관한 여러 문제는 Taylor의 *Jesus in Indian Paintings* 및 Butler의 *Christian Art* 전체에 나타난 연구를 통하여 길게 다루고 있다.
28 F. zu Lowenstein, *Christliche Bilder in altindischer Malerei* (Munster, 1958)에 나오는 예들을 보라.
29 Centre for the Study of Christianity in the Non-Western World, University of Edinburgh에 있는 Butler 수집품에 있는 예들.

런 질문들과 마주했고, 때로는 최고의 신학자들이 거기에 다가가기 전에 문제들을 제기했다. 그러나 기독교 예술은 기독교 내부에서 커다란 인구 변화가 시작된 시기에 기독교가 아프리카와 아시아에 끼친 영향에 관한 일반적인 논의에서 미미한 정도로밖에 나타나지 않았다.

기독교 예술은 1938년 국제 선교 협의회(IMC) 탐바람 회의가 열릴 때까지는 대규모 개신교 선교 회의에서 의제가 되지 못했던 것 같다. 만약에 19세기 후반에 열린 회의에서 그런 의제를 찾아낼 수 있다면 정말 놀라운 일일 것이다. 1910년에 열린 에든버러 세계 선교 대회에서는 서구의 교육과 '문명'이 비서구 세계에 끼친 영향에 대하여 지나치게 관심을 쏟은 나머지 신생 교회들의 독립적인 문화유산에 미처 주목하지 못했다. 비록 1928년 국제 선교 협의회 예루살렘 회의에서 아시아의 종교의식에 주목했지만, 그 의식이 어떻게 기독교 내에서 표면에 오르게 되었는지 하는 문제는 중심에 있지 않았다. 심지어 탐바람 회의에서도 이 주제를 시험적으로 겉치레로만 다루었다. 가장 분명한 언급은 '교회 내부 생활' 부분에 나온다. 예배에 관한 세부 항목에서 권장 사항 7은 이렇게 시작한다.

음악이나 건축 같은 예술의 토착적인 형태를 예배에서 사용하는 것에 관하여, 몇몇 연륜이 짧은 교회들은 극단적인 열성을 보이고, 또 다른 교회들은 극심한 거부감을 보이고 있다. 그런 상황에서 우리는 다른 여러 나라들의 교회에서 사용하는 음악이나 다른 예술의 실례를 제시하고, 우리 주님께 드리는 제물로 토착적인 예술이 줄 수 있는 기쁨과 영감을 전달하는 문서를, 모두가 접할 수 있는 적정 가격으로 출판하기

를 권한다.³⁰

여기에 분명 뜨거운 감자라는 느낌이 있다. 특히 누가 경제적으로 꽤 비용이 드는 이 문서를 작성해 출판할 것인가에 대하여 아무런 제안이 없으니 말이다. 권고가 이어지면서 망설인다는 느낌이 더 강하게 든다.

우리는 건축이 예배나 [말씀에 대한] 증거와 어떤 연관성이 있는가에 관해 지침이 되는 원리를 만들어서, 이런 것들을 탐구하려는 교회나 선교 단체들이 활용할 수 있기를 바란다.³¹

이 원리가 어떤 것일지에 대한 유일한 힌트는 (뒤에서 언급할) 대니얼 존슨 플레밍(Daniel Johnson Fleming)이 쓴 두 권의 책과 「국제 선교 리뷰」(International Review of Missions)에 실린 논문 하나를 언급하는 도서 각주에 있다. 이 각주는 편집자의 의도가 담긴 것이 분명하다. 회의가 진행될 때 그 논문은 나오지도 않았기 때문이다.³² 결국 명확해질 수 있다는 것에 분명히 안도하면서, 권고 사항은 결론적으로 아직까지도 자기네 모국 교회의 음악, 건축, 예술을 옮겨 심는 데 열심인 선교사들을 질책하였다. 또한 "연륜이 짧은 교회들이 자기 나라가 유산으로 받은 형식들로 그들의 그리스도인의 삶을 표현하는 것을

---

30 *The Life of the Church International Missionary Council Meeting at Tambaram, Madras* (Tambaram, series 4), p. 6.
31 같은 책.
32 그러나 저자인 J. Prip-Moller는 탐바람 회의의 정식 참석자였으므로 이 주제에 관하여 자기의 주장을 폈을 것이다.

도와줄 의무"³³를 단언하였다.

이 부분에 대한 예비 보고서에 남아 있는 주에서는 T. C. 차오의 중국 찬송가집을 추천한다. 그 찬송가집에서 중국 고유의 가락을 사용한 것과 그 밖에 중국에서 실험한 다른 전례들도 나와 있고, 어정쩡하게 이렇게 추천한 내용도 포함되어 있다. "K. L. 라이켈트(Reichelt) 박사의 『타오의 친구들과 함께하는 기독교회 전례서』와 추 파 오위엔 박사의 『토착 예배 형태에 관한 책』도 있다."³⁴ 다른 보고서는 안드라에서 루터파의 예전에 사용했던 인도의 선율을 말하고 있고,³⁵ 또 다른 보고서에는 콩고 개신교 협의회가 제안한 내용이 실려 있는데, 그것은 기독교 예배를 드릴 때 전통적인 이야기를 할 때처럼 교송(交誦)과 노래와 이야기를 섞는 형식을 원용함으로써 아프리카의 수사학적 관행을 더 잘 반영해야 한다는 내용이다.³⁶ 다른 한편, 남아프리카공화국에서 모였던 교파간 회의의 결론은 다음과 같다.

우리는 현재로서는 남아프리카공화국에 있는 연륜이 짧은 교회가 현재와는 다른 형태의 예배를 드리는 것을 생각하기가 어렵다. 우리로서는 어떤 형태의 예배가 아프리카 사람들의 삶과 더 밀접한 관련이 있는

---

33   *The Life of the Church*, p. 6.
34   같은 책, p. 8. Reichelt의 논쟁적인 시각은[예를 들어, *Truth and Tradition in Chinese Buddhism*, 1st English edition (Shanhai, 1927) 및 그의 사후에 출판된 *Religion in Chinese Garment* (London, 1951)에 정리되어 있는] 동일하게 논쟁적인 실천에 표현되어 있다. E. J. Sharpe, *Karl Ludvig Reichelt, Missionary, Scholar, Pilgrim* (Tao Fong Shan, Hong Kong, 1984); H. Eilert, *Boundlessness: Studies in Karl Ludvig Reichelt's Missionary Thinking* (Ringkobing, 1974)을 보라.
35   *The Life of the Church*, p. 12.
36   같은 책, p. 15.

지 생각해 낼 수 없다. 시간이 지나면서 진전될지 모르겠지만 말이다.[37]

탐바람 회의에서 미술과 건축 문제를 소홀하게 취급한 것은, 당시의 선교 문헌에서 이러한 주제가 별로 나오지 않는 상황과 많은 관련이 있다. 국제 선교 협의회의 기관지이며 비중 있는 개신교 선교 잡지인 「국제 선교 리뷰」를 보더라도, 1930년대 내내 이 주제를 다룬 흔적이 거의 없다. 탐바람 회의 보고서 편집자 주에 언급된 논문도 [선교사들이 아니라] 건축가인 J. 프립몰러(Prip-Moller)가 쓴 것이다.[38] 프립몰러는 중국의 승려들이 기독교에 가까이 다가가서 연구할 수 있는 환경을 구축하려는 과정에서 라이켈트(Karl Ludvig Reichelt)와 협력해, 라이켈트의 타오퐁산 연구소(Reichelt's Tao Shan institute)를 위해 홍콩의 주목받는 건물을 짓는 일을 도왔다.

프립몰러의 글에는 중국인의 경험이 담겨 있는데, 그는 중국 건축의 '세부 사항'이 아니라 그 '정신'에 들어가고자 했다. 이 말은 애써 복사해 낸 곡선미를 살린 지붕이나 무수한 선반들보다는 건물들이 어떻게 무리지어 있는지에, 건물들이 어떻게 주변 경관과 조화를 이루는지에 그리고 돌출된 긴 처마가 만든 그림자의 효과에 더 중점을 둔다는 뜻이다. 어쩌면 사실 일부 그리스도인들은 그들의 현지 양식을 거스르는 선교사들의 행동에 물든 것인지 모른다. 그러나 엄청난 수의 비그리스도인들에게 어떤 영향을 주는지를 고려하는 것이 정말로 더 중요하다. 그 글쓴이가 분명히 믿은 것은 낯선 것들이 눈앞에

---

37 같은 책, pp. 15-16.
38 J. Prip-Moller, "Archtecture: A Servant of Foreign Mission", *International Review of Missions*, 28 (1939), pp. 105-115.

서 덜 얼쩡거릴수록 사람들은 기독교 건물이 존재하는 이유인 중요한 관심사를 반추할 가능성이 더 높다는 것이다.

영국인들이 직접적으로 예술과 관련하여 쓴 글들로는 1927년부터 나온 성공회의 잡지인 「동과 서」(The East and the West)에 실린 "아프리카 미술과 그 가능성"에 관한 글과, 1931년 복음 선교 협회의 잡지인 「해외 교회」(The Church Overseas)에 세 차례에 걸쳐 연재된 "선교지의 예술"이 있다.[39] LMS에서 문서 사역을 했던 시인이자 회중교회 목사 에드워드 실리토(Edward Shillito)는 소책자 『모두가 공예가』(Craftsman All)를 내놓았다. 또 다른 LMS의 작가 마벨 쇼(Mabel Shaw)가 쓴 더 유명한 책[40]에는 지금의 잠비아에 있는 어떤 선교사가 세운 여학교 안에서 아프리카식으로 예배를 드렸다고 하는 이야기가 실려 있는데, 이 이야기가 주목을 끌었다. 1933년에는 복음선교 협회가 『다른 나라들의 예배: 예배에 나타난 종족적 특성에 관한 연구』(Worship in Other Lands: A Study of Racial Characteristics in Worship)라는 책을 발간했는데, 이 책은 그 협회의 국내 직원인 H. B. 톰슨(Thompson)이 협회 선교사들이 보내 준 사례들을 모은 것이다. 톰슨은 다른 선교 협회들도 그들의 선교지에서 사례들을 더 모을 수 있다는 기대를 피력했지만, 아무도 그 기대에 부응했던 것 같지는 않다. 『다른 나라들의 예배』는 대부분 더 좁은 의미에서의 예전적 행위를 다루었고, 마사시의 주교 W. V. 루카스(Lucas)의 아프리카 예전에 대한 다소 고풍스러운 사고의 영향을 받은 것이 분명하다.[41] 그러나 구체적인 건축,

---

39 아프리카(마사시의 주교 W. V. Lucas), 중국, 일본에 관한 글들이 실려 있었다.
40 Mabel Shaw, God's Candlelights (London, 1932).
41 그의 기고문은 E. R. Morgan, ed., Essays Catholic and Missionary (London, 1928)에 있는 그의 기고문 "The Christian Approach to Non-Christian Customs"를 보라.

음악, 연극, 시각 예술의 사례들이 있다. 그 특성상 그것은 잘라 내서 이은 누더기 모양이다. 남아프리카공화국의 어떤 선교사 공방(工房)에서 조각해 만든, 건물 정면의 검은 성모마리아 상에 아프리카에서 만든 "아마도 지금까지 나온 가장 주목할 작품"이라는 설명이 있는 것을 보면 약간은 당황스럽다. 얼굴 모습은 영락없이 아프리카 사람이지만, 그것을 빼면 퍼시 디어머(Percy Dearmer, 1867-1936, 성공회 교역자 예전 매뉴얼을 쓴 영국의 사제-옮긴이)의 모습 그대로다.

복음 선교 협회에 표현된 성공회 전통은 당시의 선언문이 담긴 책 서문에 쓰여 있는 것처럼, 기독교는 "다른 종교, 문화, 제도에서 선한 것과 불변의 가치가 있는 것은 다 흡수하고 변형시킬 수도 있다"[42]고 믿었다. 사실 전반적으로 이 시대 선교 운동의 문화적인 둔감성을 과장하는 것이 유행하고 있다. 또 우리가 살펴본 것처럼, 제2차 세계대전 때쯤, 또 바스코 다 가마의 시대가 종언을 고할 때쯤, 이미 비서구의 기독교 예술 작품들이 상당히 모이게 되었다. 교회 건물을 지을 때 상당히 많은 실험이 감행되었지만, 1939년에 프립몰러는 이미 하나님의 영광을 위해 사용되고 있던 중국의 시, 서예, 음악과 나란히 놓이도록 '아름답게 건축'할 것을 탄원하고 있다.[43] 1942년 「국제 선교 리뷰」의 또 다른 기고자는 인도 음악에 관해 "내가 아는 선교사들 중 이 음악을 사용하기 싫어하는 사람은 한 명도 없다. 대부분은 심지어 적극적으로 이것들을 옹호한다"라고 말한다.[44] 그의 탄원은 그것

비교적 최근인 1950년에 *Christianity and Native Races* (London)라는 제목으로 재출간되었다.
42 Morgan, ed., *Essays*, p. v.
43 Prip-Moller, "Architecture", p. 115.
44 M. Pitt, "Take, for Instance, Indian Music", *International Review of Missions*, 31 (1942), pp. 205-210.

을 인정하고 사용하자는 것이라기보다는 그것을 더 깊이 이해하자는 것이다.

예술 자체든 더 폭넓은 의미에서든 예술에 관한 질문들은 제2차 세계대전 후의 문헌에서 조금 더 다룬다. 그 문헌들은 탐바람 회의 이전에 비해서 먼저 아시아와 아프리카 교회들의 자율성에 관심을 두고, 이어서 복음과 문화에 더 관심을 두었다.[45] 더 초기의 비서구 세계의 예술―무굴의 회화, 일본의 남만(南蠻) 예술(16-17세기 유럽의 영향을 받은 일본의 예술―옮긴이), 콩고의 상아 제품―에 기독교의 존재가 반영되고 있었다는 놀라운 연구들이 있고, 최근에는 특정 지역, 특히 인도에서 일어난 발전에 관한 귀중한 해설이 나왔다.[46] 그러나 코스탄티니의 저술과 그것들이 남긴 것들을 제쳐 놓는다면, 20세기 전체로 보아 단지 세 작가만이 비서구 세계 전체에서 나타난 기독교 예술과, 또 그것이 신학적·예술적으로 함의하는 바에 일관된 관심을 불러일으켰다. 바로 미국인 대니얼 존슨 플레밍과 독일인 아르노 레만(Arno Lehmann) 그리고 영국인 J. F. 버틀러(Butler)다.

플레밍은 대학을 갓 졸업하고 난 뒤 인도를 여행하면서 페샤와르에 있는 만성교회를 보고 모스크라 생각했다. 이것 때문에 그는 "정신적인 조국에서 기독교의 토착화와, 하나님의 집들에서 발견되는 그

---

[45] 1961년 세계 교회 협의회(WCC) 총회 보고서를 보면, 역사적으로 교회와 예술의 밀접한 관계와 예술과 사회에 관한 미해결의 질문들에 대한 다소 당황스러운 내용이 담겨 있다. 결론은 그 주제가 중요하긴 하지만 WCC에는 현재 그런 것을 추구할 어떤 기구도 없다는 것이었다. 또 신생 교회들이 이 부분에서 기여할 수 있는지에 관한 어떤 내용도 제시하지 않고 있다. *The New Delhi Report: The Third Assembly of the World Council of Churches 1961* (London, 1962), p. 181 이하.

[46] M. Lederle, R. W. Taylor, J. F. Butler의 작품에 관해서는 이미 언급했다. 위의 주 11과 19를 보라.

리스도인의 체험의 다양한 표현"에 관심을 두게 되었다.[47] 그가 쓴 『미의 유산』(The Heritage of Beauty, 1937)이라는 책에는 그런 하나님의 집들 40여 채의 사진과 설명이 실려 있는데, 전 세계를 통틀어 개신교 교회당은 두세 개에 지나지 않았다. 지역별로는 아시아 지역이 압도적이었지만, 알래스카와 태평양 지역도 무시할 수 없었으며, 아프리카 지역에도 인상적인 건물이 있었다. (아프리카 지역의 교회당들 가운데 이미 사라져 버린 교회당이 하나 포함되었는데, 그것은 우간다 나미렘베에 있었던 최초의 성당 건물로, 아프리카 오두막 모양을 거대한 규모로 디자인한 것이었다.) 뉴욕에 있는 유니온 신학원의 교수로 재직하던 플레밍은 그런 건축물이 "벽돌과 회반죽의 사용법 같은 상대적으로 간단한 문제"를 다룬 게 아니었음을 알고 있었다.[48] 그가 쓴 글 대부분은 세계 기독교의 다양성과 보편성 사이의 필수적인 관계성을 다룬다. '세계 기독교'는 그의 책[『어떤 세계 그리스도인의 표지』(Marks of a World Christian)와 「세계 그리스도인들이 직면한 도덕적 문제들』(Ethical Issues Confronting World Christians)을 포함하는 그의 다른 책들]에서 아주 좋아하는 문구이고, 기독교 선교의 본질에 관한 그의 견해는 기본적으로 침투하는 것이다. 그는 또한 세계시민이라는 강력한 견해도 가지고 있다[그는 『다른 종교들과 나눔을 갖는 방법과 비기독교 문화와의 접촉』(Ways of Sharing with Other Faiths and Contacts with Non-Christian Cultures)이란 책을 썼다]. 그러나 그를 자유주의자(그리고 호킹을 자주 떠올리는 사람들이 있다)라고 부르더라도, 천진난만한 자유주의자는 아니다. 특정 건물들 때문에 제기된 민감한 문제들을 규명하고 간단명료하게 정리한 것이 『미

---

47 Fleming, *Heritage*, p. 17.
48 같은 책.

의 유산』의 특징이다. 그는 또 미학적 이슈들에도 관심을 두고 있는데, 그것은 그저 건축에만 국한되지 않는다. 『미의 유산』에는 (루크 첸이 그린) 그림이 하나 들어가 있고, 플레밍은 계속해서 『각자 자기만의 붓을 가지고』(Each with His Own Brush)[49]라는 책을 쓰고 종교적 상징주의라는 더 광범위한 문제를 계속 숙고하였다.[50] 그는 또 기독교 안에서 서양의 영향 때문에 파괴의 위협을 받고 있는 토착적인 아프리카 예술에 대한 새로운 미래를 보는 혜안을 제시하기도 했다.[51]

아르노 레만은 인도에서 선교사의 사역을 보고 나서 중요한 역사물을 썼다.[52] 할레비텐베르크 대학교의 선교학 교수였던 그는 후기 저작에서, 아프리카와 아시아(같은 목적을 가지고 태평양 지역을 포함해)의 기독교 예술에 관한 체계적인 연구를 진전시켰다. 그 연구들은 1950년대와 1960년대에 걸쳐서 특히 성경에 기록된 사건이나 주제들을 그린 아프리카와 아시아의 회화들을 다루었다. 플레밍이 건축물에 강조점을 두었던 것과는 달리, 레만의 주된 관심사는 회화와 조형 미술에 있었다. 그는 말년에 두 편의 백과사전식 연구 조사서를 출간했다[『종교: 과거와 현재』(Religion in Geschichte und Gegenwart)[53]에 실린 논문에 더하여]. 바로 『신생 교회들의 예술』(Die Kunst der Jungen Kirchen,

---

49 Daniel Johnson Fleming, *Each with His Own Brush* (New York, 1938).
50 Daniel Johnson Fleming, *Christian Symbolism in a World Community* (New York, 1940).
51 Fleming, *Heritage*, p. 85. 미국 선교 역사에서 플레밍의 신학과 그 위치에 관해서는 W. R. Hutchison, *Errand to the World. American Protestant Thought and Foreign Missions* (Chicago, 1987), pp. 150-158를 보라.
52 Arno Lehmann, *Es begann in Tranquebar* (Berlin, 1955); 영어 번역판. *It Began at Tranquebar* (Madras, 1956).
53 "Malerei und Plastik VII: Christiliche Kunst in den jungen Kirchen", *RGG*, 4, cols pp. 702-704. 레만이 쓴 다른 글들은 *Afroasiatishe christliche Kunst*; 영어 번역본 *Christian Art in Africa and Asia* (St. Louis, 1969)에 첨부된 참고 문헌 목록을 보라.

1957)과 『아프리카 아시아의 기독교 예술』(*Afroasiatische christliche Kunst*, 1966)로, 둘 다 그림을 많이 실었다. 레만은 (코스탄티니를 제외할 수만 있다면) 그 누구보다도 현대 비서구 기독교 예술의 놀라운 규모와 풍성함 그리고 그 대부분이 가진 혁신적 성격을 잘 기록하였다. 그의 업적은 근거 자료 수집을 동독에서 했다는 점에서 더 놀랍다.

존 프랜시스 버틀러는 1937년 마드라스 기독교 대학의 철학 교수로 임명되었는데, 그해가 바로 『미의 유산』이 발간된 해다. 나중에는 인도 기독교서회에서 일했는데, 그곳은 서적은 물론이고, 수많은 교회와 평신도들이 사용한 포스터, 그림, 보조 자료를 취급하는 곳이었다. 그는 1951년 영국으로 돌아간 뒤에는 교수직에 복귀하지 않고, 여생을 감리교회 순회 목사로 일하면서 일련의 목사관들의 서재를 자신이 '선교 예술'이라 부른 서책, 잡지, 슬라이드, 그 밖의 다른 원본들로 가득 채웠다. 그는 이 용어를 신중하게 사용했다. 그의 주장에 따르면, 선교 예술은 선교에 예술을 이용하는 것이었다. 따라서 예술가의 국적은 부차적으로 고려할 사항이다. 30년 이상 학문적인 논문뿐 아니라 대중적인 수많은 글을 썼는데, 일부는 발간되고 나머지는 원고로 남아 있다.[54] 신학자들이 주목하지 않았을 때 건축사가들이 그를 주목했다.

기독교 예술의 비서구적 면면의 초기 역사를 연구한 세 명 가운데 (만약 이 장 서두에서 제기한 고려 사항들이 타당하다면) 아마도 버틀러가

---

[54] 가장 중요한 책은 Brill 출판사 *Iconography of Religions* 시리즈의 하나인 *Christianity in Asia and America*와 이미 언급된 적이 있는, 저자 사후에 출간된 *Christian Art in India*이다. 또 G. Cope, *Christianity and the Visual Arts* (London, 1964) 및 G. Frere-Cook, *The Decorative Arts of the Christian Church* (London, 1972)에 실린 그의 기고문들을 보라. 그의 논문들은 에든버러 대학교 비서구 세계 기독교 연구소에 버틀러 모음집으로 모아져 있다.

가장 중요한 사람일 것이다. 그는 플레밍보다 더 깊이가 있었고, 레만보다는 더 광범위한 부분들을 다루었다. 그의 접근 방법은 미학에 관한 철학적 관심에 바탕을 두고, 서양 미술과 건축에 대한 자세한 지식을 배경으로 한 것이었다. 그는 선배들 두 사람보다도 더 아프리카와 아시아에서 나온 현지 교회의 미술을, 미술의 역사와 기독교의 역사 속에 두었다. 같은 이유로 그는 기독교 미술의 역사에서 라틴아메리카의 특별한 중요성과, 또 혼합된 전통에 연루된 미학적, 신학적 이슈들에 대해 그들보다 더 잘 인식하고 있었다. 그는 무굴의 미술, 카스틸리오네(Baldassare Castiglione, 1478-1529)와 중국에 파송된 예수회 선교사들, '예수회의 도기 제조법', 일본의 남만 예술에 관심을 가지고 있었다. 그는 후기 작품에서 문화 전파와 예술에서의 혼합주의에 관련한 신학적 문제들은 역사적으로 제기되어야 한다고 주장했다. 기독교 예술가들과 아프리카와 아시아 지역에 있는 의사 결정자들이 당면했던 문제는 기독교에만 존재하는 것이었고, 그는 기독교 역사에서 유사한 문제들에 대한 일련의 다소 성공적인 해결책들을 보았다. 이 논지를 담은 논문에 그가 붙인 제목은 '선교 예술 1900년'이었다.[55] 그가 제기한 문제들은, '아시아의 그리스도인 예술가가 생계를 유지하는 방법은 무엇인가?'라는 경제적 문제부터, 건축에서 '국제적' 양식의 영향력의 문제, 아프리카와 아시아가 서양보다 철근 콘크리트를 더 잘 사용할 수 있을지에 관한 문제에 이르기까지 다양하다.

버틀러는 또 코스탄티니가 암시했던 문제에 천착했다. 그것은 비서

---

55 출판할 때의 실제 제목은 "Nineteen Centuries of Christian Missionary Architecture"가 되었다. *Journal of the Society of Architectural Historians*, 21 (1962), pp. 3-17.

구 기독교가 새로운 예술적 르네상스에 모체가 될 수 있을 것인가 하는 것이었다. 버틀러는 한때 '선교가 현대 예술을 살릴 수 있는가?'[56]라는 기사를 쓰기도 했다. 그 글에서 버틀러는 아프리카와 아시아의 옛 문화-진부하지만 국민적 긍지와 자신감의 기초인-와 유럽의 죽어 가는 문화를 대조한다. 유럽의 문화는 그 궁극적 가치관과 사회적 연대와 예술을 위한 경제적 생존 기반을 모두 잃어버렸기 때문에, 서양 예술은 아주 위험한 상태에 있다. 아프리카와 아시아의 교회들도 여러 가지 문제들로 애를 먹고 있지만, 그들은 기독교 신앙과 비서구 세계의 문화 자원들을 모두 소유하고 있으므로 르네상스의 원천인 사상과 기술의 충돌을 제공해 줄 수 있다. 선교가 근대 예술에 구원을 가져다주는 원천이 되는 일이 일어날 수 있다.

버틀러는 1978년 아시아 기독교 예술 협회가 설립되는 것을 생전에 보았다.[57] 지금 기독교 예술을 촉진하는 그들 나름의 기독교 예술가 협회나 단체를 둔 아시아 국가의 수는 그 운동이 활기를 띠고 있다는 증좌이다. 버틀러와 코스탄티니가 예견했던 것처럼, 동방의 예술이 서방의 예술에게 구원이 될지의 여부는 아직은 알아챌 길이 없다. 그러나 의심할 나위 없이 남반구 대륙에 초점을 둔 기독교 예술의 새로운 단계가 열렸다. 코스탄티니, 버틀러, 레만은 몇 안 되는 초기 역사가들이었다.

---

56 J. F. Butler, "Can Missions Rescue Modern Art?" *Hibbert Journal*, 56 (1958), pp. 371-387.
57 이 협회는 후에 아시아 기독교 협의회로 개명된 동아시아 기독교 협의회의 지원과 스리랑카의 성직자 D. T. Niles의 적극적인 노력에 힘입어 설립되었다. Niles는 기독교를 주제로 삼은 아시아 화가들의 작품 수집을, 도시샤 대학교의 Masao Takenaka에게 위임하였다. Takenaka가 쓴 *Christian Art in Asia* (Tokyo, 1975)는 이 분야의 성명서 같은 책이다. R. O'Grady, "The Tenth Anniversary of the Asian Christian Art Association", *Image*, 37 (1988), p. 2를 보라.

14 · 학자로서의 19세기 선교사들[1]

첫 세대의 선교사들은 정규 고등교육을 받지 못했고, 두 번째 세대 선교사들의 학력도 평균적으로 뛰어나게 높은 편은 아니었다. 선교를 주도했던 영향력 있는 사람들조차도 주로 교육 수준이 높은 사람들 가운데서 선교사를 모집하리라 기대하지 않았다는 점을 분명히 했다. 잉글랜드의(이 연구에서는 주로 잉글랜드와 스코틀랜드 모델을 사용할 것이다) 성직자들은 오랫동안 대부분의 선교사 후보자들이 서품을 받지 않았거나 (잉글랜드에서 교구 목사라는 뜻에서) 받을 예정이 없는 사람일 것이라고 예상했다. CMS가 초기에 모집한 선교사들 가운데 중요한 자리를 차지했던 유럽 대륙 출신의 응모자들 덕분에 [선발]위원회는 이 점에서 그나마 크게 당혹스러운 장면을 연출하지 않을 수 있었다.[2] 그러나 모집 초창기에서부터 선교사들을 위한 신학 교육(그리

---

[1] 이 글은 Nils E. Bloch-Hoell, ed., *Misjonskall og Forskerglede: Festskrift till Professor Olav Guttorm Myklebust* (Oslo: Universitetsforlaget, 1975), pp. 209-221에 처음 게재되었다.

[2] 참고. A. F. Walls, "Missionary Vocation and the Ministry: The First Generation", in M. E. Glasswell and F. W. Fashole-Like, eds., *New Testament Christianity for Africa and the World: Essays in Honour of Harry Sawyerr* (London: SPCK, 1974), pp. 141-156 (이 책 제12장에 전재).

고 때로는 폭넓은 교육)이 심각하게 고려되었다. 국내 사역에 관한 대부분의 훈련을 고려한다면, 이것은 정말 중요한 문제였다. LMS는 그러한 후보자들에게 스코틀랜드나 다른 어떤 곳에서도 받을 수 없는 아주 상당한 학문 교육을 제공했으며, 성공회 선교 협회 또한 성공회 선교 대학으로 정규화되기 오래전부터 자체적으로 감독과 수업을 준비했다.[3] 아주 묘한 이야기지만, LMS는 대단히 비국교적인 성격을 가진 기관임에도 불구하고, 선교사 직책의 개념 면에서는 모든 선교 협회들 가운데서 가장 성직자를 지원해 주는 기관이었다. 목사들을 위한 '현장' 실습 전통을 가진 감리교회가 아마도 이 점에서는 가장 굼떴으나, 이곳에서도 일단 원칙이 정해지자 실제로 별도의 선교 대학을 세웠다.[4] 그렇긴 했지만 19세기 상반기의 전형적인 선교사의 모습을 보면 그때까지도, 스코틀랜드 국교회(그리고 1843년부터는 스코틀랜드 자유교회)와 스코틀랜드의 다소 다른 교회들이 파송한 선교사들을 제외하고는 대부분이 가난한 가정 출신이었고, 국내 사역에 종사하는 다른 목사들보다는 교육을 약간 덜 받은 정도였다. 교육 수준이 높고 학식이 풍부한 사람일수록 인도(나 후에는 중국)로 파송되는 경우가 흔했고, 아프리카나 서인도제도(CMS의 예를 들자면, 60년 동안 영국의 대학 졸업생이 아프리카로 파송된 경우는 단지 한 차례뿐이었고, 그것조차도 아주 특별한 경우였다)[5]로 파송되는 경우는 드물었다. 19세기의 마지

---

3 Islington College의 한 시기에 대해서는 A. Hodge, "The Training of Missionaries for Africa: The Church Missionary Society's Training College at Islington, 1900-1915", *Journal of Religion in Africa* 4(2) 1971: pp. 81-96를 보라.
4 Richmond College, Surrey.
5 퇴역 해군 군의관 E. G. Irving은 서아프리카에서 복무한 경험이 있는 사람인데, 1853년 요루바 선교단에 "선교 일이 아닌 실제적인 면에서 선교사들의 고문직을 맡기로 하고" 임명되었다.

막 20여 년 동안 선교사 모집 열풍이 불어닥쳤을 때에야, 이튼스쿨의 교정에서 분명한 복음의 승리를 얻어 냈다. 또한 대학교와 사립학교와 케직 사경회 출신의 열정적인 젊은이들 무리가 모든 대륙의 선교 전방으로 다시 돌아가기 위해 모였다. 같은 시기에 교육을 받지 못한 선교 지망자들도 비슷하게 늘어났는데(무엇보다도 1859년 부흥 운동과 그 여파 때문에), 그들 대부분이 몰려간 새로운 '신앙' 선교단들은 정식 훈련을 도입하기까지 꽤 시간이 걸렸지만 마침내 그 일을 이룰 수 있었다.

19세기를 지나는 동안에 모집 방식들은 바뀌었으나, 어떤 문서적인 요소들은 그대로였다. 먼저 선교 운동은 상당히 유식한 후원 계층을 개발하고 유지시켰다. 이것은 주당 한 푼을 모으는 사람들, 지방의 열정적인 신자들과 그 동조자들을 중심으로 한 풀뿌리 운동이었는데, 선교 잡지가 주요한 역할을 하고 있었다. 선교 잡지는 단순히 선교 운동에 관한 문서를 모아 놓는 것 정도가 아니었다. 선교사의 활동을 담은 베스트셀러, 즉 '선교 이야기'는—『성인 생애 모음집』(Acta Sanctorum, 643년에 예수회 학자들이 최초로 편집, 발간하였다—옮긴이) 같이 선교사의 사역을 담은 대중문학 형태에 이 용어를 사용할 수 있다면—일찌감치 자리를 잡아서 19세기 내내 유행하였다. 크게 호평을 받았던 작품들은 영국의 지식인들이 편집한 것들로, 터커(Tucker)가 쓴 『아베오쿠타냐, 열대의 동틀 녘 하늘이냐』(Abbeokuta or Sunrise within the Tropics, 1853, 아베오쿠타는 남서 나이지리아 오군 주의 주도다—옮긴이)가 좋은 예인데, 그녀는 그 밖에도 유사한 작품을 많이 남겼다. 그러나 더 영향력 있던 작품들은 선교사들이 자신들의 사역을 이야기하는 것들이었다. 존 윌리엄스(John Williams, 1796-1839, LMS가 남태평양 지역으로 파송한 선교사 — 옮긴이)의 『남녘 바다에서의 선교 사역 이야기』(Narratives and Missionary Enterprises in the South Seas, 1837), 로버트 모팻(Robert Moffat, 1795-1883, 스코틀랜드 조합 교회가 아프리카로 파송한 선교사, 데이비드 리빙스턴의 장인 — 옮긴이)의 『아프리카 남부에서의 선교 사업과 현장』(Missionary Labours and Scenes in Southern Africa, 1837) 같은 책들은 꾸준히 인쇄를 거듭했고 많은 작가들이 이 작품들을 모방하였다. 이런 이야기들은 영국의 선교 후원자들과 잡지를 읽는 독자들을 위해 출간되었지만, 일이란 것이 다 그렇듯 그 이야기들은 때때로 서양에 사는 사람들에게는 잘 알지 못하는, 다양한 수준의 통찰과 관찰로 기록한 소재들을 소개했다. 이런 성격의 어떤 작품들은 단순한 선교 이야기의 경지를 넘어, 훨씬 폭넓은 독자층에게 흥미로운 '연구서'가 되었다. 아마도 리빙스턴의 『남아프리카공화국에서의 선교 여행과 연구』(Missionary Travels and Researches in South Africa, 1857)가 가장 유명한 예겠지만, 이것이 결코 첫 번째 예는 아니다. 윌리엄 엘리스(William Ellis, 1794-1872, 영국 선교사, 작가 — 옮긴이)의 『폴리네시아 연구』(Polynesian Researches, 1829)와, 심지어 그의 초기 작품인 『하와이 여행기: 샌드위치 제도의 자연사와 주민들의 예절, 관습, 전통, 역사와 언어에 대한 관찰』(Narrative of a Tour through Hawaii…With Observations on the Natural History of the Sandwich Islands and Remarks on the Manners, Customs, Traditions, History and Language of Their Inhabitants, 1826) 같은 책들은 선교사를 학자로 소개하기 시작했고, 그 과정에서 새로운 유형과 영역의 학문을 낳았다.

LMS 출신의 저술가들

바로 앞에서 이름을 언급한 네 사람, 곧 윌리엄스, 모팻, 리빙스턴, 엘리스는 모두 공교롭게도 LMS가 파송한 선교사들이었다. 이들 가운데 학사 학위를 가진 사람은 아무도 없었고, 리빙스턴이 글래스고 대학교에서 어렵사리 얻은 변변찮은 학위가 네 사람 가운데 가장 그럴듯한 졸업장이었다(리빙스턴은 1835-1837년에 이 대학에서 헬라어와 신학 과목을 청강한 적이 있는데, 이 일 때문에 1854년 이 대학은 그에게 법학 박사 학위를 준다—옮긴이). 이들 네 사람은 꽤 전형적인 선교사였다. LMS의 첫 고별사가 있었던 1796년부터 1900년까지 이 단체는 모두 1,120명의 선교사(나중에 LMS 파송 선교사들과 결혼한 여자 선교사들은 포함되었지만, 다른 선교사들의 부인들은 포함되지 않은 숫자)를 파송했다.[6] 이들 가운데, 적게 잡더라도 13퍼센트에 해당하는 146명의 선교사가 영어(소수는 웨일스어)나 선교지 현지어로 책을 출간하였다. 성경과 다른 번역물은 제외하고 원작으로 알려진 목록만 따지더라도, 그런 책들을 쓴 선교사들의 숫자는 115명으로 선교사 총수의 10퍼센트를 넘는다. 같은 기간에 학위를 소지하고 선교지에 나가거나 사역 기간 도중에 학위를 취득한 LMS 파송 선교사는 모두 151명으로, 66명이 의학, 나머지 85명은 (최소한 복수 학위를 가진 한 사람을 포함해) 다른 분야였고, 그들 가운데 과반수가 1870년 이후에 학위를 취득하였다. 대학 교육과 저술 사이에 어떤 상관관계가 있지 않다는 점은 분명하다. 하지만 중

---

6   J. Sibree, *London Missionary Society: A Register of Missionaries, Deputations, etc.,* from 1796-1923 (London, 1923)에는 협회 파송 예정 선교사들의 기록에서 발췌한 개략적인 신상 정보를 포함한 총 목록이 들어 있다.

국에서는 지적으로 가장 잘 훈련된 선교사들을 받아들였을 가능성이 있다. 그래서 최고의 선교학을 불러일으켰다는 것이 확실하다. 19세기 전반과 그 후에도 잉글랜드의 전통 있는 대학교들에서는 비국교도들에게 입학을 허가하지 않았기 때문에, 대학 교육을 받은 대부분의 LMS 선교사들은 당연히 스코틀랜드 출신이었다.

이런 선교사들이 쓴 책의 내용을 살펴보면, 115명의 선교사 가운데 22명이 언어나 어휘 연구, 문법, 사전 등을 출간했는데, 기초적인 책도 있었고 전문적인 책도 있었다. 포함된 언어는 (여러 형태의) 중국어, 산스크리트어, 힌두어, 사모아어, 모투어(Motu, 파푸아뉴기니 언어의 하나-옮긴이), 헤레로어(Herero, 나미비아와 보츠와나에서 쓰는 언어-옮긴이), 벰바어(Bemba, 잠비아에서 쓰는 언어-옮긴이), 말라가시어(Malagasy, 마다가스카르에서 쓰는 언어-옮긴이), 현대 헬라어 등이었다. 이 연구서들 가운데는 로버트 모리슨이 쓴 최초의 중국어 사전[초판본은 윌리엄 밀른(William Milne, 1785-1822, 개신교 두 번째 선교사)의 도움으로 1815-1822년 사이에 6권으로 간행되었다]과, 메드허스트(Walter Henry Medhurst, 1796-1857, 중국명 麥都思, 영국 조합 교회 소속의 선교사-옮긴이), 레게(James Legge, 1815-1897, 중국명 理雅各, 스코틀랜드 조합교회 소속의 선교사, 옥스퍼드 대학교 최초의 중국어 교수, 중국학 학자-옮긴이), 에드킨스(Joseph Edkins, 1823-1905, 영국 개신교 선교사, 중국 종교와 언어 전문가-옮긴이), 아이텔(Ernst Johann Eitel, 1838-1908, 독일 출신으로 중국에 파송된 개신교 선교사-옮긴이) 같은 중국학 학자들의 저작들도 있었다. 아홉 명의 선교사(이들 가운데 네 명은 앞서 언급한 22명 가운데 포함된 선교사들임)가 다양한 수준의 학문적 도구를 사용해, 그들이 사역하는 나라의 고전을 영어로 번역했다. 이런 방식으로 공자, 맹자, 노자의 경전이 영어 번역판으로 나왔을 뿐 아니라, 원시사회의 다른 데서는 쉽게 구하지 못하는 통찰의 수단을 제공해 주었던, 중국, 마다가스카르, 폴리네시아의 격언집들도 번역되었고, 심지어 중국의 과학 자료 모음집도 번역되기에 이르렀다. 가장 큰 업적 하나를 꼽으라면 의심할 바 없이 중국 고전을 학문적으로 연구한 제임스 레게의 책이다.[7] [이 기간에 활동한 LMS 선교사들을 보자면, 중국 고전을 번역한 사람들보다 인도 고전을 번역한 사람들이 덜 주목을 받았던 것 같다. 그래도 인도 문헌 해설자들과 역사가들을 배출하기도 했다. 그 가운데 『카나라 문학사』(*A History of Kanarese Literature*)[8]를 쓴 E. P. 라이스(Rice), 힌두 기독교 문학에 대한 설명이 달린 목록 작업에 참여한 에드윈 그리브스(Edwin Greaves),[9] 또 무엇보다, 인도 종교사가이며 해석자인 존 니콜 파커(John Nicol Farquhar)를 꼽을 수 있다.]

선교사 저술가들 가운데 거의 절반(55명)은 소위 '서술, 역사, 인류학, 문학'에 관련된 책들을 출간했다. 이렇게 공인된 광범위한 범주에는 주장, 품질, 수준 면에서 많은 차이가 나는 작품들까지 다 포함된다. 그것은 '선교 이야기'의 그늘에 가려져 있지만, 다른 문화나 그 다른 문화 속에 있는 교회, 아니면 둘 다를 분석하거나 가까이에서 기술한다는 주장의 면에서 그 이야기들과는 구별된다. 이 범주는 다음과 같은 유명한 저자들과 저술들을 포함할 수 있다. 바로 밀른 부자, 엘리스, 모팻, 존 윌리엄스, 존 필립(John Philip, 1775-1851, 남아프리카공화국으로 파송된 스코틀랜드 출신의 개신교 선교사 - 옮긴이), 조지 터너

---

7   *The Chinese Classics with Critical and Exegetical Notes, Prolegomena and Copious Indexes*, 5 vols. (Hong Kong, 1861-1872); *The Chinese Classics Translated… with Preliminary Essays…*3 vols. (London, 1869-1876); *The Sacred Books of China*, Sacred Books of the East series, 6 vols. (Oxford, 1879-1885) 등.
8   Azariah and Farquhar's Heritage of India 시리즈(1915; 확장판 Calcutta, 1921)에서.
9   참고. *Sketch of Hindi Literature* (Madras, 1918).

(George Turner), 리빙스턴, 차머스(Chalmers), 맥킨지(MacKenzie), 맥고완(MacGowan), 슬레이터, 길모어, 시브리(Sibree), 매튜스(Matthews), W. C. 윌러비(Willoughby), 파커 등이다. 어떤 책들에는 과학적으로 상당히 상세한 설명이 담겨 있고, 어떤 책들은 심도 있는 인류학적 저술이고, 또 어떤 책들은 구전된 지식 및 기록된 지식과 관련된 세심한 역사적 연구를 펼쳐 보인다.

그래서 다소 놀라운 점은, 그 목록에 있는 선교사들 가운데 단지 11명만이 우리가 '비교종교학'이라 부르는, 즉 선교 대상인 사람들의 **종교**나 그들이 기독교를 접했을 때의 종교적인 함의를 담은 학문적 연구에 관한 저술을 남겼고, 이 저술들 가운데 초기 작품은 거의 없었다는 사실이다. (이것을 가지고 모든 선교사들이 기독교 이외의 종교에 관한 연구서를 출간하지 않았다고 추론하는 것은 옳지 않은 일이다. 실제로 선교사들은 19세기 중반의 서술에 큰 영향을 미쳤다.) 이 분야에서 LMS에는 걸출한 저자들이 있다. 중국의 종교에 관해서는 레게, 와일리(Wyle), 에드킨스, 아이텔, 인도의 종교에 관해서는 뮬렌(Mullen), 슬레이터, 파커를 들 수 있다. 또 우리가 잊지 말아야 할 것은 엘리스, 터너 그리고 자신들이 본 대로 그들의 종교적 측면들과 함께 그 원시사회를 묘사한 다른 선교사들의 저작들이 있다는 것인데, 이것들은 우리가 그 이전의 범주에 포함시켰던 것들이다.

기대보다는 작은 또 다른 범주에는 선교와 관련된 정치적인 성격의 현안 문제에 관한 작은 책자들이 있다. 내가 찾아낸 것은 네 편뿐이다. (하지만 내가 미처 다 헤아리지 못했을지 모르겠다.) 그것들은 아편, 혹은 선교지에서 다른 세력[프랑스 세력이나 세실 로드(Cecil Rhodes, 1853-1902, 영국 출신의 사업가로 남아프리카공화국의 광산, 정치를 휘저은 사람—옮간이)의 세력 같은 것]이 주는 영향력에 관한 문제들을 다룬 책들이었다. 다른 주제를 다룬 저술로는 노예 문제 같은 것이 눈에 띄는데, 당연히 대상에 대한 서술을 중심으로 한 저작들 가운데 중요한 주제로 자리매김하고 있다.

저작들에 이어 42명의 선교사가 저자로 참여한 '선교 이야기'가 가장 큰 범주를 차지하고 있다. 여기에는 젊은 시절에 작품을 쓴 선교사들도 포함된다. 이런 종류의 글에 대한 독자층이 넓었고 안식년을 맞은 선교사들이 주를 이루는 상당한 수의 선교사들이 강연을 했다는 것을 고려해 보면(그리고 이러한 강연 같은 것을 정례화하고 싶은 마음이 틀림없이 들었을 것이다), 이 범주에 드는 저술들이 그렇게 많지 않은 것은 아마도 놀라운 일인 것 같다. 사정이 그러했는데도, 선교사들이 서술하고 분석하는 더 심도 깊고 노력을 필요로 하는 작품들을 그렇게 높은 비율로 남겼다는 점에 놀라워하는 사람들도 있을 것이다.

회고록과 특히 성인의 일대기 같은 저작은 선교 운동이 시작되기 전에 이미 정착된 문학 형식이었으나, 그것이 그대로 전수되었다. 만약에 (서술적 저작에 포함되어야 마땅한 '이야기' 같은 것을 제외한) 자서전을 포함한다면, 18명의 LMS 파송 선교사들이 그 시기에 이런 종류의 작품을 썼다. 대부분의 작품들은 교화, 경쟁, 혹 가정의 의무(*pietas*)에 대한 선교 이야기라는 특수한 형식을 취하고 있으나, 한두 작품은 범위 면에서 훨씬 더 야심만만하다(또 최소한 한 작품은 중요한 아프리카 그리스도인 추장들의 일대기로 구성되어 있다).

선교 운동은 선교 자체에 필요한 도구를 만들어 냈는데, 아마도 서양 교회 전체보다 앞서서 통계적인 인식을 하게 된 것 같다. 어찌 되었든, LMS 선교사 명단에 있던 사람들 가운데 다섯이 선교 경영과 통계에 관한 책을 썼다. 이 범주에는 선교 통계학의 개척자들 가운데 하나인 조지프 뮬렌스(Joseph Mullens)와 20세기 선교 조사의 대표격이 된 토머스 코크런(Thomas Cochrane) 같은 선교사들이 포함된다.

작은 규모라고 할 수 있는 다섯 명의 의학과 과학 관련 저자들(아마 내가 미처 찾아내지 못한 의학 관련 저술가들이 더 있을 것이다)이 있는데, 이들은 열대병, 중국의 한센병, 마다가스카르의 지질과 식물군 등과 같은 주제로 논문을 썼다. 다른 많은 선교사들이 교과서를 썼는데, 특별히 선교사들이 세운 학교에서 사용하기 위해서였다. 한두 명의 선교사들은 시 혹은 영어 찬송가(많은 선교사들이 썼다. 남부 인도로 파송된 LMS 선교사들이 특히 창의적인 현지어로 찬송가를 작시했는데, 여기에서 그 찬송가는 다루지 않았다)를 썼거나, 초기의 신에 관한 책들을 발간했다. 건축학을 공부한 다재다능했던 제임스 시브리는 두 권으로 된 영국 교회당 화집을 발간하기도 하였다.

아마도 가장 상식을 벗어난 작품이라고 하면 소수의 선교사들이 쓴 신학적 성격의 책을 들 수 있다. 그러나 선교 지역의 언어로 쓴 좀 더 대중적인 작품이나 대학 교재를 포함한다면, 내가 추적한 바로는 최소한 12명의 저자들을 열거할 수 있다. 그들이 쓴 신학 책 목록은 그리 대단한 것이 아니었다. 다섯 명의 저자가 신학이나 철학과 관련된 책을 썼는데 그 가운데 오직 T. E. 슬레이터(Slater)만이 뚜렷하게 의미 있는 탄탄한 작품을 썼다.[10] 성경 연구 분야에서는 (해스팅스에 의거한) 성경 사전과 말라가시어로 된 성구 사전의 저자들과, 마다가스

---

10 참고. *God Revealed* (Madras, 1876); 그리고 특히 그가 쓴 *The Higher Hinduism in Relation to Christianity: Certain Aspects of Hindu Thought from the Christian Standpoint* (London, 1902).

카르어로 서신서 주해서를 지은 조지프 피어스(Joseph Pearce) 세 사람만을 들 수 있는데, 나는 아직까지 피어스의 작품을 찾지 못했다.[11] (현지 교회나 선교 교회 역사와는 별도로) 전반적인 교회사에 관한 작품은 하나뿐이고, '경건' 서적을 쓴 저자가 두 명 있다(둘 다 여자 선교사).

스코틀랜드 교회 출신의 저술가들

같은 시기에 스코틀랜드 교회가 파송한 선교사들의 문학적 생산성과 LMS가 파송한 선교사들의 생산성을 비교해 보면 흥미롭다. 그 이유로는 두 가지를 들 수 있는데, 하나는 국내는 물론이고 해외에서도 스코틀랜드 교회 목회자의 교육 수준이, 일반적으로 잉글랜드에 근거를 둔 교회들과 선교 협회들의 수준보다 높았기 때문이다. 다른 하나는 이 기간의 스코틀랜드 교회가 상당 부분 인도 대학에 투자하고 있어서 스코틀랜드 출신 교역자들이 이 일에 특히 많이 동원되었기 때문이다. 따라서 선교사들 가운데 예외적으로 압도적인 숫자가 인도의 대학들에서 교수로 고등교육에 종사하고 있었다.

스코틀랜드 교회가 파송한 62명의 선교사들(1843년 스코틀랜드 교회가 분열되기 전에 파송한 선교사들 가운데 나중에 '자유교회'에 합류한 사람들은 포함되지만, 동인도회사와 정부 소속 기관 목사들과 유대인들에게 파송된 선교사들은 제외)은 1900년까지 '외국 선교 위원회' 소속이었다.[12] 이들 가운데 절반이 대학을 졸업하였다(나머지 사람들 가운데 여섯은 나중에

---

11 Sibree는 고린도전후서, 빌립보서, 데살로니가전후서에 관한 주해를 언급한다(p. 598). 나는 이 작품을 찾지 못했는데, 아마 말라가시어로 썼을 것이다.

12 그 명단은 Hew Scott, ed., *Fasti Ecclesiae Scoticanae*, vol. 7 (Edinburgh, 1928)에서 볼 수 있다.

명예 신학 박사 학위를, 한 사람은 명예 문학 석사 학위를 받았다). 62명 가운데 자그마치 24명이 선교사로서 (특출한 한 경우는 이전에) 나중에는 저술가로서도 활동하였다. 그러나 LMS 파송 선교사들과는 대조적으로 단 세 명만이 어휘나 언어 연구에 뚜렷한 공헌을 했다. 마라티에서 존 윌슨(John Wilson)의 초기 작품을 포함해, 펀자브에 파송된 베일리(Bailey), 친얀자에 파송된 헤더윅(Hetherwick)이 그들이다(다른 선교사들은 주로 번역을 많이 했다). 그리고 한 사람만이 인도 문학을 영어로 번역한 것 같다. 다섯 명의 저자가 비교종교학과 관련된 저술을 남겼고, 이 가운데는 아주 중요한 연구들도 있으나, 그들 가운데 한 사람을 제외하면 더프(Duff), 윌슨(Wilson), 존 맥도널드(John MacDonald), 머리 미첼(Murray Mitchell) 모두 그 시대의 초기에 파송된 사람들이었다. 더프와 윌슨을 포함한 여덟 명의 선교사가 기술(記述), 역사, 인류학, 문학 연구서를 저술했고, 더프 맥도널드(Duff MacDonald)의 『아프리카나, 미신이 들끓는 아프리카 한가운데서』(*Africana, or the heart of Heathen Africa*)[13]는 인류학 연구의 선구적인 작품이자 아프리카 종교에 관한 기록이다. 윌슨, 더프, 존 모리슨(John Morrison) 세 사람은 모두 유명한 선교사로, 인도 선교와 관련된 정치적·사회적 질문들에 관한 논문을 썼다. 한 선교사는 선교 경영에 관한 저술을, 여섯이 회고록을 그리고 아주 유명한 선교사들을 포함한 열 명이 '선교 이야기'를 썼다.

   스코틀랜드 교회가 파송한 선교사들은 LMS가 파송한 선교사들보다 전통적인 신학 교육을 특히 더 잘 받았기 때문에, 명단에 들어 있

---

13 London, 1882.

던 선교사의 25퍼센트에 근접하는, 적어도 14명이 신학과 관련된 책으로 선교에 기여했다. 그러나 이들이 쓴 철학적·신학적 저술 대부분이 대중적이었고, 윌리엄 해스티(William Hastie)의 가장 중요한 저술들도 그가 인도를 완전히 떠난 뒤에 쓴 것이다. 교회사를 쓴 선교사들은 셋(스코틀랜드의 유명한 고고학자이며 계보학자인 전직 선교사 하나를 계산에 넣지 않고)이고, 경건 서적이나 목회 서적을 쓴 선교사들도 셋(여기에 존 맥도널드를 포함시켰는데, 그는 선교사가 되기 전부터 이 분야에서 명성을 떨치고 있었다)이 있다. 해스티는 많은 독일 신학 서적을 번역했고, 토머스 스미스(Thomas Smith)는 러더퍼드(Samuel Rutherford, 1600?-1661, 스코틀랜드의 장로회 신학자 - 옮긴이)와 영국 청교도들의 저작들을 출판하였다. 또 수학자 한 사람과 (아마도) 시인도 한 사람 있었다.

LMS와 스코틀랜드 교회 선교사들 저작물에 차이가 나는 이유는, 이들이 주로 선교 사역에서 중점을 두는 부분이 서로 달랐기 때문이다. 스코틀랜드 교회가 파송한 선교사들은 그 시기에 선교지에서 복음 전파에 덜 관여했기 때문에, LMS가 파송한 선교사들보다 언어학적인 면에서 빼어난 공헌을 하지 못했다. 대신에 그들은 고등교육에 관여하고 있었으므로, 저술을 통해 힌두교와 인도의 다른 주요 종교 전통과 맞서면서, 문헌적 자료 조사에 기반한 비교종교학적인 작품을 썼다. 또 그들은 인도 지식인들과 계속 접촉하면서, 또 스코틀랜드만이 가지고 있는 성직 전통에 힘입어 개종자든, 초심자든, 반대자든 일반 독자들을 상대로 한 신학 서적을 상대적으로 높은 비율로 발간하였다. 그들이 사역하는 문화와 사회를 관찰하고 분석하고 해석한 탄탄하고 상세한 작품을 만들어 냈다는 면에서 두 선교 단체는 서로 공통점이 있다.

CMS와 학문

스코틀랜드와 잉글랜드의 비국교도들은 나름대로 교육과 학문에 대한 전통을 가지고 있었으나, 19세기 선교사의 학술 활동은 단순히 이러한 전통의 결실은 아니었다. 예를 들어, CMS를 보면, 그 파송 선교사가 성공회 소속이든 복음주의 소속이든 상관없이, 아주 비슷한 면이 있다. CMS에는 간혹 잘 훈련된 유럽 대륙 출신, 특히 독일 출신의 선교사들이 있었다. 예를 들자면, 아프리카 비교언어학의 아버지 쾰레(Sigismund W. Kölle, 1820-1902, 바젤 출신으로 1845년 CMS 소속 선교사로 시에라리온으로 파송된 언어학자 – 옮긴이),[14] 이슬람권의 의사들과 학술적인 논쟁을 벌였던 K. G. 팬더(Pfander) 같은 사람들이 여기에 포함된다. 옥스퍼드, 케임브리지 같은 유서 깊은 대학과 더블린의 트리니티 칼리지 출신의 선교사 지망생들은 19세기 초에는 드문드문 있었지만, 19세기 말이 되어서는 그야말로 쏟아져 나왔다. 그러나 CMS는 고집스럽게도 19세기 내내 국내 사역자의 통상적인 기대 수준을 밑도는, 보잘것없는 교육을 받은 사람들을 선교사로 뽑았다.[15] 하지만 이런 배경을 가진 선교사들도 고등교육을 받은 선교사들처럼 새로운 선교적인 학술 활동에 기여했다.

예를 들어, 트루브너(Trubner)의 유명한 오리엔탈 시리즈에 기고한 사람들 가운데는 CMS가 파송한 선교사 세 명이 포함되어 있다. 페이

---

14 특히 그의 *Polyglotta Africana* (London, 1854)를 보라. 그리고 참고. P. E. H. Hair, *The Early Study of Nigerian Languages: Essays and Bibliographies* (Cambridge, 1967).
15 *Church Missionary Society: Register of Missionaries, Clerical Lay and Female, and Native Clergy fro 1804-1904* (London, n.d.)에 협회 파송 선교사들의 명단이 실려 있다.

버(Faber)가 쓴 『맹자의 성선설』(Mind of Mencius)을 번역한 A. B. 허친슨(Hutchinson)은 중국과 일본의 문헌 상당수를 담당하고 있었다. 그러나 허친슨은 CMS의 선교사로 선발되었을 때 이미 나이 서른이었고 그가 받은 최고의 교육이라고는 이즐링턴에 있는 CMS 대학이 전부였다. 트루브너 시리즈인 『이슬람 신앙』(Faith of Islam)에 기고한 에드워드 셀(Edward Sell, 1839-1932, 성공회 선교사, 동양학자, 저술가-옮긴이)의 경우도 마찬가지였다. 그는 페르시아어 문법에 관한 책도 썼고 인도어로 개정하는 작업에도 앞장섰는데, 상당한 수준의 동양학 지식을 전부 선교지에서 얻었다(캔터베리 대주교는 1881년 그에게 명예 신학 학사 학위를 주었다). 트루브너에서 발간한 『카슈미르의 민담』(Folk Tales of Kashmir)의 저자인 제임스 힌턴 놀스(James Hinton Knowles)도 애초에는 자질이 부족한 편에 속했다. 그는 심지어 이즐링턴 대학에 입학하기 전에 CMS 예비 학교에서 한동안 공부해야 했다. 그러나 그 역시 자기 분야에서 학자로서 널리 인정받았다.

존 배철러(John Batchelor)도 학자가 될 법하지 않은 또 다른 경우였다. 그는 홍콩에서 실험적으로 훈련시킨, 예외적인 선교사 그룹의 일원으로, 1879년 CMS의 일본 선교단의 '평신도 도우미'로 일하게 되었다. 1887년까지도 그는 부목사로 안수받지 못한 상태였고, 이즐링턴과 케임브리지 대학교의 리들리홀에서 몇 달째 수학 중이었는데, 갑자기 '선교단에 급박한 일이 생겨서' 일본으로 귀환하게 되었다. 그러나 배철러는 죽을 때까지 아이누족이 사는 지역에서 산 첫 선교사였고, 일본 아이누어와 그 문화에 관하여 서양인으로서는 최초의 대표적인 학자가 되었다. 해스팅스가 편찬한 『종교 윤리 백과사전』(Encyclopedia of Religion and Ethics)에 실린 25단의 글 "아이누"를 보면 그가 어느 정도의 지식을 쌓았는지, 또한 그의 성찰과 훈련의 깊이가 어느 정도였는지를 알 수 있다.

이런 식으로 말하자면 한이 없다. 중국 기독교 서회의 길버트 월쉬(Gilbert Walshe)도 『종교 윤리 백과사전』의 기고자 가운데 한 사람이다. 그는 아일랜드 철도 회사의 사무원으로 일하던 39세 때 CMS의 선교사로 선발되어 이즐링턴에서 훈련을 받았다. CMS 등록부에 '엔지니어'로 기록된 존 로스코(John Roscoe)는 예비 학교를 거쳐 이즐링턴에서 1년 동안 훈련을 받아 평신도 선교사로 파송되었고, 그 후 9년이 지난 1893년 되어서야 목사 안수를 받았다. 로스코는 중요한 인류학자가 되었고, 그의 저작 『바간다』(Baganda, 1911)는 오랜 기간의 사려 깊은 관찰을 통해 나온 작품이었다. 또 이웃 민족들에 관한 그의 후기 연구는 간다 부족 사회에 관한 자신의 풍부한 지식을 배경으로 제임스 프레이저(James Frazer, 1854-1941, 스코틀랜드 출신의 사회인류학자, 연구 방법론과 비교종교학에 큰 영향을 주었다-옮긴이)에게서 배운 원리를 적용한 것이다.[16]

언어와 문화

로스코는 개척기의 선교사들이 학문을 하기 위한 몇 가지 전제 조건과, 당시에는 개발되지 않았던 두 분야의 학문에 대한 지식을 갖출 수밖에 없던 상황을 실례로 보여 준다.

---

[16] 참고. 예를 들어, *The Bakitara or Banyaro* (Cambridge, 1923); *The Banyankole* (Cambridge, 1923); *The Bagesu and Other Tribes of the Uganda Protectorate* (Cambridge, 1924); Mackie Ethnological Expedition의 보고서 전체. Roscoe는 케임브리지 대학교에서 명예 문학 석사 학위를 받았다.

나는 지난 25년 동안 선교사로서 아프리카 대륙의 한가운데서 원주민들과 가깝게 지내면서, 그들의 생활양식과 사고방식에 관한 약간의 지식을 얻을 뿐만 아니라 그들의 전통적인 종교관에 대해 더 잘 알 수 있는 훨씬 좋은 기회를 얻었다. 자신들의 초기 제도에 관한 정보를 주었던 바간다족 중에 영어를 아는 사람은 아무도 없었고, 영국인들을 접해 본 사람도 아무도 없었으므로, 그들의 사고가 외국의 사상에 젖어드는 일은 없었다.

개척자로서 로스코는 완벽하게 무력한 상황, 아니면 자신도 모르는 사이에 비록 학자가 되지는 못하더라도, 학자적인 본능과 훈련을 가져다줄지도 모를 상황과 마주치게 되었다. 사실 선교사라면 누구라고 할 것도 없이 19세기에는 모두 개척자적인 상황에 놓여 있었다. 1880년대와 1890년대 로스코는 우간다에서, 초기 폴리네시아 군도 선교의 비참한 생활 가운데서 살아남은 몇몇 선교사들과 헨리 노트가 19세기 초기 몇십 년에 걸쳐서 깨달았던 것과 같은 것을 체험하고 있었다. 이러한 상황에서 그들의 대응력은 생존에 아주 중요한 요소였다. 바로 몇몇 동료 선교사들이 문화 접촉의 결과에 대처하지 못한 것이 그들이 파탄에 이르게 된 원인이었기 때문이다.

우리가 본 것처럼, 언어학이란 선교 운동에서 부차적으로 얻어지는 학문의 유일한 분야도 아니고, 선교사들이 효과적인 사역을 위해서 반드시 해내야만 하는 유일한 학문도 아니었다. 19세기의 위대한 인류학자들은 탁상공론을 일삼았던 사람들이어서, 종교의 기원이나 미래에 대해 어떤 견해를 가졌든, 통상적으로 일선에서 사역하는 선교사들에게서 도움을 받았다. 로스코는 친구이자 '유명한 교사'인 제임스 프레이저 교수에게 은혜를 입은 것에 대해 감사를 표하고 있으나,[17] 프레이저 역시 로스코처럼 일선에서 일하는 선교사들이 신뢰할 수 있는 정보를 세심하게 수집하고 분류한 것에 마찬가지로 신세를 지고 있었다. '마나'(*mana*, 자연계에 내재하며 그곳에서 발현하여 우주의 질서를 유지하는 초자연력-옮긴이)라는 단어는 멜라네시아에 파송되었던 코드링턴(Robert Henry Codrington, 1830-1922, 성공회 신부, 인류학자-옮긴이)이라는 선교사가 그 뜻을 풀이하여 인류학 관용어로 처음 사용되었다.

학문성의 인지

선교사들이 새로운 학문 분야를 개척하고 있었다는 인식이 일기 시작한 것은 아마도 언어학적 작업 때문이었을 것이다. 글래스고 대학교는 1817년 로버트 모리슨에게 신학 박사 학위를 수여했고, 그에 뒤이어 1820년에는 같은 영예가 중국어 사전 작업의 동료인 밀른에게 주어졌다. 실제로 1900년 이전에 사역을 시작한 LMS 파송 선교사들 가운데 20명가량이 명예 박사 학위를 받았는데(리빙스턴은 두 개, 제임스 레게는 세 개를 받았다), 학위 몇 개는 북아메리카의 대학교들에서 수여한 것이었고, 한 개가 옥스퍼드 대학교(리빙스턴의 경우), 나머지 대부분은 스코틀랜드의 대학교들에서 수여한 것이었다. 스코틀랜드 교회가 파송한 62명의 선교사들 가운데 자그마치 19명이 박사 학위(더프와 토머스 스미스는 각기 두 개의 학위를 받았다)를 받았다. 물론 선교사들

---

17 *The Baganda*의 서문.

의 학문적 기여와는 상관없이 선교사들이 수많은 학위를 받았고, 스코틀랜드 교회가 파송한 일부 선교사들의 경우에는 선교 사역(많은 수의 선교사들이 상대적으로 짧은 기간 인도에 있는 대학들에서 교수직을 맡다가, 스코틀랜드의 교구 사역으로 돌아갔다)과도 아무 상관이 없었다. 모리슨, 메드허스트(Medhust), R. C. 메이더(Mather), 레게, 뮬렌스, 에드킨스, 존 차머스, W. H. 리스(Rees), 베일리, 더프, 헤더윅, 더프 맥도널드, 토머스 스미스, 존 윌슨 같은 선교사들의 이름이, 네스비트(Nesbit), 맥팔레인(McFarlane), 터너 같은 번역의 개척자들의 이름과 함께 학문적 업적에 손색이 없는 것으로 여겨져 이 명단에 올랐다.

더 흥미로는 일은 선교사들이 서양으로 돌아와서 교수직으로 나간 분야를 살펴보는 것이다. 19세기에 사역을 시작한 LMS 파송 선교사들 가운데 적어도 네 명이 영국의 대학교들에서 중국어 교수로 일했다. 새뮤얼 키드(Samuel Kidd, 1797-1843)가 런던 유니버시티 칼리지(1837년), 제임스 레게가 옥스퍼드 대학교(1876년), 조지 오언이 런던의 킹스 칼리지(1908년), 윌리엄 홉킨 리스가 같은 대학(1921년)의 교수로 임명되었다. 이들 네 명 가운데 레게만이 대학 교육을 받았다. (맥스 뮐러는 그에게 이런 편지를 썼다. "자네가 여기에 도착하는 것을 기다리는 일이 내게는 가장 큰 관심사라네. 옥스퍼드 대학교에서는 그저 고등학교 출신으로 내려가는 경우가 아니라면 어떤 학자라도 일하기를 바란다네.")[18] 파커도 레게처럼 애버딘 대학교 출신으로 1923년 맨체스터 대학교의 첫 비교종교학 교수가 되었고, 선교사이자 인류학자인 윌러비는 1919년 코네티컷 주에 있는 하트퍼드 신학원의 아프리카 선교학 담당 교수가 되

---

18 H. E. Legge, *James Legge: Missionary and Scholar* (London, 1905), p. 243에서 인용.

었다. 내가 주목한 다른 한 예는 앤드루 데이빗슨(Andrew Davidson)의 경우다. 그는 LMS의 파송 선교사로 마다가스카르에서 의료 선교를 개척한(그곳에서 그는 말라가시어로 '치료법'을 썼다) 사람이었는데, 모리셔스에서 식민지 사역을 맡았고, 이어 에든버러 대학교의 '동양 질병 전임강사'가 되었으며, 그곳에서 『지리병리학: 전염병과 기후병의 지리적 분포에 관한 탐구』(Geographical Pathology: an Enquiry into the Geographical Distribution of Infective and Climatic Diseases, 1892)와 『온대기후대의 질병』(Diseases of Warm Climate, 1893) 같은 책들을 썼다.

스코틀랜드 교회 선교회는 T. G. 베일리라는 언어학자를 배출했는데, 그는 25년 동안 인도의 펀자브 지역에서 사역한 다음 돌아와서, 1920년 런던에 있는 동양학 학교에서 힌두어와 우르두어 교수가 되었다. 다른 경우를 보면, 더프는 에든버러 뉴칼리지의 전도 신학 주임교수 자리를 자청했는데, 나중에 이 자리는 토머스 스미스가 승계하였다. 미클레부스트(Myklebust) 교수는 이 역사를 분명히 밝혀 준다.[19] 전통적인 신학 과목을 가르치는 자리에 임명된 유일한 다른 경우는, 1895년 글래스고 대학교의 신학과 주임교수가 된 윌리엄 해스티였는데, 이는 아마도 콜카타에서 문제 많고 불운한 5년을 보낸 탓도 조금 작용했을 것이다.[20]

---

19 O. G. Myklebust, *The Study of Missions in Theological Education* 1 (Oslo, 1955), 제4장.
20 나는 Robert Jardine은 제외시켰다. 그는 선교 사역을 하기 전에 뉴브런즈윅 대학교의 교수로 있었으나 그 뒤에 다시 교수직에 복귀하지 않았던 것 같다. 또 세인트 앤드루와 에든버러에서 잠시 가르친 적이 있던, 풍부한 학식의 소유자였던 John Morrison도 제외시켰다.

선교사와 신학

마지막으로 우리의 호기심을 끄는 문제가 있다. 지금까지 살펴본 여러 부류의 선교사들 가운데서 몇몇 걸출한 학자들이 나왔다. 일류 학자들도 소수 있었지만, 역량을 가지고 노력한 사람들이 대부분이었다. 그들은 또 새로운 학문과 연구 분야의 발전에 큰 영향을 미쳤다. 그러나 성서 연구나 교의학, 심지어 종교철학 분야에서 뛰어난 글을 쓴 선교사들은 상대적으로 거의 없다. 또 자신들의 선교 사역과 지식을 바탕으로 대단한 영향을 끼친 선교사들도 거의 없다. 신학은 새로운 문화적 환경에서 설명되고 제시되는 정보이지, 그런 환경에서 개발될 수 있는 그 무엇이 아니다. 영국의 선교 운동을 보면 총체적으로 맞는 말 같다. 유럽 대륙의 학문은 선교 운동에서 훨씬 더 직접적인 영향을 받았고, 자신들의 사역을 성찰한 대륙 출신의 선교사들은 한 가지 신학 전통, 실제로 '선교학'을 만들어 냈다.[21] 19세기 영국의 선교학자라고 부를 수 있는 알렉산더 더프가 개척한 전도 신학 주임교수 자리의 서글픈 운명이 상징하는 바가 있다. 영국의 선교 운동은 학문을 낳았지만 그것을 신학으로 통합시키지는 못했다. 기독교를 '힌두교의 왕관'이라고 여긴 파커의 생각은 깊은 신학적 의미를 지니고 있었지만,[22] 파커와 그 제자들 대부분은 기독교 쪽이 아니라 힌두교 쪽에서 그 의미들을 추구했다. 후학으로 A. G. 호그(Hogg) 한 사람만이 일어났을지도 모를 일들에 관해서 제시하고 있을 뿐이다.

---

21 참고. Myklebust, *Study of Missions*.
22 E. J. Sharpe, *Not to Destroy but to Fulfil: The Contribution of J. G. N. Farquhar to Protestant Thought in India Before 1914* (Lund, 1965).

15 • 인문학 교육과 선교 운동[1]

전형적인 19세기 초의 선교사라고 하면 '팔에 성경을 낀 땅딸보' 데이비드 리빙스턴으로 그려진다.[2] (잉글랜드 사람이라면) 대장간이나 상점 출신으로, 혹은 (스코틀랜드 사람이라면) 작은 농장, 농원, 아니면 공장 출신의 무척이나 소박한 인물을 연상한다는 것은 상식이다. 그다지 수준 높은 공교육을 받지 못했을 것이다. 또 그가 성공회 소속이라면, 사회적·교육적 수준을 따져 볼 때 국내 사역을 위한 목회자 안수를 받기에는 어쩐지 걸맞지 않은 사람처럼 보일 것이다. 그러나 19세기 말에는 상황이 변했다는 것을 거의 모든 사람들이 인정한다. 선교사의 숫자가 엄청나게 늘어났을 뿐 아니라, 이제 대학교들과 명문 사립학교들도 아프리카 지역은 물론 고대 동방의 문명의 발상지에까

---

1 이 글은 K. Robbins, ed., *Religion and Humanities*, Studies in Church History 17 (Oxford: Blackwell, 1981), pp. 341-353에 처음 게재되었다.
2 참고. 이 책의 제12장에 전재된, A. F. Walls, "Missionary Vocation and the Ministry: The First Generation", in M. E. Glasswell and E. W. Fashole-Luke, eds., *New Testament Christianity for Africa and the World: Essays in Honour of Harry Sawyerr* (London, 1974); Sarah Potter, "The Social Origins and Recruitment of English Protestant Missionaries in the Nineteenth Century." 박사 학위 논문(University of London, 1974).

지 보낼 선교 지망자 할당량을 채울 수 있었다.[3] 기본적으로 국제 학생 단체에 의해 한 세대 안에 세계 복음화가 달성될 것 같았다.[4] 이제 전형적인 선교사라면 전통적으로 교육을 받은 사람이었다. 그것이 뚜렷한 지적 성취를 뜻하는 것이 아니라면, 국내 사역도 하지 못한다는 뜻이었다.[5]

선교 운동의 결과로 몇몇 걸출한 학자들이 탄생했다. 여기에는 일류 학자들도 있었으나 대부분은 역량도 있고 노력하는 사람들이었다. 몇몇은 새로운 연구 분야를 개척해 새로운 학문의 개척자들이 되었으나, 그들 가운데 신학이나 성서 연구에 뛰어난 공헌을 한 사람은 거의 없었다. 그들 중에 서로 다른 문화의 경험을 분명한 영향력으로 보여 준 사람은 더 없었다.[6] 아마도 이런 모든 경향과 현재의 세속적인 학문의 관계를 생각해 보는 것이 유용할 것 같다.

이야기를 시작하기에 가장 좋은 지역은 인도다. 그 이유는 18세기

---

3 참고. A. F. Walls, "Black Europeans, White Africans: Some Missionary Motives in West Africa", in D. Baker, ed., *Religious Motivation: Biographical and Sociological Problems for the Church Historian* (SCH, 1978), pp. 339-348 (이 책 제8장에 전재).
4 미국의 퇴역 군인 A. T. Pierson은 한 학생 집회에서 '시대별 하나님의 계획'을 상세하게 설명하면서, 시설과 수단이 배가되어 이제 세계 복음화가 실현될 수 있을 것이라고 말했다. "여러분은 그저 21살 된 이들이라기보다는 아리스토텔레스나 플라톤보다 훨씬 오래 살 사람들입니다. 여러분은 그저 대학 교육의 축복을 받았다기보다는 천 년 전에 살던 위대한 철학자들보다 더 풍부한 지식을 가지고 있습니다"[*Make Jesus King: The Report of the International Students Missionary Conference, Liverpool, January 1-5, 1890* (London, 1896)], pp. 25-26.
5 참고. World Missionary Conference, 1910, Report of Commission V. "The Training of Teachers" (Edinburgh and New York, 1910), p. 67. "… 교회가 최고의 지식인이라는 결실을 적당한 비율로 보장하지 않는다는 점은 분명하다. 안수를 받은 사람들 가운데 우등 졸업생 대비 일반 졸업생의 비율은, 일반 대학 졸업생들 가운데서보다 절반가량이 더 높다."
6 참고. A. F. Walls, "The Nineteenth Century Missionary as Scholar", in N. E. Bloch-Hoell, ed., *Misjonskall og forskerglede: Festskrift till Professor Olav Guttorm Myklebust* (Oslo: Universitetsforlaget, 1975), pp. 209-221 (이 책 제14장에 전재).

말까지 인도는 잠시 서양의 인문학적 전통을 받아들였기 때문이고, 또한 중국 사람들과 고결한 미개인들이 학문적 논의의 주제가 되는 것과는 사뭇 다른 길을 걸었기 때문이다.[7] 존슨 박사(Samuel Johnson, 1709-1784, 시인, 수필가, 비평가, 전기 작가, 출판인, 사전 편집자 등으로 활약한 영국인-옮긴이)는 짐짓 미개인들을 옹호하는 말투로 타히티 사람들의 생활을 현대의 이상화된 이미지로 묘사했을지 모르지만,[8] 태평양 지역 탐사에서 중요한 것을 아무것도 알아내지 못했다고 생각했다.[9] 그러나 워런 해스팅스(Warren Hastings, 1732-1818, 1773-1785 첫 인도 총독-옮긴이)가 동양학을 활성화하자, 존슨 박사는 거의 부러움에 가까운 차분한 감정으로 해스팅스의 풍부한 학식의 후원자가 되어 그에게 동조한다.[10] 윌리엄 존스(William Jones, 1746-1794, 영국의 언어학자, 고대 인도 전문가, 인도-유럽어의 관계를 연구했고 아시아왕립학회를 창설했다-옮긴이)는 산스크리트로 쓰인 인도의 고전을 처음으로 번역했는데, 취미로 글을 쓰는 영국 신사의 방식을 따랐다. 그것은 비슷한 어떤 영국의 문필가가 핀다로스(Pindar, 주전 522-443, 고대 그리스의 서정시인-옮긴이)나 마크로비우스(Macrobius, 5세기에 활동한 로마의 문법학자, 철학

---

7 참고. D. E. Mungello, *Leibniz and Confucianism: The Search for Accord* (Honolulu, 1977).
8 Boswell, *Life of Johnson*, sub 1784 (Hill iv, p. 309).
9 같은 책, sub 1776 (Hill iv, pp. 49-50.); 참고. sub 1769 (Hill ii, p. 73)과 *Rasselas*, 제2장.
10 같은 책, sub 1781 (Hill iv, pp. 68-70). "나는 페르시아어를 들여와 한때 자기 나라의 학문을 진작시키려 한 그(해스팅스)가 동양의 전통과 역사를 훌륭하게 조사하기를 바란다. 또한 동양의 고대 건물의 경이로움을 조사하고 폐허가 된 도시들의 흔적을 탐색하기를 바란다. 그래서 그가 돌아올 때, 우리는 아직까지 알아낸 것이 거의 없는 어떤 인류의 예술과 사상을 알게 되기를 바란다.…인도 총독부의 직원[그와 절친한 John Hoole(1727-1803, 영국의 번역가-옮긴이)]이 [Tasso와 Aristo의] 시들을 번역한 것은 새로운 시도이고, 벵갈의 총독이 학습을 후원한 일도 전에는 없었다."

자―옮긴이)의 작품을 번역할 때 적용하였던 기술을 고대 힌두교 경전인 '베다'를 번역할 때 그대로 적용한 것이다.[11] 산스크리트가 그리스-로마의 학문의 잘 알려지지 않은 어떤 줄기로 보일 수 있었기 때문에, 서양의 여러 대학교에서 산스크리트 강좌를 개설할 수 있었다.[12] 그러나 인도에서는 다른 실용적인 동기가 있었다. 산스크리트와 페르시아어는 정부에서 쓰는 공용어였기 때문이다. 따라서 동양의 언어들은 존스와 콜브룩(Henry Thomas Colebrooke, 1765-1837, 영국의 동양학자―옮긴이)같이 교양을 갖춘 법률가들만의 취미에 그치지 않았다. 장차 클레팜 지역의 테인마우스 경이 될 존 쇼어 경(Sir John Shore, 1751-1834, 영국의 정치인, 1793-1797 인도 총독―옮긴이)처럼 평범하지만 성실한 사람들이 이런 언어들을 약간이나마 습득했다.[13] 심지어 대부분의 학자들도 실용주의자들이었다. 예를 들어, 콜카타 고등법원 판사였던 존스는 일종의 인도 대법전(Indian Justinian)을 되찾아 집대성함으로써 법 집행을 개선할 수 있으리라는 기대를 가지고―근거가 없다는 것이 판명되었지만―『힌두 법전 또는 마누 조례 적요』(*Institutes*

---

11 John Courtenay의 시 "Moral and Literary Character of Dr. Johnson"에 다음과 같은 구절이 있다.
Harmonious JONES! who in his splendid strains–
Sings Camden's sports, on Agra's flowery plains:
In Hindu fictions while we fondly trace
Love and the Muses, deck'd with Attick grace.
12 Boswell과 Johnson은 The Club(1764년 Joshua Reynolds와 Samuel Johnson 등이 London에 설립한 친교 클럽―옮긴이)의 회원들을 상대로 가상의 이상적인 대학을 만들어 동양학(강사는 Jones)을 개설하기로 결정했다(*Journal of a Tour to the Hebrides* 25.8.1773; Hill v., p. 108).
13 *The Life of Lord Teignmouth by His Son*을 보면 많은 예들이 실려 있다. 참고. P. Woodruff, *The Men Who Ruled India* I, 2d ed. (London, 1963), p. 153: "[쇼어는] 지나치리만큼 강직하고 완강한 중산층[에 속한 사람이었다]. 쇼어는 여가 시간에 페르시아어를 벼락치기로 공부했고, 심지어 유유자적한 적이 없었다." 그는 존스의 첫 회고록(London, 1804)을 편집했다.

of Hindu Law, or Ordinances of Manu)에 여러 해 동안 매달렸다.[14] (굳이 괄호에 넣어 지적하고 싶은 것은 인문학자적 학문의 전통이 **현대** 인도인들의 이해를 넓히는 일이나, 심지어 그런 욕구를 갖는 데 실제적으로 상당한 영향을 미쳤다는 증거가 없다는 것이다.)[15]

1830년대에 들어서서 인도학 연구가 갑자기 사라져 버린 것을 가지고 논란이 계속되고 있다.[16] 만약에 인도학을 산스크리트 원전 연구라는 좁은 의미로 본다면, 이에 대한 근거가 있다(비록 연구의 종언이 급작스러웠고 연구가 재개되기까지 지속된 기간에 대해 과장할 수는 있겠지만). 인도 행정부의 언어를 고전적인 동양의 언어에서 영어로 바꾼 것은 실용적인 동기는 아니었다. 그러나 이러한 변환이 인도학 모든 분야의 종언을 뜻하는 것은 아니었다. 1830년대가 되기 오래전에 이미 새로운 형태의 인도 전문가가 나타났는데, 그의 관심과 연구 결과를 보면 윌리엄 존스 경의 경우와는 사뭇 달랐다.

새로 나타난 이 전문가는 선교사였다. 이 가운데 최초이자 가장 위대한 선교사는 바로 윌리엄 캐리로, 그는 산스크리트는 물론이고 다양한 현지어를 사용해 사역을 했다. 그러나 대부분의 선교사들에

---

14 A. J. Arberry, *Asiatic Jones: The Life and Influence of Sir William Jones* (London, 1946); P. J. Marshall, *The British Discovery of Hinduism in the Eighteenth Century* (Cambridge, 1970)를 보라. Jones가 죽은 다음, H. T. Colebrooke은 힌두 법전 요약본 번역 출판에 착수했다. 이 일을 위해 세무서에서 동인도회사의 법무담당 부서로 자리를 옮겼다. 참고. T. E. Colebrooke, *The Life of H. T. Colebrooke* (London, 1873), pp. 71-108.

15 참고. Woodruff, p. 383. T. S. Spear, *The Nabobs: A Study of the Social Life of the English in Eighteenth Century India*, 2d ed. (London, 1963)에서는 다른 견해를 말하고 있다.

16 H. H. Swanson, "The Development of British Indology 1765-1820." 박사 학위 논문(University of Edinburgh, 1979). 이 논문에서 Jones와 Colebrooke를 상세하게 다루고 있다.

게는 현지어가 가장 중요한 언어였다. 이 현지어란 것은 바로 시장 바닥에서 전도할 때 쓰는 말이고, 신분이 낮은 카스트 회심자들이 대부분을 차지하는 소규모 집회에서 쓰는 말이었다. 선교 전문 작가로서의 권위는 그의 기본적인 표현 방법에 달려 있었다. 그는 인도에서 볼 수 있었던 것을 바로 이야기했는데, 영국에 있는 독자들, 특히 노예무역에 관한 이야기 때문에 이미 비분강개한 부류의 독자들을 매료시킬 수 있는 가장 두드러진 주제들을 택했다. 그 선교사들은 과부 생화장, 사원 매춘, 자간나타 상을 모신 거대한 차량 앞에 몸을 던지는 황홀경에 빠진 숭배자들에 관해 설명했다. 이 모든 것은 궁극적으로 한 기독교 국가에 책임을 져야 하는 정부의 묵과, 아니 적극적인 도움으로 자행되는 것이었다. 이러한 형태의 글을 쓰는 데 동원되는 신념, 후원자, 대행자, 방법은 기본적으로 노예제도 폐지 운동의 신념, 후원자 등과 같은 것들이었다. 클라우디우스 뷰캐넌 같은 동인도회사의 사목들은 스티븐(Stephen)과 매컬리(Macaulay)가 이전의 논쟁에서 감당했던 역할을 하게 되었다. 그 역할이란 바로 독자층이 그 충격에서 벗어날 수 없을 때까지 서술의 소재들을 긁어모으는 것이었다.[17] 사실대로 말하자면 뷰캐넌은 선교사가 기반이 된 새로운 형태의 동양학을 유행시킨 사람이었다. 뮤티니(Mutiny, 1857-1859년에 있었던 인도의 농민·병사에 의한 반영 봉기―옮긴이)가 끝난 훨씬 후까지 선교사의 묘사가 표준 참고서로서 그의 작품이 우위를 차지한 점에서 그가 얼

---

17 Jane Austen을 공정한 척도라 할 수 있다. 비록 복음주의 문학 작품에 열광하지 않았을지는 몰라도, 그녀는 Buchanan이 쓴 글을 읽고 감동을 받았다[R. W. Chapman, ed., *Jane Austen's Letters*, 2d ed. (London, 1952), p. 292에 있는 Cassandra Austen에게 보낸 1813년 1월 24일자 편지). 여기에서 Buchanan의 이름을 노예무역에 관한 글을 쓴 Thomas Clarkson의 이름과 연결 짓는 것이 중요할 것이다.

마나 큰 성공을 거두었는지 알 수 있다.[18]

인도에 대해서 선교사들이 가진 이러한 이미지는 동인도회사 경영에 기반을 둔 초기의 학자들이 가졌던 신고전주의적 인문주의와는 동떨어진 세계였다. 윌리엄 워드(William Ward, 1769-1823, 첫 영국인 침례교 선교사, 작가, 번역가 – 옮긴이)의 『힌두교인들의 문학 작품, 종교와 예의범절에 관한 이야기』(Account of the Writings, Religion and Manners of the Hindoos, 의심할 여지없이 전적으로 벵갈 지역을 근거로 쓴 이야기이다)는 그 가운데에서도 가장 학문적 깊이가 있는 실례이자 서양에서 많은 이야기의 원천이 된 작품이다. 신고전주의적인 꿈은 영국에서 그랬던 것처럼 인도에서도 흔적이 사라지고 있었다. 열정적인 수많은 행정가들이나 선교사들에게는, 산스크리트 고전의 세계가 인도 사람들의 일상생활과는 완전히 동떨어진 것으로 보였을 것이 틀림없다. 마치 그것을 증명이라도 하듯, 유럽인이든 인도인이든 가릴 것 없이 판사나 피고 모두 고대 인도법에 관한 존스의 걸작을 사용하지 않았다.

통용되고 있는 현지어에 관한 지식이 인도에 관한 선교사들의 묘사를 탄탄하게 뒷받침했다는 사실을 강조할 필요가 있다. 선교사들의 선교지 묘사는 분명 영어 혁명과 동시에 일어났을 뿐만 아니라 스코틀랜드 대학들에서 가장 눈부시게 꽃을 피운 선교 사역의 그 측면에 굉장히 많은 관심이 쏠려 있었기 때문이다.[19] 기본적으로 상류층 청년들을 겨냥한 이런 대학들은 여전히 영향력이 있었지만, 언제나

---

18 A. K. Davidson, "The Development and Influence of the British Missionary Movement's Attitudes Towards India, 1786-1830", 박사 학위 논문 (University of Aberdeen, 1973)은 Buchanan의 작품의 영향력을 평가하고 있다.

19 현지어 교육과 영어 교육 모두를 연구한 M. A. Laird, *Missionaries and Education in Bengal 1793-1897* (Oxford, 1972)을 보라.

소수를 훈련시키는 것이었고, 선교계 안에서조차 자원 낭비라는 비판이 끊이지 않았다는 사실을 기억해야 한다. 근원을 따지자면 이런 대학들은 스코틀랜드의 교회 환경이 낳은 필연적인 산물이었다. 온건주의자들과 복음주의자들은 다른 활동들에 대해서는 합의하는 것이 더 어려웠지만, 교육 선교에 관해서는 합의점에 도달할 수 있었다. 양측에서 힌두교인과 스코틀랜드 고지에 사는 가톨릭교도의 상태 사이에 큰 차이가 있을 것이라고 보는 사람은 거의 없었다. 성경을 중심과 태양으로 삼는 학교를 통해 그 가톨릭교도를 길들이고 그들을 천국 마당으로 인도했었던 충분한 선례가 있었다. 온건주의자들이 대다수인 총회가 선교사로 임명한 복음주의자 더프는 이러한 지침을 충실하게 따랐다. 그는 상류층 청년들이 이미 갈망하는 서양 학문은 물론 정부의 관리가 되기 위한 필수 요건인 영어와 성경을 참고 서적으로 하는 기독교 형이상학을 함께 가르쳤다. 이 전부가 언젠가 힌두교의 요새를 날려 보내리라 그가 믿었던 지뢰를 이루었다. 힌두교의 외루는 이미 서양의 과학적 사고에 의해 손상되어 있던 터였다.[20]

더프 선교사의 뒤를 이은 토머스 스미스(Thomas Smith)가 1860년 리버풀 선교 대회에서 분명 포위당한 것같이 느꼈다는 것을 살펴보는 일도 흥미롭다. 그는 설교와 가르침이 단지 복음 전도의 다른 방식이라고 주장하는 손쉬운 출구를 받아들이려 하지 않았다. 그의 주장

---

20 Duff는 인도에서 20년을 보내고 스코틀랜드에 돌아와서 행한 연설에서 그의 교육론을 펼쳤다. "우리는 단지 개개인만을 염두에 두지 않았습니다. 우리는 대중을 보살폈습니다.…우리는 지금의 세대들뿐만이 아니라 미래의 세대들에게도 시선을 고정했습니다.… 당신들이 일상적인 기구들에 완강히 저항하는 것을 용인할 수 있을 만큼, 대중에게서 많은 귀중한 원자들을 떼어 내는 일에 간접적으로 참여하는 동안, 우리는 하나님의 은총으로 우리의 시간과 힘을 바쳐, 언젠가는 그 밑바닥에서부터 전체를 폭발시키고 조각조각 찢어 낼 지뢰를 준비하고 도화선을 설치해 놓을 것입니다"[George Smith, *The Life of Alexander Duff* (London, 1881), p. 68].

에 따르면, 실제적인 논점은 선교사가 **복음 이외의 다른 것**을 가르치는 것이 옳은지의 여부였다. 그는 선생이 궁극적으로 목적하는 바가 기독교를 알리고 세우는 것이라면, 복음 이외의 다른 것을 가르치는 일이 선교사의 에너지를 제대로 쓰는 것이라는 결론을 내린다. "제대로 된 의미의 교육이 대번에 마음속에 교훈을 심고 모든 재능과 능력을 계발하는 것이라면, 교육은 기독교 선교사들의 크나큰 임무를 충족시키는 타당한 방법이라고 주장합니다." 우상숭배 자체가 교육 체제 안에 박혀 있는 상황에서는, 즉 인도에서처럼 도덕적인 선과 악이 차이가 없고, 하나님과 창조 세계가 차이가 없으며, 따라서 아무런 책임도 없다고 믿도록 국민 모두가 양육받는다면, 적어도 교육은 정당성을 가진다. 그리고 그런 나라에서는 배우려는 욕구뿐만 아니라 정말로 필요한 것은 건드리지도 않고, 눈에 보이는 욕망만을 충족시키는 세속적인 기관들도 있다.[21]

다른 말로 하면, 스코틀랜드의 교양 과정 학위의 중추를 형성하고 있던 논리적·도덕적 철학은 인도를 위한 자연스러운 '복음 전도 준비'였다는 말이다. 그런 상황에 처한 선교사는 자신을 준비시키는 것이 필요했다. 즉 자신이 인도의 전통 사상을 이해하는 수단이 아니라, 인도에 그 전통 사상을 대체하는 무엇을 주는 수단이 되어야 했다. [그렇다면] 스코틀랜드 교회가 세운 대학들에서 신혜겔주의 성서 비평가들이 그가 준비한 지뢰를 해체하는 것을 보았을 때 더프가 느꼈을 배신감을 이해할 수 있다.[22]

---

21 *Conference on Missions Held in 1860 at Liverpool* (London, 1860), pp. 118-120.
22 더프의 딸은 아버지가 애버딘 대학교에서 William Robertson Smith(1846-1894, 스코틀랜드 출신의 동양학자, 구약성서학자, 신학교수, 목사로 Encyclopædia Britannica와 the Encyclopaedia Biblica의 기고가. 비교종교학 연구의 대가—옮긴이)가 한 연설을

리버풀 선교 대회에서 스미스의 강연을 들은 사람들은 예의를 차리기는 했지만, 고등교육을 선교의 수단으로 삼는 것에 관해, 특히 그것이 선교의 자원을 올바로 쓰는 것인지에 관해, 모두가 확신하지는 않은 것이 분명하다. 그렇지만 대회에 참석했던 인도인 베하리 랄 싱(Behari Lal Singh) 목사는 불편한 심기를 드러냈다. 스코틀랜드 교회가 세운 대학들이 인도인 목사들을 훈련시키는 것에 관한 한, 그 목표가 힌두교와 무슬림 종교 지도자들과 대등한 수준에서 만날 수 있는 목사들을 양성하는 것이라면, 지나치게 박식하기는커녕 요구되는 표준에 미치지 못하고 있다고 생각했기 때문이다. 싱 목사는 기독교 목사라면 힌두교와 무슬림 지도자들이 산스크리트와 아랍어에 대한 식견을 가진 것처럼, 히브리어와 헬라어에 대한 식견을 가져야만 한다고 생각했다. 또한 그는 만약에 그가 스코틀랜드 선교사들이 세운 대학이 아니라 회심한 유대인으로부터 히브리어를 약간이나마 배우지 않았다면, 슬프게도 마울비(maulvi, 무슬림 신학자의 호칭 – 옮긴이)를 이기지 못했을 경우를 이야기한다.[23]

스코틀랜드 선교사들만 놓고 본다면, 당시 비교적 소수의 선교사만이 스코틀랜드 교회가 세운 대학들에서 인도인 목사들에게 가르쳤던 것보다 히브리어를 약간 더 할 수 있었다. 앞에서 살펴보았듯이, 선교사는 아마도 적어도 10년 동안은 인문학 교육을 받지 않았던 사

듣고 괴로워했다고 쓰고 있다. "아버지는 의심스러운 모든 종류의 책들을 읽을 수밖에 없었다. 그것은 콜카타로 가지 못하게 할 부정적인 책이 없었거나, 힌두교인들에게 바로 가지는 않을 유럽 대륙에 있는 의심스러운 대학이 제기하는 논거가 없었기 때문이다. 그러나 힌두교인들은 교회 밖에 있었고, 그분은 언제나 두 가지, 곧 개개인이 길을 더듬어 찾고 있다가 한밤중의 어둠에서 벗어나는 것과…대낮에 비치는 복음의 빛을 떠나서 세속적인 이유로 해로운 탐구에 고의로 탐닉하는 것은 전혀 다른 것이라고 생각하셨다"(Smith, *Duff*, pp. 450-451).
23 *Conference at Liverpool*, p. 216.

람이었기 때문이다.[24] 그러나 19세기 내내 선교사라고 하면 기본적으로 성직자라는 생각이 지배적이었다. 의료, 교육, 산업 분야 같은 특정한 선교 사역에는 평신도가 참여할 수도 있었다. 여성들은 특정한 선교 분야에는 꼭 필요한 존재였지만, 선교사의 **전형**이라고 하면 언제나 해외에 거점을 둔 성직자를 떠올렸다. 선교사를 양성하는 대학들은 약식(LMS가 초기에 마련했던 것과 같은)이든 정식(CMS가 이즐링턴에 세운 것과 같은)이든, 선교학을 특화해서 배우는 기관이 아니었다. 그곳들은 가능한 한 국내 사역자들이 배우는 것에 거의 필적한 만큼의 인문 교육과 신학 교육을 베푸는 곳이었다. 예를 들어, CMS의 헨리 벤은 만약에 대학교들과 성직자들이 선교사를 충분히 배출해 낼 수 있다면, 선교사들을 위한 대학은 필요가 없을 것이라고 말했다.[25] 다른 말로 하면, 이즐링턴 대학에서 받는 특별한 선교 훈련은 부수적인 것이고 또 어떤 의미에서는 우발적이었다고 볼 수 있다. 그 대학의 주요한 기능은 하류 중산층 출신의 사람들이 교역자로서 자격시험을 통과하는 데 필요한 언어, 문학, 신학과 예절을 가르치는 것이었기 때문이다.

반대로, 일반 대학교에 입학한 학생은 선교사 자격을 갖추기 위한 약간의 별도의 공부가 필요했다. 자질이 있는 사람들(그리고 선교지에서 필요한 영적 자질뿐 아니라 지적 자질도 점점 강조되는 선교사 사회)이 다른 종교 전통이나 복잡한 새로운 목회적 상황과 대면할 때 생기는 문제

---

24 같은 책, p. 264. "선교사들 대부분이 하류 중산층이거나 그보다 더 낮은 계층 출신이었다."
25 W. Knight, *Memoir of the Rev. H. Venn: The Missionary Secretariat of Henry Venn* (London, 1880), p. 247에 있는 1885년 2월 5일자 F. Monod에게 보낸 편지 인용. 이 시기의 선교사 훈련에 관해서는 C. P. Williams "The Recruitment and Training of Overseas Missionaries in England between 1850 and 1900," 문학 석사 논문 (University of Bristol, 1976)를 보라.

를 해결하는 데 기초가 될 것이라는 생각이 교양 인문 교육에 대한 일반적인 평판이었다. 1880년대와 1890년대에 선교 열기가 대학교들에 파도처럼 밀려오자, 선교와 선교 문헌에 대한 연구에 중점을 두게 되었지만,[26] 어디까지나 비공식적이고 개인적인 연구로 간주되었다. 대학생 선교 운동에 깔려 있는 영성은 최고의 학생들을 그리스도께로 데려가는 데 중점을 두었고, 사람들은 가장 우수한 학생들이 선교지에서 필요하다고 말했다.[27] 그러나 그러한 강사들이 "지적으로 최고의 학생"이라고 말할 때, 그들은 그저 우수한 일반 교육 수준을 암시하는 것 같았다. 1896년 대학생 선교 자원자 연합의 선교 대회에서 자원자들의 지적인 준비에 관한 글이 발표되었는데, 그것은 의료 선교사에게 맡겨진 것에 관한 것이었다. LMS의 토머스 길리슨(Thomas

---

26 그 자발 운동의 미국 지부에서는 이 점을 특히 강조했다. 예일 대학교의 Harlan P. Beach(19세기 Student Volunteer Movement의 교육 총무 — 옮긴이)는 1896년 선교 대회에서 특별히 이에 대해 설명했다(*Make Jesus King*, pp. 135-144). 대회 주최자들은 "지금까지 모은 가장 완벽한 선교 문헌 모음"을 제시해 준다고 주장했고, 선교 도서관들에 각기 1파운드, 3파운드, 5파운드, 10파운드 또는 20파운드의 가격으로 참고 문헌 목록을 배포하였다(같은 책, p. 276 이하). 1900년 런던 선교 대회에서는 이 주제를 가지고 J. H. Bernard와 연합 장로교회 편집장인 George Robson이 한 강연으로 한걸음 더 나아갔다. 그 내용은 *Missionary Record: Students and the Missionary Problem. Addresses Delivered at the International Student Missionary Conference, London, January 2-6, 1900*, London, 1900, pp. 230-245에 있으며, 이는 5-63파운드 정도의 가격으로 도서관들에 배포되었다(SMP, p. 547). 런던 대회 보고서에는 최근에 발행된 선교 서적을 소개하는 14쪽짜리 도서 목록이 첨부되어 있었다(*SMP*, pp. 549-562).
27 "예전에 사람들은 국내 사역에 자질이 부족한 사람을 해외에 선교사로 보내는 것이라고 생각했다. 감사하게도…오늘에 와서는 그 질문이 '그 사람이 국내에 있을 만큼 괜찮은가'가 아니라 '그를 해외로 보낼 만큼 괜찮은가'로 바뀌었다. 해외로 보내기에 너무 훌륭한 사람은 없다. 자격을 갖춘 사람은 극소수였다"(F. Gillison, *Make Jesus King*, p. 34). "종합대학교나 대학 과정이 가진 장점 절반은 배움을 얻는다는 것이 아니라 그 배움이 학생을 만들어 간다는 것이다. 그리고 선교지에서 가장 비천한 사람들을 상대하는 사역은 보통 최고로 준비된 사람을 필요로 한다.…버려진 하나님의 자녀들 가운데서 사는 것이 당신의 재능을 포기하는 것이라고 생각하지 말라. 예수 그리스도는 자신을 버리셨지만 그 결과가 어떠했는가?"(Georgina Gollock, 같은 책, pp. 95-96).

Gillison) 박사는 중국에서의 13년 사역을 통하여 하나님이 그의 마음에 어떤 메시지를 주셨다고 믿었다. 그 메시지는 선교사가 되려는 사람들은 혹시 선교지에 가는 시기를 3년 더 늦추더라도 반드시 의학 공부를 완전히 마치고 가야 한다는 내용이었다.[28] 그의 논거는 다른 학문을 준비하는 것에도, 각 학문의 차이를 고려해 똑같이 적용될 수 있었다. 그러나 선교 대회에서 뒤이어 단상에 오른 연사들은 의학 공부를 마치지 않고도 사역을 잘해 나갔다고 말했다.[29] 그러자 길리슨은 선교사가 되려는 사람이 그 지성(그리고 체력)[30]을 훈련해야 하는 의무가 있음을 분명히 하면서, 특히 지적인 추구에 관해서 조금도 과장하지 않고 절제하며 다음과 같이 말했다.

원한다면 역사를 공부하고, 과학을 공부하고, 신학도 공부하십시오.… 그러나 친구 여러분, 성경 공부보다 과학 공부에 더 비중을 두지는 마십시오. 목사나 선교사가 성경을 연구할 시간에 나비 수집이나 지리 탐사에 열을 올리는 것은 얼마나 서글픈 일입니까?[31]

길리슨은 성경과 인간, 이 두 분야는 선교사라면 꼭 해야 할 공부라

---

28 *Make Jesus King*, pp. 33-37. Thomas Gillison, M.B., C.M., (Edin.)은 1883년부터 1918년까지 중국 한구(漢口) 종합병원의 책임자였다[J. Sibree, *London Missionary Society: A Register of Missionaries, Deputations etc. from 1796 to 1923* (London, 4 cd, 1923), No. 801을 보라].
29 Egerton R. Young, *Make Jesus King*, p. 51를 보라; 더 신중하게는 C. F. Harford-Battersby, 같은 책, p. 236를 보라.
30 "하나님은 우리에게 몸을 주시고 잘 관리하라고 하셨는데, 사람은 자기의 육체적 건강을 돌보는 일이 중요하지 않다고 생각하며, 하나님을 거역하는 죄를 짓고 있다. 지성의 훈련을 소홀히하는 사람은 하나님이 돌보라고 맡기신 재능 열 개 가운데 다섯 개를 내팽개치는 것이다"(같은 책, p. 34).
31 같은 책, p. 35.

보았다. 다른 모든 주제들, 어떤 주제들이라도 그건 부차적으로 유용할 뿐이다. 하지만 그 두 가지는 **체계성**(method)을 가르치기 때문에 그리고 바쁜 선교사에게 체계성은 없어서는 안 되는 것(*sine qua non*)이기 때문이다.[32]

그 선교 대회에는 교수들과 교사들을 위한 두 시간짜리 특별 모임이 있었다. 소문에 따르면 이 모임은 "다른 어떤 모임보다 강렬하지만 잔잔한 열기가 느껴지는 열정으로 가득 차 있었다. 그것은 선교 대회 전체의 특징이었다." 이 교수들의 모임에서는 선교사 후보들의 지적 준비에는 그다지 큰 관심을 두지 않았던 것 같다. 대회 보고서에 따르면 모임에서 나누었던 모든 이야기는 다음의 질문으로 모아졌다. "목적을 잃게 만들지도 모를 방해를 받지 않고, 대학생들의 영적인 생활과 사역을 활성화시키려면 어떻게 하는 것이 최선인가?" 기도에 대한 응답으로서 학생 위원회가 본 하나의 발전이었다.[33]

길리슨은 "**원한다면** 신학을 공부하십시오"라고 말했다. 신학 연구가 열정적인 선교사 자원자들에게 위해가 된다고 본 사람들도 있었다. 선교 후원자들이 크게 존경하였던 고든(Adoniram Judson Gordon, 1836-1895, 미국 침례회 목사, 작가, 작곡가, Gordon College 설립자-옮긴이)은 "히브리어나 신학을 공부하는 것이 수학을 공부하는 것보다 그 자체로 더 거룩한 것인지 나는 잘 모르겠다"고 말했다. "더 나아가서, 교회사가 계속 입증하고 있는 바는, 겸손하고 간구하는 마음으로 하나님을 의지하지 않고 이런 공부를 한다면 신앙생활에 심한 해를 끼

---

32 "선교지로 나가려는 사람에게 가장 중요한 것은 체계적이 되는 법을 배우는 것이다. 그는 의무들이 자신을 억누르고 있음을 깨닫게 될 것인데, 먼저 할 일이 무엇인지 모른다면, 나중에야 많은 일들을 하지 않고 내버려 두고 있다는 것을 깨닫게 될 것이다"(같은 책).
33 *Make Jesus King*, p. 264.

칠 수도 있다는 것임을 덧붙인다"고도 했다. 이것은 개신교의 기초를 깨뜨리는 영리하고 세련된 회의론자와 불가지론자에게서 나온 소리가 아니라 신학교를 책임지고 있는 사람의 말이다.[34]

1900년 1월에 열렸던 SVMU의 런던 대회에서는 다른 소리도 나왔다. 이 대회를 주최한 학생 위원회는 선교사들의 지적 준비를 위해 또 다른 강연을 마련했을 뿐 아니라[35] '선교지에서 사상가들의 필요성'을 전체 주제로 삼았다. 이 대회의 강사는 복음주의적 온정에 자유주의 신학의 감각과 정치에서는 진보주의를 겸비한 유명한 침례교 목사 존 클리퍼드(John Clifford, 1836-1923, 영국 비국교 목사, 정치가 - 옮긴이)와 복음주의의 중심지 브리스틀 출신의 침례교 목사 R. H. 글로버(Glover)였다. 클리퍼드는 유명을 달리한 지 얼마 되지 않은 두 사람의 유명한 전도자를 비교하는 것으로 말문을 열었다. 무디(Dwight Lyman Moody, 1837-1899, 미국의 복음주의자, 출판인, Northfield Mount Hermon School과 the Moody Bible Institute의 설립자 - 옮긴이)는 탄탄한 지성인이었지만 흔히 쓰는 말로 사상가는 아니었다. 반면 헨리 드러먼드(Henry Drummond)는 복음을 전할 때, 생각하는 사람들에게 영

---

34 A. J. Gordon, *The Holy Spirit in Missions* (London, 1893), 201f. Gordon은 Francis Xavier(1506-1552, 스페인 출신으로 가톨릭 해외 선교의 개척자. 예수회 설립자 일곱 명 가운데 하나로 아시아 선교를 주도했다 - 옮긴이)의 신학과 방법론에는 동의하지 않았지만 그의 다음과 같은 말에는 갈채를 보냈다. "나는 유럽에 있는 모든 대학을 돌아다니며, 자선 행위보다는 학식이 더 뛰어난 모든 학자들에게, 마치 미친놈처럼 '오, 얼마나 많은 영혼이 당신들의 잘못으로 천국에 들어가지 못하는지!'라고 울부짖었던 것이 가끔 생각난다"(같은 책, p. 39). SVMU를 조직한 사람들은 1896년 대회에서 Gordon이 강의해 주기를 바랐으나, 그는 이 대회가 열리기 전에 세상을 떠났다(*Make Jesus King*, p. 5).
35 *SMP*, pp. 173-180. 이 강의는 (Cambridge에 있는) 리들리 홀 신학교의 교장 T. W. Drury가 한 것이다. 그는 이즐링턴에 있는 CMS 신학교의 실질적인 교장이기도 하였다 [E. Stock, *History of the Church Missionary Society* (London, 1899), 111, p. 262].

향을 미치는 지적인 정황들을 염두에 두었다. 선교지에서는 무디 같은 사람들도 필요하지만 드러먼드 같은 사람들도 필요했다.

> 우리가 필요로 하는 학생들은, 리처드 오언(Richard Owen, 1804-1892, 영국의 고생물학자-옮긴이)처럼 화석들 가운데서, 또 조지프 후커(Joseph Hooker, 1817-1911, 영국의 식물학자-옮긴이)처럼 식물들 가운데서 종교의 실상을 연구할 사람들입니다. 정확하고, 엄정하고, 근면하며, 거짓을 증오하는 것과 마찬가지로 부정확한 것을 싫어하며, 하나님에게 헌신하는 만큼 진리에 헌신하는 과학적 사고를 하는 학생들입니다. 또 조사할 때에는 엄격하고, 추론할 때에는 빈틈이 없는 사람들입니다.…실험을 되풀이하고 관찰을 거듭하여 실수할 가능성을 미리 없애 버림으로써, 에너지를 낭비하지 않고 실수하지 않고 사역을 망치지 않으면서, 교회와 사역자들에게 생활의 실상에 대한 지식을 제공하는 사람들입니다.(SMP, p. 212)

여기서 선교지 사상가는 주로 사실들을 수집하는 과학적 관찰자이다. 그러나 그는 책벌레가 되어서는 안 되며, 또 고대 동방의 고귀한 원전의 가르침과 오늘날 동방의 대중 종교 사이의 차이점을 못 본 체해서도 안 된다. 나아가서, 그는 사도 바울을 거울로 삼아 철학자가 되어, 우리가 공통으로 지닌 인간성의 숨겨진 보편성을 되찾아, 동양과 서양의 지성을 분리시키고 있는 폐쇄된 문을 열 수 있어야 한다. 또한 뛰어난 건축가가 되어, 선교지에서 제기하는 사회생활과 사회 발전에 얽힌 복잡한 여러 문제들을 처리할 수 있어야 한다(SMP, p. 214).

마지막 측면은 글로버가 제시한 것이었다. 일부다처제와 조상숭배

같은 문제들은 그저 웃으며 성경 본문을 들이대거나 그가 '런던 토박이'(즉 문화에 속박을 받는) 방식이라 부른 것을 가지고 해결할 수 있는 간단한 문제가 아니었기 때문이다. 더 나아가서, 기독교를 믿지 않는 사람들에게 꼭 필요한 존경심을 갖는 데는, 또한 그가 '성전 건축 자재'라 부르는 것—기독교를 믿지 않는 사람들의 종교와 문화에 이미 주어진 것—의 발견에 꼭 필요한 존경심을 갖는 데는 철저한 지적 준비가 필요했다(SMP, p. 266).

그렇다면 어떻게 필요한 지적 준비를 할 수 있겠는가? 글로버는 빼어난 이교도의 빼어난 사상을 연구하라고 말한다(SMP, p. 229). 철학 분야에서 가장 위대한 사람은 여전히 이교도인 플라톤이다. 따라서 플라톤, 소포클레스(Sophocles, 주전 497/6-406/5, 고대 그리스의 비극 작가—옮긴이), 유리피데스(Euripides, 주전 480-406, 고대 그리스의 비극 작가—옮긴이)를 연구하는 것이(번역판으로. 글로버는 분명 청중인 대학생들의 고대 언어 능력을 과대평가하지 않았기 때문이다), 자원자들이 하나님에 대한 헌신을 이행하는 방법이다(SMP, pp. 222, 229). 또한 공자의 글을 읽는 것도 최상의 준비다. 영국인들은 형이상학을 잘하지 못하기 때문에, 중국인들과 승부를 결정짓기 전에 많은 실전을 익일 필요가 있다. 부처는 "다방면에 걸쳐 가장 위대한 도덕 철학자"로서, "행동이 성품에 미치는 영향…과 성품이 자동적으로 운명에 미치는 영향을 아주 예민하고 강렬하게 추적했다"(SMP, p. 222).

그렇다면 결론적으로 선교를 준비하는 최고의 방법은 신사 교육을 잘 활용하는 것이다. 특히 신학 교육에 관해서라면, 더블린 소재 트리니티 대학의 특별 연구원이자, 다음 차례에 '선교사 교육의 진보의 필요성'이라는 주제로 강연을 했던 J. H. 버나드(Bernard) 목사를 들 수 있다. 그는 성직자들은 세계 복음화라는 임무를 제대로 평가하지 않았다고 인정했다. 오직 더 나은 성직자 교육만이 이 문제를 해결할 수 있지만, 이것이 곧 신학 교과과정의 확대를 뜻하는 것은 아니었다. "과거 수백 년 동안의 선교 사역의 역사를, 우리의 신학원과 신학대학의 공식적인 교과목으로 채택하는 일은 그다지 실용성이 없다."[36] 또 그는 소수의 선교사 후보자들을 위한 특별한 수업을 생각하고 있는 것 같지도 않다. 그리고 그런 특별한 사람들은 십중팔구 독일인들이다.[37] 예비 성직자인 나머지 사람들은 국내에서 사역하려 하든, 해외에서 선교사로 일하려 하든 상관없이 모두가 고대와 현대의 선교에 관한, 특히 고대에 관한 자발적인 연구를 하도록 격려받아야 하기 때문이다. (버나드 목사 자신은 어쨌든 건전한 교부학 학자였다.) 그리고 무엇보다도 모두가 건전한 신학적 능력을 습득해야 한다. 에베소 회의 (431, 449, 475년 세 차례에 걸쳐 모인, 이단 문제, 그리스도론을 둘러싼 종교 회의-옮긴이)와 칼케돈 회의는 무슬림 논쟁과 깊은 관련이 있지만, 기묘하게도 이런 특징을 갖고 있었다.

동방 사람들의 생각은 아직까지도 아타나시우스 시대와 똑같다. 만약 우리가 적어도 인도와 아프리카에서는, 그리스도인들이 그 시대에 마주쳤던 난관을 피해 갈 수 있다고 여긴다면 우리는 어리석은 자임에 틀림없다.(*SMP*, p. 237)

---

36 *SMP*, p. 231. "의사나 변호사가 되려는 학생들에게 고작 2-3년 동안 **모든 것**을 가르칠 수 없듯이, 성직자가 되려는 학생들의 경우도 마찬가지다."
37 특히 그는 아랍어 공부와 "그 유치함의 근원을 지적할" 쿠란의 본문 비평 연구판의 발간에 대해 생각했다. "…이러한 대규모 학생 집회에서 이렇게 꼭 필요한 과업을 맡은 수 있는 **한 사람**, 아마도 우리와 같은 인종의, 아마도 학자들의 양성소인 독일인 가운데 **한 사람**이 있으리라 생각하는 것이 비합리적인가?"(*SMP*, p. 230)

1910년 에든버러 세계 선교 대회가 열리기 전까지 선교 협회들은 신학 교과과정에 특히 선교에 관한 내용에 빠져 있던 것에 대하여 분명 불편한 심기를 가지고 있었지만(WMC V, p. 39), 전형적인 선교사는 여전히 목사였다.[38] (선교사의 준비라는 주제를 다루었던 대회의 위원회는 좀 당황했는데, 그것은 안수받은 선교사들이 평신도 동료들과 같은 전문적인 능력을 다 가지고 있다고는 할 수 없는 상황인데도, 반드시 교육 기관을 감독해야만 한다는 것 때문이었다.)[39] 아직도 예비 선교사들과 국내 사역 예정자들이 함께 교육을 받아야 한다는 것과, "전통적인 교과과정을 약간 개정하는 일이 있더라도, 선교 과목을 충분히 다룸으로써 모든 학생을 위해 신학 교과과정이 보강되기를 바라는"[40] 전반적인 소원이 남아 있었다. 선교사라면 자기 나라와 교회가 베풀 수 있는 최고의 교육을 받아야만 하고(WMC V, p. 107), 여기에는 반드시, 가능한 곳 어디에서나 언어, 역사, 도덕, 과학, 철학 공부가 들어가 있는 정규 대학 교육이 포함되어야 한다.[41] 위원회가 적절한 교과목을 상세하게 검토했을 때, 그들은 성경을 가장 우선순위에 두었고, 그다음은 자연과학, 철학, 기본 의학과 위생학 순이었다(WMC V, pp. 109-114).

특히 철학을 강조했는데, '인도에서 지도적 위치에 있던 한 선교사'는 철학 교육이 선교사에게는 신학 교육보다 더 가치가 있다고까지 표현했다. 철학은 신학을 더 쉽고 폭넓게 연구할 수 있게 해 주었고,

---

38 "절대다수의 선교 협회들에서 그들이 대변하는 교파들에서 그렇듯이, 안수받은 선교사가 지금도 그리고 미래에도 대표적인 선교사의 모습으로 인식될 것이며, 선교 운동 전체에서 가장 영향력 있는 세력으로 인식될 것이다."(WMC V, pp. 115-116)
39 참고. WWMC V, pp. 42-43.
40 WMC V, p. 80; 참고. pp. 122-123, recommendation 3, 4.
41 WMC V, p. 122 recommendation 2. 그러나 이것은 Kelham의 Kelly 신부가 쓴 소수 의견이다. pp. 240-245.

선교지에서 도리어 역효과를 내는 독단적인 사고를 줄여 주었으며, 반대자든 회심자든 선교사가 품은 생각을 더 잘 이해하도록 도움을 주었다(*WMC* V, pp. 111-112).

> 다른 전문가들은 옥스퍼드 대학교의 교양학부(*Literae Humaniores*, 옥스퍼드 같은 명문 대학들에서 고전을 중심으로 하는 학부 대학의 고급 과정을 말한다-옮긴이)에서 일반적이고 사려 깊게 학생들의 진가를 개발하는 데 최고라고 할 수 있을 만큼 이상적인 교육을 시키고 있기 때문에, 그 과정을 이수한 학생이라면 단지 좁은 의미에서의 약간의 신학 교육만 추가한다면 선교지에서 사역하는 데 부족함이 없을 것이라고 말했다.(*WMC* V, p. 118)

그러므로 궁극적으로 교육은 공무에 필요한 만큼 선교지에도 필요하다. 옥스퍼드의 인문학 과정은 무엇을 준비하든 그것을 준비하는 데 최고다. 그런 과정을 밟을 수 없는 학생들은 자신들이 할 수 있는 만큼 그런 교육을 받아야 한다. 그럴 때에만 신학은 신학자의 터전이자, 교회라는 군대의 근위 기병대로 남을 수 있을 것이다.

16 • 19세기 의료 선교사의 국내적 의미[1]

의료 선교의 역사는 의사라는 직업의 역사에 딸린 부속물이다. 어찌 보면, 의료 선교는 선교 운동에서 후발 주자처럼 보일 때가 있어서 19세기 내내 이에 대해 설명하고 변호해야만 했다. 또한 달리 보면, 의료 선교는 선교 운동의 초기부터 있었던 것으로 보이기도 한다. 어쨌든 1793년 윌리엄 캐리가 인도로 가는 배에 올랐을 때 그와 동승한 동료는 의사 한 명뿐이었다.[2] 그리고 어느 '외과 의사'가 1796년 LMS가 태평양 지역에 파송한 첫 선교단에 예외적으로 포함되었다.[3] 실제로 여러 세대에 걸쳐 선교사들은 일종의 약 상자 사역을 수행하며, 물약을 엄격하게 관리하고, 사마귀들을 떼어 내고, 실험과 실수를 거듭하면서 진전을 이루었다[칼라바르에서 사역한 호프 와델(Hope

---

1 이 글은 W. J. Sheils, ed., *The Church and Healing*, Studies in Church History 19 (Oxford: Blackwell, 1982), pp. 287-297에 처음 게재되었다.
2 침례회 선교단의 무서운 아이 John Thomas (1757-1801)로, Westminster 병원에서 공부했고, 해군 군의관으로 일했다가 민간으로 돌아와서는 외과 약사로 일했다. C. B. Lewis, *The Life of John Thomas, Surgeon of the Earl of Oxford East Indiaman, and First Baptist Missionary to Bengal* (London, 1873)을 보라.
3 외과 의사인 John Gilham (1774-?)은 J. Sibree, *London Missionary Society: Register of Missionaries, Deputations, etc. from 1796 to 1823*, 4th ed. (London, 1923)의 No. 13에 나온다.

Waddell) 목사는 "살균제로 쓰이는 감홍(甘汞, 단맛이 나는 수은-옮긴이)이 우리에게는 가라앉히는 효과가 있었지만 아프리카 열병에는 효험이 없다는 것을 곧 알게 되었다"고 관찰 결과를 말하고 있다.[4] 데이비드 리빙스턴 같은 선교사들은 선교 훈련의 일환으로 의학을 공부했다. 그는 그것 때문에 특별한 선교사가 된 것도 아니었고, 평범한 선교사에게 기대되는 복음 사역자에 약간 못 미치는 선교사가 된 것도 아니었다. 이런 종류의 의료 선교와 제1차 세계대전에 의해 거의 보편화된 발전된 모습의 의료 선교는 전혀 달랐다. 그것은 선교적 사고의 발전 때문이라기보다는 의사라는 직업 자체의 발전 때문이었다. 1914년이 되어서 의사라는 직업은 질병을 치료하고 건강을 증진시킨다는 면에서 심지어 1830년에 꿈꾸었던 것보다 훨씬 더 쓸모 있는 직업이 되었을 뿐만 아니라, 서구 사회에서 독점적 제도로 자리 잡게 되었다. 소이어 씨, 앨런 씨로 부르던 걸 핀레이 의사 선생님처럼 호칭의 품격을 높여 준 결과, 어느 누구도 의학 학위가 없이는 물약과 사마귀에 손을 대서는 안 된다는 공리가 성립되었다. 19세기 중반에 전문 의료 선교사가 처음으로 사람들의 주목을 받게 되었을 때에 그들은 성직자인 형제를 따라다니며 보조 역할을 하는 한낱 평신도일 뿐이었다. 19세기 말까지 선교 협회들은 대학교 의료 교수진 전체를 책임지고, 중국 제국 전체에서 사역하도록 병원들의 교육을 맡고 있었다. 영국 선교단의 경우, 1850년에 의료 위원회(The General Medical Council, 영국의 의사 등록과 규제를 담당하는 정부 기구-옮긴이)에게 권한을 줌으로써 사실상 당연한 발전이 이루어지게 되었다.

---

4   Hope Masterton Waddell, *Twenty-nine Years in the West Indies and Central Africa* (London, 1863), p. 452.

대략적으로 말해서, 의료 선교의 옹호자들[5]은 의료 선교가 필요한 이유를 조사해 이를 네 가지 항목으로 파악했다. 때에 따라 강조점이 변한 것은 틀림없지만, 의료 선교가 시작될 때부터 네 가지 동기가 모두 있었다. 첫 번째로, 닮아 가거나 순종하려는 동기가 있다. 그래서 "선한 일에 힘쓰는" 그리스도의 본과 "병든 자를 치료하라"는 주님의 명령이 담긴 성경 본문이 언제나 인용된다. 그 밖에도 굳이 당할 필요가 없는 고난에 대한 필연적인 대답인 인도주의나 인류애라는 이유, 선교사 사망률과 선교의 효율에 대한 의료 시혜와 연관된 실용적인 이유 그리고 다른 형태의 선교는 기회를 얻지 못할 때에도 의료 선교사들은 받아들인다는 면에서의 선교 전략상의 이유가 있다.

19세기의 마지막 20년 동안 선교사들을 집중적으로 모집하던 시기에 인도주의적 동기가 가장 뚜렷했다는 점이 흥미롭다. 매년 그리스도가 계시지 않는 내세로 들어가는 불신자들의 숫자를 세며 마음이 움직인 후원자들이 선교를 독려했다. 미국인 다우콘트(George Dowkontt)가 쓴 작은 책자는 『더 크리스천』(The Christian)과 케직 운동(Keswick movement, 1875년 영국에서 "우리 모두가 예수 안에서 하나"라는 표제를 걸고 시작된 생활 향상 운동 — 옮긴이)의 문서를 출판한 사무실에서

---

5   아마도 가장 중요한 옹호자 하나만을 들자면, *Medical Missions: Their Place and Power* (Edinburgh, 1886, 그 후에도 많은 판본이 있다)를 쓴 John Lowe일 것이다. Lowe(1835-1892)는 남인도 Neyyur에서 LMS 파송 선교사로 1861-1868년 동안 사역했다(Sibree's *Register* No. 569에 나온다). 그는 전임자 C. C. Leitch와 마찬가지로 의사인 동시에 안수받은 선교사였다. 그는 Neyyur 병원을 세우는 일에 크게 기여했으며, 1871년부터 죽을 때까지 에든버러 의료 선교 협회의 사무국장으로 일했다. 이 협회는 의료 선교사 후보자들의 공부를 위한 기초 지식과 실무 훈련과 재정 지원을 한 기관으로, 다른 많은 선교 협회들이 이 기관에서 의료 선교사를 뽑아 갔다. Lowe가 쓴 책에는 유명한 인도의 고위 공무원(추천사를 쓸 당시에는 에든버러 대학교의 총장으로 재직)인 William Muir 경의 추천사가 실려 있는데, 그 내용을 보면 인도의 그 냉철한 당국은 Lowe가 의료 선교의 일반적인 **필요성**을 과장하다고 믿고 있는 정황을 엿볼 수 있다.

부터 널리 유포되었다.[6] 『살해당한 수백만 명』(*Murdered Millions*)이라는 제목의 책은 의도적인 살인보다 방치로 인해 일어나는 살인이 더 나쁜 것이라고 주장했다. 따라서 그리스도인들이 의료 선교를 통해 세계의 사망률을 낮추지 못한다면 대량 살인의 죄를 짓게 될 것이라는 주장을 펼쳤다. 다우콘트는 불신자들의 상태가 이렇게도 가련한데, 그들의 내세를 가지고 도박을 하는 것은 아무런 의미가 없다고 말한다. 복음과 의료를 다 손에 쥐고 있으면서 빈궁한 사람들에게 그것을 주지 않는 이들의 행동에 대해 반성하는 것이 더 바람직할 것이다.[7]

LMS가 임명한 최초의 진정한 의료 선교사 윌리엄 록하트(William Lockhart, 1811-1896)는 1860년 리버풀 선교 대회의 '첫 선교사 모임'에서 열렬한 환호에 반응해(그 자신이 리버풀 사람이었으므로) 의료 선교에 관하여 한마디했다.

> 그들[의료 선교사들]은 영국과 미국에 있는 여러 선교 협회의 파송을 받아, "선한 일에 힘쓰셨고" 또 "사람들 가운데 퍼진 온갖 질병을 치료하셨던" 그리스도를 본받아, 의료 선교 사역을 시작했습니다. 그렇게 시도한 실험은 우상숭배자들이 있는 여러 나라로 의사들을 보내어 그들의 병을 고치게 함으로써 사람들의 사랑과 신뢰를 얻는 일이었습니다. 또한 그와 동시에 그들의 마음을 "위대한 의사이신" 그리스도에게로, 죄라는 그들의 더 깊은 질병을 고치실 수 있는 그분께로 향하게 하는

---

[6] G. D. Dowkontt, *Murdered Millions* (London, 1894). 미국판은 이보다 앞서 발행되었다. 의사 Dowkontt는 1881년부터 국제 의료 선교 협회 사무국장의 자리에 있었다.
[7] 같은 책, p. 20.

것이었습니다.⁸

록하트는 다른 수많은 옹호자들처럼, 의료 선교의 전략적 동기, 즉 의료 선교사들이 선교의 문을 여는 역할을 하고 있다는 점을 부각시킨다. 그것이 의료 선교사들의 주된 동기가 아니며 그렇게 정당화할 필요도 없다는 주장이 거듭 제기되었다. 그러나 적어도 의료 선교의 시기와 장소를 결정할 때에는 여전히 선교의 문을 여는 것이 가장 결정적인 동기로 작용했을 것이다. 록하트는 중국 북부로 파송된 첫 번째 개신교 선교사였는데, 자기 집을 무료 치료소로 개방한 후에야 자신의 목적에 대해 전할 수 있었다. 리버풀 선교 대회 때 CMS는 인도의 카슈미르는 실제로 쉽게 접근할 수 없는 지역이라는 점을 알고 있었다. 그 후 1862년 라호르 선교 대회에서는, 이 문제에 대해 회의적이지는 않았지만 조심스러운 입장을 취했던 헨리 벤에게 의사라면 필요한 문을 열 수 있을 것이라고 전했다. 그리고 나서야 CMS는 결국 스코틀랜드 자유 교회(the Free Church of Scotland) 출신의 의사 하나를 임명하는 전례에 없던 절차를 밟게 되었다.⁹ 젊은 의사였던 엘름슬리(Elmslie)¹⁰는 자신이 효과적인 의료 시설을 제공하고 있는 것으로 보

---

8 대회 사무국이 편집한 *Conference on Missions Held in 1860 at Liverpool* (London, 1860), p. 100. Lockhart는 Sibree's *Register* No. 384에 나온다. 그는 *The Medical Missionary in China* (1864)라는 제목으로 자신의 사역에 관한 이야기를 썼다.
9 CMS Archives GAC 1/16 pp. 49-50 Venn to Balfour, November 27, 1863, April 7, 1864, June 1, 1864. 참고. CMS CI 1/16, p. 356, Venn to Sir D. F. McLeod KCSI: "우리 의료 선교사들은 한결같이 불행한 경험을 했다. 나는 이렇게 하면 더 성공할 가능성이 높으리라 기대한다."
10 William Elmslie (1832-1872)에 관해서는 Anon. [John Lowe], *Medical Missions as Illustrated By Some Letters and Notices of the Late Dr. Elmslie* (Edinburgh, 1874) 및 *Church Missionary Society Register of Missionaries and Native Clergy from 1804 to 1904* (London, 1905), No. 657을 보라.

인다면, 대중 앞에서 기도할 수 있고 그의 전도사(catechist)가 날마다 환자와 환자 가족들과 모든 동반자들에게 설교할 수 있다는 사실을 알게 되었다. 그리고 이것은 사실상 복음주의 선교사들을 받아들이지 않았던 지역에서 일어난 일이었다. 얼마 안되어 인도의 어느 지방 귀족 한 사람이 자기의 의사에게 보수를 주고, 일체의 부대조건 없이 영국령 인도에서와 같은 조건으로 일하도록 해 주겠다고 제안했다. 그리고 펀자브 의료 선교 협회는 에든버러 의료 선교 협회에게 그런 사람을 한 사람 찾아 달라는 간청을 했다.[11] 여러 해가 지나서 대학생 선교 자원자 연합의 대회에서 열정적으로 강연을 했던 한 사람은 "의료 선교사들이 선교 군단의 중포병대"라고 말했다.[12]

선교 활동에 대한 반응이 적은 선교지에서, 이슬람 사회에서, 특히 중국에서, 의료 선교사들은 무엇보다도 중포병대로 활용되었다. 예를 들어 LMS는 1838년 록하트가 임명된 이래 제1차 세계대전이 터질 때까지 80명의 의료 선교사와 27명의 간호사를 파송하였다. 이들 107명은 이 기간에 파송한 총 987명의 선교사를 놓고 보면 그리 대단한 비중은 아니었다. 80명의 의사 가운데 겨우 여덟 명만이 LMS의 선교지인 중앙아프리카 지역에서 사역을 했고, 또 다른 여섯 명의 의사가 마다가스카르에서 사역을 했는데, 이 지역들은 LMS가 선교에 대한 반응이 좋은 지역으로 꼽고 있던 곳이었다. 또한 LMS의 가장 오랜 선교지로 가장 훌륭한 교회가 있고 기독교 인구가 가장 많았던 태평양 지역에는 달랑 두 명의 의사만을 파송하였다. 그러나 인

---

11 CMS Archives GAC 1/16, Letter of November 7, 1866.
12 Herbert Lankester, M. D., *SMP*, p. 94.

도에서는 20명이, 중국에서는 자그마치 48명의 의사가 사역을 했다.[13] CMS가 페르시아에 파송한 한 여의사는 대학생 선교 자원자 연합에게 "이 지역 전체에 자격증이 있는 의료 선교사는 단지 여덟 명뿐입니다"라고 호소했다.[14] 페르시아는 선교에 대해 반응을 보이는 지역이 아니었다. 훨씬 적은 수의 의사가 있었는데도 더 적극적으로 반응한 민족들도 있었음에 틀림없다.

여기서 의료 선교단을 꾸리는 모든 동기는 그들에게 점점 더 많은 헌신을 하라는 주장이었다는 의견이 나왔다. 의사 하나를 보낸다는 약속은 더 많은 의사를 보내겠다는 뜻이거나, 그 의사가 아프거나 휴가를 가면 선교단 전체가 궤멸할 수도 있다는 뜻이었다.[15] 그렇기는 하지만, 의료 선교사들에게 맡겨진 일의 분량과 일을 하는 조건 때문에 그들은 견디기 힘든 중압감을 가질 수도 있었다. 침례교 선교 협회(Baptist Missionary Society, 이하 BMS)가 중국에 파송한 의사들 가운데 다섯 명이, 그것도 대부분 젊은 의사들이 파송된 지 6년이 채 못 되어 병이나 과로로 사역하는 도중에 사망하였다.[16] 그 결과 새롭고 다급한 기회를 좇아가는 데 필요한 의사들은 놔두고, 희생당한 의사들을 대체하거나 불안을 경감시킬 더 많은 의사를 파송해 달라는 요청이 줄을 이었다.

---

13 이 수치는 Sibree의 *Register*에 근거해 산출한 것이다. 여러 선교지에 파송된 수를 합하면 80명이 넘는데, 이것은 몇 명의 의사가 여러 곳의 선교지에서 사역을 했기 때문이다.
14 SVMU의 여성 순회 담당 국장으로 일하던 Emmeline M. Stuart가 이스파한(페르시아)에서 보낸 호소다(*SMP*, pp. 512-513).
15 참고. 하나뿐인 의사가 부재중에 전염병과 사투를 벌인 인도의 어떤 병원에 관한 이야기는 R. Fletcher Moorshead, *"Heal the Sick." The Story of the Medical Mission Auxiliary of the Baptist Missionary Society* (London, 1929), p. 50.
16 H. S. Jenkins와 C. F. Robertson이 1913년에, John Lewis가 1916년에, Thomas Scollay가 1918년에, G. K. Edwards가 1919년에 죽었다.

이것은 비단 의사들만의 일이 아니었다. 의사의 주요한 역할은 선교사의 건강을 돌보는 것이라는 생각 역시 사라진 것처럼, 일반 선교사들에게 약간의 의학 훈련을 받게 하자는 생각이 사라졌다.[17] 또한 병원도 짓지 않고 의사를 파송하는 것은 의료 인력을 비효율적으로 사용하는 것이라는 주장이 더 힘을 얻었다. 또 록하트와 엘름슬리의 시대에는 의사가 사는 집을 병원으로 삼았으나, 한 세대가 지나자 병원은 별도의 건물, 장비, 전문 간호 인력, 현지 인력-분명 조수, 아마도 간호사, 때로는 의사들을 위한-훈련 시설을 갖춰야 하는 것으로 의미가 바뀌었다.[18] 또 병원에 대한 기준이 올라가고 의료 지식이 향상됨에 따라, 낡아빠진 건물을 새로 짓고,[19] 신형에다 비교적 고가인 장비를 도입하라는 요구가 있었다. 그 장비들은 젊은 의료 선교사들-이들은 보통 젊었다-이 훈련을 받고 경력을 쌓았던 본국의 혁신적인 병원들에서는 당연하게 여겨질 수 있는 것들이었다. 1860년대로 되돌아가서, 엘름슬리는 오지의 카슈미르 선교단에서 마취

---

[17] BMS에서는 애초에 선교사들을 돌볼 목적으로 콩고 선교단에 의사를 보내면서 "인근에 사는 유럽인이나 원주민이 아프거나 도움을 요청하는 경우"에 무료로 도와준다는 취지를 가지고 있었다(Moorshead, p. 28). 오늘날 아프리카의 어떤 지역들에 있는 심히 약화된 선교단은 전문적인 의사의 조언을 받지 못할 위험에 처해 있다는 많은 증거들이 있었다. 참고. 예를 들어, *The Catholic Church and Zimbabwe*, ed., A. J. Dachs and W. F. Rea (Gwelo, Zimbabwe, 1979), 제1장; M. Gelfand, *Gubulawayo and Beyond: Letters and Journals of the Early Jesuit Missionaries to Zambesia 1879-1887* (London, 1968) 등. 자이르에 파송된 침례회 선교단은 처음 10년 동안 목숨을 잃고 건강을 해치는 등 값비싼 대가를 치렀다.

[18] Elmslie는 이미 1866년 Amritsar에서 열린 CMS 대회에서 에든버러 의료 선교 협회에 버금가는 펀자브 의료 선교 협회 같은 것을 만들어서, 현지인 그리스도인 의사 양성을 돕자는 제안을 했다(Lowe, *Elmslie*, p. 79). 의료 선교사로 인정되는 소수의 '자국민' 그리스도인의 중요성은 그 나름의 연구를 필요로 한다.

[19] "효율성이 떨어지는 장비와 구조적 결함이 있는 낡은 병원들은 우리 주님의 낡익은 비유에 나오는 낡은 포대와 같은 처지에 있었다"(Moorshead, p. 129에 있는 제1차 세계대전 직후의 침례회 병원들에 관한 내용 중에서). 실제로 본국 위원회 사절단은 놀라운 이야깃거리와 함께 긴급한 쇄신 방안을 가지고 돌아왔다.

를 활용하고 있었는데, 이 때문에 그는 에든버러 대학교 J. Y. 심슨 (Simpson) 교수에게서 가르침을 받았던 것에 대하여 하나님께 감사했다. 마침내 그의 영적 후계자들이 후원 선교 단체들에게 엑스레이 촬영 장치를 요구하기에 이르렀다.

또 의료 선교사에 관한 주장은 질적인 면에서 최고 수준에 관한 주장이기도 했다. 침례교 의료 선교 후원 단체의 사무국장으로 오래 일했던 무어쉬드(Fletcher Moorshead)는 제1차 세계대전 직후의 의료 선교사들이 도달한 공식적인 자격 평균이 상당히 높았고, 이것이 의료 지식의 발전에 크게 기여하였으며, 그때부터 이러한 전통이 어느 정도 수립되었다고 지적했다.[20] 심지어 선교사 자원 열기가 가장 뜨거웠던 시기에, 의대생들에게 교과과정을 완벽하게 다 이수하고, 가능하다면 적당한 석사 학위를 이수할 것을 권하였다. 결국 "의료 선교사를 지망하는 의대생은 대개 일반의, 상담 진찰 외과의, 안과의, 이비인후과의, 치과의에다 기타 등등 모든 일을 할 수 있어야 할 것이다."[21] 그러나 의학 수련 기간이 길어지면 비용이 많이 들게 마련이었다. 다우콘트는 훌륭한 자원자들이 이교도 세상에서 의학 교육을 받

---

[20] R. Fletcher Moorshead, *The Way of the Doctor: A Study in Medical Missions* (London, n.d., ca. 1926), p. 181 이하.

[21] Lankester, *SMP*, p. 49 이하. LMS가 중국에 파송한 Thomas Gillison 의사도 1896년 리버풀 선교 대회에서 비슷한 권면을 했다(*Make Jesus King*, pp. 33-37). 1891년 클리블랜드에서 열렸던 대학생 자발 운동 대회(Student Volunteer Conference)의 주제들 가운데 하나는 "Immediate Sailing: Its Advantages, and How Secured"였다. 그럼에도 불구하고 Dowkontt는 의료 사역에 관해 강연을 하는 가운데, 의학 과정 전체를 이수할지 아니면 일부만 이수할지에 관한 질문에 이렇게 답했다. "의학 과정 전체를 이수하지 않고는 선교지에 가지 말아야 한다고 권하고 싶습니다. 의학 학위가 없다면, 사람들이 당신을 의사라고 부르게 하지도 말고, 의사인 체하지도 마십시오"(*Report of the First International Convention of the Student Volunteer Movement for Foreign Missions*, 1891, p. 91; 1979년 Pasadena, Calif에서 재판 발행). 의학 과정 전체를 이수하는 것에 관하여, 특히 중국 내지 선교회 정책에는 반대되는 의견도 있었다.

지 못하는 반면 많은 신학원들은 신학을 무료로 가르치고 있는 것을 애석하게 여겼다.²²

대학생 선교 자원자 연합 선교 대회의 강연자들 가운데 중국 항저우에서 사역한 유명한 덩컨 메인(Duncan Main)이 있었다. 그는 자신의 사역에 관한 인도주의적 동기를 충분히 알고 있었다. 그는 대학생 시절 에든버러 빈민가에서 소책자를 내밀었다가 "아쉽게도 그건 먹을 수가 없네요"라는 대답을 들었던 것을 회상했다. 그러나 그의 지침은 분명 전략적 동기를 강조하고, 그 동기가 어떻게 사람들을 그리스도께로 데려오는지 보여 주었다. "모든 병원 사역의 목적과 목표는 육체를 통해 그들의 영혼에 이르는 것이다"(*SMP*, p. 501).

그리고 의료 선교의 전략적 측면, 궁극적으로 복음 전도적 측면 때문에 의료 기술에 대한 투자가 필요하다는 것이 곧 분명해진다. 순회 진료나 외래 환자 사역은 의학적으로나 복음 전도적으로나 그다지 효율적이지 않다.

다리가 부러져서 고생하는 사람을 예로 들어 보자. 당신이 그에게 가서 "당신의 장래 소망이 무엇입니까?"라고 묻는다면, 그 환자는 "이 고통을 어떻게 좀 해 주세요"라고 대답한다. 그래서 그 환자를 작은 방으로 옮겨서 다리를 고정시키고 편안한 침대에 눕혀 놓고는 자리를 뜬다. 30분쯤 지나 다시 환자에게로 오면, 그 환자는 "선생님, 아까 장래에 대하여 말씀했던 것이 무슨 내용입니까?"라고 되물을 것이다.²³

---

22 Dowkontt, *Murdered Millions*, p. 20.
23 같은 책. David Duncan Main (1856-1934)은 스코틀랜드 출신으로 Elmslie처럼 CMS의 사역에 동참한 사람이다. 그에 관해서는 K. de Gruche, *Dr. D. Duncan Main of Hangchow, Who Is Known in China as Dr. Apricot of Heaven Below* (London, n.d.,

중국에 파송되었던 어떤 선교사 한 명은 환자들의 친척들이 마취를 거부하는 일이 잦아져서 이상하다는 생각을 했는데, 알고 보니 마취 시술을 받았던 환자들 가운데 높은 비율이 나중에 교회와 연결되었기 때문이다.[24] 다른 말로 하면, 심각한 수술이나 병원 입원 기간과 치료에 대한 종교적 반응 사이에 직접적인 관계가 있었다는 것이다. 메인은 그 의미에 관하여 아주 분명히 말했다.

> 파송된 의료 선교사는 모두 언어 시험을 통과하자마자, 병원을 지을 기부금을 받아야만 한다. 그는 완벽한 자격을 갖춘 사람이어야 할 뿐 아니라 훌륭한 장비도 갖추어야 한다.(SMP, pp. 501-502)

청중 가운데 있었던 파송 위원회의 재무 담당자들은 불안한 듯 동요했음에 틀림없다. 의료진들이 주장하는 대로 장비를 갖추는 일이 필수적이라면, 특히 의료 선교는 무척 돈이 많이 든다는 것이 엄연한 사실이었다. (중국의 경우) 일반 병원에서 의과대 부속병원으로 간 다음, 의학과 자연과학 교수들 및 약사들과 선교 협회를 통해 제공되는 다른 필요한 것들을 갖춘 정규 기독교 의학부로 간 것이 자연스러운 발전 과정이었다.[25] 무엇이 선교단이 한 나라에 남겨둘 더 좋은 유산이고, 새로운 교회에 더 훌륭한 선물이며, 그들의 사역을 이어 가게 하는 더 확실한 방법이겠는가? 그러나 훨씬 단순한 형태의 병원들일

---

    ca. 1926) 및 A. Gammie, *Duncan Main of Hanfchow* (London, n.d., ca. 1924)를 보라.
24 Moorshead, *"Heal the Sick"*, p. 94.
25 예를 들어, 제1차 세계대전이 끝나고 LMS는 북경의 United Medical College에 생화학 부교수 하나와 두 명의 약사를 선임하였다(Sibree, Nos. 1388, 1428, 1429)

수록 의료 수준을 향상시키라는 끈질긴 압력 아래서 재원에 대한 부담이 굉장히 컸다. 그 돈은 서양에 있는 많은 병원들에서보다 더 많은 사람에게 돌아가고 더 쓸모 있게 사용되리라는 주장도 맞는 말이겠지만, 모금하는 데 큰 노력이 들게 마련이었다. 의료 선교 후원자들의 별도의 간청은 일반 선교 기금과의 경쟁이라는 위험을 무릅쓰는 일이다. LMS의 마다가스카르 의료 선교는 시작은 거창했지만 문제는 기부자 한 사람에게 의지했다는 것이다. 그 기부자가 마음을 바꾸자, 선교는 모두 무위로 돌아갔고, 파송되었던 의사는 모리셔스의 정부 소속 의사가 되어 임지를 떠났다.[26] 많은 사람들이 의료 선교는 자비량으로 할 수 있다고 제안했다. 다우콘트는 너무 많은 의료 선교사들이 무료 봉사에 매달려 진이 빠져 있는데, 만약에 시간을 좀 내서 실제로 치료비를 감당할 수 있는 일반 환자들을 하루에 여섯 명만 받았다면 후원자들의 짐을 덜어 줄 수 있을 것이라는 주장을 폈다.[27] 나중에 병원들이 물자와 설비를 갖추어야 할 상황에 이르자, 무어쉬드는 의료비를 부담할 환자들에게 '고급 병실'과 '높은 수가'(酬價) 정책을 쓰면 자체적으로 수익을 창출할 수 있을 것이라는 의견을 제시하였다.[28] 이렇게 세계대전 이후 상황들과 인도 화폐와 중국 화폐의 가치 상승으로 인한 전혀 예상치 못한 영향들, 그리고 나서 대공황이 일어나면서 겪게 된 재정적인 딜레마는 결국 도덕적 딜레마로 이어졌

---

26 참고. R. Lovett, *The History of the London Missionary Society*, vol. 1 (London, 1879), pp. 771-773. 여기에 나오는 의사 Andrew Davidson(Sibree, No. 584)은 두 권으로 된 방대한 분량의 *Geographical Pathology: An Inquiry into the Geographical Distribution of Infective and Climatic Diseases* (Edinburgh, 1892)라는 책을 썼고, 에든버러 대학교에서 강의하였다.
27 *Murdered Millions*, 제4장.
28 Moorshead, *The Way of the Doctor*, p. 191.

다. 그리고 서양 선교의 다른 모든 영역에서처럼 이 영역에서도 광범위한 변화를 초래하였다.[29]

의료 선교에 따라다니는 고단가와 의료 선교의 특성 때문에, 자연스럽게 별도의 모금 운동을 하게 되었다. 또한 의료 선교는 다른 경로를 통해서 선교 운영에 또 다른 지대한 영향을 끼쳤는데, 그것이 근본적으로 선교사의 성직자 중심주의를 해체하는 데 도움을 주었다.

일찍이 1860년 리버풀 선교 대회 때부터 목사와 의사는 별개여야 한다는 주장이 있었다. 어떤 의사는 "내가 하고 있는 [전문적인] 일은 천사의 마음에 들기에 충분한 것이다. 만약에 당신이 이 일을 더 높고 고귀한 신의 일과 접목하려 한다면, 신의 일을 망칠 뿐 아니라 돌팔이 의사를 만들게 될 것이다"라고 말했다.[30] 이를 보건대, 흥미를 끄는 사실은 몇몇 일반 선교사들이 의사 자격증을 얻기 위해 고국으로 돌아왔으며, 다른 선교사들도 그렇게 하고 싶어 하고 그렇게 하도록 설득될 수밖에 없었다는 표징이 있다는 것이다.[31] 더 흥미로운 사실은 1914년 이전에 자그마치 LMS가 파송한 의료 선교사 19명이, 즉 파송 의료 선교사 전체의 거의 4분의 1에 해당하는 수가 일반 선교

---

29 Moorshead, *"Heal the Sick"*, pp. 122-123를 보면, 침례회의 의료 선교에 대한 이야기가 나오는데, 병원 비용의 80퍼센트를 현지 사역으로 충당하는 것이 병원의 요건이라는 이야기도 있다.
30 J. D. Macgowan, American Baptist Missionary Union, Ningpo, *Conference on Missions Held at Liverpool*, p. 275.
31 예를 들어, LMS가 파송한 안수 받은 선교사 Samuel Hickman Davies (Sibree, No. 640)는 20년 동안 (아직 의료 선교가 시작되지 않은) 사모아에서 사역하다가, 1805년 에든버러로 의학을 공부하러 갔다. 의사(LRCS와 LRCP) 자격을 얻은 다음에는 사모아에서 5년을 더 일한 후, 건강이 나빠지자 St. Pancras Medical Mission에 일자리를 얻었다. 그 후 1900년부터는 남인도의 Neyyur Hospital에서 대진 의사로 자리 잡았다. Henry Venn이 터키 제국에서 일에 쫓기던 한 의사의 의학 공부 열정을 식힌 것에 대해서는, CMS Archives GAC 1/16 pp. 49-50, Venn to O'Flaherty, December 16, 1864를 참고하라.

사들의 자녀였다는 것이다.³²

그러나 의료 선교사들에게 직업적 자율성이 있다고 해서 복음 전도에 대한 관심이나 영적인 관심과 단절되었다는 뜻은 아니었다. 실제로 덩컨 메인이 대학생 선교 자원자 연합에 말했듯이, 의사는 다른 어떤 일반 선교사들만큼 여전히 복음 전도자여야 한다. 또한 사역의 의료적 측면과 복음 전도적 측면의 밀접한 관계로 보건대, 의사는 두 가지 몫을 다 감당해야만 한다. 사람들은 일반적으로 의료 선교사는 이 두 가지 사역에 모두 적합해야 한다고 알고 있었다. CMS에 소속된 내과 의사이자 의료 위원회의 책임자였던 허버트 랭케스터(Herbert Lankester)는 의료진의 과중한 부담을 덜어 주기 위해 복음 전도 중심의 선교사들이 병원에 붙어 있는 것을 지지하게 되었다. 그러나 그가 여전히 마음에 그리고 있던 의료 책임자는 선교단의 육적인 영역과 영적인 영역을 다 돌보는 책임을 맡는 사람이었던 것이 확실하다 (*SMP*, p. 497 이하). 1910년 에든버러에서 열렸던 세계 선교 대회에서는 교육 기관에 관한 문제를 다루는 것이 필요하다는 것을 깨달았다. 그 기관에서는 평신도인 동료 의료 선교사들의 전문성을 지니지 않은 목회자를 책임자로 두는 것이 바람직하다고 생각했다(*WMC* V, pp. 42-43). 이 선교 대회에서 의료 기관에서 일반 목회자를 책임자로 두는 것이 바람직한가 하는 문제를 다루지 않은 것은, 의사라는 직업에 대단한 발전이 있었다는 표시다.³³

이렇게 해서 의사—그리고 점점 여자 의사가 많아졌다—는 한때

---

32 스무 번째인 T. T. Thompson은 의료 선교사의 아들이었다.
33 위원회는 일이 많은 병원에서는 의료 선교사들이 의료 쪽에 더 매진할 수도 있다는 점을 알고 있었지만, 의료 선교사는 다른 선교사들에게 넘겨주어야 했던 '직접적인 영적' 사역에서 그들이 '전반적으로 영적으로 부주의함'을 인정했다(WMC, p. 138).

범접할 수 없던 성직자의 전유물이었던 영역 속으로 옮겨 갔다. 선교지는 물론 국내 행정에서도(많은 선교 협회들이 부속으로 의료 위원회를 설치해, 독실한 비의료인들로 구성된 위원회가 할 수 있는 업무에 밝은 의료인을 책임자로 두었다)[34] 의료 선교는 사실상 선교 조직에서 아주 특별한 위치를 차지하게 되었다. 그 사이에 선교사가 약상자를 들고 다니는 선교사의 시대는 점차 사라졌다. 약병과 수술용 칼을 사용했던 일반 선교사는 이제 돌팔이로 고발당할 위험에 처해졌다.

선교의 영향을 받는 사람들에게는 치유와 기독교의 관계에 대해 이 모든 것이 의미하는 바가 전혀 다른 문제, 더 범위가 넓은 문제였다. 아마도 서양과 마찬가지로 치유와 신앙이 정신적으로 분리되는 것이 상대적으로 쉬웠던 그런 곳들에서는 의료 선교가 빨리 시작되었고, 더 열정적이었으며, 숫자도 많았다고 결론을 내리는 것으로 충분할 것이다. 거꾸로, 전통적인 세계관에서 치유와 신앙이 거의 하나가 되는 그런 곳에서는 의료 선교가 나중에 행해졌고 주목도 덜 받았다.[35] 아마도 그렇지 않았다면 의료 선교가 일어날 수 없었을 것이다. 또한 (염려되는 수술을 제외한다면) 서양 의학이 의료 위원회가 생기

---

34 참고. Lankester, *SMP*, p. 499: "대개 아주 우수한 의사라면 자신이 아는 것이 별로 없다는 사실을 잘 알고 있으나, 때로 비전문가로 구성된 위원회에서는 법적인 자격증이 있으면 충분하다고 생각한다." 그리고 Moorshead (*"Heal the Sick"*, 제2장에서 저자는 분명 존경할 만한 파송 위원회에 대한 젊은 의사의 승리라고 좋아하고 있다). Lankester (CMS)와 Moorshead (BMS)는 선교사들을 위해 사역한 적은 없었지만 각기 소속된 협회의 의료 부문에서 일했다. Lankester는 침례회 부속 기관 설립에 자문을 하도록 본국으로 송환되었다.
35 흥미로운 점은 1907년 콩고에서 침례회 의료 선교단을 꾸린 일은 버밍엄의 한 대중 집회에서부터 자연스럽게 흘러나왔다는 것이다. 그 집회에서 나이 지긋한 [의료 선교 위원회] 위원장은 그 도시의 유명 인사인 침례교 목사 George Grenfell이 최근 콩고에서 사망한 일을 두고 감동적인 연설을 하고 있었다. 사실 위원회는 중국 사역을 돕는 일을 위한 모임을 계획하고 있었다(Moorshead, *"Heal the Sick"*, p. 56).

기 전 아프리카의 의학보다 뚜렷하게 뛰어난 것은 거의 없었다는 문제는, 적어도 '백인들의 무덤'(아프리카에 있는 백인 선교사 혹은 식민주의자들의 높은 사망률을 가르키는 표현-편집자)이라는 경험에 비추어 볼 때 논쟁의 여지가 있다. 그럼에도 불구하고, 지금은 기독교 신앙을 고백하고 실천하는 이들 가운데 높은 비율을 차지하고 있는 아프리카 그리스도인들이, 그곳에서의 신앙과 치유의 특별한 관계를 미래의 기독교에서 가장 중요한 의미를 가지는 것들 가운데 하나가 되게 할 것이고, 의료 선교는 그 이야기들 가운데 그다지 큰 의미도 없는 요소들 가운데 하나로만 남게 될 것이다.

17 • 미국의 선교 운동[1]

미국인들이 신앙을 가르칠 능력이 있는가

미국인들은 자신들의 재능이 종교에 있지 않다는 것을 너무 잘 안다.… 아무도 미국인들이 위대한 국민이라는 점을 의심하지 않는다. 미국인들은 고대 바빌론 사람들이 탑과 운하를 건설하는 데 위대성을 발휘했던 것처럼, 도시와 철도를 건설하는 데 위대한 능력을 발휘하고 있다. 미국인들은 말, 소, 양, 돼지의 종자를 개량하는 일에 놀라운 재능을 발휘한다. 그래서 가축을 대량으로 사육하고, 도살하고, 식용으로 삼으면서, 자기네들이 만든 육제품을 세계 방방곡곡으로 보낸다. 미국인들은 또한 위대한 발명가들이다. 그들은 전신, 전화, 녹음기, 자동차…독가스를 발명했거나 개량했다. 미국인들은 인생을 극한까지 즐

---

[1] 이 글은 Joel A. Carpenter and Wilbert R. Shenk, *Earthen Vessels: American Evangelists and Foreign Missions, 1880-1980* (Grand Rapids: Eerdmans, 1990), pp. 1-25에 처음 게재되었다.

기는 면에서 타의 추종을 불허한다.…그리고 미국인들은 위대한 민주주의를 가진 국민이다. 국민이 왕이고 황제이며, 심지어 하나님이다. 미국인들은 마치 농장과 농기구를 만들 듯이 법률을 **찍어 낸다**.…두말할 것도 없이 미국인들은 돈이라면 사족을 못쓴다.…미국인들은 어떤 진지한 과업을 맡기 전에 돈부터 찾는다.…미국인들의 눈으로 보면 돈을 받지 않고 무슨 일을 시작하거나 계속하는 것은 미친 짓이다.…미국인들은 이 모든 것과 더 많은 분야에서 뛰어난 사람들이지만 **종교에서만큼은 아니다**. 그리고 미국인들은 자기네들이 그렇다는 것을 너무 잘 알고 있다.…미국인들은 종교의 가치를 보거나 보이기 위해 그것을 **셈으로 따져야** 직성이 풀린다.…미국인들의 눈에는 대형 교회당이 성공한 교회다.…미국인들은 아주 적은 돈을 들여서 회심자의 숫자를 최대로 끌어올리기 위해 쉬지 않고 힘을 쏟는다. 장사와 정치에서 사용하는 방식처럼 통계 숫자만이 종교 면에서 성패를 보여 주는 미국인들만의 방법이다. 숫자, 숫자, 오, 숫자, 미국인들이 숫자를 얼마나 귀하게 여기는지!…미국인들은 기본적으로 속세의 자식들이어서 종교 선생처럼 행세하는 것은 …이례적인 행동이다.…정말로 종교는 보통의 미국인이 가장 가르치지 않을 주제다.…미국은 모든 문명화된 민족들 가운데서 가장 종교적이지 않은 민족이다.…인류는 지상에서 사는 법을 배우려고 미국으로 하강한다. 그러나 천국처럼 사는 법을 배우려면 다른 민족에게로 간다. 세속적인 가치에 집착하는 것이 미국인들에게는 특이한 결점이 아니다. 그것은 국민적 특성이다. 따라서 미국인들은 종교가 아닌 다른 부분에서 인류에 봉사해야 한다는 의식을 가지고 있다.[2]

---

2 Kanzo Uchimura, "Can Americans Teach Japanese in Religion?" *Japan Christian Intelligencer* 1 (1926): pp. 357-361. 미국인에 대한 다른 견해로는 W. R. Hutchison,

때는 1926년, 『일본 그리스도인 내통자』(*Japan Christian Intelligencer*) 제1권에 실린 글로, 저자는 당대 일본의 뛰어난 그리스도인 가운데 하나였던 우치무라 간조(內村鑑三, 1861-1930, 일본의 복음주의 작가, 무교회 운동의 창시자 - 옮긴이)이다. 그는 제1세대 일본인 그리스도인들 가운데 하나로 미국 선교사들을 통해 기독교를 알게 되었으며, 일부 미국인들에 대한 엄청난 존경을 품었다. 우치무라는 실리(Justus H. Seelye)를 "기독교 신앙에서 나의 스승"이라 부르며 이렇게 썼다. "그런 분 앞에서는 머리를 조아리고, 그분에게 내 영혼을 돌보아 달라고 의탁하고, 그분의 인도를 받아 빛과 진리 가운데로 가지 않을 수 없었다. 그분의 얼굴에서 주 예수 그리스도가 빛났고, 그분의 가슴속에서 주 예수 그리스도가 요동쳤다."[3]

20세기 미국 복음주의 선교에 대한 평가를 하면서 외부인의 이런 시각을 가지고 시작하는 데는 몇 가지 이유가 있다. 우치무라는 그리스도에 관한 지식을 미국으로부터 얻은 그리스도인으로서, 또한 그리스도의 제자로서 말하고 있다. 그러나 세계 대부분의 지역에서 그렇듯 그 역시 **미국의 선교**라는 단어를 들을 때 **미국**이라는 단어를 먼저 듣는다. 이 장에서 우리는 우리 주제의 초기 역사에 관심을 두지만, 그 중심에 있는 지난 백 년 동안의 복음주의 선교 협회의 활동에 관한 것은 직접적으로 거의 언급하지 않을 것이다. 한 세기 전(19세기 말)에 시작된 미국 선교의 전성기는 그 이전에 시작된 미국 선교가 지속된 결과였다. 말하자면, 보통 말하는 '복음주의' 선교는 제2권에

"Innocence Abroad: the 'American Religion' in Europe", *Church History* 51 (1982): pp. 71-84를 보라.
3   Uchimura, "Americans Teach Japanese", p. 357.

속하는 이야기이다. 우리 이야기의 제1권은 미국 선교의 미국적인 것에 관한 것이다.

그리고 60년 전(1920년대) 최고의 지성인이며 매정하지 않은 관찰자, 미국 선교에 깊게 빠진 사람 입장에서 보면, **미국**이란 낱말은 무엇보다도 막대한 에너지, 풍부한 자원, 창의성−문제점을 규명하고 해결책을 찾아내는 습성−과 그 결과로 나타난 최상급의 기술이라는 이미지를 전달하는 것처럼 보인다. 두 번째로, 그 낱말은 정부에 관한 특정한 이론을 강력하게 지지하는 것으로 이해되었는데, 이런 이론은 다른 곳에서는 자생하지 못한다. 세 번째로, 미국이란 낱말은 아무런 거리낌 없이 돈에 접근하고, 크기와 규모에 그에 상응하는 관심을 쏟는다는 이미지를 나타낸다. 네 번째로, 그 낱말은 우치무라가 '물질성'이라고 부르는 것, 곧 삶의 어떤 영역, 특히 초월적인 세계와 관련이 있는 영역에 대한 이해가 다소 더딘 모습을 나타낸다. 미국인들은 바로 이런 영역들을 기술적 용어로, 해결해야 할 문제로, 다 이해할 수 있는 것으로 변환시키는 성향을 가지고 있다. 누군가가 말했듯이 그것은 '성전 안의 큰 장화'였던 것이다. 불교 신자나 일본 신도 신자도 아닌, 그리스도인이며 회심자인 우치무라는 자기 나라의 종교 문화(내용 면에서는 그가 거부한 전통) 속에서 초월적 실재에 대한 인식을 감지하고 있었다. 대부분의 평범한 미국인들과 마찬가지로, 활발하고 자신감에 차 있는 대부분의 미국인 선교사들이 이 방면에서는 초보였던 모습과는 대비되는 면이다.

서양의 궁극적 발전 형태인 미국

영국의 논평자가 그런 분석을 듣는다면 자신들의 입장을 편안하게 자랑할 수 없다. 우치무라가 말하는 것의 대부분은 동양에 있는 서양의 모습 전체에 해당된다는 점에 의심의 여지가 없기 때문이다. 우치무라의 의식 속에서 미국이 가장 커 보였던 까닭은, 미국이 일본에서 본 서양의 주요한 모습이고, 그가 만났던 많은 사람들이 미국인들이었기 때문이다. 그러나 미국이 서양을 대표하는 것에 관해서 말하자면, 미국은 전형적인 서양이고, 서양적 특성을 최대로 예시해 주었다. 미국인들은 늘 자신들이 서양의 결정적이고 궁극적인 발전을 대표한다고 자부해 왔다. 우치무라보다 거의 한 세기 앞서서, 바로 미국의 선교학자이자 사상가인 루퍼스 앤더슨(Rufus Anderson, 1796-1880, 미국의 해외 선교를 조직하고 개척한 목사—옮긴이)은 다음과 같은 말을 남겼다.

자유롭고, 개방적이고, 책임감 있으며, 남녀노소 할 것 없이 모든 대중을 품는 개신교 방식의 협회는 현대에 들어서서, 거의 우리 세대에만 특별하게 존재합니다. 넓은 대륙에 걸쳐 자유자재로 일하는 우리의 정부 형태처럼, 그러한 방식의 협회는 전 세계의 회심에 이렇게 '마땅한 때'에 나타난 기독교 문명의 진보의 위대한 결과물 가운데 하나입니다. 그렇게 거대하고 확장된 협회는 지금 정도의 민권, 종교의 자유, 사회보장이 없었거나, 아니면 지금처럼 사람들이 책을 많이 읽고 그 결과로 갖게 된 폭넓은 지성이 뒷받침되지 않았다면, 결코 존재하지 않았을 가능성이고, 만들어지지 않았거나 존속하지 않았을 수도 있습니다. 아니, 독재 정권 하에서라면, 혹은 현재와 같은 놀라운 통신 설비와 바다를 통한 범세계적 상업 활동이 없었다면, 그러한 협회가 충분히 큰 규모로 존재할 수도 없었고, 전 세계의 회심을 위한 충분한 에너지를 가지고 움직이지도 못했을 것입니다. [그렇다면] 지금까지 인류의 사회 조건으로 보아 세계를 영적으로 정복하는 데 필요한 군대를 조직하는 일이 결단코 가능하지 못했을 것입니다.⁴

이 구절은 1837년 '세계를 회심시킬 때가 왔다'라는 제목의 설교에서 따온 것으로, 시대의 징조를 식별하려는 시도이다. 당시 많은 서유럽의 그리스도인들이 비슷한 일을 했지만, 대부분은 새로운 관점에서 다니엘서와 요한계시록을 해석해, 그 해석을 유대인들의 회심이나 유럽 외교에서 중동 문제에 적용하는 일에 에너지를 쏟고 있었다.⁵ 앤더슨이 시대의 징조를 들추어낸 것은 성격상으로나 실용적 측면에서 미국적인 것으로 볼 수 있다. 그러나 이는 반세기쯤 전에, 당시 미국

---

4 '세계를 회심시킬 때가 왔다'는 설교문은 1837-1838년 보스턴에서 발행된 *Religious Magazine*에 처음으로 게재되었다. 그 후에 여러 차례 다시 인쇄되었는데, 가장 최근의 것으로 구할 수 있는 것은 *To Advance the Gospel: Selections from the Writings of Rufus Anderson*, ed., R. Pierce Beaver (Grand Rapids: Eerdmans, 1967), pp. 59-76이 있다. 이 구절은 이 판의 pp. 65-66에서 인용했다.

5 참고. 런던에 있는 스코틀랜드 교회의 목사이자 영향력 있는 설교가인 John Cumming이 쓴, 1848년 런던에서 처음 간행된 *Apocalyptic Sketches: Lectures on the Book of Revelation*. 그는 여섯 번째 천사가 대접을 유프라테스 강에 쏟으니 그 강물이 말라 버렸다는 것은 터키 제국이 멸망할 전조라고 주장한다. "1820년부터 지금까지 터키 제국은 쇠퇴하고 있었다. 마치 이우는 하현달과 같았다.…터키 세력의 쇠퇴와 동시에 유대 민족에 대한 관심이 증대되었고…그러한 관심 때문에 실제로 오늘날 유대 민족의 운명이 결정되었다"(12th ed., 1850, p. 494). Cumming은 E. B. Elliott, *Horae Apocalypticae; or, A Commentary on the Apocalypse, Critical and Historical*, 5 vols. (London, 1844)라는 책에 큰 도움을 받았다. Elliott은 1837년에 이 책을 쓰기 시작하였는데, 바로 그해에 Anderson의 소논문이 세상에 나왔다. 프랑스 혁명 이후 터키의 위상이 변하고 1820년부터 쇠락이 시작되자(4th ed., 3:310, pp. 415-417를 보라), Elliott은 "심지어 일반화하기에는 다소 특이해 보이는 것"(5:522)을 해결하려고 Moses Stuart (Elliott은 Stuart를 '미국 교수'라고 경멸하는 투로 썼다)를 꼭 찍어서 폄하하고 있다.

의 영향력에 대해서 개방적 입장을 취했던 윌리엄 캐리가 일정 부문 어렴풋이 예견했던 일이기도 하다.[6] 앤더슨이 들추어낸 징조들은 전 세계를 직접 복음화하기 위해 하나님이 주신 기회와 역량을 나타낸다. 그것은 피어슨(Arthur Tappan Pierson, 1837-1911, 미국 장로교회 목사, 근본주의 지도자, 설교가-옮긴이)과 모트(John Raleigh Mott, 1865-1955, 감리교회 목사, 1910년 '세계 선교 대회' 주관, YMCA와 WSCF 지도자, 1946년 노벨평화상 수상자-옮긴이)에서 랠프 윈터(Ralph Dana Winter, 1924-2009, 장로교회 선교사, 선교학자로 '미전도 종족' 선교에 헌신했다-옮긴이)에 이르는, 실제적이고 활동적인 스타일을 가진 미국의 선교 지지자들의 주장이라고 할 수 있다.[7] 인용한 구절에서 특히 흥미로운 점은, 앤더슨이 세계의 회심 시기를 흔히들 말하는 기술적 척도, 곧 통신의 발전, 해양을 통한 교류 준비 등과 같은 것만으로 판단하지 않았다는 점이다. 그는 당시의 정치, 경제, 교회의 발전 또한 중요하다고 생각했다.

앤더슨은 대위임령이 그가 개신교 방식의 협회라고 부른 것, 다시 말해 자발적인 선교 단체에 의해 이루어지리라 기대한다. 사회조직이 이제 자발적인 협회가 꽃필 수 있는 단계에 도달했다는 것은 세계가 회심할 시기가 도래했다는 징표들 가운데 하나였다. 앤더슨의 말처

---

6 참고. William Carey, *An Inquiry into the Obligations of Christians to Use Means for the Conversion of the Heathens* (Leicester, 1791), facsimile ed. with the introduction by A. Payne (London: Carey Kingsgate, 1961), pp. 67-69.
7 참고. Pierson이 리버풀 대학생 대회를 정리한 *Jesus King!* (London: SVMU, 1986); John R. Mott, *The Evangelization of the World in This Generation* (New York: SVMU, 1900), 제6장: "The Possibility of Evangelizing the World in this Generation in View of the Opportunities, Facilities and Resources of the Church", 및 *The Decisive Hour of Christian Missions* (New York: SVMU, 1910), 제8장: "Possibilities of the Present Situation"; Ralph D. Winter, *The Twenty-Five Unbelievable Years, 1945-1969* (Pasadena: William Carey Library, 1970).

럼, 이런 일은 독재 정권 하에서는 일어날 수 없다. 누구라도 양(兩)시 칠리아 왕국(이탈리아 시칠리아섬과 이탈리아 남부에 있던 왕국-옮긴이)에서 세계 복음화를 위한 단체를 찾아볼 수 있으리라는 기대를 하지는 않는다. 그렇지만 자발적인 선교 단체가 더 만개하기 위해서는 독재 정치만 없다고 되는 것은 아니다. 그러기 위해서는 다양성과 선택이 허용되는 사회구조가 필요하다. 그러한 구조에서는 사람들이 이웃과 똑같은 방식으로 행동하지 않아도 되고, 또 그렇게 강요받지도 않는다. 또한 그러한 구조에서는 개인과 개인의 자율성에 대한 고도로 발전된 감각을 갖게 된다. 자발적인 선교 단체는 더 큰 지역 사회의 일부이기 때문에 그 사회가 인정하는 활동 수단만을 가지고 행동에 임하지는 않는다. 독재 체제가 아닌 많은 사회는 이런 상황을 연출하지 않는다. 19세기 미국에서는 전에도 없었고 어디에도 없던 상황을 연출했다.

자발적인 선교 단체가 해외에서 활동하려면 재정적 여유가 있어야 하고, 또한 이 자금이 자유롭게 이동할 수 있어야 한다. 여유 자금이 미미하거나, 더 큰 사회가 자금의 이동을 통제하는 경우 그 단체는 활동할 수 없다. 미국은 자발적인 단체가 발전하는 데 유리한 사회적, 정치적 풍토를 제공한 것처럼, 자발적인 선교 단체가 해외에서 활동할 수 있도록 경제적 역량을 최고로 보장했다.

명시적으로 '기독교' 선교 단체는 그 단체가 조직되는 것을 막지 않는 교회와 선교 단체의 활동 때문에 난처해하지 않는 형태의 교회 조직을 함축한다. 앤더슨은 자기가 살던 시대에 들어서서야 개신교가 해외 선교를 존속시킬 수 있는 조직적인 형태를 만들어 냈음을 알고 있다. 그는 이러한 새로운 개신교 방식의 협회를 "자유롭고, 개방적이고, 책임감 있으며, 남녀노소 할 것 없이 모든 대중을 품는"[8] 곳으로 묘사했는데, 이것은 영국 성공회든, 장로교회든, 스코틀랜드 독립 교회든, 어떤 고전적인 형태의 교회 제도에도 적용되기 어렵다. 실제로 기독교 왕국에 속한 교회들은 앤더슨이 살던 시대에나 그 뒤에도 한동안 해외 선교를 위한 조직을 갖추지 **못하고 있었던** 것이다. 개신교 협회인 자발적인 선교 단체가 그 목적을 위해 이들을 측면에서 공격했거나 뒤엎으려 했다. 자발적인 기독교 단체들은 교회의 세분화, 교회 조직의 분산화와 확산을 통해 꽃이 피는 것이다. 19세기의 미국은 단지 그러한 상황만을 갖추었을 뿐이고, 20세기가 되어서야 미국에서 교회와 선교 단체 사이의 경계선이 엷어져서, 교회 자체가 자발적인 선교 단체의 모습과 거의 비슷해졌다.

앤더슨의 분석은 그의 시대의 전체 개신교 세계를 언급한다. 그러나 우리가 주의해야 할 것은, 그가 전체 개신교 세계에서 미국에만 적용할 수 있는 말로 너무 쉽게 나아간다는 것이다. 그는 "자발적인 선교 단체는 현대에 들어서서, 거의 우리 세대에만 특별하게 존재합니다. 넓은 대륙에 걸쳐 자유자재로 일하는 우리의 정부 형태처럼, 그것은 기독교 문명의 진보의 위대한 결과물 가운데 하나입니다"라고 말했다.[9]

1837년 선교를 열렬히 후원했던 많은 영국인들은 미국의 민주주의가 기독교 문명이 맺은 가장 훌륭한 열매라는 의견에 동요했던 것 같다. 영국인들이 보기에는 그것이 사악한 프랑스 무신론에게 적지 않은 신세를 지고 있다는 것이 분명했다. 그러나 앤더슨은 미국의 정

---
8 Anderson, "Time for the World's Conversion", p. 65.
9 같은 책.

부 이론, 미국의 서부 개척과 성령의 인도하심을 연결 짓는 데 일말의 가책도 없었다. 미합중국은 하나님의 도움 아래서 새롭고 고도화된 문명의 시대를 대표한다. 그리고 앤더슨은 그와 같은 형성기에 자신이 중요한 역할을 하였던 선교 운동이 서양의 정치적·경제적 발전의 특정 단계의 산물이며, 그 특성들이 미국에서 가장 극적으로 드러났다는 점을 놓치지 않았다. 그런 모습이 사라진 시대를 위해 조언하는 일은 그의 능력 밖이었거나 책임 범위를 벗어난 것이었다.

앤더슨은 선교사들 가운데 미국인들이 소수였을 때 이 글을 썼다. 그때에는 영국이 선교사들을 가장 많이 파송하고 있었고, 독일과 다른 유럽 나라들이 그 뒤를 따르고 있었다. 미국 선교사들의 비중은 19세기 말부터 높아지기 시작하여 제1차 세계대전 직후에 이르면 그 비중이 가장 커지게 되었고,[10] 제2차 세계대전 후에는 그 비율이 더욱 가파르게 상승하였다.[11]

그렇게 되자 20세기의 선교는 미국이 점차 주도적 역할을 하게 되었고, 그 후반에 들어서서 절대적인 역할을 맡게 되었다. 또 같은 기간에 볼 수 있었던 것은, 명백하게 미국 선교 단체일 뿐 아니라 '복음주의'라는 명칭을 끈덕지게 주장하는 선교 단체들이 파송한 선교사들의 비중이 점점 증가한 것이다. 이쯤에서 우리는 다시 우치무라가 한 말로 돌아가서 되짚어 보아야 할 사실이 있다. **미국 복음주의 선교라는 어구에서 대부분의 사람은 미국이라는 낱말을 가장 먼저 그**

---

10 W. Richey Hogg, "The Role of American Protestantism in World Missions", in *American Missions on Bicentennial Perspective*, ed., R. Pierce Beaver (South Pasadena: William Carey Library, 1977), pp. 354-402.

11 1967년부터 Missions Advanced Research and Communications (MARC) Center, Monrovia, California에서 발행하고 있는 *Missions Handbook: North American Protestant Ministries Overseas* 후속판을 보라.

리고 가장 크게 듣는다는 것 말이다. 이제 이 낱말과 이것과 연결된 낱말들에 어쩔 수 없이 붙어 다니게 마련인 정치적인 의미는 잠시 한쪽으로 미루어 두자. 그리고 우치무라가 관찰한 것들 가운데 하나를 끄집어내서, 미국인들이 보여 주는 기독교는 기본적으로 미국 문화의 영향을 받아 만들어진 것이라고, 좀 덜 도발적인 표현으로 바꾸어 보자. 그렇게 하면 미국적 선교는 미국 문화의 산물인 동시에 그 문화의 조달자인 셈이다.

비록 기독교가 문화적 경계선을 넘나들지만, 재빨리 변용될 뿐만 아니라, 그것이 뿌리내리게 된 문화 때문에 새로운 모습을 갖게 된다는 것은 역사적 기독교의 주된 특징이다. 그렇다면 특화된 기독교의 북아메리카적인 모습이 생기게 된다는 것 외에는 달리 기대할 것이 없다는 말이다. 그것은 북아메리카에 기독교 신앙이 나름대로 뿌리내린 불가피한 결과이다. 여기에서 우리는 놀라운 사실을 돌아보게 된다. 라투렛(Kenneth S. Latourette, 1884-1968)은 19세기를 '선교상 위대한 세기'라고 적절한 말로 칭한다. 그러나 19세기에 북아메리카 말고는 세계 다른 어느 곳에서도 그처럼 놀라운 일이 일어난 것을 볼 수 없다.[12] 19세기의 괄목할 만한 선교적 성과는 바로 미국이 기독교 국가가 되었다는 것이다.

이 모든 것에서 불가피한 어떤 것은 아무것도 없다. 어쨌든 현대의 오스트레일리아, 뉴질랜드, 남아프리카공화국까지 어느 정도는 역시 유럽인들의 이민으로 생겨난 나라들이고, 그 유럽인들이 북아메리카

---

12 Kenneth Scott Latourette, *A History of the Expansion of Christianity*; 특히 제4권, *The Great Century in Europe and the United Sates of America, A.D. 1800-A.D. 1914* (New York: Harper, 1941)를 보라. 제5권과 6권은 세계의 다른 곳에서의 '위대한 세기'를 다루고 있다.

로도 이주했지만, 그들의 종교사는 판이하다. 그 나라들은 고유한 '종교 전통'을 만들어 내지 못했다. 뉴질랜드의 경우, 그 나라를 세운 공동체들에 속한 상당수가 기독교의 영향을 강하게 받기는 했지만, 얼마 못 가서 그 나라의 역사가 중 하나가 표현했듯이 '단순한 물질주의' 속으로 녹아들어 버렸다.[13] 1890년대의 오스트레일리아 주립대학들의 세속성은 반종교적 열기로 설명되었다. 모트는 정교분리 원칙에 익숙했고, 미국의 주립대학들 역시 '세속화'되고 있다는 점을 알고 있었음에도, 이에 경악했다.[14] 20세기 오스트레일리아, 뉴질랜드와 남아프리카공화국 등 영어 사용권의 국가들에서 교회 생활의 여러 요소들은 유럽적인 형태로 재조정되고 있긴 했지만, 그들의 종교 역사 전체는 북아메리카의 것들보다는 유럽의 것들을 훨씬 많이 닮았다.

선교와 서부 개척

미국의 해외 선교는 국내 선교의 연장이며 확장이었다. 20세기 미국 선교가 보여 준 기독교는 19세기 기독교의 서부 개척과 새로 생긴 도시들의 복음화에 의해 결정되었다. 미국 기독교 사고의 전반적인 분위기는 확장이 좌우했다. 일찍이 1837년 앤더슨은 "넓은 대륙에 걸쳐 자유자재로 일하는" 것과 종교적 영향은 물론 "우리만이 가지고 있는 정부 형태"에 대하여 말한 적이 있다. 당시의 유럽은 확장에 관

---

13 K. Sinclair, *A History of New Zealand* (Hammondsworth: Penguin, 1959), p. 278; 그러나 뉴질랜드에서는 청교도주의를 기반으로 도덕관이 만들어졌다는 Sinclair의 견해에 유의하라.
14 C. Howard Hopkins, *John R. Mott, 1865-1955: A Biography* (Grand Rapids: Eerdmans, 1979), p. 161.

하여 조직된 사고를 한 적이 없었고, 새로 얻은 식민지는 비싼 값을 치르는 부담으로 작용하기 십상이었다.[15] 19세기 마지막 사반세기까지는 아직 식민지 획득이 주요한 관심사는 아니었다. 연대순으로 보면 미국은 현대 제국주의 세력의 첫 번째, 아니면 러시아에 이어 두 번째 국가였는데, 서로 마주칠 때까지 러시아는 서진을 계속하였고 미국은 동진을 계속하였다.[16]

구체적으로 그러한 확장의 기독교적 측면은 활발한 복음화였다. 즉 일차적으로 기독교 복음의 요체를 전달하는 복음 전도였다. 그 전달은 개인적인 결심을 추구하지만 가족 단위를 인정하고, 지역 **공동체**들을 만들고 강화하는 식으로 표현되었다. 그 공동체는 감정의 통로가 되는 동시에 대중문화의 발전을 이루어 냈다. 또한 분명 오래된 제도에서 벗어나 자유롭게 활동한다고 하면서도 오랜 전통과의 연속성을 주장했다. 일차적으로 복음 전도에 대한 이러한 관심은 같은 시기 대부분의 유럽인들의 사고와는 다른 것이었다. 당시 유럽인들은 종교적 위기임을 알고 있었으나 대부분은 그것을 **목회적** 위기라고만 생각했다. 유럽인들은 충분한 크기의 교회당을 적당한 장소에 짓고 그 교회당에서 일할 마땅한 목회자를 구하는 일에 관심을 두었고, 국가 교육 제도 안에서 교회의 위치와, 국가가 반(反)교회적이거나 반기독교적 영향을 용인하는 것을 막는 일에 관심이 있었다. 유럽의 그리

---

15 Anderson, "Time for the World's Conversion", p. 65; 참고. 1841년 식민성 차관 James Stephen이 아프리카와 관련하여 John Russel 경에게 보낸 회의록: "우리가 아프리카 대륙 전체의 지배권을 갖는 것은 무용지물을 손에 넣는 것이나 다름없습니다" [Christopher Fyfe, *A History of Sierra Leone* (London: Oxford University Press, 1962), p. 217에서 인용].

16 John Seeley 경은, *The Expansion of England* (London: Macmillan, 1883)에서 미국과 러시아가 향후 양대 세력이 될 것을 예견했다. 영국은 영국 제국과 적절한 관계를 발전시킬 때에만 세 번째 자리를 차지할 것이라고 보았다.

스도인들은 근본적으로 중세 암흑시대부터 서유럽에 있었던 것과 같은 모습의 그리스도인 공동체가 보존되기를 바랐다. 영국에서 19세기 중반까지 크게 위세를 떨쳤던 신실한 복음주의자들은 신앙을 잃어버리고 있는 그리스도인 공동체에 복음을 공급하는 일을 여전히 염두에 두고 있었다.

아마도 이런 일은 미국의 서부 개척지에서서처럼 새로운 공동체가 눈에 띄게 생기던 곳에서는 일어날 수 없었을 것이다. 어쨌든 그런 상황에서의 일차적 복음화는 혁신적이고 적응성이 있어야 했다. 따라서 기존의 동부 해안 지대에서 행해지던 관행이 개척지의 상황에서는 어떤 보탬도 되지 않았다. 교회를 멀리하는 도시 노동 계급이 있던 유럽은 미국의 경험에 감동을 받지 않았고, 이 경험에서 많은 것을 배울 것으로 기대하지도 않았다. 웨슬리의 이름을 떠받치고 있던 영국의 감리교회조차도 옥외 전도 집회를 끔찍한 방식이라 보았다.[17]

19세기가 지나가면서 초점이 서부 개척에서 도시를 확장하는 쪽으로 옮겨 갔다. 미국 기독교는 확장에 대한 똑같은 관심, 똑같은 혁신성과 적응성을 배경으로 하여, 일차적 복음화라는 똑같은 기반을

---

17 1807년 감리교회대회에서는 다음과 같은 질의응답이 있었다.질문: 소위 옥외 전도 집회라는 것에 관하여 대회에서는 어떻게 판단하고 있는가?
대답: 우리의 판단은, 설사 그런 종류의 집회가 미국 땅에서는 용인된다 치더라도, 영국에서는 절대로 맞지 않으며, 상당히 해악을 끼칠 가능성이 있다는 것이다. 따라서 우리 감리교회는 그런 집회와는 아무런 관련이 없다.
미들랜드의 공업 지역에 사는 노동 계급의 지도자들인 감리교회 신자들이 이 전도 방법을 고집한 것은, 그들을 제외시키고 Primitive Methodist Connexion(1810년경 시작된 영국 감리교회의 주요 운동으로 1932년 감리교회 연합이 출범할 때까지 지속되었다—옮긴이)을 결성한 원인이었다. 이런 일을 촉발한 것은 미국의 변칙적인 복음주의자 Lorenzo Dow (1777-1834, 미국의 목사, 작가. 제2차 대각성운동의 주요 인물—옮긴이)였던 것 같다. Holliday Bickerstaffe, *The History of the Primitive Methodist Church* (London: Joseph Johnson, 1919)를 보라.

낳았다. 복음화 운동은 미국의 도시라는 특수한 상황에서 일어난 것이었다. 그리스도 재림설, 종말론, 성결 운동 같은 특별한 유형의 기독교 사상이 그 분위기에서 전파되었던 것처럼 말이다. 기독교는 미국의 도시에서는 확장되었지만, 유럽의 대규모 새로운 인구집중지역에서는 이와 비견할 만한 반응을 볼 수 없었다.

미국의 기독교와 자발적인 선교 단체

유럽인들과 미국인들의 경험에 나타난 근본적으로 다른 요소들 가운데 하나는 공간이다.[18] 19세기 미국의 기독교는 외관상 무한한 공간이라는 환경에서 발전했다. 이러한 환경에서 기독교는 기업적이 되어야만 확장할 수 있었고 또 효과적일 수 있었다. 넓은 기반 위에 있는 변함없이 버거운 전략들, 성직자 계급 조직에 의한 빈틈없는 통제는 '영토'를 교구로 생각하는 유럽적인 경향만큼 자멸할 가능성이 있었다. 북아메리카의 기독교는 다양한 형태가 되었고, 분산되었다. 영감을 받은 개인주의자들이 생길 여지가 늘 있었고, 심지어 괴짜들에게도 유망한 기회가 있었다. 루퍼스 앤더슨이 미국을 자발적인 단체가 생길 자연스러운 영역이라 본 것도 무리가 아니다. 자발적인 단체의 원리라고 하면, 이루어야 할 과업이 무엇인지 규명하고, 그 과업을 실천할 수 있는 적절한 방법을 찾아내고, 그 목적을 위해서 비슷한 생각을 가진 사람들을 결집하고 조직화하는 것이다. 이 원리가 그리

---

18 Clyde Curry Smith는 "Some Demographic Considerations in American Religious History", *Bulletin of the Scottish Institute of Missionary Studies*, n. s., 3 (1966): pp. 14-21에서 이 논점을 발전시켰다.

스도의 제자들의 모임을 만들고 유지하는 일에 적용되자, 미국에서는 교회와 자발적인 선교 단체 사이의 구분이 거의 사라지는 경우들이 생겼다. 그러한 구분은 유럽에서는 늘 당연하게 여겼던 것들이다. 미국에서는 한 회중이나 한 교파 전체가 이론상 자발적인 선교 단체와 아무런 차이가 없었다. 누구라도 자기가 속한 교단과 분쟁이 생기거나 마음에 들지 않으면, 그것을 버리고 다른 교단으로 가거나 심지어는 새로운 교단 하나를 만들 수 있었다.

선교에 집중하고 선교를 국내 교회 구조와 연결시켰다는 한 가지 면에 있어서 미국은 실제로 유럽을 앞서 있었다. 유럽과 미국 모두에서 해외 선교가 효과를 내기 시작한 것은 교회의 공식 기구 때문이 아니라 자발적인 선교 단체가 있었기 때문이다. 선교 단체들은 상당한 정도까지 유럽에서 (그리고 특히 영국에서는) 선교를 수행하는 주요 수단으로 지속되어 왔다. 심지어 교회들 사이에서 해외 선교를 널리 받아들이게 되어서 교단들이 사실상 교단 차원의 선교 단체를 '원용하기'도 했다. 그러나 미국에서는 남북전쟁 시기까지 대부분의 교파들이 자체적으로 선교 기구를 만들었다[자연스럽게 미국 선교 재단(American Board, 1810년 윌리엄스 대학 졸업생들이 결성한 선교 단체—옮긴이)을 떠나 회중교회로 가는 과정에서].[19] 그러나 다시금 자발성 원리가 중요해졌다. 즉 미국 선교의 분명한 성직자 중심주의는 주요 교파의 선교 기구들 밖에서 새로운 선교 단체들이 물밀듯이 일어나게 된 전주곡이었다. 서부 개척지의 복음화를 낳았던 수많은 태도와 가치가 해외로 이전된 것은 바로 이런 엄청난 에너지 낭비로 생긴 효과였다.

---

19   Valentin H. Rabe, *The Home Base of American China Missions, 1880-1920* (Cambridge: Harvard University Press, 1978), pp. 15-17.

선교와 돈

미국적인 기독교를 만들어 가고 미국 선교 속에서 나타날 수밖에 없었던 미국인의 삶의 다른 측면을 예로 들면, 19세기를 지나면서 국가의 경제적 기반이 변화한 것과 20세기에 들어서 미국이 세계 최대의 산업 국가로 등장하게 된 것이다. 유럽에서의 비슷한 과정과 비교해 볼 때 확실히 차이점이 보인다. 경제적·사회적 측면에서 한편으로 기업가의 노력과 능률이라는 것과 다른 한편으로 금전적·사회적 보상이라는 것 사이의 관련성이 미국에서는 훨씬 더 분명해졌다. 유럽에는 산업 생산물 외에 부의 원천이, 돈 외에 지위의 원천이 항상 존재했다. 나아가서 미국이 산업국가로 바뀐 일은 우리가 언급했던 도시의 기독교화와 같은 시기에 일어났다. 그러나 영국과 다른 유럽 국가들 대부분에서는 산업화 과정에서 기독교의 쇠퇴가 함께 진행되었다. 무슨 이유에서든 미국 기업의 특징이었던 기업가의 활동, 효율적인 조직, 뚜렷한 자금 조달의 연계가 미국 기독교의 성격이 되었다. 교회 조직이라기보다는 근본적으로 사회조직 같은 느슨한 구조를 가진 미국의 종교 조직 때문에, 영향력 있는 평신도들(그리고 상당한 사업가보다 더 영향력 있는 평신도가 있을까?)이 활동들에서 중요한 역할을 맡을 수 있었다. 모트 목사의 후기 저술들 가운데 하나에 '19세기의 위대한 전도자'라는 제목의 장(章)이 있다.[20] 이 글에서 D. L. 무디가 가장 위대한 전도자인 이유는, 그가 그리스도인 사업가들을 배출하고 동원함으로써 그들로 하여금 국내외에서 돈을 아끼지 않고 선교를 지원

---

20 John R. Mott, *The Larger Evangelism* (Nashville: Abingdon-Cokesbury, 1944), 제3장.

하도록 만들었기 때문이다. 모트 자신도 부유한 평신도 연계 조직을 활용하였다. 학생 조직의 일반 운영비를 위해 부유층으로부터 활발하게 염치없이 자금을 요청하였고, 수많은 특별 프로젝트 자금은 소수의 대부호들로부터 모금한 재정에 의존하였다.[21]

새로운 형태의 미국적 선교가 활기를 띠고 있던 시기에는 사업 방식, 효율적인 조직, 재정적인 보상이 연계되어 있는 미국 문화의 모든 측면이 삶의 현실로서뿐 아니라, 하나님께 성별될 수 있는 것으로 아무런 의심 없이 받아들여졌고, 기독교의 활동에서도 활용된 것이 분명하다. 미국 선교 재단의 간부 가운데 하나는 『선교 사업』(The Business of Missions)이라는 책을 쓰기도 했다. 그는 이렇게 썼다.

군대도, 전략도, 최전방 부대도, 참호도, 정복지도, 십자군도 차고 넘친다. 우리는 비즈니스 시대에 살고 있고, 예전에는 생각지도 못했던 사업상의 성과가 있을 것이라 믿는다. 우리가 속한 교회는 전투하는 교회라기보다는 일하는 교회다.[22]

---

21 통상적인 순회 조직의 모금을 위하여 Mott가 동원한 방법에 관해서는 Hopkins, *John R. Mott*, pp. 172-173를 보라. 모금자로서의 Mott에 관해서는 Rabe, *Home Base*, pp. 152-154를 보라. Mott의 간청으로 선교지를 지원하기 위한 자금 모금에 Nettie MaCormick 부인이 계속해 관여한 일에 관해서는 Hopkins, pp. 205-207, 220, 273, 454를 보라. 1912-1913년 Mott가 엄청난 비용을 쓰면서 세계를 여행할 때(무엇보다도 에든버러에서 아시아 지역으로 여행할 때) 그 여비를 대 준 사람들은 McCormick 부인과 John D. Rockefeller를 포함해 50인의 친구들이었다.

22 Cornelius H. Patton, *The Business of Missions* (New York: Macmillan, 1924)의 서문. 이 서문은 "당신이 그리스도인이고 현실적인 사람이라면, 이 책은 당신을 위한 책이다"라고 말한다. 장 제목들을 보면, '[이윤을 창출하는 활동을 멈추지 않고 계속해 활동한다는 의미의] 계속 기업', '위대한 합자', '우리는 과연 사업을 하는가?' 같은 것들이 포함되어 있다. Patton은 "해외로 가는 기독교는 미국에게는 최고의 사업적 제안"(p. viii)이라고 추천하는 호소에 대해서는 경멸하는 투로 거부하지만, 독자들에게 "당신이 보내는 선교사를 당신의 개인 대리인으로, 해외에서 당신을 대신해 지원할 수 있는 날, 당신이 병원을 세우거나 시설을 구비해 주거나, 교회당, 학교, 선교관을 지을 수 있는 날,

이것은 특유의 미국적인 시각을 보여 주는 말이다. 유럽의 선교 기관들은 부유한 후원자를 언제나 기꺼워했고 때로는 새로운 선교 사업이 있으면 그런 사람들에게 크게 의존했다. 또 괴짜인 아딩턴(Robert Arthington) 같은 예외적인 기부자들은 선교 사업을 새로운 방향으로 틀 수 있었다.[23] 그러나 미국의 선교적 확장을 보았던 당시 영국의 선교 단체들은 조직이 성령을 밀어낼까 봐 염려했고, 이 세상의 신 맘몬(Mammon)을 개탄했고, 선교사라는 소명의 희생적인 측면(때로는 재정적인 면에서)을 강조하였고, 때로는 어떤 형태로든 선교 자금을 달라고 졸라 대는 짓을 달가워하지 않았으며, 부자들의 뭉칫돈이 아니라 (상대적으로) 가난한 사람들의 십일조가 더 도움이 된다고 생각했다. 조직을 확장하고 돈에 대하여 '세속적' 관심을 두는 것은 그들이 이전의 선교 활동에서 개탄했던 특질들이었다.[24] 선교 자금을 정산할 때, 일반인들로부터의 모금과 부자로부터의 기부금 사이의 실질적인

또 가능하다면, 당신이 죽은 후에도 헤아릴 수 없는 방법으로 인류에게 복이 되는 기관을 기부할 수 있는 날"(p. 264)이 오기를 고대하라고 권한다. Patton에 관해서는 Rabe, *Home Base*, pp. 136-137를 보라.

23 Gustav Warneck, *Abriss einer Geschichte der protestantischen Missionen* (Berlin, 1901), p. 222를 보면, Arthington을 "관대하지만 때로는 괴짜[opferwillinger aber oft phantastischer]인 부유한 영국인으로 선교사들의 친구"라고 묘사한다. Arthington은 (영국) BMS가 자이르에서 사역을 시작하도록 자신의 기부금을 가지고 설득하라는 조건을 달았다. 그는 BMS와 LMS에 엄청난 유산을 남겼으나 그 유산을 새로운 사업에만 쓰도록 조건을 달았다. BMS는 후원자들에게 협회가 Arthington의 대리자로 시작한 사업을 지속하기 위하여 Arthington이 남긴 돈을 사용할 수 없다는 점을 설명해야만 했다. *114th Annual Report of the Baptist Missionary Society...to 31st March* (London, 1906), pp. 10-11, 17를 보라.

24 그래서 새로운 선교 협회의 원형인 CIM를 설립한 Hudson Taylor는 이렇게 말했다. 나는 개인적인 선교 자금 구걸이나 모금이나 모금을 위한 책자를 결단코 발행하지 않기로 작심하였다.…확신하건대, 돈을 구걸하는 일이 **적어지고** 성령의 능력에 **더** 의지하게 되고, 영적 생활의 깊이에 더 의지하게 되면, 바로 모세와 같은 경험[열정이 넘쳐서 성막을 위한 헌금을 중지시킨 일]을 더 자주하게 될 것이다.…많은 경우 하나님이 원하시는 것은 돈을 기부하는 것이 **아니라** 해외에서의 하나님의 사역을 위해 개인이 헌신하거나 자녀를 포기하는 일일 것이다.[*A Retrospect* (London: CIM, n. d.), pp. 110-113]

상대적 중요성을 비교하는 일은 심도 깊은 검토가 필요한 일일 테지만, 유형상의 차이가 있는 것은 틀림없다. 미국의 종교 문화에서는 돈에 관한 한 금제(禁制)라는 것이 없었다.

교회와 국가

여러 가지 면에서 유럽의 흐름을 이어 가던 미국 기독교 전체에 유럽의 흐름과 확연히 다른 교리적인 특성을 꼽자면, 그것은 교회와 국가의 분리임이 틀림없다. 이 교리가 널리 받아들여진 것은, 신학적 명제 때문이라기보다는 미합중국 초기의 역사적 상황에서 비롯된 시민적 명제 때문이다. 미국 교회들은 이 교리를 신조로 받아들이기에 이르렀고, 미국의 선교사들도 이 교리를 해외 다양한 지역으로 가지고 나갔다. 그 결과는 역설적이었다. 미국 선교사들은 자신들이 비정치적이라고 생각하는 경향이 있다. '교회와 국가가 어찌 다른 영역에 있지 않을 수 있겠는가?' 그러나 미국인이 아닌 사람들은 그들의 활동에서 계속 정치적으로 얽히는 것을 본다. '교회와 국가가 어찌 같은 영역, 아니 적어도 겹치는 영역에 있지 않을 수 있겠는가?'

식민 당국은 흔히 여러 가지 다른 각도의 타당한 이유로, 미국 선교사들이 종속국의 국민들의 종속을 약화시킬 가능성이 있다고 의심적인 눈으로 바라보았다.[25] 인도에서 민족 운동이 일어났던 시기에

---

25 1920년 이후 인도에서 사역의 기회를 찾던 북아메리카의 선교 단체들은 다음과 같은 사실을 분명히 인지하라는 요구를 받았다. "합법적인 정부를 마땅히 존중해야 하고, 또 정치적인 문제들은 조심스럽게 피하면서, 그런 문제들에서 영향력이 적절히 발휘되는 한, 해당국 정부와 충실하게 협력하여 그 영향력을 발휘하는 것을 목표로 삼아야 할 것이다. 또한 이런 정신을 가지고 일할 사람만을 고용해야 할 것이다." 유럽 대륙의 국가에서 온 선교사들에게는 더 엄격한 개인적 서약을 할 것을 요구하였다. George Thom-

영국 식민 당국은 인도에서 일하는 미국인들에게 특히 민감했다. 우리는 미국을 첫 번째 현대적 제국이라고 말한 적이 있는데, 미국은 또한 처음으로 식민지 독립운동을 하기도 했다. 이러한 미국의 운동이 인도와 아프리카 모두에서 첫 세대 민족주의 지도자에게 얼마나 강력한 영향을 끼쳤는지 아는 사람은 안다. 정교분리를 주장하였기 때문에 가이사에 속하지 않는다고 생각되는 것에 대하여, 가이사를 향하여 그것을 부정하도록 용기를 낼 수도 있었다. 또 그런 상황이 되면 정치권력은 쉽사리 분노를 드러냈다.

미국 선교에서 표출되었듯이 정교분리 교리의 다른 측면은 전천년설 사상과 쉽사리 연결된다는 점이었다. 이 사상은 교회를 온전히 '영적인' 개념으로 단정하는 경향을 띤다. 여기에는 정치적 행동이 일어나는 세상과 구분된다는 조건이 붙는다. 정교분리를 최초로 부르짖었던 옛 유럽의 재세례파(Anabaptists, 6세기 종교개혁에 따른 개신교 교파로 오늘날의 Amish, Brethren, Hutterites, Mennonites 들을 일컫는다 — 옮긴이) 교인들은 적어도 그런 주장 자체가 고도의 정치적 교리라는 것을 알고 있었다. 실제로 당신이 그런 원리를 주장한 끝에 포대에 넣어져 라인강 속으로 내던져진다면, 분명 그 정치적 함의를 생생하게 인지했을 것이다. 이와는 대조적으로, 근대의 미국 선교사들은 때때로 호기심에 가득 차서 정치적으로 순진한 발언을 했다. 끊임없이 정교분리를 주장함으로써 정치적 의미가 있는 선교 활동들을 제거하기라

---

as, *Christian Indians and Indian Nationalism 1885-1950: An Interpretation in Historical and Theological Perspective* (Frankfurt: Peter Lang, 1979), p. 132를 보라. 1930년 인도에서 추방된 미국 선교사 Ralph Keitahn과 그를 파송한 단체에게 그를 해고하라는 압력을 가한 것에 관해서는 Thomas, pp. 191-192 및 Keitahn 자신이 쓴 *Pilgrimage in India* (Madras: Christian Literature Society, 1973)를 보라.

도 하듯이 말이다. 애국심은 제쳐놓더라도 미국 선교사들이 선교지에 있다는 것만으로도 기본적으로 정치적 의미가 있다는 점을 늘 깨닫고 있었던 건 아니었다.

신학과 상식

우리에게는 관련성이 있고 또 무척이나 복잡한 문제, 꼭 집어내자면 북아메리카 신학의 발전을 언급할 공간이 없다. 이 분야에서 우리는 마크 놀(Mark Noll, 미국 교회사가, 복음주의자로 노트르담 대학교 교수-옮긴이)의 작업에 찬사를 보내야만 한다. 그는 미국에서 스코틀랜드의 상식 철학의 영향과 특히 신학에 엄격하게 적용된, 그의 표현에 따르면 '방법론적 상식'이 끼친 영향을 탐구하였다.[26] 그는 찰스 하지(Charles Hodge, 1797-1878, 프린스턴 신학교 학장을 역임한 장로회 신학자. 상식적 사실주의에 기초한 스코틀랜드 철학을 연구하여 20세기 근본주의자들과 복음주의자들에게 영향을 주었다-옮긴이)가 쓴 『조직신학』(*Systematic Theology*)의 맨 앞에 나오는 감동적인 문구를 지적한다. "신학자에게 성경은 과학자에게 자연과 같은 것이다. 그것은 사실의 창고이다. 성경의 가르침을 확인하는 신학자의 방법은 자연철학자가 자기의 가르침을 확인하기 위해 취하는 방법과 똑같다."[27] 스코필드(Cyrus Ingerson Scofield, 1843-1921, 미국의 신학자, 목사, 작가, 그의 세대주의는 근본주의자들에게 영향을 주었다-옮긴이)와 (특히 선교사들의 필요를 염두에 두었던) 다른 몇몇 학

---

26 Mark A. Noll, "Common Sense Traditions and American Evangelical Thought", *American Quarterly* 37 (1985): pp. 216-238.
27 Charles Hodge, *Systematic Theology*, 2 vols. (New York, 1872), 1:10. Hodge의 맨 첫 단락은 '신학은 과학'이라는 제목 아래 있다.

자들이 주장한 세대주의(dispensationalism)는 같은 원칙을 가진 것으로, 그들은 20세기에도 미국 종교의 주류에 계속해서 영향을 미치고 있다. 성경을 채석장으로 보는 이 방법, 즉 절대적인 사실에 대한 진술을 보석이 있는 채석장으로 보는 이 방법이 세계의 다른 나라들보다 미국의 특징으로 여기는 이유는 무엇인가? 그것은 서부 개척이라는 새로운 스타일의 기독교, 다시 말해, 기독교를 다시 시작했고 19세기 교회사와 관련지을 필요가 없어 보이는 새로운 기독교 공동체의 등장 때문이 아닐까?

어쨌든 '방법론적 상식'은 특히 현대의 복음주의 선교 연구에 관련된 미국 기독교의 두 가지 특징을 초래했다. 첫째, 미국 기독교의 상당 부분이 신조, 흔히 절대적인 사실들의 목록으로 정리된 것을 자각하게 만들었다. 또한 이런 용어로 기독교의 신앙에 대하여 혁신적인 정의를 내림으로써, 창조 방식에서부터 그리스도의 재림과 그 밖에 '말세에 일어날 일'의 관계에 이르기까지 주요한 주제들을 간결하게 정의할 수 있게 되었다. 여기서 우리는 미국 특유의 문제 해결 방법, 즉 문제점을 규명하고 여기에 맞는 도구들을 사용하면 해결책이 나올 것이라는 방법을 다시 본다. 그런 다음 이 방식이 다음 문제의 해결에 적용된다. 이와는 대조적으로, 복음주의 부흥 운동에 단초를 둔 유럽의 선교 운동은 신앙고백 면에서 창의적인 점이 별로 없다. 유럽인들이 자기네들의 신앙에 관하여 정의를 내리고 자기네들만의 신조를 증언하기를 원하는 경우, 보통 옛 신조들과 16세기 종교개혁자들을 되돌아본다.

방법론적 상식을 신학에 적용한 두 번째 결과를 보자면, 이것은 첫 번째와도 관련이 있다. 미국에서는 이렇게 새롭게 확장된 신조를 교인으로 받아들이는 기준과 분리의 근거로 이용하는 경향이 있었다. 아마도 이러한 분리의 원칙은 19세기 미국적 기독교 배경이 되어 왔고 그 역동성의 상당 부분을 제공해 준 자유로운 단체의 원칙을 뒤집어 놓은 듯하다. 미국 교회의 성장이라는 특이한 역사적 상황 속에서 교회 개념이 자주 자발적인 선교 단체 속으로 거의 흡수되었기 때문에, 교인이 된다는 것(fellowship)과 단체에 속하는 것(association)을 동일하게 여기기가 쉬웠다. 그 불가피한 결과는 교회의 세분화였다. 이것 또한 복음주의 부흥 운동의 전통을 이어 가는 유럽인들과는 대조를 이루는 특징이었다.

우치무라는 이러한 특징들이 그가 생각한 미국적 탁월성 가운데 가장 덜 발달한 것이라고 보았다. 오직 그만이 그런 경향들이 이른바 성전 안에서 큰 장화를 신고 있는 경향과 어떤 관련이 있는 것은 아닌지 말해 주었다. 다른 각도에서 연구해 보면, 북아메리카에서 기독교의 새로운 큰 지파를 만들어 냈는지의 여부에 대한 질문이 생길 수 있다. 그것은 북아메리카의 문화적 요소들에 큰 영향을 받아 만들어진 복음주의-근본주의와, 더 오래된 근본적으로 북유럽에서 나온 복음주의 개신교가 분리된 것이, 후자가 라틴 전통의 기독교(가톨릭교회)를 배신한 것과 비슷한 성격이었는가 하는 질문이었다. 이러한 연구는 유럽의 현상과는 분명히 다른, 미국적 자유주의(비록 이것을 선교 운동과 직결시키는 것은 다소 문제의 소지가 있지만)의 특성을 반영했을지도 모른다.

미국 기독교

그렇게 깊은 물속으로 들어가지 않더라도, 우리는 미국 문화 안에서 또 미국 문화에 의해서 모습을 드러낸 기독교 신앙의 표현, 꼬집어서 말한다면, 미국의 기독교를 인식할 수 있다. 다른 기독교 신앙의 표현들과 미국적 기독교를 가르는 특징들을 짚어 보자면, 활기 넘치는 확장주의, 무언가를 창안할 준비, 현대 기술을 최대한 활용하려는 의지, 재정과 조직과 사업적 방법, 영적인 영역과 정치적인 영역의 정신적 분리―보편적인 타당성은 없더라도, 그 나라의 역사적 헌법과 가치관이 가장 탁월하다는 확신과 결합된―그리고 문제를 제기하고 해법을 찾아내는 방식으로 신학, 복음 전도, 교회 생활에 접근하는 것 등을 들 수 있다.

그러나 이러한 표징들 어느 것도, 그 결과들 어느 것도 역사적인 미국 기독교가 증언한 부활하신 그리스도에 관한 복음, 보편적인 기독교만큼 중요하지는 않다. 어느 누구도 보편적인 기독교 자체를 접해 본 사람은 없다. 우리는 그저 지역적 모습으로 드러나는 기독교를 접할 뿐인데, 그것은 역사적 문화적 조건이 부여된 모습의 기독교를 뜻한다. 그러나 이것 때문에 두려워할 필요는 조금도 없다. 하나님이 사람의 모습을 입으셨을 때, 그분은 역사적·문화적 조건이 부여된 사람이 되셨다. 그것은 그분이 특정한 때, 특정한 장소에 오셨기 때문이다. 그분이 그렇게 되셨으므로 우리도 그렇게 되는 것을 두려워할 필요가 없다. 기독교가 지역적 모습을 갖는다는 것은 조금도 잘못된 일이 아니다. 단 우리가 그것이 **지역적이라는** 것을 잊지 않는 한에서 그렇다.

때로는 지역적 특성들이 직접적이든, 매개체를 통해서든 지역성을 벗어나서 중요한 영향을 미칠 수 있다. 북아메리카의 복음화가 위대한 선교의 세기를 연 신호탄이었다면, 그 전체적인 의미는 20세기 초 북아메리카가 가장 많은 선교사를 보낼 때가 되어서야 분명하게 드러났다. 19세기가 끝나기 전에 미합중국이 태평양 세력의 하나로 갑자기 대두되자, 영국이 여전히 선교사를 가장 많이 파송하고 있었던 이 시기에 미국 선교사들에 대한 인식이 생기게 되었다. 그러나 극동에 대한 영국의 시각은 중국과의 교역에서 만들어진 것이었고, 일본은 직접적인 관심을 두기에는 너무 멀리 떨어진 나라처럼 보였다. 통상적인 교회 구조를 넘어선 미국적인 혁신은 유럽의 전혀 다른 교회 상황에 상당한 영향을 자주 미쳤다. 예를 들어, 대학생 선교 자원자 연합은 영국 선교 역사는 물론 영국 교회 역사의 일부이며 여러 면으로 볼 때 철저하게 '토착적인' 기관이지만, 미국의 학생 자원 선교 운동 (The Student Volunteer Missionary Union)에 도움을 받은 측면이 있었다.[28] 존 모트가 가졌던 미국적인 사업 감각 때문에 국제적인 선교 조직이 생겨났고, 그 감각을 가지고 이 기관은 방향을 잡게 되었다. 모트의 공헌이 얼마나 중요했는지 보려면, 당시로서 유일한 대안이 영국의 '졸업생' 연결망이었을 것이라는 사실만 생각해 보면 된다. 모트의 사업 감각 때문에 심지어 연구에 투자하는 것이 필요하다는 것도 실감하게 되었다. 그 결과로, J. N. 파커는 힌두교를 학문적으로 연구하기 위해 파견되었는데, 심지어 증기선이 다니던 시절에 선교를 위

---

28 Ruth Rouse, *The World's Student Christian Federation: A History of the First Thirty Years* (London: SCM, 1948), 제1장; John C. Pollock, *A Cambridge Movement* (London: John Murray, 1953).

하여 인도와 옥스퍼드를 오가는 데 시간을 할애하기도 하였다.[29] 그리고 어떤 명시된 방법으로 특정한 문제에 직접적으로 접근하는 미국적 방식이 끝도 없이 적용되었다. 위클리프 성경 번역 사업(Wycliffe Bible Translators, 1942년 윌리엄 카메론 타운센드가 설립한 개신교 초교파적 선교 단체-옮긴이)이 태동된 것을 예로 들 수 있다.

아주 현저하게 지역적인 특성들이 다른 문화권으로 전달된 다음, 거기에서 그들 문화에 맞는 형태를 띨 수도 있다. 종교사가라면 재림 사상이라는 것이 19세기 미국이라는 상황에서 생겨난 것이 틀림없다고 판단할지 모르겠으나, 말라위의 아프리카 공동체들로 하여금 하나님 나라를 실현하게 만든 것이 바로 이 재림 사상이었다.[30] 재림 사상은 또 멜라네시아에서도 새로운 모습의 종교 운동을 만들어 냈다.[31] '여호와의 증인'과 결합된 특수한 모습의 재림설은 중동부 아프리카에 퍼져 있는 키타왈라(Kitawala, 1920년대 구리 생산 벨트인 카탕가 지역에 나타난 여호와의 증인의 분파 운동-옮긴이)[32] 운동과 나이지리아의 하나님의 왕국 공동체(God's Kingdom Society)[33] 같은 천년왕국 운동에서 위력을 발휘하고 있는 중이다.

---

29 Eric J. Sharpe, *John Nicol Farquhar: A Memoir* (Calcutta: YMCA Publishing House, 1963), pp. 61-63.
30 George Shepperson and Thomas Price, *Independent Africa: John Chilembwe and the Origins, Setting and Significance of the Nyasaland Native Rising of 1915* (Edinburgh: Edinburgh University Press, 1958).
31 Gottfried Oosterwal, *Modern Messianic Movements as a Theological and Missionary Challenge* (Elkhart, Ind: Institute of Mennonite Studies, 1973). 태평양 지역의 재림주의자들에 관해서는 Charles W. Forman, *The Island Churches of the South Pacific* (Maryknoll, NY: Orbis Books, 1982), pp. 52-54를 보라.
32 H. J. Greschat, *Kitawala: Ursprung, Ausbreitung und Religion der Watch-Tower-Bewegung in Zentralafrika* (Marburg: Elwert, 1967).
33 D. I. Ilega, *Gideon Urhobo and the God's Kingdom Society in Nigeria*. 박사 학위 논문(University of Aberdeen, 1983).

1900년대 초 미국 개신교의 한 작은 변종으로 오순절파가 나타났는데, 그것이 지금에 와서는 중남미 지역에 사는 수백만에 달하는 사람들의 신앙과 실천의 자연스런 표현이 되었다. 도위(John Alexander Dowie, 1847-1907)는 스코틀랜드 사람이었지만, 그가 그대로 스코틀랜드에 살았다면, 아무도 그의 이름을 들어 보지 못했을 것이다. 오직 미합중국이니까 가능했던 일이지만 그는 자이온(Zion)이라는 도시를 세우고 거기에서 대단한 실험을 실천에 옮겼다.³⁴ 나는 남아프리카공화국(반투)의 자이온에 있는 [도위가 세운 교파 소속인] 가톨릭 사도교회(Christian Catholic Apostolic Church)에서 부활절 기간을 보낸 적이 있는데, 교인들이 "우리는 우리들의 본향 시온성의 소유자들이다"라고 외치면서 주님의 부활을 축하하는 춤판을 벌이고 있었다. 그때 나는 내가 줄루 기독교가 발전했을 때의 온전한 모습을 보고 있다는 점을 깨달았다. 그리고 어느 나이 든 지도자가 자신의 성직자 안수 증명서를 꺼내 보여 주었는데, 거기에는 도위의 서명과 함께 미국 일리노이 주 자이온 시티라는 도장이 찍혀 있었다. 이런 것들을 보고 나니 아프리카에서의 아프리카계 미국인들의 기독교 사업의 많은 부작용이 아직까지 설명되지 않았다는 것을 알게 되었다. 이는 그 자체로 연구를 필요로 한다. 여러 세대에 걸친 아프리카의 에티오피아니즘(Ethiopianism, 19세기 말 남부 아프리카에서 시작된 종교 운동으로 현지의 성공회와 감리교회에서 아프리카인들이 주도하는 교회로 분파되었다—옮긴이)³⁵

---

34 Zion City에 관해서는 Grant Wacker, "Marching to Zion: Religion in a Modern Theocracy", *Church History* 54 (1945): pp. 496-511를 보라. 남아프리카공화국의 시온주의자 교회와 Dowie와의 관계에 관해서는 G. M. Sundkler, *Bantu Prophets* in South Africa, 2d ed. (London: Oxford University Press for International African Institute, 1961)를 보라.
35 Sundlker, *Bantu Prophets*를 보라. 다양한 유형의 미국 흑인들이 준 영향에 관해서

의 전말, 현세대에 들어 남아프리카공화국 흑인 신학의 대두,[36] 그 하나하나에 미국 흑인들의 영향이 결정적이었다는 것을 알 수 있었다. 이것들은 어떤 지역의 현상이 아주 다른 지역에서 얼마나 적절하고 활력 넘치게 작용할 수 있다는 잊을 수 없는 깨달음을 준다.

변화된 세상

지금까지 우리는 미국 기독교의 기원과 초기 역사, 그것에게 영향을 준 요소들과 우리 연구의 특별한 주제이자 독특한 형태인 복음주의 선교에 관심을 두었다. 우리는 그러한 선교가 활동하는 세상을 일별하지 않고는 어떤 결론에도 다다를 수 없다. 한 세기가 지나는 동안, 그곳이 변화된 세계라는 것은 두말할 필요도 없다. 그곳은 서유럽 해양 제국이 종언을 고한 세계이다. 또 기독교 세계의 무게중심이 옮겨간 세계이기도 하다. 남반구 대륙 전체, 특히 아프리카에서 선례가 없는 기독교의 확산이 있었을 뿐만 아니라, 그와 동시에 몇몇 과거의 기독교 중심지들에서, 가장 두드러지게는 서유럽에서, 거의 선례가 없는 후퇴가 일어났다.

그 결과들 몇 가지를 살펴보자.

1. 기독교 사회에 속한 몇몇 나라들과 그 밖에 있는 나라들이 몇

는 Walter R. Johnson, *Worship and Freedom: A Black American Church in Zambia* (New York: American Publishing, 1977) 및 Theodore Natsoulas, "Patriach McGuire and the Spread of the African Orthodox Church to Africa", *Journal of Religion in Africa* 12 (1981): pp. 81-104를 보라.

36 Basil Moore, ed., *Black Theology: The South African Voice* (London: Hurst, 1973)를 보라. 이 책은 미국에서는 James H. Cone의 도움으로 *The Challenge of Black Theology in South Africa* (Atlanta: John Knox, 1974)로 발간되었다.

세기가 넘게 가지고 온 기독교 왕국이라는 개념이 종언을 고했다. 지금 그리스도인들은 그전 어느 때보다 세계 전역에 훨씬 널리 퍼져 있다. 또한 사회들 **내에서도** 훨씬 널리 퍼져 있다. 새로운 그리스도인들의 수가 급증하고 있지만, 우리는 분명 낡은 기독교 왕국의 방식이 아닌, 많은 새로운 기독교 **국가**는 보지 못하고 있다. **기독교**라는 낱말 속에 영토적 개념은 더 이상 포함되지 않는다.

그러나 그리스도인들이 특정한 지역에 집중되어 있었기 때문에 선교 운동이 생겨났다. 1910년까지만 해도 세계 선교 대회에서는 '충분히 선교화된 국가'와 '선교가 진행 중인 국가'를 구분할 수 있었다. 선교 운동은 기독교 왕국이 마지막 꽃을 피운 운동이었다. 1910년 당시에 '충분히 선교화된 국가'가 지금 오히려 세계의 중요한 선교 대상 지역이 된 것은 누가 보아도 알 수 있다.

2. 선교 운동이 절정에 올랐을 때 기독교는 특정한 모습을 가진 문명과 진보된 기술과 관련을 맺었다. 그러한 기술은 선교 효과 면에서 분명 진정으로 도움이 되는 것으로 제시되었고, 이런 확신은 널리 받아들여졌다. 그런데 지금에 와서는 기독교와 기술의 이러한 관련성이 훨씬 덜 분명해졌다. 첫째로, 고도의 기술과 명백하게 관련을 맺은 나라들이 반드시 기독교와 연관되어 있는 것은 아니다. 둘째로, 기술적 역량이 상대적으로 낮고 또 고도의 기술을 보유한 나라들이 소유하고 있는 기술에 접근할 가망성이 거의 없는 지역에 오늘날 대부분의 그리스도인들이 살고 있다. 셋째로, 그리스도인들은 한때 기술이 복음 때문에 생긴 축복이라고 확신에 찬 주장을 펼쳤으나, 지금은 그 효험에 대하여 의심하고 있고, 또한 기술의 악마적인 파괴력을 알게 되었고, 기술을 통제하려는 욕망을 갖게 되었다.

3. 그러나 선교와 기술이 특별한 관계에 있는 나라들이 있다. 자원이 빈곤하거나, 기술적인 장애가 있거나, 정치적으로 불안정하거나, 경제적으로 파국을 맞고 있어서 중추 기능이 마비된 나라들에서는 협력하여 일하는 선교 단체들이(어떤 사람들은 '선교 주식회사'라고 부르기도 한다) 해당국에서 가장 유연하고, 능력이 있으며, 효율적으로 운영되는 조직을 가지고 있다. 그 단체들은 사람들을 국내 여기저기와 해외로 실어 날라다 줄 수 있고, 가동이 잘 안 되는 공장에 기계와 서비스를 제공할 수 있고, 제대로 작동되는 무선전화도 가지고 있고, 통화 안정을 도울 수 있으며, 외화를 들여올 수 있고, 해외로 신속하게 소식을 전하는 일을 할 수 있다. 그 단체들은 때로 정부가 할 수 없는 일을 해내기도 한다. 그러나 지역 교회는 독립 교회든 토착 교회든 외부에 있는 선교 단체와 연계되어 활동하지 않는 한 이런 일들을 해낼 수 없다.[37] 결국 선교 주식회사가 갖고 있는 이런 모든 힘은 어떤 결과를 가져오겠는가?

4. 선교 운동은 특정한 종교적 조건과 정치제도가 공존하면서 생겼다. 그 정치제도란 자유로운 단체를 허락하고, 자본의 이동과 잉여 자금의 해외 이전을 용인하는 경제구조를 허용하는 제도였다. 지금 유럽에는 그러한 공존이 더 이상 존재하지 않지만, 북아메리카에서는 계속되고 있다. 따라서 '해외 선교사'라고 하면 이제 북아메리카의 선교사를 말하지 유럽의 선교사를 뜻하지 않는다. 그렇지만 세계에서 미국의 입지는 한 세기 전 선교 운동이 일어났을 때와는 전혀 딴

---

[37] W. McAllister, "The Heart of Africa Mission and the Unevangelized Fields Missions and the Subsequent Churches." 박사 학위 논문(University of Aberdeen, 1986)을 보라.

판이다. 한 세기 전이라고 하면, 유럽 식민 제국이 절정기를 맞고 있던 시절이었고, 스피어(Robert Elliott Speer, 1867-1947, 미국 장로교 목사로 미국 장로교회의 성공적인 해외 선교를 주도하였다-옮긴이) 목사조차도 미국 선교사들이 영국 선교사들에 붙어 다닌다는 오명 없이 중립적으로 사역할 수 있는 상황을 기뻐했던 시절이었다.[38] 선교사의 효율성이나 심지어 신실성은 때로 설교 내용이 선교사를 보낸 나라에 적용되는 정도에 따라 평가될 것이다. 세계에서 그 나라의 존재감이 높으면 높을수록 이러한 판정 기준이 더 쉽사리 적용될 것이다. 선교 운동이 **별개로** 인식할 수 있는 현상으로 존속되는 한, 좋든 나쁘든, 해외에 있는 미국의 일부분으로 보아야만 한다고 생각하는 것이 온당하다.

5. 더 오래전의 선교 운동에서 선교사의 목숨은 기독교적 희생의 극치를 대표하는 것이었다. 선교사는 그리스도를 위해 모든 것을 포기한 사람이었고, 조국과 가족을 등지고 궁핍과 질병을 마다하지 않은 사람이었다. 오늘날 선교 주식회사는 일반적으로 선교사들이 보통 수준의 수명을 유지할 수 있게 해 준다. 지금 궁핍을 견뎌 내야만 하는 사람들은 소위 자비량 선교사들이다. 이들은 선교지 사람들 수준의 보수를 받는 직위를 가지고(아마도 선교사로서 매일 감당해야 하는 비슷한 업무들과 함께), 선교지 내국인 동료들이 사는 주택에 살고 그들이 당하는 좌절과 위험에 노출되어 있으며, 계약이 만료되면 그다음의 생활을 스스로 알아서 해결해야만 하는 이들이다.

---

[38] 또한 G. E. Post (of the Syrian Protestant College, Beirut)가 *Report of the Centenary Conference on the Protestant Missions of the World*, ed., James Johnston, 2 vols. (New York: Revell, 1889), 1:322에 쓴 글도 보라. "영어를 하는 사람들끼리 손을 잡고 있다. 물리적인 힘을 가지고 있다. 또 하나님은 정치적으로 뒤얽히지 않은 앵글로색슨의 다른 부족(미국)에게 두뇌와 심장을 모두 제어하게 하셨다."

6. 자발적인 선교 단체들이 개신교 선교 운동을 발전시켰고, 미국은 그 선교 단체를 해외 선교 목적에 완벽하게 적응시켰다. 그 결과물인 선교 단체들은 그들의 과업에 맞게 훌륭하게 설계되었다. 한 나라에 있는 그리스도인 자원들을 다른 나라에서 복음을 전하고 교회를 세우는 일을 하게 한 것이다. 말하자면, 손에 쥔 과업이란 것은 주로 베푸는 것이었고, 그 방법이란 것도 기본적으로 일방통행이었다. 그러나 새로운 모습을 드러낸 기독교 세계에는 완벽한 도구로 계획하지 못한 필요들이 있었다. 이제는 주고받는 식의 **쌍방**통행을 위한 도구가 필요했다.

7. 지금까지 우리는 미국에서 기독교가 특수하게 지역적 모습으로 발전했다고 주장했다. 그러나 기독교가 아프리카, 오세아니아, 아시아의 더 넓은 지역에서 뿌리내리고 라틴아메리카에서 다른 형태로 등장하면서, 다른 지역성을 띠게 되었다. 이 말은 이 모두를 나란히 놓고 보면, 북아메리카의 기독교도 여러 지역적 모습들 가운데 하나일 뿐이라는 뜻이다. 그렇다면 지역적 특성을 갖는 여러 모습의 기독교는 서로 경쟁할 것인가? 서로 만나는 과정에서 언제나 어려움도, 흥분도, 새로운 깨달음도 있을 것이다. 이런 만남에 따르는 가장 큰 위험은 한쪽이 자기의 특성만이 보편성을 갖는다고 주장하는 경우에 온다.

맺는 말

선교 운동은 교회 역사에서 전환점들 가운데 하나이고, 세계 기독교 신앙의 전체 모습은 선교 운동 때문에 변화되었다. 또 선교 운동에 대한 미국의 기여는 따질 수도 없을 만큼 크다. 그러나 선교 운동의 역사가 기독교 역사 연구의 중심에 있었던 적은 없었다. 선교의 실천이 그렇듯, 이것은 열정적인 이들의 영역에 있는 것이지, 주류 전통의 영역에 있지 않았다. 따라서 우리는 기독교 역사에서 아주 중요한 사건들과 과정들에 관하여 신기하게도 아는 것이 거의 없다. 우리는 '세계 복음화의 세기: 북아메리카의 복음주의 선교, 1886-1986' 같은 주제를 가지고 이와 같은 대회를 개최함으로써, 우리가 알 수 있는 것을 탐구하고 우리가 아직 모르는 것을 준비할 수 있다. 오늘날의 연구에서 이보다 더 유익한 과업은 찾기 어렵다.

아프리카와 아시아의 기독교 역사를 연구하는 사람들은 연속되는 이야기 속에서 이미 선교 시대를 한낱 하나의 사건으로, 때로는 다소 거리가 있는 사건으로 보고 있다. 선교 운동은 그 자체로 지속될 것이고, 한 나라의 그리스도인들은 다른 나라 사람들로부터 계속 말씀을 들을 것이며, 그리스도인들은 신앙, 삶, 사역을 나누는 일을 멈추지 않을 것이다. 그러나 선교 운동은 알아볼 수 없을 정도로 변화할 것이고, 상황에 따라 적응할 필요도 있을 것이다. 그것은 미국이 가장 잘 보여 주었다. 지금까지 기독교의 확장은 문화의 벽을 넘어 전달

---

39 나는 이 장에서 아마도 선교에서 미국적 차원의 모든 측면 중에서 가장 중요한 면을 다루지 못한 것 같다. 그것은 바로 아메리카 원주민과 관련된 것이다. 제대로 말하자면, 현대의 선교 운동은 바로 여기에서 시작되었다. 북아메리카에서는 개신교 그리스도인들이 날마다 유대 기독교적 전통에 전혀 물들지 않은 문화와 접촉하는 가운데 자신들이 누구인가를 처음으로 깨닫게 되었다. 다른 측면에서, 오스트레일리아처럼 북아메리카는 선교 역사에서 다소 울적하고 더 경고가 되는 단계의 하나를 보여 준다. 나는 또 미국의 가톨릭 선교의 특질에 대해서도 전혀 다루지 않았다. 또한 역사가 길고, 어느 정도는 분리해서 생각해야 하는 미국 흑인들의 선교 전통에 대해서도 지나가는 정도로만 언급했다. 이것에 관해서는 Walter L. Williams, *Black Americans and the Evangelization of Africa 1877-1900* (Madison: University of Wisconsin Press, 1982)을 보라.

되는 시기가 먼저 있었고, 그다음 기독교가 새로운 지역적 모습을 드러냈다. 그러나 우리가 말하는 지역적 모습이라는 것도 잠정적인 것이고, "우리 모두가…온전한 사람이 되어서 그리스도의 충만하심의 경지에까지 다다르게 되기"(엡 4:13) 위한 지역적인 기독교화 과정의 일부일 뿐이다.[39]

18 • 선교 단체 그리고 교회의 다행스러운 전복[1]

I

자발적인 단체가 (선교 단체라는 특별한 형태를 통하여) 서구 기독교와 세계 기독교의 변화에 미친 엄청난 영향을 감안하면, 19세기의 교회를 연구할 때 그 단체들에 별로 주목을 하지 않는 것이 놀라울 뿐이다. 현대적인 자발적인 단체의 효시는 17세기 말로 거슬러 올라간다. 18세기에 이러한 단체는 새로운 용도가 생겼고, 19세기에는 교회와 국가 모두의 삶에 영향을 미치고, 그 삶을 보완해 주고, 우회로를 내주는 새로운 방식을 개발했다. 미국인 선교사로 정치가였던 루퍼스 앤더슨이 그 단체의 발전에 대하여 기록한 것을 보자. 그는 1837년 '세계를 회심시킬 때가 왔다'는 제목으로 글을 썼다.[2] 이 글에서는 성경의 예언이 성취되고, 물이 바다를 덮음같이 온 세상이 하나님을 아

---

[1] 이 글은 *The Evangelical Quarterly* 88 (No. 2, 1988): pp. 141-155에 처음 게재되었다.
[2] 이 소논문은 1837-1838년 보스턴에서 발행된 *Religious Magazine*에 처음으로 게재된 이후로 여러 차례 출판되었다. 가장 최근에 출판된 것은 *To Advance the Gospel: Selections from the Writings of Rufus Anderson*, ed., R. Pierce Beaver (Grand Rapids: Eerdmans, 1967), pp. 59-76로, 이 판이 또한 가장 구하기 쉬운 것이므로 이후 여기서 인용한다.

는 지식으로 가득 찰 때가 가까웠음을 보여 주는 듯한 징조들을 열거한다.³ 이런 징조들 가운데 어떤 것은 기술적 진보와 관계가 있다. 그전에는 전 세계에 접근하는 계획이 그리 쉽지 않았다. "기독교 왕국의 복음주의적 교회들이 실제로 세계의 회심을 위해 조직화된 것은 비로소 금세기(19세기)에 들어서였다."⁴ 앤더슨은 이런 목적을 위해 만들어진 개신교 특유의 조직 형태가 자발적인 단체라고 생각한다.

> …선교사 단체, 성경 연구 단체, 문서 단체 및 그밖에 비슷한 일을 하는 단체들을 보면, 그들은 단지 성직자들로만 구성되어 있지 않고, 어떤 한 직업에 국한되어 있지도 않으면서, 모든 계층을 아우르고 대중을 포용하고 있습니다. 또한 모두가 자유롭고, 개방되어 있으며, 책임감이 있습니다.…**기부자들이** 진정한 협회를 이루고 있습니다.…개인, 교회, 회중이 공동 관심사를 위해 **그러한 기관들을 통하여** 자유롭게 함께 활동합니다.…이러한 개신교 방식의 자유롭고, 개방적이고, 책임감 있으며, 남녀노소 할 것 없이 모든 대중을 품는 협회는 현대에 들어서서 거의 우리 세대에만 특별하게 존재합니다.⁵

여기에서 앤더슨은 자발적인 협회의 몇 가지 중요한 특질을 지적한다. 도구적 성격, 상대적으로 최근에 생성되었다는 것, 그 특수한 구조 등이 바로 그것이다. 이는 회원의 자격을 개방하고, 평신도들이 성직자들만큼 참여적이고, 그 조직이 수많은 회원들에게 뿌리를 두

---

3 같은 책, p. 61.
4 같은 책, p. 64.
5 같은 책, p. 65.

고 있는데, 그 회원들은 자기 조직에 대한 책임감을 가지고 그 조직을 아낌없이 성원하고 있었다는 점에서, 그 이전에 생겨난 모든 구조들과는 차이가 있었다. 앤더슨 스스로가 뉴잉글랜드 회중교회에 속한 사람이었기 때문에, 그는 그러한 단체들이란 개방적이고 책임감 있는 정부 형태를 가진 국가에서만, 그리고 개신교가 국민의 자유를 위한 길을 준비한 국가에서만 생길 수 있다고 주장한다. 또한 그러한 단체들은 크게 개선된 내륙의 통신 수준, 크게 증가한 국제 해상 교역의 수혜자였다. 물론 자발적인 단체가 당시 스페인이나 나폴리에서라면 성행하지 못했을 것이라는 그의 말은 맞다. 앤더슨은 우리가 알고 있듯이 선교 단체는 정치적·경제적·사회적 발전을 이룬 서양의 특별한 시기가 제공한 기회를 붙잡아서 태동된 것이라고 넌지시 말하고 있다.

선교단체의 도구적 성격으로 돌아가 보자. 앤더슨이 말하듯이, 자발적 단체에서는 개인, 교회, 회중이 자유롭게 공동 관심사를 위해 함께 활동한다. 이것은 기본적으로 실용적인 접근 방식으로, 특정한 목적을 위하여 도구를 설계하는 것이다. 현대의 첫 종교 단체들은 17세기 말 런던의 엄숙한 고교회파에서 생겨났다. 그런 단체들은 교인들에게 더 경건하고 거룩한 삶을 살라고 외친 독일 태생인 안토니 호르넥(Anthony Horneck, 1641-1697, 독일 출생의 개신교 목회자이자 학자. 그러나 주로 영국에서 활동하였다. 특히 1960년대 말부터는 런던에서 왕성하게 사역하기 시작해 복음주의 전도사로서 큰 영향력을 행사하였다-옮긴이) 같은 사람들의 설교에 감동되어 설립되었다. 다른 사람들이 불경스런 언행을 질책하고 창녀들을 거리에 나오지 못하게 함으로써 나라의 '기강을 개혁'하기 위한 모임을 가질 때, 일단의 진지한 사람들은 함께 모여 기도하고 성경을 읽고 가난한 사람들을 찾아갔다.[6] 그들은 진지한 설교에 대해 실제적인 반응을 하려고 했다. 말하자면, '우리가 무엇을 할꼬?'라는 질문에 대답하려고 했다. 그들은 상당한 의혹과 적대감에 맞닥뜨렸다. 왜 어떤 사람들이 함께 모이고 있었던 걸까? 왜 모이는 것이 필요하였는가? 예배가 그들에게 충분치 않았단 말인가? 시대적 배경 탓에 어떤 부류의 모임은 정치적 불평이나 성직자들에 대한 불만의 형태를 띠고 있었다. 하지만 그리스도인으로서의 삶을 서로 돕거나, 기독교의 가르침을 더 효과적으로 표현하기 위한 단체들의 숫자도 점점 늘어났다. 그 단체들은 존 웨슬리의 영성 형성에 중요했고, 그의 사역을 발전시키는 데 꼭 필요했다.[7] 한편 (상대적으로 숫자는 적지만) 교회의 일상적인 영역을 벗어난 복음 전도를 진지하게 생각했던 성직자들은 새로운 구조가 없이는 무슨 일도 할 수 없다는 점을 깨달았고, 이에 따라 기독교 지식 양성 협회(Society of Providing Christian Knowledge)와 복음 전도 협회(Society for the Propagation of the Gospel, 1701년 창립된 영국 성공회의 선교 기관, 1965년 Universities' Mission to Central Africa와 통합—옮긴이) 같은 단체를 설립했다. 이 단체들은 그 단어가 진정으로 의미하는 자발적인 단체는 아니었다. 이들은 의회가 정한 정관을 따랐으며, 그 운영을 영국 국교회의 주교들과 연결시키려고 주의를 기울였다.[8] 그 결과, 그들이 잘할 수 있었던 일은

---

6   그 배경에 관해서는 W. K. Lowther Clarke, *Eighteenth Century Piety* (London: SPCK, 1946); N. Sykes, *Edmund Gibson, Bishop of London 1669-1748: A Study of Politics and Religion in the Eighteenth Century* (London: Oxford University Press, 1926)를 보라.

7   예를 들어, J. S. Simon, *John Wesley and the Religious Societies* (London: Epworth, 1921)와 *John Wesley and the Methodist Societies* (London, 1923)를 보라.

8   W. K. Lowther Clarke, *A History of the S. P. C. K.* (London: SPCK, 1959) 및 H. P. Thompson, *Into All Lands: The History of the Society for the Propagation of the*

주로 교회가 늘 해 오던 일, 즉 목사를 임명하고 준비시키는 일이었다. 그 협회들은 이렇게 준비시킨 목사들을 해외, 주로 아메리카 대륙으로 파송할 수 있었는데, 거기서 그 선교사들이 하는 일이라고는 영국 식민지 주민들을 장로교와 악에 빠지지 않도록 하는 것이었다. 선교 단체를 만든 사람들이 품었던 더 넓은 선교 영역에 대한 비전은 19세기에 들어서도 실현되지 못했다. 심지어 선교 단체들이 시작한 그런 사역을 보고자 했던 런던의 어떤 주교는 무척 좌절을 느꼈다.[9]

영국 국교회는 구조상 그들이 늘 해 오던 것을 그대로 답습할 뿐이었다. 새로운 개념에는 새로운 도구가 필요했다. 1792년 윌리엄 캐리가 세미나를 위해 쓴 소책자의 제목 자체가 웅변적으로 표현하고 있는데, 그가 붙인 제목은 『그리스도인들이 이교도들의 회심을 위해 수단을 사용해야 하는 책무에 대한 연구: 이를 위해 세계 다양한 나라들의 종교적 상태, 과거에 한 일의 성공 여부와 앞으로 할 일의 실행 가능성을 검토한다』였다.[10] 가장 중요한 어구는 '**수단을 사용해야 하는 책무**'이다. 캐리가 쓴 소책자 안에는 신학이 있고, 역사가 있고,

---

Gospel 1701-1750 (London: SPCK, 1951)을 보라. 중요한 것은 Thompson이 SPG의 기원에 관한 이야기 다음에 나오는 첫 부분에서 '1701-1783년 아메리카 식민지'를 다루고 있고, 이어서 '1783-1851년 계몽의 시기'를 네 부분으로 나누어 미국 내의 상황과 캐나다를 다루고 있다는 것이다. SPG의 주요 과제는 영국의 식민지 주민들과 관련이 있었다. 그 결성에 주역을 담당했던 Thomas Bay는 더 큰 비전을 가지고 있었으나 (참고. Thompson, p. 17), 실제로 1750년대 대규모 농장의 노예들의 고향을 방문하기 위하여 서아프리카 지역을 여행하였던 Maryland의 목사 Thomas Thompson(참고. Thompson, p. 67 이하) 같은 사람들은 드물었다. 청년 John Wesley는 조지아에서 선교사로 있을 때 아메리카 원주민들에게 복음을 전하고 싶어 했지만 실제로 원주민들을 거의 만날 수 없었다.

9 참고. G. D. MaKelvie, *The Development of Official Anglican Interest in World Mission 1788-1809, With Special Reference to Bishop Beilby Porteus*. 박사 학위 논문 (University of Aberdeen, 1984).
10 1792년 Leicester에서 발간되었고 여러 차례 재간되었다. E. A. Payne의 서언이 첨부된 복제판은 Carey Kingsgate Press에서 발간되었다(London, 1961).

인구학이 있지만, 그 중심에는 적절한 도구를 찾는 수단, 하나님이 그들에게 맡기신 과업을 이루기 위한 수단에 대한 그리스도인들의 책임이 있다.

캐리는 『연구』의 마지막 부분에서 그리스도인의 책무가 무엇인지 밝히고, 그 책무를 성취하기 위하여 지난날에 시도했던 일들을 되짚어 보고, 그 당시의 세계에서 그 일들의 범위를 보여 주고, 성취를 가로막은 논점들을 제거한 후에, 알맞은 수단이 무엇인지를 규명하려 한다. 그 첫 번째는 합심 기도이다. "언제나 일어났던 가장 영광스러운 은혜의 사역은 기도 응답에 있었으며, 이렇게 해서 마침내 우리는 우리가 바라는 바 성령의 영광스러운 기름 부으심이 일어날 것이라 생각할 만한 가장 중요한 이유를 갖게 된다."[11] 캐리는 40여 년 전에 조너선 에드워즈가 '기도 합주회'를 요청했다는 글을 읽은 후 발단이 되어 일어난 규칙적인 기도 운동의 배경에 대하여 글을 쓰고 있다.[12] 에드워즈는 1742년 스코틀랜드 서부 캠버슬랑에서 일어난 부흥 운동에 이어 일단의 청년들이 기도 모임을 가졌다는 것을 알고 그런 요청을 하게 된 것이었다.[13] 캐리는 계속해서 합심 기도가 효과적인 수단이라는 주장에 대한 실례를 보여 준다. 월례 기도회는 캐리가 소속된 미들랜드 침례교회 안에서 시작되었으므로 "끈질기지도 않고 미약했음에도 불구하고, 하나님이 들으시고 어느 정도 응답을 주신다

---

11   Carey, *An Enquiry*, pp. 78-79.
12   *An Humble Attempt to Promote Explicit Agreement and Visible Union of God's People in Extraordinary Prayer for the Revival of Religion and the Advancement of Christ's Kingdom on Earth, Pursuant to Scripture-Promises and Prophecies Concerning the Last Time* (Boston, 1747).
13   A. Fawcett, *The Cambuslang Revival: The Scottish Evangelical Revival of the Eighteenth Century* (London: Banner of Truth, 1971).

고 믿었다." 그 첫 번째 증거는 기도회에 참여한 교회들이 전반적으로 성장하였다는 것이다. 여기에 국내 선교와 해외 선교가 다르다는 생각은 없다. '그리스도의 나라가 확장되기'를 기도하는 사람들은 둘 다에 관심을 가질 것이다.[14]

또 하나의 증거는 오랫동안 교회를 곤경에 빠뜨리고 분열시켰던 문제들을 명확히 하는 것과 낯선 곳에서 복음을 전할 기회들과 관련이 있다. "가톨릭 정신이 축소되고 시민의 자유와 종교의 자유가 확산되었기 때문에" 더 많은 기회가 올 것이라고 기대할 수도 있었다. 캐리와 같은 비국교도들은 거리낌 없이 시민의 자유와 종교의 자유가 확산되도록 기도했다. 그들 가운데 어떤 사람들은 프랑스혁명의 측면에서 적그리스도 세력이 휘청거리는 것을 보기도 했다. 실제로 스코틀랜드 교회 총회와 다른 교회들에서는 선교를 반대하는 이유의 하나로, '시민의 자유와 종교의 자유'라는 외투 아래 혁명적 목적을 가진 것 같은 사람들과 선교가 결합되는 것을 꼽았다. 캐리는 '비인도적인 노예무역을 폐지하려는' 의회의 첫 번째 시도를 기뻐하고 그 일이 꾸준히 이어지기를 바랐다. 또 시에라리온에 그리스도인들의 자유 거주 지역이 확립되는 것도 기뻐했다.[15]

그렇다면 같은 기도 제목을 가지고 모이는 대수롭지 않기도 한 시도에서 우리는 무엇을 볼 수 있는가? 교회들의 부흥, 더 명료한 신학적 이해, 새로운 복음 전도의 시작, 프랑스혁명, 노예무역에 대한 비난, 서아프리카 지역에 있는 그리스도인 거주지 같은 것들이겠는가? 캐리는 "이런 것들을 사소한 것으로 치부할 수 없다"고 말한다. 그는

---

14 Carey, p. 79.
15 같은 책, pp. 79-80.

자신이 속해 있는 침례교회들 안에서 일어난 함께 모인 사건들과, 당시의 큼직한 운동에 연루된 사건들이 부조화스럽다고 보지 않는다. 하나님은 두 가지 사건들 모두에서 역사하신다.

> 만약 그리스도인들의 모든 집회에 구세주 왕국을 위한 거룩한 근심 걱정이 만연해 있다면, 우리는 지금까지 복음을 향한 **열린 문**뿐만 아니라, **백방으로 뛰어다니는 많은 이들**과 지식이 증가하는 것을 불완전하게나마 보았을 것이다. 아니면 이러한 수단(기도)을 부지런히 사용함으로써 섭리가 우리의 세력 범위 안에 주어지고, 하늘로부터 평소보다 더 많은 축복이 내리는 것을 보았다고 할 수도 있다.[16]

캐리는 기도가 모든 교단의 그리스도인들이 조금도 거리낌 없이 함께할 수 있는 유일한 것이라고 계속해서 말한다. 그러나 우리가 기도한 바를 얻기 위한 수단 활용을 기대하는 것을 빼먹어서는 안 된다고 말한다. 그리고 나서 그는 실제로 당시 상업 세계에서 비슷한 예를 든다. 어떤 무역회사가 사업 등록을 했다면, 그 회사의 발기인들은 그 회사가 제대로 자리 잡기 위해서 최대한 노력할 것이다. 그들은 상품, 선박, 선원을 신중하게 고르고, 쓸모 있는 정보는 한 조각이라도 얻으려 애를 쓴다. 또한 항해의 위험을 감수하고, 거친 기후와 적대적인 사람들을 용기 있게 대면하고, 위험을 무릅쓰고, 열망을 가지고 그 모든 것의 대가를 지불한다. 그 이유는 오직 성공하는 것에만 그들의 마음이 고정되어 있기 때문이다. 그들이 이런 일에 **관심**을 두

---

16 같은 책, p. 80.

고 있다면, 우리 그리스도인의 관심은 메시아의 왕국을 확장하는 것이 아니겠는가?

그래서 그는 이런 제안을 한다.

> 성직자들과 일반 교인들로 구성된 진지한 한 무리의 그리스도인들이 자발적으로 한 단체를 만들어, 선교 계획, 선교사로 채용될 사람, 경비 조달 방안 등의 기준에 관한 수많은 규정을 만든다고 가정하자. 이런 단체라면 마음이 그 사역에 가 있는 사람들, 진지한 신앙을 가진 사람들, 견인불발의 정신을 가진 사람들로 구성되어 있음에 틀림없다. 이런 묘사에 해당하지 않는 사람은 누구라도 입회할 수 없거나, 여기에 대한 확답을 하기까지 입회를 유보한다는 결정이 있어야만 한다.[17]

이런 단체의 회원들 가운데서 임원들을 선출한 위원회는 무역 회사에서 하듯이, 정보를 수집하고, 자금을 모으고, 파송할 수 있는 선교사들을 점검해 사역을 준비시킬 수 있다. 지금에 와서 이 모든 것들이 케케묵은 것으로 들리는 이유는, 우리가 협의회, 자문 위원회, 회원 가입, 기부 같은 도구에 익숙해져 있기 때문이다. 그래서 18세기의 평균적인 그리스도인은 그런 것들에 전혀 익숙하지 않았다는 점을 떠올리기 어렵다. 그 당시 대부분의 그리스도인들은 임명된 성직자가 있는 교구 교회 면에서만 생각했다. 혹 잉글랜드의 비국교도나 스코틀랜드의 분리주의자들이라면 성직자를 요청하는 회중의 측면에서 생각했다. '도구적'인 단체, 특정 목적을 달성하기 위하여 한데

---

17 같은 책, pp. 82-83.

모이는 그리스도인들의 자발적인 단체는 아직 초창기에 있었다. 시골 출신이며 천한 신분이었던 캐리 같은 사람이 상업을 예로 든 것은 의미심장하다. 단체를 만드는 일은 회사를 세우는 일과 같다는 것이다. 캐리는 교회의 통상적 기구를 통해서는 성취할 수 없는 과업을 성취하기 위한 적절한 수단을 강구하고 있었다. 다른 초기의 선교 단체들을 하나하나 꼽아 보면, 기성 성공회에 속한 복음주의 지지자들이 만든 CMS, 잉글랜드의 비국교도들이 열정적으로 유지시킨 LMS, 스코틀랜드의 각종 단체가 있다. 이 단체들은 모두 실용적인 목적을 가지고 출발했다. 단순한 사실은 감리교회가 되었든, 장로교회가 되었든, 회중교회가 되었든, 조직화된 교회는 해외 선교를 효과적으로 수행할 수 **없었다**는 것이다. 그러므로 그리스도인들은 그렇게 할 '수단을 활용'해야만 했다.

자발적인 단체의 **신학**이라고는 아예 없었다. 자발적인 단체는 하나님의 신학적 익살 가운데 하나로, 그분은 자기 백성이 지나치게 엄숙한 척하면 그들을 가벼운 웃음거리로 만드신다. 고고한 신학적·교회적 원칙에 매인 사람들은 이따금 선교 운동의 원수 노릇을 했다. 라이랜드 장로가 캐리를 향하여 "이봐, 젊은이, 그만 앉게. 하나님이 이교도들을 회심시키려고 마음만 잡수시면, 자네나 내 도움 없이도 그리 하실 걸세"(아마도 사실이 아니겠지만 **사실일 듯한** 이야기들 가운데 하나)라고 소리를 질렀을 때(아니면 오히려, 만약에 그랬다면), 그는 그저 가톨릭에 대항한 변증가로서 한 세기 먼저 공식화된 개신교의 전형적 교리를 표현했던 것이다. 17세기 가톨릭이 남북아메리카와 아프리카, 아시아에서 한 포교에 대해 지적하면서 개신교인들에게 "**당신네들의 선교사들은 어디 있는가?**"라고 한 적이 있는데, 여기에는 일반적으로 용인된 신학적 대답이 있었다. 그 대답은 사도직은 영단번(once and for all)의 것이라는 개신교의 유명한 주장으로 시작되었다. 그러므로 "땅끝까지 가라"는 명령은 주님이 사도들에게 하신 것이므로, 그 명령은 사도들의 시대에 성취되었다. 이제 와서 누군가가 그 일의 성취를 떠맡는다는 것은 주제넘고 타락한 생각이었다. 그것은 누군가를 사도의 자리에 올려놓는 것으로, 교황의 오류를 인정하는 것이다. 캐리는 아무런 거리낌도 없이 이러한 논의는 어리석은 짓이라고 폄하하였다. 그는 침례교 동료들에게 묻는다. 그렇다면 침례를 행하는 정당성은 어디에 있는가? 그것도 사도의 직무가 아닌가?[18] CMS는 존 벤과 찰스 시므온 같은 독실한 실용주의자들의 주장에 따라 출범되었다. 이들은 선교지에서 성공회의 기도서가 고수되지 않을 것을 염려한 좀더 교조적인 몇몇 복음주의자 형제들로부터 괴로움을 당했으나, 많은 아일랜드의 성직자들은 CMS가 싸움판을 벌이는 로마 교황청의 '실제' 사역에서 전환을 모색하는 중이라고 여겼다.

II

자발적인 단체는 신학적인 발전은 아니었을지라도, 대단한 신학적 의미를 함축하고 있었다. 그런 단체들이 생겨난 것은 고전적 형태의 감리교회, 장로교회, 회중교회 또는 개혁 감리회(Connexional) 같은 제도에서는 (어찌 되었든 18세기 후반의 형태로는) 선교 단체들이 했던 역할을 담당할 기구가 아무것도 없었기 때문이다. 자발적인 단체는 그 성

---

[18] 같은 책, p. 84.

공에 힘입어, 고전적인 형태의 교회 제도 어느 것과도 편안하게 어울리지 않은 채 그것들을 전복시켜 버렸다. 이것을 이해하려면 우리는 이러한 교단 형태가 18세기에 살던 사람들의 관념 속에 얼마나 변할 수 없는 것으로 고정되어 있었는지를 기억해야만 한다. 이런 교단 형태는 여러 세기 동안 각기 성서와 이성에 근거해 주장되어 왔고, 지금도 세 교단 모두가 명맥을 유지하면서 그리스도인들을 다른 종류로 분류하고 또 분명하게 범주화하고 있다. 사람들은 이런 교단들의 순도를 지키기 위해 헌신하고, 교단을 위해 피를 흘리고, 때로는 자기 교단을 위해 다른 교단들이 피를 흘리게 만들 용의도 있었다. 그런데 그때 복음의 진리를 움켜쥔 이런 훌륭한 제도의 역량을 뛰어넘는 일들이 갑자기 닥쳐왔다. 그 일은 결코 작은 일이 아니라 큰일, 즉 세계 복음화 같은 큰일이었다. 이런 깨달음으로 그들은 신학적 갈빗대에서 거북한 것 일부를 떼어 내 버렸다. 캐리의 말이다.

> 내게 내 형제들과 그리스도인 동료들 가운데 누구에게라도 영향을 주기를 바랄 어떤 이유가 있다면, 아마도 특히 내 교파에 속한 사람들을 향해 그런 간절한 생각을 가질 것이다.…내 말은 그것이 어떤 교파에 속하는 그리스도인들에게 반드시 국한된다는 뜻은 아니다. 나는 우리 주 예수 그리스도를 참으로 사랑하는 사람이라면 어떤 방법으로든 참여하기를 진심으로 바라고 있다. 그러나 그리스도의 왕국이 지금처럼 분열된 상태에 있다면 각 교파가 따로 사역에 참여하는 것이 함께 같은 배를 타는 것보다는 더 좋을 것이라는 생각이 든다. 우리 모두에게 충분한 여지가 있다.…그리고 비우호적으로 간섭하지 않는다면 각 교파가 다른 교파에게 선의를 품고 그들의 성공을 바라고 그것을 위해

기도할 것이다.…그러나 모두 섞여 있다면, 교파들 사이의 사사로운 불화가…공적인 효용성을 크게 방해하기 쉬울 것이다.[19]

그러므로 선교가 교파별로 행해져야 한다는 캐리의 근거는 아주 실용적이다. 모든 그리스도인들을 그 사역에 초대한 것을 보면, 그가 신학적 이유로 연합 선교를 반대한 것은 아니다. 그러나 선교 단체를 만들려고 한다면, 그 시작은 당신이 있는 곳에서 이미 핵심을 이루고 있는 사람들과 이미 응집력이 있고 서로 간의 신뢰와 친교가 있는 사람들과 함께할 수밖에 없다. 서로 의심하고 신뢰가 없다면, 그 선교 단체는 운이 다한 것이다. 물론 캐리처럼 동일한 초교파적 신학적 전제에서 시작해서 선교 단체의 기초에 대하여 다른 결론에 도달하는 것도 가능했다. 선교 협회의 설립자들의 경우가 그러했다. 말하자면 그들은 감리교회나 장로교회나 회중교회를 가릴 것 없이, 모든 사람이 선의를 가졌다고 이해하기를 바랐기 때문이다. 그러나 다른 선교 단체들이 생겨나자 이 선교 단체는 LMS라는 이름으로 알려지게 되었다. 그 출범식 자리에서 한 설교가는 "보시오. 우리는 여기에 **편협함**을 땅에 묻기 위해 한마음으로 모였습니다.…그 편협함을 무덤에서 꺼내고 말겠다는 사람이 있다면 그에게 저주가 내릴 것입니다"라고 외쳐 댔다.[20] 이에 대한 증거로 협회의 설립자들은 그들이 '기본 원칙'이라고 부르는 것을 만들어 냈다.

---

19 같은 책, p. 84.
20 David Bogue. 이 설교는 R. Lovett, *The History of the London Missionary Society 1795-1895* (London: Oxford University Press, 1899), 1:55 이하에 요약 인용되어 있다.

우리의 계획은 장로교회파, 독립 교회파, 감리교회파나 다른 어떤 형태의 교파(이에 관해서는 진지하게 생각하는 사람들 가운데 견해의 차이가 있을 수 있다)를 해외로 보내는 것이 아니라, 복의 근원이신 하나님의 영광된 복음을 이교도들에게 전파하는 것이다. 그 복음은 자신들이 그러한 교파에 속한다고 생각하는 사람들 가운데서, 하나님이 그분의 아들과의 교제의 자리로 부르실 사람들의 마음속에 심겨질(그 복음이 언제나 심겨져 있어야만 하듯이) 것이다. 그들은 성경에 가장 충실한 사람들로 여겨질 것이다.[21]

이 기본 원칙이 실상은 회중교회의 원칙—특히 "그 복음이 언제나 심겨져 있어야만 하듯이"라고 괄호로 표시한 부분을 보면—이라는 주장이 있을 수 있다. 명목상으로나 전적으로는 아니겠지만, 더 나아가서 그것은 LMS가 회중교회파들이 실질적으로 지원하는 단체가 되었다는 주장을 펴는 근거가 되었을 수도 있다. 그러나 주목해야 할 훨씬 더 중요한 사실이 있다. LMS의 설립은 18세기 초에는 생각조차 할 수 없었던 무언가를 18세기 말에 보여 주었다는 것이다. 그것은 바로 성공회 교인들, 장로회 교인들, 독립 교회파 교인들, 감리교회 교인들의 행동의 공동 기반이었다. 그 공동 기반이 바로 선교 협회이고, 그것은 각기 다른 근거에서 시작했지만 공동의 목적을 가진 사람들의 공동의 수단이 되었다.

선교 협회는 초교파 정신을 담은 수단이 된다. 그 정신의 원류는 아니지만 그 정신의 산물이며 그 표현 수단이다. 캐리는 가장 초교파

21　Lovett, *History*, pp. 21-22.

적인 이유를 들어 교파 소속의 선교 단체를 제안하고, LMS 설립자들도 바로 똑같은 이유를 들어 초교파적인 단체를 설립한다. 그러나 이때에 국교회 성직자와 비국교도가 저녁 식사 자리나 찻집에서 만나 이야기를 나눌 수는 있었을지 몰라도, 자발적인 선교 단체가 그런 기회를 만들어 줄 때까지는 함께 **활동**할 수 있는 수단이 없었다. 그런데 자발적인 단체가 전통적인 구조에 던진 도전은 이것보다 훨씬 심오한 의미를 지녔다. 그리고 그러한 도전을 가장 강렬하게 제시한 것이 바로 선교 단체였다. 선교 단체는 복음 전파를 위해 만들었으나, 이론상 그것은 교구와 회중이 존재하는 이유의 하나였다. 그러나 선교 단체는 교구나 회중이 **아니었고**, 일하는 방식도 전혀 달랐다. 교구나 회중과 연결된 고전적인 제도는 그 단체를 소화해 낼 수 없었다. 그 단체들이 명백하게 어떤 교파를 표방하는 경우에도 그랬다.

오래된, 좀처럼 없어지지 않을 것 같았던 형태들에 기생해 새로운 유형의 교회 체제가 자라 가고 있었고, 할 말이 없을 때까지 논쟁을 했다.

그렇다면 19세기를 지나오면서 특정한 사회적인 학대에 대처하거나 특별한 사회적 욕구에 부응하기 위하여 그러한 단체들의 숫자가 크게 늘어났다는 것은 놀랄 일이 아니다. 1859년 부흥 운동이 일어났을 때 많은 새로운 선교 단체들이 생겨났는데, 그 가운데 많은 단체들이 모두의 선의를 담기 위한 초교파적 구조라는 해묵은 기대를 되살렸다는 것도 놀랄 일이 아니다. 또한 같은 시기에 통상적인 교회 기구로는 좀처럼 다룰 수 없었던 부문에서 국내 선교와 복음 전도를 표방하는 새로운 단체들이 생긴 것도 놀랄 일이 아니다.

III

앤더슨에 따르면, 자발적인 단체의 특별한 의미 가운데 하나는, 그것이 성직자들에게 국한되지 않는다는 점이다. 다른 말로 하면 자발적인 단체가 기존의 교회 구조를 전복시켰다는 것이다. 즉 그 단체들이 교회의 세력 기반을 바꾼 것이다. 자발적인 단체가 생김으로써 처음으로 일어난 일은, (관직에 있거나 나라의 중요 직책을 맡고 있는 소수를 빼고) 평신도들이 교구나 회중 수준보다 중요해진 것이다. 이 단체들이 발전함으로써, 성직자든 평신도든, 이전에는 자기네들이 속한 교회에서 별로 주목을 받지 못하던 사람들이 단체에서는 엄청나게 중요한 인물이 되었다. 이런 사실은 CMS의 역사를 보면 잘 알 수 있다. CMS는 일단의 보잘것없는 성직자들에 의해 시작되었다. 그들의 면모를 보면, 일부는 심지어 보수도 받지 못하는 런던의 목사들 몇몇, 케임브리지 대학의 교수 하나, 시골 출신 몇 사람뿐이었다. 그들 가운데 주교나 학장, 부주교는 아무도 없었다. 영향력 면에서 보자면 그들의 강점이라고는, 몇몇 이름 있는 평신도, 즉 윌리엄 윌버포스와 헨리 손턴(Henry Thornton) 같은 저명한 국회의원들의 지원을 받았다는 점뿐인데, 이들이 제법 소리를 내는 부회장이나 경리를 만들어 냈다. 그리고 실제로 캔터베리 대주교에게 그 단체에 관한 이야기를 할 필요가 생겼을 때, 회원들 가운데 대주교를 상대할 만한 비중이 있는 성직자가 없었으므로 평신도인 윌버포스가 그 역할을 담당할 수밖에 없었다.[22] 그러나 19세기 전체에서 헨리 벤보다 더 광범위하고 더 중요하

---

22 Michael Hennell, *John Venn and the Clapham Sect* (London: Lutterworth, 1958), 제5장을 보라.

게 실물 환등기 같은 역할을 감당한 사람이 대주교들 가운데 있었는가? 벤은 19세기 중반 30년 동안 CMS의 총무를 지냈는데, 성공회에서 아주 적은 보수 이외에는 받은 적이 없었지만, 그 어느 주교보다도 더 넓은 교구를 담당했다. 벤보다 더 많은 성직자들을 거느린 사람은 거의 없었고, 그 누구도 그처럼 휘하의 성직자들에게 막강하고 직접적인 영향을 끼친 사람도 없었다.[23] 그의 전임자들이나 후임자들 가운데 몇몇은 평신도였는데, 그 가운데 댄드선 코츠(Dandeson Coates)가 가장 유명하다. 19세기를 지나면서 훨씬 더 극적인 발전이 일어났다. 어떤 선교 단체에서는 의료인이나 다른 전문가가 그때까지는 목사와 신학자의 영역이라 생각했던 최고 책임자의 자리에 올랐다. 그다음에는 여성들이 선교 단체의 지도자와 임원의 자리에 올랐는데, 이것은 여성들이 다른 직업 전선에 모습을 보이기 시작한 것보다 훨씬 빠른 것이었다. 그래턴 기니스(Grattan Guinness) 여사는 버데트 커츠 남작 부인(Burdett-Coutts, 1814-1906, 영국의 당대 최고 갑부, 박애 활동가―옮긴이) 같은 단순한 후원자가 아니라, 활동가이며, 동기 부여자이고, 조직가였다. 나병 환자들을 위한 선교 단체(현재의 Leprosy Mission, 50여 개 국에서 나병 환자들을 위한 활동을 하고 있는 기독교 자선단체―옮긴이)를 만들어야 한다는 비전은 웰즐리 베일리(Wellesley Bailey, 1846-1937) 선교사가 생각해 냈지만, 그 단체를 조직하고 그 중심에 있던 사람은 존경스러운 더블린의 핌(Pym of Doublin) 양이었다. 그리고 국교회 안에서 또 다른 조용한 혁명이 일어났다. 국교회의 체제 안에서는 그러한 선교 단체를 적절히 소화할 수 없었다는 이유만으로, 아무도 여성

---

23 참고. W. R. Shenk, *Henry Venn, Missionary Statesman* (Maryknoll, N. Y.: Orbis Books, 1983).

안수나 심지어 여성들이 교회 안에서 잠잠히 있는 것에 관해 문제를 제기하지 않았다. 자발적인 단체가 주님의 신학적인 익살 가운데 하나라고 한다면, 수세기 동안 교리 해설로 신성시되고 신성 논쟁에 뒤덮였던 위풍당당했던 교회 구조는 19세기 말에 오면 아주 우스운 희극의 한 장면이 되어 버렸다.

IV

앤더슨은 자발적인 단체를 가리켜 '대중을 품는' 것이라고 말하기도 했다. 이 말은 자발적인 단체의 또 다른 핵심적 특징을 지적한 것이다. 그 단체는 존재하기 위해서는 구성원들의 정기적인 참여가 필요했다. 그 단체들은 지역 차원에서 그러한 참여를 유도하는 수단을 개발했다. 캐리의 제안은 이미 서로를 잘 알고 있던 영국 미들랜드의 침례교 교인들의 작은 그룹들을 기반 삼아 실천에 옮겨졌다. LMS는 훨씬 규모가 큰 사안이었는데, 그 이유 가운데 하나는 데이비드 보그(David Bogue, 1750-1825, 영국의 비국교도 지도자—옮긴이)와 조지 버더(George Burder, 1752-1832, 영국의 비국교도 신학자—옮긴이) 같은 후원자들이 침례교에서의 캐리보다, 그들이 속한 교파의 교구민들 사이에서 더 유명했기 때문이다. 그렇다 치더라도, 그 응집력과 활력 면에서는 LMS도 특정 지역, 특히 런던과 워릭셔에 사는 헌신적인 그룹들에게 도움을 받았다. CMS가 특히 그 점을 잘 보여 준다. CMS는 목회자 친목 모임의 토론의 결과로 시작되었고, 오랫동안 런던에서 만나고 전국에 퍼져 있는 복음주의적 성직자 동료들과 교신한 목사들 집단이었다. 15년이 다 지나도록 이 협회에서는 영국 안에서 선교사 후보감을 찾아낼 수 없었다. 영입할 수 있었던 후보자 대부분이 독일 출신들이었고, 그것도 유럽 대륙에 있는 선교 단체들과 연락을 취해서 얻은 결과였다.[24] 대략 1814년부터 상황이 천천히 변하였는데, 그 한 가지 이유는 CMS가 이미 성서공회가 솔선하였던 새로운 형태의 조직, 즉 지역적으로 조직된 보조 단체들의 연결망을 도입했기 때문이 확실하다. 지역 교회 선교 연합(Local Church Missionary Associations)은 유명한 귀족들과 명사들의 지원이 있었던 브리스틀 같은 대도시에서부터, 아주 작은 시골 교구나 그 밖의 자생 조직(예를 들어, 1814년부터 케임브리지 여성 협회가 있었고, 그전에는 도시나 대학을 위한 일반적인 협회 같은 것이 있었다)에 이르기까지 다양했다. 그 결과 CMS는 변화되었다. 그것은 더 이상 런던의 교역자 모임에서 만든 위원회가 아니었다. 이제는 인도나 서아프리카에서 들려오는 최신 소식을 접하려고 교구의 사람들이 만나는 모임, 선교 잡지를 열독하는 사람들의 모임이 되었다. 그 단체의 중심인물은 멀리 떨어진 곳에 있는 이름난 총무가 아니라, 모금을 위해 돌아다니고(아마도 몇 사람들로부터 한 주에 1페니를 거두는 것이 고작이었다), 「미셔너리 레지스터」(Missionary Register)를 팔러 돌아다니는 수금원이었다. 그다지 대단하지 않은 자리에 있는 대단하지 않은 소득이 있는 사람들이 해외 사역을 위한 기부자, 후원자가 되었고, 자신들이 그 일에 참여하고 있다고 느꼈다. 또 선교사를 모집하는 방식에도 변화가 있었다. 이제는 국내(영국)에서 선교사 지망자를 접수받기 시작했다. 그리고 이때는 공교롭게도 선교 사역이 눈에 띄게 위험해지고, 특정 사역지에서 선교사 사망률이 정점에 달한 때

---

24 초기의 선교사 모집에 관해서는 이 책 제12장 '선교적 소명과 사역'을 보라.

였다. 그 이유는 물론 이 선교 협회가 전국에 있는 그리스도인들 가운데서 지역적으로 뿌리내리고 발전한 것과 분명히 관계가 있었다. 협회는 지역적으로 자리를 잡으면서, 폭넓게 동조자들을 모으고, 평신도들에게 헌신과 열정의 장을 열어 주었다.

V

이런 과정에서 선교 잡지들의 역할에 대해서 학자들은 아직 충분히 관심을 기울이지 않았다. 자발적인 단체들, 특히 선교 단체들 때문에 새로운 독자층이 생겼고, 단체들은 여론에 민감해지는 데 이 독자층을 활용하였다. 그 과정의 뿌리는 노예무역 폐지 운동에 있다. 물론 이 운동도 선교 단체들을 적극적으로 지원한 많은 사람들이 가세한 것이었다. 아마도 노예무역 폐지 운동은, 현대적인 의미의 선전 방법으로 볼 수 있다. 즉 매체를 사용해 여론을 형성하고 동원하여 이룬 최초의 개가인 것이다. 이제 선교 단체들이 점차 같은 역할을 하게 되었다. 1812년은 본격적인 선교 잡지들 가운데 최초인 「미셔너리 레지스터」가 창간된 해다. 이 잡지에는 세계 곳곳에서 오는 소식들, 또 선교 사역의 초교파 정신으로 모든 관련 기관들에서 오는 소식들이 실렸다. 전국에서 이 잡지를 열심히 읽었다. 이와 같은 잡지들은 상류층 별장에 있는 서재로 들어간 「에든버러 리뷰」와 「쿼털리 리뷰」 같은 유명한 잡지보다 훨씬 폭넓게 배포되었다. 전에는 정기 간행물을 전혀 접해 보지 못했던 많은 사람들에게 선교 잡지가 배달되었다. 이 잡지들은 여론 형성에 일조했고, 상상력을 자극했으며, 자기 의견을 갖게 했다. 19세기 유행했던 참고 도서류에 미친 영향은 지대했다. 「미셔너리 레지스터」나 다른 선교 잡지들을 읽는 보통 독자라면, 영국 정부가 벵갈 지방의 성전세나 힌두교 과부들의 생화장, 아편 무역이나 노예 도주 등에 대하여 무엇을 해야만 할지 정확히 알았다. 그리고 독자층이 두터워지면서 독자들은 아마도 국내의 다른 그룹들과는 달리 나라 밖 소식에 관심을 갖고 접하게 되었다.

예를 하나만 들어도 좋을 것이다. 19세기 중반에 CMS는 아프리카 내륙 요루바랜드 아베오쿠타의 에그바 주에 있는 최초의 현대적인 교회 한 곳과 관계를 맺었다. 에그바 주가 다호메이 왕국과 노예무역에 얽힌 이해관계 때문에 제압될 위기에 처했을 때, CMS는 자국의 정부 일각에 영향력을 행사해 도덕적 지원과 어느 정도의 군수 지원을 하도록 했다.[25] 강력한 다호메이 군대는 철수했고, 헨리 벤은 "여왕 정부의 각료들로부터 주당 1페니를 걷는 보잘것없는 모금자들까지" 영국 전체가 만족하고 있다는 것에 주목했는데, 이것은 과장이 아니었다. 여왕의 각료들은 CMS가 수집한 증거 때문에 행동을 취하였고, 분명 푼돈을 걷는 수많은 사람들이 숨죽이며 아프리카에서의 사태를 주시했다. 그 결과 아베오쿠타 지역과 그 지역에 있는 교회들이 구조된 것에 대해 선교사들에게 감사를 표했다. 그러나 1850년대 영국에서 아베오쿠타라는 지명을 들어 본 사람들이나 다호메이 왕과 시바의 여왕을 구별할 수 있는 사람들이 얼마나 있었을까? 그렇게 할 수 있었던 많은 사람들은 선교 잡지들에 실린 세계 소식을 통해서 정보를 얻었을 것이다.

---

25 S. O. Biobaku, *The Egba and Their Neighbours 1842-1872* (Oxford: Clarendon Press, 1957); 참고. J. F. Ade Ajayei, *Christian Missions in Nigeria 1841-1891: The Making of a New Elite* (London: Longmans, 1965), pp. 71-73.

VI

19세기 후반에 이르러 수많은 새로운 선교 단체들이 생겨났다. 그 대부분은 '신앙 선교회'(faith mission, 믿음으로만 산다는 신조를 가진 복음주의자들의 선교 단체-옮긴이)라는 새로운 범주에 속하는 단체들이었고, 중국 내지 선교회가 개척자이자 원형이었다. 이 새로운 선교 단체들은 전혀 새로운 출범이라기보다는 자발적인 단체가 발전한 형태였다. 이 단체들은 먼저 생긴 단체들이 이미 보여 준 논리적인 결론 원리들을 채택했다. 어느 정도 이 단체들은 개혁 운동을 표방해 기본 원리들로 돌아갔다. 그것은 시토 수도회(Cistercians, 1098년 베네딕트 수도사인 로베르토가 설립한 가톨릭 수도 단체-옮긴이)와 카르투지오 수도회(Carthusians, 1086년 성 브루노가 설립한 가톨릭 수도 단체-옮긴이)가 수도사들이 살이 찌고 불평을 한다는 생각이 들었을 때 초기의 베네딕트 수도회의 이상을 다시 주장했던 것과 비슷했다. 이 단체들은 자발적인 단체가 국교회에 미친 혁명적인 효과를 이어 가며, 성직자 중심주의에서 벗어나는 일을 도왔고, 여성들의 에너지와 재능을 활용할 새 장을 열었다. 교회들이 국내라는 틀 안에서는 성장했을지 모르지만 그 어떤 교회에서도 표현 수단을 찾지 못했을 때 이들은 국제적인 영역을 덧붙였다. 자발적인 단체의 시대가 지난 후 서구 교회는 결코 전과 같을 수 없었다.

캐리의 지적처럼, 선교 단체는 어떤 특정 목적을 위한 수단이었다. 당초의 목적은 캐리가 말했던 '이교도들의 회심'이었다. 전부터 있던 단체들이나 새로 생긴 모든 단체들의 목적은 본질적으로 복음 전도였다. 그렇게 말한다면, 교회가 일단 세워지면 선교사들은 다른 곳으로 옮겨 가는 것이 이론이었다. 그러나 실제적으로는 그렇게 되지 못했다. 아마도 그렇게 될 수 없었을 것이다. 새 교회들이 세워진 후에도, 선교 단체들은 자연스런 소통의 통로로 남게 되고, 이들을 통해서 원조, 인력, 자금, 물자, 전문 기술자들이 흘러들었다. 우리가 본 것처럼, 선교 단체들은 교회와 일반 사회의 교육자, 국민과 정부를 위한 양심 같은 다른 역할을 찾아냈다. 이런 역할들은 1830년 이전에 선교 단체들 안에서 이미 틀이 잡혀 있었고, 그 선교 단체들은 지금도 여전히 그 선교지를 떠나지 않고 있다.

그러나 19세기 국교회 성직자들의 염려가 되었든, 아니면 19세기 선교사들의 소망이 되었든, 아프리카 사람들과 아시아 사람들과 라틴아메리카 사람들이 그렇게 빨리 그리스도인 인구의 다수를 차지할 상황이 올 것이고, 또 세계를 복음화하는 주요 책무가 이 사람들의 손에 맡겨지는 상황이 올 것이라고는 알아채지 못했다. 시작되었던 교회 역사의 새로운 장(章)이 드디어 열리고 있었다. 그것은 선교 운동이 실패했기 때문이 아니라 성공했기 때문이다. 지금은 '수단을 사용할 의무'와 우리의 '수단'이 목적하는 바를 재검토하는 것이 적절할 것이다. 복음 전도를 목적으로 설립된 선교 단체들 때문에 누가 뭐라고 해도 쌍방향적 연결이 만들어졌다. 그래서 '우리의' 사역의 결과로 새로 생긴 교회들이 '우리'와만 관계를 갖게 되었다. 이것이 그리스도의 몸의 충만에 대한 잣대가 아닌가? 그리고 그 관계들에서는 돈이 중요해지기 쉽다. 대화의 통상적인 주제가 돈과 그 액수가 된다면, 대등한 입장에서 관계를 유지하기 어렵다. 또 당초에 선교 단체들은 일방통행을 전제로 만들어졌는데, 그 전제라는 것이 한쪽은 주기만 하고 다른 쪽은 받기만 하는 것이었다. 그런데 지금 서양에 있는 우리들이 절박하게 필요로 하는 것은 받을 수 있는 것이어야 하고, 우리에게도 하나님이 자기의 모든 백성에게 주신 온갖 선물들을 나누기 위한 '수단을 사용할 의무'가 있다.

자발적인 단체와 그 특수한 형태인 선교 단체는 서양이 사회적, 정치적, 경제적 발전을 이루었던 특정한 시대에 발아해 그 시대에 모습을 갖추게 되었다. 그 단체들은 인류의 구원을 위한 하나님의 목적에 섭리적으로 활용된 것이다. 하지만 루퍼스 앤더슨이 오래전에 말했듯이, 그것은 기독교 역사의 초기부터 주기적으로 다시 나타나곤 했던 운동의 현대적, 서양적 형태에 불과하다. 어떤 면에서 보면, 수도원들도 자발적인 단체였고, "수도원 같은 이러한 단체들을 통하여, 처음 우리의 선조들과 전 유럽에 복음이 전파되었다."[26] 대대로 그 수단을 지나치게 지역화한 구조를 뛰어넘어, 복음의 선포를 위해 새로운 수단을 사용하는 것이 필요하다. 어떤 사람들은 가톨릭교회에서 쓰고 있는 '신도회'(sodality, 소그룹-옮긴이)라는 단어를 그들의 특정 용례를 뛰어넘어서, 그룹들이 특정한 복음적 목적을 위하여 자발적으로 힘을 모은다는 의미의 '수단의 활용'으로 쓰고 있다. 자발적인 단체들은 과거에 수도원들이 자신들의 영역에서 그랬던 것처럼 혁명적인 결과를 가져왔다. 우리가 지금 필요로 하는 신도회들도 마찬가지로 세상을 어지럽게 할 것인지도 모르겠다.

---

26 Beaver, p. 64.

19 • 선교 운동의 노년기[1]

기독교는 그 본질로 보나 역사로 보나 선교적이다. 기독교의 중심에는 우주의 주님이자 근원에 관한 전제와 인간의 공통된 본성 그리고 예수 그리스도에 관한 증언이 있는데, 그것들은 어느 개인이나 단체나 공동체의 사유물로 전용되지 못하는 것이다. 예수가 주님이시라는 확신과 그리스도가 다시 사셨다는 증언은 다른 이들과 나누지 않는다면 그리 큰 의미가 없다. 그리스도인들의 신앙과 교회의 본질은 더 깊은 의미에서 선교적이며, '선교'는 말의 근원인 '파송'이라는 개념과 아주 밀접한 관련이 있다. 예수님은 자신의 첫 제자들에게 "아버지께서 나를 보내신 것같이 나도 너희를 보내노라"라고 말씀하셨다. 성부 하나님이 성자 하나님을 이 세상에 보내신 목적은 단순히 말만 하라는 것이 아니라, 함께 살면서 행동을 보이라는 것이었다. 성자 하나님은 그분의 사역이 매우 독특한 것이긴 했지만, 자신이 파송을 받은 것처럼 그분의 제자들을 파송하셔서, 세상의 빛이 되게 하시고, 병든 자들과 약한 자들과 흠집투성이인 사람들을 치료하셨다. 또

---

[1] 이 글은 *International Review of Mission* 77 (January, 1987): pp. 26-32에 처음 게재되었다.

한 그들에게 소망을 주고, 다른 사람들을 대신해 아마도 부당하게 고난당하게 하셨다. 교회의 사명은 그리스도께서 십자가에 달리시고 부활하심으로써 모든 피조물을 회복하셨고 피조물을 망치는 권세들에게 패배를 안겨 주었다는 것을 교회에만 말하는 것이 아니라 다른 이들에게 증언하는 것이다. 이런 의미에서 그리스도인의 모든 삶이 선교적이고, 그들의 일, 사업, 생활습관, 미술, 음악 그리고 선택을 요구하는 모든 활동 역시 마찬가지다.

그러나 역사적 정황은 '선교'라는 단어에 대해 특별하고 전문적인 의미를 요구해 왔다. 최근 몇 세기 동안 서양에서 일어난 선교 운동은 그리스도인 공동체 전체의 대표라는 개념을 우리에게 소개해 주었다. 그리스도인 공동체는 원칙적으로 다른 그리스도인들과 동일한 신앙, 증거, 책임을 가졌지만 다른 문화권에 살면서 이러한 것들을 실천하는 사람으로 볼 수 있다.

기독교의 특징은 그 역사 내내 문화의 벽을 넘는 접촉을 통하여 전파되었다는 것이다. 실제로 그 생존 자체가 그러한 접촉에 힘입었다. 이런 것은 세계적인 모든 종교에 적용되는 것은 아니다. 예를 들어, 유대교는 그렇지 않다. 유대교는 세계 곳곳에서 볼 수 있지만 거의 전부 민족 공동체이다. 힌두교 역시 그렇지 않다. 힌두교는 세계에서 가장 오래된 종교로 수백만의 사람들을 포용하고 있지만 한 국가와 민족에게 지나치게 집중되어 있다. 불교와 이슬람도 거듭해서 문화의 벽을 넘어간 것이 사실이지만, 기독교가 오늘까지 존재할 수 있었던 이유는 오로지 문화의 벽을 넘었기 **때문**이라고 말해도 과언이 아니다. 이슬람의 확산과는 달리, 기독교의 확산은 중심지에서 확산되어 대체로 그것이 닿는 곳들에서 충성을 유지하는 식으로 점진적으로 일어난 것이 아니었다. 기독교의 확산은 순차적이었다. 기독교 신앙은 시대마다 다른 중심지들에 자리를 잡았고, 한곳에서 시들해지면 다른 곳에서 피어났다.

예루살렘에 있던 초기 그리스도인들인 유대인들은 남녀 모두 예수를 메시아로 영접했을 때에도 자기들의 종교를 바꾸지 않았다. 그들에게는 예수님의 사람이 된다는 것이 더 온전한 의미에서 유대인이 되는 것이었다. 바로 그들이 날마다 의지했던 율법과 예루살렘 성전 안에서 새로운 기쁨을 찾는 것이었다. 그런데 어찌어찌해서 어떤 사람들이, 우리는 그 이름조차 알지 못하는 사람들이 유대인의 민족적 구세주를 안디옥에 있던 이교도 헬라인 친구들 몇몇에게 소개하는 일이 벌어졌다. 비록 이 일 때문에 그리스도인 공동체 안에서 자기반성이 생기긴 했지만, 그 진면목은 30년이 지나 로마 군인들이 유대 나라를 멸망시키고 성전을 파괴해, 원래의 그리스도인 공동체가 기독교 역사의 변방으로 사라져 버린 다음에야 드러났다. 만약에 기독교가 사도행전 앞머리 몇 장에 실린 모양대로 남아 있었다면, 로마의 학살에서 결코 살아남을 수 없었을 것이다. 안디옥에 있었던 몇 사람들의 행동이 있었기에 기독교는 살아남았다. 유대 나라가 무너졌을 때, 그리스도인들의 대부분은 유대인들이 아니라 헬라인들이었다.

이윽고 판이 바뀌게 되었다. 주후 600년에 기독교의 중심지들은 주로 지중해 동쪽에서 헬라어를 쓰는 사람들 가운데 있었지만, 유대인들의 반란을 진압했던 그 제국 전체가 이미 그리스도를 주님으로 받아들이고 있었다. 이미 고대 시대부터 정확하게 그런 주장이 있어 왔다. 그러다 주후 800년이 되자 동쪽에서 헬라어를 쓰던 중심지들이 무슬림의 치하에 들어갔을 뿐만 아니라, 거기에 사는 인구 가운데 많은 계층이 무슬림이 되어 가고 있었다. 라틴어를 쓰는 그리스도인들은 격렬하고 참담한 작은 전쟁들에 휩싸였으며, 라틴어를 쓰는 아프리카의 그리스도인들은 완전히 맥이 끊길 지경이었다. 기독교는 어떻게 이 붕괴에서 살아남았을까? 그러한 사건들이 일어나는 사이에 기독교가 유럽의 북쪽과 서쪽에 사는 야만인들 사이에서 자리를 잡게 되었기 때문이다. 이들은 문명 세계에 살던 그리스도인들이 오랫동안 두려워하고 깔보던 사람들이었다. 새롭게 기독교를 믿는 나라들이 생겨났고, 옛 나라들을 대체해 기독교의 무게중심이 주후 70년이 지나 그랬던 것처럼 철저하게 바뀌어 버린 것이다.

여러 세기 동안 기독교는 (독점적이지는 않았지만 주로) 유럽에 집중되어 있었다. 서유럽의 그리스도인들은 가능한 곳에 자기들의 신앙을 전할 시기를 찾은 끝에, 천천히 기독교를 알리고 나누기 시작했다. 이 과정은 19세기 동안 계속 그 노력의 정점에 이르렀다. 1910년 에든버러에서 세계 선교 대회(WMC)가 열렸던 시기에 세계의 종교 지도를 살펴보면, 그때까지 성취한 것이 괄목할 만하지만 압도적이라고 말하기는 어려웠다. 선교 대회에서는 여전히 '선교가 완전히 이루어진 나라'와 한편으로 '아직 선교가 완전히 이루어지지 않은 나라'의 도전이라는 (서양의) 시각으로 접근해야 한다는 생각을 하고 있었다. 우리는 이제 그들에게 여전히 감추어져 있던 것이 무엇이고, 선교 운동에서 역사적으로 가장 중요한 것이 무엇인지를 알 수 있다. 오랫동안 유럽의 기독교는 뒷걸음질치고 있었는데, 제2차 세계대전이 끝나고 나서야 그러한 침체가 얼마나 오래 지속되었으며 얼마나 가속화되고 있었는지가 분명해졌다. 현재는 유럽과 북아메리카만이 기독교 신앙과 기독교에 대한 헌신이 통계적으로 뒷걸음질치고 있는 유일한 대륙인 것

같다. 그 밖의 모든 곳에서 기독교는 확장되고 있다. 사하라 남쪽의 아프리카 대륙에는 엄청난 그리스도인 인구가 있다. 태평양 지역에는 과거 유럽에 있었던 것과 같은 기독교 국가들이 있다. 라틴아메리카에는 가장 큰 단일 기독교 문화권이 존재한다. 기독교의 새로운 중심지들은 남반구에 아프리카, 라틴아메리카, 아시아의 여러 곳과 태평양 지역에 있다. 1914년에, 아니 1940년에는 영속할 것으로 보였던 유럽 제국주의 국가들은 모두 사라져 버렸다. 그리스도인 구성원의 이러한 엄청난 변동은 예루살렘 멸망, 아랍인들의 서방 진출, 서로마 제국의 멸망에 뒤이어 일어난 변동처럼, 선교 운동을 중심으로 이전에 기독교가 다른 문화권으로 확산되지 않았다면 있을 수 없는 일이었다.

우리는 기독교 역사에서 문화적 장벽을 넘는 것이라는 주제를 빼놓을 수 없다. 문화적 장벽을 넘는 전파는 기독교에서는 필수적이다. 처음으로 문화의 벽을 깬 사람들인 안디옥에 있었던 "구브로와 구레네 몇 사람"(행 11:19)은 단순히 친구들에게 이야기를 했을 뿐이었다. 그들은 이민자요 사실 피난민이었고 새로운 환경에서 생계를 이어가야만 하였다. 유럽 북쪽과 서쪽에 살았던 야만인들은 여러 다양한 방법으로 그리스도를 알게 되었다. 납치당해 노예가 된 그리스도인들이 동고트족에게 기독교를 전했고, 난파선에서 살아남은 그리스도인들이 기독교를 에티오피아에 전했다. 교회 당국이 후원한 공식적인 선교가 존재하기는 했지만, 다양한 많은 수단들 가운데 하나에 지나지 않았다. 떠돌이 수도사들의 설교도 몇몇 중심지에서 접촉점이 되었다. 어떤 사람들은 기도를 빼고는 거의 아무것도 하지 않는, 극단적이고 낯선 방식의 삶을 통하여 그리스도인들을 만났다. 유럽 대륙 밖으로의 확산 때문에 새로운 선교 방법과 특별한 조직이 생기게 되었다. 로마가톨릭교회는 수도회가 선교를 하도록 조정했다. 18세기 후반과 19세기의 개신교인들은 자발적인 단체라는 것을 개발했는데, 이것이 강력하고 효과가 있다는 것이 입증되어서 가톨릭교회의 선교 수도회에서 어떤 것을 흉내 내기도 하였다. 그러한 단체들은 서양 그리스도인들의 에너지, 사역, 기도, 헌금을 조직적으로 연결시키는 수단을 체계화하고, 다른 문화권의 나라들을 선교하기 위해 인력을 뽑아 훈련시키고 준비시켰다. 이러한 인력이 교회를 세우고, 때로는 교회를 돌보고, 통상적으로 교회를 이끌었다. 사역이 개시되었을 때 그러한 선교 사역은 목숨과 건강 면에서 비싼 대가를 치르게 되었고 그 성과도 모호했다. 그러나 기독교 역사를 통틀어 보자면, 얼마 지나지 않아, 그 결과로 전 세계에 있는 교회와 서양의 교회 지도자들이 '자교회'(子敎會)라는 말을 쓰다가 '신생 교회'라는 말로 바꿔 쓰게 된 교회들이 생겼다. 그리고 선교도 교회를 세우는 수단일 뿐 아니라, 교육, 의료, 사회, 산업, 번역, 그 밖의 많은 분과를 가진 커다란 국제 연결망에서 사역하는 수단이 되었다.

그러므로 우리는 다른 문화권으로의 확산이라는 요소가 기독교 역사를 관통하고 있긴 하지만, 결코 선교가 어떤 하나의 도구에만 의지하지 않는다는 점을 깨닫게 된다. 전문적인 의미에서 '선교사'는 되풀이되는 기독교적인 현상의 예, 현존하는 역사적으로 중요한 한 예다.

현상이 되풀이된다는 것 그 자체가 어떤 주어진 상황에서 잠정적인 성질이 있다는 표시이다. 바나바는 안디옥에 왔을 때, 분명 회심한 랍비 바울이 거기에 있는 새로운 이방인 교회에 가장 필요한 인물이라고 판단했지만, 바울이 다른 곳에 가고 안디옥 교회가 유명한 이 두 사람의 이름이 없이도 살아남는 데는 그리 오랜 시간이 걸리지 않았다. 다른 문화권으로 들어가는 사람은 꼭 필요하다. 그러나 그들은 단지 잠정적으로 촉매의 역할을 하는 것뿐이고, 언제나 다른 곳으로 갈 준비가 되어 있어야 한다. 아프리카의 기독교 역사를 연구하는 사람이라면, 아주 많은 경우에 선교사의 시대가 지금 전개되고 있는 이야기 속에서 하나의 사건에 지나지 않고, 때로는 점점 먼 사건이 되어 간다는 것을 인지할 수 있다. 하지만 똑같은 이야기가 때로는 선교사들이 어떻게 국제 전쟁, 정치 환경의 변화, 본국의 경제 침체나 단순한 불화 때문에 이야기가 진행되기도 전에 철수할 수밖에 없었는지를 밝혀 주기도 한다.

선교 운동의 미래를 검토할 때에는 원래 선교 운동을 태동시켰던 요인들을 반드시 고려해야 한다. 또 여기에서 우리는 기독교의 기원이 기독교의 영토적인 개념에 있었다는 것, 신앙이 세계의 한 지역, 곧 1910년 세계 선교 대회에서 말한 '선교가 완전히 이루어진 나라'와 관련이 있었다는 것, 거기서부터 말씀이 '아직 선교가 완전히 이루어지지 못한 나라'로 퍼졌다는 것을 기억하고 있어야 한다. 선교 운동은 어떤 면에서는 기독교 왕국이라는 개념이 마지막으로 꽃을 피운 것이고, 적어도 그 초기에는 더 많은 나라들이 기독교 왕국으로 편입되리라는 기대 속에서 발전하였다. 그러나 지금에 와서 영토적인 의미의 기독교, 지리적으로 근접한 기독교 국가라는 개념은 돌이킬 수 없을 만큼 깨져 버렸다. 그런 개념 자체가 서양의 야만인들의 회심이라는 특수한 역사적 상황의 산물이었다. 이제 그들의 후손들이 사는 나라들에서는 기독교에 대한 헌신이 두드러지게 후퇴하고 있다.

서유럽은 선교 대상지를 정한다고 치면, 우선 대상 지역, 아마도 **단 하나 남은** 우선 대상 지역이 되었다. 19세기 이교도들의 어려운 상황에 대한 일부의 묘사들, 즉 종교에 대한 무지, 악덕, 호전성, 사회 내에서 널리 용인되는 비인간성과 불의 같은 것들은 남반구의 그리스도인에게 서양을 구원하는 일에 착수하라는 고무적인 소명에 쉽게 적용할 수 있을 것이다.

그러나 남반구에 있는 기독교 국가들은 새로운 기독교 왕국의 일부가 아니다. 그 국가들 가운데 동질적인 기독교 국가가 된 나라는 거의 없다. 지금 기독교는 역사상 그 어느 때보다 더 확산되고 있다. 지리적, 인종적, 문화적인 면에서뿐만 아니라 더 많은 공동체들 **안에서도** 더 확산되고 있다. 옛날의 선교 운동의 기초가 되었던 영토적인 '오고 감'이라는 개념은 2세기와 3세기 로마제국 안에 있던 그리스도인들의 개념과 아주 닮은 개념에 자리를 내주어야 한다. 그것은 곧 다양한 집단들 속에 함께 있으면서, 다양한 차원에서 각자가 그 집단들 속으로 또 그 집단 너머로 뚫고 들어가려 하는 것이다. 이것은 분명히 콘스탄티누스 로마 황제 이전에 살던 그리스도인들의 특징이었던 운동과 교류와 사업을 막는 것이 아니라, 더 이상은 존재하지도 않는 기독교 왕국의 존재 때문에 생기는 개념, 심상, 태도, 방식을 바꾸려는 것이다.

옛 시대의 선교 운동은 서양의 정치, 경제, 종교가 발전하였던 특정 시대의 산물이었다. 기독교 왕국이라는 개념은 그 선교 운동의 모양새를 만드는 데 근본적인 영향을 주긴 하지만, 한 측면에 지나지 않는다. 우리는 선교 운동 때문에 발전된 특색 있는 조직이 자발적인 단체였고, 그것이 선교 단체로, 이사회, 관심 있는 후원자들로 구성된 지지자들 그리고 해외로 파송받아 활동하는 대행자이자 대표들로 이루어진 중심부가 있는 선교 단체로 발전하였다는 것을 살펴보았다. 이것 자체는 서양 역사의 특정 시기에 특정한 정치적, 경제적, 종교적 상황에 따른 산물이었지, 서양이라고 해서 어디에서나 언제나 생길 수 있는 것은 아니었다. 정치적인 조건으로 보자면, 자유로운 협회를 허용하는 정권, 그러한 협회가 국가에 위협으로 인식되지 않는 분위기 그리고 개인의식이 고도로 발전되어 있고, 모두가 이웃들과 똑같이 되는 것이 필요하지도 않고 적절하지도 않은 유형의 사회가 필요했다. 경제적인 조건으로 보자면, 잉여 자금의 존재, 아주 광범위한 사람들이 그것을 즐기는 것 그리고 자금의 자유로운 이동이 필요했다. 종교적인 조건으로 보자면, 선교 운동은 배출구가 필요한 열정을 가진 탄탄한 기독교적 기반뿐만 아니라, 그러한 활발한 종교 활동을 공식적인 구조 밖에서도 용인하는—특히 자발적인 단체들이 새로운 세력 기반과 새로운 (종종 평신도) 지도층을 만들어 낼 때에도—충분히 중앙집권화되어 있거나 이완된(혹은 효력이 없는) 교회 조직을 함축했다. 또한 사역 단체들에게는 서양과 세계 다른 지역 사이에 어떤 관계가 함축되어 있어서, 이러한 관계를 통해서 선교 단체들은 보통 자유롭게 여행하고 정착할 수 있었고, 반드시 환영받는다고 할 수는 없었겠지만, 적어도 배척당하지 않을 수 있었다.

19세기와 20세기 초에 서양의 어떤 나라들에서는 이러한 조건들이 고도로 집중되어 있었는데, 지금에 와서는 이들 나라들 대부분에서 그러한 진보의 면모가 과거가 되었다. 어떤 면에서 보면 그들 나라들 모두에서 그것은 완전히 지나간 일이 되어 버렸는데, 그들 나라의 국민들도 자기네가 선택한 나라에 입국하거나 정착할 권리를 더 이상은 당연한 것으로 여기지 않게 되었다는 것이다. 또한 선교지의 사회적, 정치적, 종교적 상황을 보더라도 선교 운동이 절정에 달했던 시기와 견주어 크게 변해 버렸다. 그러나 가장 두드러진 차이는 경제적인 면에 있다. 선교사라는 것이 이제는 무척 비용이 많이 드는 상품으로 되어 버렸다. 선교사들이 일하고 있는 나라들의 형편을 보면, 때로는 천문학적으로 많은 비용이 든다. 이미 제3세계가 파송한 상당히 많은 선교사들이 다른 나라들에서 일하고 있으나, 제3세계 '해외선교' 단체들의 전반적인 성장을 기대할 수 없는 타당한 이유들이 있다. 그런 선교 단체들은 서양이든 다른 어떤 곳에서든 어떤 경제적 배경에서만 생길 수 있다. 그런 선교 단체들은 미미한 농업을 기반으로 삼는 경제구조를 가진 나라나, 대를 이어 가며 경제적 무능을 드러낸 나라나 금융 통제가 심한 나라에서는 운용될 수가 없다.

옛 방식의 선교 운동을 계속하는 데 만만치 않은 경제적 장애물들이 도사리고 있음에도 불구하고, 선교사들이 경제력의 상징이 되는 나라들이 있다. 경제가 마비된 '등골 빠진' 나라들, 대규모 투자자들에게 매력이 없거나 그들이 떠나 버리는 나라들이 있는데, 그런 곳에서는 선교사들이 가장 대규모이자 효율적인 기술과 통신 수단을 가진 사람들이다. 선교사들을 통해서 외화가 유입되며, 선교사들만이 운송, 여행, 외부와의 교신 수단을 가지고 있다. 이런 막강한 힘은, 현지 교회들과 거의 아무런 관련이 없다. 현지 교회들이 외부에서 사람들을 불러들이는 경우를 제외하고는 말이다. 그렇다면 그 교회는 본질상 여전히 외국 교회이다.

세계의 상황이 변하였으므로 우리는 선교 운동을 계속 계획하는 데 따른 뜻밖의 결과를 살펴볼 필요가 있다. 그러나 변화는 교회 안에서도 있었는데 그런 것도 마땅히 고려해야만 한다. 옛 시대의 선교 운동은 이미 살펴본 것처럼, 특별한 조직 형태, 즉 자발적인 단체라는 모형을 기반으로 하는 선교 단체를 발전시켰다. 1792년에는 흔하지 않았던 자발적인 단체라는 것은 그 후 한 세대가 지나서 흔해졌다. 그때 윌리엄 캐리는 『그리스도인들이 이교도들의 회심을 위해 수단을 사용해야 하는 책무에 대한 연구』라는 책에서 어떻게 그러한 단체를 만들 수 있는지를 설명했다. 선교 단체를 만든다는 것은 특정한 목적을 위해서 '수단을 활용'하는 것이었다. 그것이 발전하면서 어떤 목적을 달성하는 아주 유효한 수단이 되었다. 그 목적이란 것은 해외에서 기독교를 선포하며 사역을 하기 위하여 사람들을 파송하고 준비시키는 것과 그들의 사역을 위한 '국내'의 관심과 지원을 끌어들이는 일이었다. 누구라도 이것이 오늘날 기독교 세계의 필요를 다 배출시킨다거나, 심지어 그 주요한 필요를 표현한다고 주장하지는 못할 것이다. 또 그것이 북반구와 남반구에 사는 그리스도인들 사이의 진정한 관계를 적절하게 반영한다고 주장하지도 못할 것이다. 원래 선교 운동 기관들은 일방통행을 위해 설계되었다. 즉 보내고, 주기 위한 것이었다. 아마도 그리스도인들에게는 이제 아직까지 온전하게 이루지 못한, 나누고 받기 위한 쌍방통행, 사귐에 더 알맞은 '수단을 활용'해야 할 의무가 있다.

옛 방식의 선교 운동은 그 자체의 영성을 낳았다. 선교 운동이 정점에 다다랐던 19세기에 이 영성은 이상적인 선교사의 자기를 부인하는 삶, 복음을 위해서 조국과 평안과 장래와 아마도 건강까지 희생하는 것으로 표현되었다. 그러나 이런 것이 오늘날의 실상을 반드시 반영하는 것은 아니다. 선교사는 더 이상 평생을 바쳐 소명을 따르지 않고, 물론 그것을 위해서 출입국허가증을 받지도 않는다. 선교사들은 때로, 선교 기관의 놀라운 효율성으로 인해, 또 위기에 대처하기 위해 선교 자금을 요청하는 역량으로 인해 그들이 있는 곳에서 최악의 불편함은 면한다. 사역지 현지의 조건에 따른 해외 주재 계약에 의해 외국에서 사는 그리스도인들은 적어도 자기들에 대한 수요가 있음을 알고 있다. 그럴 만한 자격을 갖춘 현지인이 있다면 그들이 그런 자리를 차지하지 못했을 것이고, 또 그런 사람이 생긴다면 그들이 그런 자리를 다시 차지하지 못할 것이다. 선교사들은 선교지의 좌절감을 모두 공유하고 있다. 또한 아마도 이전의 선교사들이 이상형으로 여기던 것의 중심에 어떤 취약점이 있는지도 공유하고 있다.

선교 운동은 이제 노년기에 접어들었다. 선교 운동이 쓸모없고 노쇠한 노년기에 있다는 말이 아니다. 선교 운동이 그리스도를 증언하거나 그분에 관해 선포하는 가장 효율적이고 아마도 유일하게 예측 가능한 수단인 상황들이 있다. 또한 살아남은 선교 운동 기구가 더 좋은 수단이 생기기 전까지는 그리스도의 교회의 보편적인 교제를 표현하고 실현하며, 다양한 지역 사이에 참다운 나눔을 가능케 하는 유일한 기구로 남아 있는 여러 다른 상황들도 있다. 그러나 이러한 운동을 만들어 냈던 조건들이 변하였다. 또한 역사를 주관하시는 주님께서 그 조건들을 변하게 만드셨다. 그리고 선교 운동 기관 자체 때문에 교회가 알아볼 수 없을 정도로 변하였다.

이러한 현상이 한 시대의 종말을 보여 준다고 오해할 수 있는데, 그 까닭은 그것이 일종의 역사적 최종성을 암시하기 때문이다. 사실 연속성이 훨씬 더 중요하다. 선교 운동이 명시한 계획인 세계의 복음화라는 과업은 아직 끝난 것도 아니고, 결코 끝날 수도 없다. 교회의 본질적으로 선교적인 본성, 그리스도인의 본질적으로 선교적인 소명이, 우리가 시작하는 지점이다. 또한 아마도 기독교의 영토 개념이 사라지고 있는 20세기가 우리에게 주는 더 큰 깨우침은 쇠퇴가 확장만큼이나 기독교 역사의 한 부분이고, 어쩌면 사람들이 그리스도를 증거하도록 하나님이 정하신 수단의 일부, 연약함의 일부라는 것이다. 결국 오른손에 일곱 별을 쥐신 분이 교회라는 촛대를 옮기신다. 변하고 있는 것은 과업이 아니라 수단과 방법이다. 변화는 또한 곁다리에 지나지 않는다. 선교 운동은 그 절정기에 기독교의 영향의 열매라고 여겨지고 의심할 바 없이 그들의 결과에 유익하다고 여겨졌으며 때로는 그렇게 받아들여진 교육 및 기술과 제휴했다. 지금은 복음의 심부름꾼들이 복음 자체를 빼고는 점점 다른 것들은 아무것도 가지고 가지 않는 듯 보인다. 다시 한 번 초대교회의 상황에 놓인 것이다.

선교 운동의 옛 시대가 문화의 벽을 넘는 선교의 종언을 의미하는 것은 아니다. 비록 누가 그 벽을 넘을 것인가 하는 질문이 남아 있지만 말이다. 우리는 지금, 사정을 두루 알고 있었던 1910년의 전략가들이 깨달았던 것보다, 아직도 뛰어넘지 못한 문화적 장벽이 더 있음을 알고 있다. 그리고 기독교 역사에 가장 중요한 발전의 대부분, 복음으로 문화에 순차적으로 침투하는 계기를 마련한 운동들은 문화적 장벽을 넘는 접촉이 있었던 시기에 시작되었다. 그 시기는 때로는 혼란스럽기도 했고, 상처를 받은 시기이기도 했고, 거의 언제나 똑같이 아주 짧았다. 서구의 두 번째 복음화, 즉 세계 어느 지역만큼 복음에 낯선 한 문화에 대한 진정한 침투가 문화를 뛰어넘는 그리스도인의 접촉이라는 수단으로 이루어진다면, 그것은 기독교의 이전 이야기와 상당히 일치할 것이다.

해설

박형진
횃불트리니티신학대학원대학교 교수

앤드루 윌스의 대표작 『세계 기독교와 선교 운동』이 드디어 우리말로 출간되었다. 「크리스채너티 투데이」는 1997년 신학 분야 '올해의 책'으로 이 책을 선정했으며, 2007년에는 저자 윌스를 "시대를 앞선 역사가"이자 꼭 알아야 할 한 인물로 소개했다. 분명 윌스는 우리 시대 최고의 선교역사가이자 선교학자 가운데 한 사람이다. 선교 역사가의 반열에서 보면 윌스는 7권의 『기독교 확장사』(A History of the Expansion of Christianity)를 저술한 선교 역사의 대가 케네스 라투렛에 필적하는 학자이지만, 그와는 다른 방식으로 선교 역사를 조망했다. 라투렛이 기독교 역사를 선교 역사의 관점에서 파악해 기독교의 영향력을 주로 서구 선교사들을 통한 선교의 확장에 강조점을 두었다면, 윌스는 기독교 복음의 속성에 초점을 맞추되 현지인들의 입장과 역할의 중요성을 간과하지 않는 방식으로 기독교 역사를 이해했다. 그는 교부학의 성지라 할 옥스퍼드 대학교에서 초기 교부학을 공부했다.

책 서문에서처럼 아프리카 시에라리온에 선교사로 가서 교회사를 가르치던 중 아프리카 기독교의 모습이 초기 교회를 더 본질적으로 이해할 수 있는 열쇠이자 실마리임을 깨닫고 단순한 교회사가보다 좀 더 넓은 맥락에서 기독교를 성찰할 수 있는 종교 사학자와 선교 역사가로 전향했다.

비서구 세계 기독교의 가치와 중요성을 누구보다 먼저 인식하고 강조한 월스는 비서구 세계 기독교 연구소[애버딘 대학교에서 에든버러 대학교로 이전한 후에는 세계 기독교 연구소(Center for the Study of World Christianity)로 이름을 바꿈]를 설립해 비서구 기독교 자료들을 수집하고 연구하는 데 전력했다. 최근에는 그의 업적을 기념하기 위해 영국 리버풀 호프 대학교에 앤드루 월스 연구소(Andrew F. Walls Centre for the Study of Asian and African Christianity)가 설립되었다. 중요한 원문들은 물론, 선교 문헌의 보고 예일 대학교 신학부 도서관 내 데이 미션 도서관(Day Mission Library)에 있는 방대한 자료들의 분석을 통해 얻은 통찰을 주옥같은 논문들 속에 담았다. 이 책과 더불어 『기독교 역사 속 타문화적 진전』(The Cross-Cultural Process in Christian History)은 그런 통찰을 압축해 놓은 대표적 저서다. 여기에 최근 『문화적 변경을 넘어』(Crossing Cultural Frontiers)를 출간함으로써 그의 사상은 이제 이 3부작으로 집대성되었다고 할 수 있다.

월스는 시에라리온의 포라베이 대학교, 나이지리아 대학교, 스코틀랜드의 애버딘 대학교, 에든버러 대학교 외에도 미국의 하버드와 예일, 프린스턴 신학교에서도 가르쳤고, 아시아와 아프리카 등 전 세계를 종횡무진하며 후학들을 배출했다. 올해로 구순을 맞았음에도 여전히 수많은 강의 요청을 받고 있다. 이런 왕성한 집필 활동과 강의를 통해 배출한 제자들이 서구와 비서구권 구분 없이 전 세계에 걸쳐 활동하고 있다. 그의 학문성과 영향력은 복음주의와 에큐메니칼, 개신교와 로마가톨릭 같은 경계를 넘어 두루 인정받고 있다.

그의 학문적 위상과 부상하는 세계 기독교에 대한 관심과 중요성에도 불구하고 안타깝게도 여태까지 한국의 독자들은 그의 신학과 사상을 제대로 소개한 자료들을 만나기 쉽지 않았다. 이 글은 그런 상황에서 그의 주저 중 하나인 『세계 기독교와 선교 운동』이 출간된 것을 계기로 한국 교회에 그가 본격적으로 소개되었으면 하는 바람으로 쓰였다. 분량의 한계와 엄밀한 논문 형식의 글은 아니지만, 이 해설이 그의 사상과 인물됨을 소개하는 마중물 역할을 하기를 바란다.

신학적 특징들

앤드루 월스의 신학은 최근의 기독교 연구에 큰 공헌을 했다. 그는 무엇보다 선교학자로서 기독교 복음의 속성을 균형 있게 제시했다. 월스는 복음 전파 및 수용 과정 속 복음과 문화의 관계에 두 가지 원리가 작동하고 있다고 간파했다. '토착화' 원리와 '순례자' 원리가 그것이다. 복음은 듣는 이들이 이해할 수 있는 배경과 수준에서 복음을 수용하게 하는 친문화적 속성을 갖는다. 그러나 이는 접촉점이자 시작점일 뿐이다. 이렇게 수용된 복음은 초문화적 속성을 갖고 있기에 이 세상의 가치를 뛰어넘어 개인뿐 아니라 공동체적으로도 변화를 일으키며 천상의 완성점을 향해 나아간다. 복음의 친문화적·초문화적 속성은 복음의 내재적 긴장성을 보여 주는데, 이 긴장성이 기독교 역사에서도 신학적 긴장으로 나타난다는 것이다.

월스에 따르면, 기독교 복음에는 '번역 가능성'이라는 특징이 있다. 이 특성은 구속사에서 가장 중요한 두 사건, 즉 성육신과 오순절에 토대해 있으며 성경 번역의 역사적·신학적 근거가 된다. 하늘에 계신 분이 이 땅에 육화해 오신 것은 바로 '번역' 사건의 시초이며, 예수님의 복음을 각자 난 곳 방언으로 듣게 된 오순절 사건은 '모국어' 운동의 시발점이다. 다시 말해 월스에 따르면 '선교 역사는 곧 번역 역사'인 셈이다. 이는 문자적 번역만이 아니라 문화 전통에 토대한 개념적 번역으로까지 확장된다. 월스는 역사적으로 다른 시대와 장소에 뿌리내린 다양한 기독교 형태를 보며 문화적 힘이 기독교 형세를 결정하는 데 중요함을 간파했다. 헬라의 철학, 로마의 법률, 게르만의 관습 등이 서구 기독교를 형성하는 데 중요한 문화적 틀을 제공했다. 이러한 문화적 틀 속에서 복음은 '번역 과정'을 거치는데, 이 과정이 바로 역사에서 전개되어 온 기독교의 기조인 것이다.

종교사학자로서 월스는 이 토대 위에서 기독교와 이슬람의 차이를 설명한다. 기독교 경전은 히브리어와 헬라어로 기록되었다. 그러나 기독교는 이 언어들을 절대화하지는 않는다. 기독교는 성경 번역을 중시하며 번역된 성경 또한 성경으로 이해한다. 반면에 이슬람은 경전 쿠란의 언어를 절대적인 것으로 간주해 번역된 쿠란을 인정하지 않는다. 기독교는 예수 그리스도께 절대성을 두지만, 이슬람은 모하메드가 아닌 코란에 절대성을 둔다. 즉 번역을 대하는 태도에 있어서 기독교는 다양성을 인정하는 반면, 이슬람은 획일성을 강조한다. 이러한 패턴이 기독교 확장에서도 나타난다는 것이 월스의 중요한 통찰이다. 기독교는 고정된 하나의 원을 중심으로 동심원적으로 균일하게 확산되지 않는다. 이는 오히려 이슬람에 가깝다. 기독교의 중심이었던 지역이 변방이 되고, 변방이었던 지역이 기독교의 중심이 되는 식으로 중심점이 이동한다.

회심에 대한 선교학적 성찰

선교학자로서 월스는 회심에 대한 기존의 이해를 뒤집는 놀라운 통찰을 제공한다. 회심을 정적인 개념이나 대체 개념으로 이해하는 것을 거부하고, 회심을 개종과 구분해 그리스도를 향한 방향전환으로 파악한다. 개종이란 헬라인이 그리스도인으로 회심할 때 헬라인의 정체성을 버리고 유대인이 되어 할례 같은 율법을 지키려는 것이다. 이는 이미 사도행전 15장의 예루살렘 공의회를 통해 명확하게 다루어진 바 있다. 공의회에서 헬라인들은 유대인들이 지켜야 할 율법을 준수하도록 강요받지 않았다. 오히려 '이미 가지고 있던' 헬라 전통과 사상을 그리스도를 향하게 하는 것, 이것이 회심이다. 그동안 우리는 복음을 선교사 자국의 기독교 문화나 전통과 혼동한 나머지 이것들로 수용자의 전통과 사상을 대체하려고 했다. 이는 우리에게 복음을 처음 전해 준 선교사들을 포함해 여러 선교사들이 해 왔던 대표적 실수다. 월스에 따르면, 회심은 갖고 있던 것을 버리고 새것으로 대체하는 것이 아니라, 기존의 것이 그리스도에게 향하도록 그 방향을 바꾸는 것에 가깝다.

선교학자이자 선교 역사가로서 월스는 기독교 역사의 문화 중력, 곧 성경이 번역되는 과정뿐 아니라 기독교가 신학화되는 과정에서 받는 무게와 영향력의 의미를 간파한다. 복음 전파는 기독교의 지리적 확장만을 의미하지 않는다. 타문화로 복음이 전이되고 수용되는 과정인 복음 전파는 각각의 문화에서 제기되는 예수님에 대한 질문과 인식이 궁극적으로 복음을 총체적으로 이해하는 데 기여함을 분명하게 보여 준다. 예수님은 누구인가라는 중심 질문에 유대 그리스도인들은 예수님이야말로 자신들의 구약 전통에서 이해해 왔던 '메시아', 즉 그리스도이심을 깨달았다. 그러나 예수님은 특정 민족의 메시아로만 머물지 않으신다. 역사는 위기와 더불어 새로운 기회가 주어졌음을 증언하는데, 주후 70년 예루살렘 멸망이라는 위기는 복음이 유대 세계에서 이방 세계로 전이되는 역사적 전환점이었다. 유대인들이 메시아의 표적을 구했다면, 헬라인들은 지혜를 찾았다(고전 1:22). 헬라 그리스도인들은 예수님을 자신들의 철학 전통의 '로고스'로 이해했다. 초기 기독론 형성 과정에서 나타나는 형이상학적·사변적 논쟁과 그것에 기초해 성립된 '정통'(orthodoxy)이라는 틀은 이러한 헬라 전통과 특성이 정확히 반영된 것이다. 물론 예수님은 이런 형이상학적 진리로만 설명되는 분이 아니다. 역사는 다시 한 번 위기와 함께 복음의 새로운 기회가 주어졌음을 증언한다. 주후 410년 게르만족의 대이동으로 시작된 로마제국의 몰락은 제국 바깥에서 이주해 오는 야만족들이 복음과 조우하는 계기가 되었다. 공동체의 안녕과 질서를 최고의 가치로 삼는 유목문화 및 부족문화 전통의 야만족들에게 기독교 복음은 공동체의 신앙으로 수용되고 예수님은 공동체의 안녕과 질서를 책임져 줄 '목자와 왕' 같은 분으로 이해되었다. '기독교 왕국'(Christendom)으로 대변되는 이러한 신앙은 중세 기독교 특유의 신앙 유산이 되었다.

1453년 중세 천년을 지탱해 온 비잔틴제국의 수도 콘스탄티노플의 함락이라는 세계사적 격변으로 기독교는 또 한 번의 위기와 기회를 맞았다. 이어서 서유럽은 르네상스와 종교개혁을 거쳐 근대로 접어들었는데, 윌스에 따르면 이 격변의 시기에 기독교 신앙은 공동체적 신앙에서 개인적 신앙으로 전환되는 특징을 보이기 시작한다. 이후 이어진 서구의 팽창은 자연히 유럽의 기독교 인구와 기독교 신앙을 다른 세계에 이전하게 했다. 서구의 복음주의 운동 또한 이 시기에 선교 운동으로 승화하여 비서구 세계로 침투해 들어가기 시작했다. 그러나 1945년 제2차 세계대전의 종전은 서구 식민주의의 종식과 비서구 세계 신생국가들의 독립 그리고 비서구 세계 교회들의 폭발적인 부흥과 성장으로 인해 세계 기독교(World Christianity)의 출현을 가져왔다. 윌스는 이 시기를 서구의 유구한 유산인 기독교 왕국이 해체되는 시점으로 본다. 유럽의 위기가 비서구 세계에는 또 하나의 기회가 된 것이다. 기독교 확장의 역사를 이렇게 해석한 윌스가 기독교가 위기를 기회로 반전시키며 한 문화권에서 또 다른 문화권으로 계속해서 전이되며 살아남았음을 명쾌하게 보여 준다. 생명력 있는 복음이 언제나 경계를 넘어 타문화와 조우하는 과정에서도 놀라운 생존력과 생명력을 발휘해 왔음을 설명한다.

이러한 역사적 과정을 분석하고 해석하면서 윌스는 다음과 같이 단언한다. "모든 교회는 문화적이다." 모든 신학은 문화적 맥락과 구체적인 정황 속에서 창출된다. 문화적 속성으로부터 자유로울 수 없는 상황은 신학의 제약이라기보다 오히려 세계 기독교라는 큰 틀에서 보면 부분적 총합을 통해 복음과 그리스도에 대한 총체적 이해에 기여할 수 있다. 이는 에베소서의 말씀(엡 2:19-22)과 같이 유대인들과 이방인들이 한 분이신 그리스도의 몸에 연결되어 가는 것으로, 윌스는 이를 "에베소 교회적 순간"(The Ephesian Moment)이라 부른다. 복음 전파와 수용 과정의 문화적 다양성 속에서 이해된 예수 그리스도에 대해 훨씬 더 풍성하고 충만한 이해(엡 1:23; 4:13)에 이르는 이러한 과정은 한 개인의 생애와 역사적인 세대를 거치는 과정이기도 하다. 결국 후대에 사는 우리들은 이전 세대의 어깨 위에 서서 더 좋은 조망을 할 수 있는 전망대 위에 오른 셈이다. 이 점에서 우리는 한국 기독교가 그 수용과 발전 과정에서 나타낸 한국적 특성을 세계 기독교에 어떻게 기여할 수 있는가를 깊이 성찰할 필요가 있다.

세계 교회 역사가

월스는 교회사와 선교 역사뿐 아니라 종교사, 세계사 등의 분야를 넘나들며 기독교의 뿌리를 탐구했다. 특히, 교부학을 연구한 월스는 초기 교부들을 문화적이고 선교적인 배경에서 재해석함으로써 순교자 유스티누스와 오리게네스 같은 교부들을 복음과 문화와의 관계에 대한 뛰어난 선교적 변증자로 재조명하는 등 초기 교부의 역사를 선교학에 접목해 교회사의 새로운 장을 열었다. 그는 기독교는 본질적으로는 비서구적이었으나 압도적으로 많은 서구 이야기들로 인해 교회사의 기록에 상당한 공백들이 생겼다고 지적한다. 초기 기독교 역사에서 로마제국 밖에 존재했던 기독교 이야기들, 기독교의 동진 등 기독교의 다양성과 선교적 주제들이 많았음에도 불구하고 그간의 전통적 교회사 기술은 안타깝게도 이를 철저히 외면해 왔다. 세계 기독교 역사의 서술에서 비서구 지역의 잃어버린 교회 역사와 선교 역사를 회복하고, 기독교 확장에 있어 선교 운동 외에도 이민이나 난민 같은 이주 현상, 디아스포라 연구 등에도 각별히 관심을 가져야 할 것을 주장하는 그는 이런 면에서 성경 내러티브를 주목한다. 성경 전체가 이주와 난민, 디아스포라에 관한 이야기로 가득 차 있다. 인류 역사는 이 성경적 패러다임을 따른다. 비서구 세계 출신의 그리스도인들과 그들의 신앙이 이제 서구에서 꽃피우고 있으며 새로운 활력을 보여 주고 있다. 선교 운동의 주도권이 비서구 교회에 있다는 사실은 서구 교회에 대한 그들의 영향력에 대한 방증이다. 그는 그간 선교적 상황을 배제한 채 진행된 서구의 관행을 통렬히 비판하며, 교회 역사와 선교 역사가 뗄 수 없는 하나의 이야기임을 강조한다.

지구촌 기독교의 선구자

세계 기독교 혹은 지구촌 기독교의 전령이자 전도사인 그는 기독교의 인구비적 전이를 강조한 대표적인 학자다. 북미와 유럽 등 서구권의 그리스도인들보다 아시아, 아프리카, 라틴아메리카 등 비서구권 그리스도인들이 수적으로 훨씬 많다는 사실은 기독교 신앙이 더 이상 서구인의 것이 아니라 지구촌의 신앙이 되었다는 뜻이다. 또한 그리스도인의 인구비적 전이라는 외적 변화는 교회의 예배와 신학 등의 내용적 차원에서도 큰 변화가 있을 것임을 함의한다. 또한 월스는 비서구권을 통칭하는 남반구 기독교와 서구권을 통칭하는 북반구 기독교를 새로운 에큐메니즘의 대결 양상으로 설명한다. 기독교의 판도와 형세가 바뀌었다. 새로운 현실을 봐야 할 시점에 이른 것이다. 폭발적으로 부흥하고 있는 아프리카 교회는 더 이상 서구 선교사들이 심은 교회의 모습이 아니다. 소위 아프리카 독립 교회는 예언자로 부름 받았다고 믿는 카리스마적 지도자들을 중심으로 예언, 환상, 영적 치유 등의 사역을 하며 급성장하고 있다. 가톨릭권이었던 라틴아메리카는 오순절 운동의 바람이 대부분의 교회에 불고 있다. 이는 해방신학이 그랬듯이 라틴아메리카의 특수한 상황에서 일고 있는 새로운 바람이다. 더 이상 권위를 교회나 정치 체제가 아닌 성령 체험 속에 두려는 새로운 움직임이다. 이러한 권위의 재편을 역사가들은 또 다른 종교개혁으로 보기도 한다. 아시아에서는 중국의 지하가정교회 운동처럼 선교사들조차 꿈도 꾸지 못했던 교회 성장이 눈앞에서 펼쳐지고 있다.

이제 기독교는 수적으로 더 이상 서구인의 신앙이라고 이야기할 수 없는 현실이 되었다. 지구촌 곳곳에서 자생적으로 생겨나고 폭발적으로 부흥하는 교회들을 서구의 전통적 교회 범주(정교회, 가톨릭, 개신교 등)에 넣어 이해하는 것이 가능할까. 예배나 신학의 범주도 이제 서구적 틀에 부합하지 않는다. 오늘날의 지구촌 기독교는 어느 때보다 문화적 특성을 강하게 드러낸다. 나아가 비서구 기독교가 성경적인 입장을 더 보수적으로 견지하고 진보적인 서구 기독교와 대립하는 글로벌 에큐메니즘이란 모습으로 새롭게 부상했다. 월스는 세계 기독교의 개념을 설명하고 이해할 수 있는 근본적인 틀을 마련했다. 지난 19세기까지만 해도 영토적 개념의 서구 기독교, 즉 기독교 왕국의 모습이 무너지며 새로운 양상의 세계 기독교 시대가 도래했다. 라투렛이 기독교 역사에서 가장 괄목할 만한 시대로 선교 운동으로 인해 기독교의 확장이 절정에 달한 19세기를 꼽았다면, 월스는 그 결과로 기독교가 마침내 서구의 틀에서 벗어나 진정한 세계적 신앙으로 부상한 20세기에 더 큰 의미를 부여한다. 이런 의미에서 라투렛이 명명했던 '선교의 위대한 세기'는, 월스에게는 지구촌 신앙으로 탈바꿈한 '변혁의 위대한 세기'인 셈이다.

아프리카 기독교 전문가

월스는 아프리카 기독교를 선구적으로 연구한 전문가이기도 하다. 그는 "우리가 아프리카 기독교를 연구하려면 기독교가 무엇인지 먼저 연구해야 하는 것과 마찬가지로 기독교를 더 알기 위해선 아프리카를 연구해야" 함을 역설한다. 그는 아프리카의 원시종교 속에 하나님에 대한 인식과 이름이 이미 존재하고 있다는 놀라운 사실을 깨닫고, 아프리카에서 일어나고 있는 현상들이 기독교 선교의 과정을 압축해 놓은 모형과 같다는 결론을 내린다. 또한 세계 기독교의 출현에서 현지인의 역할의 중요성을 인식했던 월스는 사하라 이남의 서아프리카가 어떻게 복음화되었는지에 관한 알려지지 않은 일화를 들려준다. 노예무역으로 인해 이 지역에서 잡혀간 서아프리카인들에 관한 이야기다. 대각성운동 시기에 노예로 영국과 미국에 팔려갔다가 그곳에서 복음을 접하고 그리스도인이 된 그들은 대각성운동의 결과로 노예의 몸에서 해방되어 그들을 위해 마련된 땅(시에라리온)으로 다시 돌아온다. 이집트에서 노예생활을 하다 해방되어 약속의 땅으로 갔던 이스라엘을 떠올리며 본향으로 돌아온 이들은 백인 선교사들의 무덤이라 불리던 서아프리카를 복음화하는 데 결정적인 역할을 한다. 월스는 누구도 발견하지 못했던 이런 놀라운 이야기들을 자신의 책들에서 감동적으로 소개하며, 아프리카가 기독교 운동의 중심에 위치하고 있으며 세계에서 가장 기독교적인 대륙이 되었다고 주장한다. 그의 동료이자 예일대 교수인 라민 사네는 월스를 "아프리카 기독교가 지구상 일부의 특이하고도 호기심을 일으키는 한 현상이 아니라, 앞으로 도래할 기독교를 대변하게 될 것임"을 본 선구적 학자로 평가한다. 월스의 아프리카에 대한 애정이 남다른데, 이는 그의 후반기의 삶에서 확인할 수 있다. 윌스는 오래전 아프리카 시에라리온과 나이지리아에서 선교사로 신학 교육자로 헌신했으며 1998년부터는 가나의 아크로피 크리스톨러 신학 연구소(Akrofi-Christaller Institute of Theology)의 객원 교수로 일하며 많은 후학들을 길러 냈다.

신학 교육가

우리는 윌스의 또 다른 면모를 교육가라는 특성에서 볼 수 있다. 그는 신학 교육에서 선교학이 중요함을 누구보다 강조한 선교 교육가였다. 선교를 기독교 역사의 말미에 등장한 부록이나 서구 기독교의 결과물 정도로 여기는 상투적 이해를 통렬히 비판했다. 윌스는 "기독교 신앙은 본질적으로 그리고 역사적으로 선교적"임을 천명했다. 선교 없이 기독교 신학을 논하거나 기독교 역사를 서술하는 것은 모순임을 잘 설명해 낸다. 나아가 그는 서구 기독교의 자기 인식에 선교가 공헌한 점을 강조한다. 선교 운동을 통해 서구 기독교는 비로소 타종교, 비서구 문화와 접함으로써 자기 인식과 역사적 한계를 볼 수 있게 된다는 것이다. 그에 따르면 문화 간 경계를 넘나드는 경험은 타자뿐 아니라 궁극적으로 자기 자신을 볼 수 있는 안목을 열어 준다. 타문화 경험을 통해서 참된 자기 발견이 가능하다는 논의는 문화인류학에서 심도 있게 논의된 바 있다. 바로 이러한 경험을 일선에서 가장 현저히 체험하는 선교사와 선교학자들의 통찰이야말로 서구 신학자와 교회사가의 제한된 지평을 넓히는 길이다. 이 점에서 마크 놀 같은 기독교 역사학자들은 윌스를 포함해 선교학자들이 끼친 공헌을 매우 높이 평가한다. 선교적 시각에 의한 세계적인 안목은 교회사를 구원하는 결정적인 빛이라고 본다. 그간 유럽과 북미가 기독교 역사 기술에서 전통적으로 차지해 온 절대적 크기와 중심적 위치를 '상대화'한 장본인들은 다름 아닌 타문화 체험을 통해 지구촌적 안목을 경험해 본 선교 역사가들이었다고 치하하고 있다.

또한 월스는 라민 사네와 함께 1992년부터 시작한 선교 운동과 세계 기독교에 관한 예일-에든버러 그룹에 소장 학자들을 적극 참여시켜, 부상하고 있는 세계 기독교에 대한 관심과 학문적 풍토를 더 촉진하기 위한 학문의 장을 마련했다. 현재 여기서 발표된 논문들은 세계 기독교 연구에 중요한 밑거름이 되고 있다. 월스의 제자로서 필자 또한 그를 만난 것을 축복으로 받아들인다. 그가 프린스턴 신학교 박사 과정에서 열었던 세미나는 기독교 역사에 대한 새로운 지평을 열어 주었으며, 거기서 아시아, 아프리카, 라틴아메리카 교회사 등 비서구 세계의 기독교 역사를 배운 시간은 무엇보다 소중했다. 얼마 전 오랜만에 이루어진 만남을 통해 학문적 권위와 높은 명성과 달리 겸손하면서도 따뜻하고 자상했던 그의 모습이 변함없음을 다시 한 번 확인했다.

한국 교회와 앤드루 월스의 신학

이제 한국 교회는 신학적 안목에 깊이와 넓이를 더해야 할 국면을 맞이하고 있다. 먼저 깊이 면에서, 기독교의 본질은 철저하게 선교적이라는 인식을 가져야 한다. 선교가 삼위일체 하나님의 속성이요 구속사의 양상인 만큼 표면적, 양적 수준에만 머물렀던 선교에 대한 이해를 넘어 선교를 교회의 본질로 보는 성숙한 자세로 나아가야 한다. 변방적, 도구적 학문으로 치부하던 선교학에 대한 인식도 선교학을 성경, 역사, 신학, 실천을 통섭하는 신학 교육의 바탕으로 보는 이해로 바뀌어야 한다.

넓이 면에서는 문화에 대한 인식, 타문화에 대한 존중, 특히 기독교의 다양성에 대한 역사적, 문화적 안목을 갖춰야 한다. 이는 거시적이고 총체적인 기독교에 대한 이해 없이는 불가능하다. 이 점에서 월스의 통찰은 한국 교회에 분명 도움을 준다. 다양한 민족들이 점점 더 유입되어 다문화 사회가 되어 가는 우리 현실은 단일 언어권, 혈연 중심 사회라는 문화적 장벽을 극복할 것을 요구받고 있다. 가치중립적 문화란 존재하지 않을뿐더러, 모든 문화 속에서 역사하시는 하나님의 흔적을 볼 수 있어야 한다. 이를 통해 우리는 복음의 진리를 잃어버리지 않으면서도 편협하지 않고 풍성한 복음의 유산을 음미할 수 있으리라 본다. 월스가 간파하듯이 복음에 내재되어 있는 신학적 긴장성을 잘 이해한다면 신학 함에 있어 섣부른 판단이나 독선이 아닌 겸손한 태도를 견지할 수 있을 것이다. 세계 기독교에 대한 안목은 분열로 점철된 한국 교회는 물론, 점점 더 양극화되어 가는 한국 사회의 현실에도 진정한 복음의 정신으로 일조할 수 있으리라 생각한다.

한국 교회는 교회의 자립, 자전, 자치를 넘어 이제는 자(自)신학화, 자(自)선교화로 나아가는 길목에 서 있다. 한국 교회는 보수적인 신앙을 통해 기독교 전통을 상당 기간 큰 흔들림 없이 보존해 왔다. 그러나 우리 상황에 대한 큰 고민이나 성찰이 부족한 상태에서 이를 지나치게 수동적으로 수용하고 거기에 다시 권위라는 옷을 입혀 놓았던 것 또한 사실이다. 우리는 서구의 신학이 서구 스스로의 상황에서 치열한 고민을 하는 가운데 신학화 과정을 거쳤다는 사실을 기억할 필요가 있다. 그리고 우리 나름의 신학적 고민과 의제를 가지고 그리스도의 복음을 성찰함으로써 개인적 신앙을 넘어 우리 문화와 사회에 답을 주는 복음의 총체성을 회복하고, 이를 바탕으로 세계 기독교에 공헌하기 위해 애써야 한다.

한국에 개신교가 들어온 지 백여 년이 지났고 한국 개신교회가 선교사를 파송하여 선교에 참여해 온 것도 백 년이 넘었다. 그간 한국에 복음이 어떻게 들어왔는가 하는 서구 선교사들의 이야기는 한국 개신교 백주년, 평양대각성운동 백주년 같은 행사를 통해 많이 소개되었다. 그러나 아쉽게도 우리가 주도한 선교의 행적들을 모아 하나의 이야기로 엮어 세계 기독교의 맥락에서 소개하는 자료들이 너무나 부족하다. 우리의 이야기를 통해 비서구권의 선교가 서구권의 선교와 어떤 면에서 유사하고 다른지 살피고, 복음 이해에서 서구보다 더 보수적이고 복음주의적인 한국 교회의 특성과 문화적 특이성이 세계 선교에 어떻게 이바지하였는지 등을 톺아보면서 새로운 가치를 만들어 내야 할 숙제가 우리 앞에 놓여 있다. 월스는 그 과제 수행을 위한 더없이 좋은 격려자이자 안내자로서의 역할을 할 것이다.

찾아보기

가나 187, 195
가르비, A. E. 146
가바, C. R. 271
감리교 교회, 가나, 아산티 187
감리교회 365-366, 436
결혼 문제 243
고든, A. J. 400
골디 경, 조지 228
교회 선교 협회(CMS 47, 172, 178, 218-220, 287; 결성 324-328, 468, 474-479; 교육 365-367, 378-380; 시에라리온 선교사 184-185, 219; 의료 선교사 410-421; 모집 332-333, 334-335, 337-338; 페샤와르 만성 기념 교회 346
구티에레즈, 구스타보 43
「국제 선교 리뷰」 353, 355, 357
국제 선교 협의회 232, 352, 355
국제 선교학 협회 308
굿윈, J. 303
그레이 주교, 로버트 287
그레이그, 피터 332
그리브스, 에드윈 371

그리스도 지식 양성 협회(SPCK 영국) 333-334, 462
글로버, R. H. 401, 402, 403
기니스, 그래턴 475
기도 464-466
기독교 29-53; 그리스-로마 시대 56, 59-60, 61-62, 91-92, 94, 204; 기독교 국가 62-63, 119-120, 175; 남반구 문화 70-73, 153-158, 290, 490; 다양성과 일관성 68-70, 111-112, 126; 문화의 벽을 넘어선 확산 61-62, 66-73, 96, 102-103, 288-290, 483-489, 495; 번역 원리 72-73, 75-104; 북반구의 문화 153-168; 구전 문화 96-104; 서유럽 시대 64-65; '순례자' 원리 40-41, 42, 52, 126, 499; 야만인 시대 61-63, 64; 언어 102-103, 154-155, 215-216; 유대 시대 56-58; 유럽의 확장과 기독교의 쇠퇴 64-66, 297; 이방인 그리스도인 49-50, 122, 199; 전향자와 회심자 121-125; 정통성 59-60, 62; 제자의 길 117-

119; '토착화' 원리 37-39, 40, 42,
  46, 52, 125-126
기독교 미술 동호회 342
길리슨, 토머스 398-399, 400

나병 환자 선교 475
나이지리아 185, 188, 191, 195, 236,
  269, 305-306, 344-345
나이지리아 그리스도 군대 189
나이지리아 그리스도 사도교회 188
나이지리아 사도 선교회 208
나이지리아 사도교회 188
남아프리카 449-451; 신학 42-45;
  시온주의자들 239
남아프리카공화국 자이온의 가톨릭
  사도교회 450
노예무역 220, 332, 392, 465, 478-479
노트, 헨리 330, 381
놀, 마크 444
놀스, 제임스 힌턴 379
닐, 스티븐 303

다 폰세카, 안젤로 349
다우콘트, 조지 D. 409-410, 415-416
대위임령 47, 78; 문화적 의미 114-117;
  자발적인 협회 429
대학생 선교 자원자 연합(SVMU) 398,
  401, 412, 413, 416, 420, 448
더프, 알렉산더 383, 385; 신학 주임
  교수 385; 힌두교 146, 149, 394,
  395
데이빗슨, 앤드루 384
도르나칼 대성당 347-348
도위, 존 알렉산더 450
독립 교회들 231-245; 말씀 239; 예전

  238-239
독일 선교사들 332-336
뒤링, 헨리 337
드러먼드, 헨리 401
드와이트, 헨리 오티스 303

라이스, E. P. 371
라이켈트, 칼 루드비히 354-355
라이트풋, J. B. 299-300
라이프니츠, 고트프리트 빌헬름 140
라일 주교 149
라투렛, 케네스 304, 433
라호르 선교 대회 411
랭케스터, 허버트 420-421
런던 선교 협회(LMS) 143, 287, 321,
  324, 328, 331, 356, 366; 모집
  320-321, 328-329; 선교 대학 366;
  의료 선교사 410-412, 416-417,
  418-421; 학문 369-375, 376-377;
  회중교회의 지원 472
레게, 제임스 295, 371, 382-383
레만, 아르노 349-350, 358, 360
로마서 129-151
로스코, 존 380, 381-382
로얄 니제르 회사 223, 228
로이, 자니니 349
록하트, 윌리엄 410-411
루이 피루에 185
루이스, C. S. 108
루카스, W. V. 356
리버풀 선교 대회, 1860년 394-396,
  410-411, 419
리빙스턴, 데이비드 338, 368, 369, 382,
  387, 408
리스, 윌리엄 홉킨 383

마사 데이비스 비밀 자선 연합회,
　　시에라리온 236
마소지, V. S. 349
마우마우 운동 261
'마칭 룰 운동' 261
마타타, 월터 188
마틴, 마리-루이스 232
마틴, 헨리 332, 333
맥도널드, 더프 376
맥도널드, 존 376
메노파 240
메드허스트, 월터 370
메인, 덩컨 416, 420
멘데족 200
모니에 윌리엄스, 모니에 경 144, 146,
　　147
모리슨, 로버트 294, 370, 383
모울 주교, H. C. G. 145
모음 없는 네 자음 92
모트, 존 R. 429, 434, 439-440, 448
모팻, 로버트 338, 368, 369, 371
몬타누스주의 242
무디, 드와이트 L. 401, 439
무슬림. 이슬람을 보라
무어쉬드, 플레처 415, 418
물라고, 빈센트 48
뮬렌스, 조지프 374
미국: 교회와 국가의 분리 442-444;
　　선교사 423-457; 선교의 경제적
　　측면 439-442; 신학 444-446
「미셔너리 레지스터」 477, 478, 479
미술 339-363
미클레부스트, O. G. 384
밀른, 윌리엄 370, 382

바간다 380
바르넥, 구스타프 308
바르넥, 요하네스 145
바르덴헤베르, 오토 302
바바롤라, 조셉 188
바유다야 235
배럿, D. B. 232
배철러, 존 379
버나드, J. H. 403-404
버더, 조지 476
버틀러, J. F. 358, 361-363
베디아코, 콰미 204
베일리, T. G. 376, 384
베일리, 웰즐리 475
벤, 존 325, 469
벤, 헨리 220, 474, 479; 대위임령 47;
　　선교사 훈련 396-397; 의료 선교사
　　411
보그, 데이비드 476
보니파키우스 101
보석 협회 236
복음 전도 협회 324, 462
복음주의의 부흥 140-141, 171-174,
　　178-180, 210-211, 317
부간다 201-203
불가지론 259
불필라 97-99, 103, 104
뷰캐넌, 클라우디우스 333
브라운, 조지프 278
브라질 275
브레이너드, 데이비드 172
브레이드, 개릭 189
브로델, 페르낭 102
브린턴, 헨리 332
블리스, 에드윈 303

비드, 100, 102, 164, 167

사네, 라민 290-291
사히, 지오티 348
새로운 종교 운동 연구 센터 234
샹크, D. A. 186-187
서바이벌인터내셔널 180
선교: 경제적 측면 439-442; 로마서 129-132; 미술 359-360
선교 단체 461-482
선교 대학 366, 395-397
선교 신학원, 베를린 333-335
선교 잡지 477-479
선교사: 미국 선교 423-457; 서품 324-325; 소명과 사역 317-338; 신학 385; 아프리카 선교사 183-189, 218, 221-222, 224, 227-228; 의료 선교사 407-422; 전도사 327; 학문 365-385, 387-406
선교학 연구 285-315; 교과 과정 288-290; 교수진과 학생들 308-312; 선교학의 중요성 285-288; 세속 학문 295-301, 387-406; 연구 도구 301-304; 연구 자료 304-308;
선드클러 주교, 벵그트 231, 232, 242
성경: 번역 75-93; 연구 293-295, 297-300; 성육신 75-93, 108, 112, 290; 문화적 특수성 113; 대위임령을 보라
셀, 에드워드 379
소이어, 해리 48
소크라테스 90, 133, 138-139
쇼, 마벨 356
쇼어 경, 존 390

쇼터, 에일워드 253
스몰리, 윌리엄 104
스미스, 에드윈 119
스미스, 윌리엄 302
스미스, 토머스 382, 383, 384, 394
스코틀랜드 교회 375-377, 384
스코틀랜드 선교 협회 331
스코틀랜드 지식 장려 선교회 172
스코필드, C. I. 444
스피어, 로버트 E. 454
슬레이터, T. E. 374
시므온, 찰스 178, 324, 327, 469
시브리, 제임스 372, 374
시에라리온 196-198, 213-221, 331, 334, 337; 첫 번째 교회 184; 선교사 출신지 184-186, 219, 220, 223, 225
신학 42-53, 290-293; 라틴아메리카 신학 42; 상식 444-446; 서방의 신학 42; 선교사 385; 연구 자료를 보라 제3세계 신학 42-43; 흑인 신학 42-44
신학 교육 기금 311
실리, 저스터스 H. 425
실리토, 에드워드 356
싱, 베하리 랄 396

아딩턴, 로버트 441
아메리카 원주민 135-139, 278
아베오쿠타 427
아우구스티누스 95, 165, 194
아이텔, 어니스트 존 370
아자리아 주교 347-348
아프리카 136; 결혼 224; 금욕주의 184; 노예무역 220; 독립 교회 213-226,

255; 복음주의와 선교 운동 163-198; 선교사 출신 174-175, 203-212; 성경과 예전 238-240; 신학 42-44, 46-49; 언어 95; 예언자-치유 교회 194-196, 207; 치유 과정 192-197, 224-226; 회심의 이유 189-194
아프리카니아 276
알라두라 교회 194-196, 236
애니미즘 147
앤더슨, G. H. 303
앤더슨, 루퍼스 427-434, 437, 459-461, 474, 476, 482
앤더슨, 이프라임 231
에드워즈, 조너선 138-139, 464
에드킨스, 조지프 370
에든버러 세계 선교 대회, 1910년 147, 352, 405, 420, 452, 486, 489
엘름슬리, 윌리엄 J. 411, 414
엘리스, 윌리엄 368
엘리야 2세. 브레이드, 개릭을 보라
엘리엇, 존 136
여호와의 증인 449
예언자-치유 교회 195-196, 208
예전 238-239
오고트, B. A. 38
오리게네스 44
오순절파 450
오스트레일리아 278-280
오언, 조지 383
오코로차, C. C. 190-191
『오크니 백작들의 역사』 159-165
오퐁, 샘슨 187-188
와델, 호프 407-408
요루바 48, 200, 219; 독립 교회 237;

시에라리온 선교 219
요하난 벤 자카이 117, 118
우간다 185, 205, 235, 359, 381
우치무라, 간조 425-427, 432-433, 446
워드, 윌리엄 393.
『원리론』(오리게네스) 44
원시사회들에서 일어난 새로운 종교 운동 연구 프로젝트, 애버딘 대학교 종교학과 234
원시종교 153-159, 232-234, 247-282, 292; 기독교와 이슬람 공동체로 흡수 270-271; 내용과 구조 250-256; 대칭적 증보 253; 독립교회 281; 변화 요소 256-259; 불가지론 259; 비대칭적 증보 253; 상대적 일신론 253, 257; 상대적 자연신론 254, 257; 소생 277-280; 신원시 운동 281; '원시'의 뜻 249-250; 재설명 271-273; 전유 280-282; 절대적 일신론 253; 절대적 자연신론 254; 제2차 세계대전 260-268; 조정 276-277; 창안 275-276; 축소 273-274; 침체 268-270; 합성 운동 281; 히브리 복고 운동 281
월쉬, 길버트 380
웨스트콧, B. F. 299
웨슬리, 존 177, 317, 462
웰번, F. B. 38
윈터, 랠프 429
윌러비, W. C. 372, 383
윌리엄스, 존 367-368, 371
윌버포스, 윌리엄 175-177, 215, 474
윌슨, 존 376, 383
유대인 그리스도인 55-58

유스티누스 51, 52, 87, 88-89, 94
음비티, 존 S. 48
응군지스트 운동 236
응코자나, 실라스 206
의료 선교사 407-422
이그보 190-192, 200
이도우, 볼라지 48
이스트, 데이비드 조너선 142
이슬람 66-67, 76-77, 87, 113, 222, 226-228; 아프리카 무슬림 201, 373
이즐링턴의 선교 대학 366, 395-396, 397-398
인도 388-396
인도 기독교서회 361

자발적인 선교 단체 429-438, 455, 459-460, 473, 480-482; 미국의 기독교 437-438
자이르 236, 239
자이온 시, 일리노이 450
재림 사상 401
재세례파 240
전도사 327
제자의 길 117-121
존스 경, 윌리엄 389, 390
존스, E. 스탠리 350
존슨, W. A. B. 336-337
중국 내지 선교회(CIM) 226, 480
중국에서의 선교 139-140

차오, T. C. 354
채드윅, 오언 286, 287
천년왕국 운동 449
첸, 루크 343, 360

치유 과정 205-210, 243; 예언자-치유 교회들 195-196, 208
칠십인역 82, 86-88, 91, 92, 93
침례교 선교 협회 413

캐리, 윌리엄 172, 328, 391, 407, 429, 463-466, 493; 선교 단체 468, 469-473, 480, 492; 선교적 소명 317-320
캠벨, 덩컨 332
케이브, 시드니 147
케직 사경회 221, 367
켈수스 49
코드링턴, R. H. 382
코스탄티니, 셀소 342-345, 347, 361
코츠, 댄드선 475
코크런, 토머스 374
콜렌소 주교, J. W. 287
콩고 189
퀼레, S. W. 378
쿠란 68, 76-77, 81, 113
퀴리오스 91, 124
크라우더, 새뮤얼 아자이, 주교 46, 217, 219, 221
크리오 214-215, 216, 218
크리오 교회 216, 218
클리포드, 존 401
키드, 새뮤얼 383
키타왈라 449
킴방구(마틴) 232
킴방구, 사이먼 189, 236; 킴방구 운동 189, 236, 239, 243

타고르, 라빈드라나드 349
타티아누스 88

타히티 330
터너, H. W. 231, 233, 234, 235, 274
터커, 세라 367
테일러, 허드슨 226
토라 76, 87
토머스, A. D. 350
톰슨, H. B. 356

파니카, K. C. S. 349, 351
파리 선교단 188
파오위엔, 추 354
파커, 존 니콜 146, 147, 149, 295, 371, 372, 383, 385
팬린더, 제프리 257
패트릭 98-100, 101, 102, 166-167
팬더, K. G. 378
페샤와르의 만성 기념 교회 346-347, 358
폴리네시아 연구(엘리스) 368
풀러턴, W. Y. 130
프레이저, 제임스 G. 380, 382
프립몰러, J. 355, 357
프비텍, 오코트 49, 203
플라톤 138-139
플레밍, 대니얼 존슨 353, 358-360
피어스, 조지프 375
필론 83-86, 89, 90

하나님의 왕국 공동체, 나이지리아 449
하지, 찰스 444
해리스, 윌리엄 웨이드 186-187, 193, 207
해스티, 윌리엄 377, 384
해스팅스, 워런 389
해스팅스, 제임스 302

허친슨, A. B. 379
헤더윅, 알렉산더 376
헤라스, H. 345, 349
헤이워드, V. E. W. 232
헨더슨, 로버트 332
헨더슨, 제임스 338
호그, A. G. 385
호웨이스, 토머스 321-324, 329
호트 F. J. A. 299
혼, 멜빌 320
회중교회 180-183, 438, 461, 468, 469, 471-472
힌두교 66-67, 147, 149-150, 348-349, 351, 377, 484; 흡수되는 기독교 350-351; 왕관으로서의 기독교 146, 385

저자 연보

1928	4월 21일 영국 뉴밀턴에서 태어나다.
1948	옥스퍼드 대학교 엑스터 칼리지를 우등으로 졸업하다.
1952-1954	동 대학교에서 신학과 교회사를 전공하고(M.A. 1952; B.Litt. 1954), 특히 교부학의 대가 F. L. 크로스의 지도 아래 초기 교회를 연구하다.
1952	복음주의 학문 연구소인 틴데일 하우스에서 사서로 일하며 F. F. 브루스를 비롯한 많은 복음주의 신학자와 깊은 관계를 맺다.
1953	도린 하든과 결혼하다.
1957-1962	아프리카 시에라리온 푸라 베이 칼리지에서 교회사를 가르치다. 그곳에서 새로운 '학문적 회심'을 경험하다.
1962-1966	나이지리아 대학교에서 가르치다.
1966-1985	애버딘 대학교에서 교회사 교수로 지명 받고 영국으로 돌아와 가르치다.
1967	*Journal of Religion in Africa*를 창간하고 초대편집장을 지내다.
1970	애버딘 대학교에서 종교학과를 설립하고 초대 학과장이 되다.
1982	비서구 세계 기독교 연구소를 설립하다.
1986	연구소를 에든버러 대학교로 옮기다.

1987	학문적으로 뛰어난 업적을 인정받아 대영제국훈장(OBE)을 받다.
1988	애버딘 대학교로부터 명예 신학박사 학위(D.D)를 받다.
1995	*Studies in World Christianity*를 창간하다.
1996	『세계 기독교와 선교 운동』을 출간하다.
1997-2001	미국 프린스턴 신학교의 에큐메니칼 및 선교학 객원 교수로 재직하다.
2000	하버드 대학교 신학대학원의 몬라드 패밀리 세계기독교 강좌 석좌교수로 임명되다.
2002	*The Cross-Cultural Process in Christian History*를 출간하다.
2007	미국교회사학회로부터 공로상을 받다.
2008	캐시 로스와 함께 *Mission in the Twenty-First Century*를 출간하다.
2012	첫 번째 부인과 사별 후, 미국장로교(PCUSA) 선교부 연구원 잉그리드 르네와 재혼하다.
2017	*Crossing Cultural Frontiers: Studies in the History of World Christianity*를 출간하다.
2018	애버딘 대학교, 에든버러 대학교, 리버풀 호프 대학교, 아프리카 국제 세계 기독교 연구 센터, 아크로피크리스톨러 신학교, 뉴욕 더시티 신학교 등에서 명예 교수 및 교수로 활동하고 있다.

옮긴이 방연상은 미국 뉴욕주립대학교와 영국 스코틀랜드에 위치한 에든버러 대학교에서 공부했다. 현재 연세대학교 신과대학 연합신학대학원에서 문화간 연구와 세계 기독교를 가르치고 있다. 저서로는 『타자를 향한, 타자와 함께하는 선교』(동연), 『우분투』『타자와 책임』(이상 한들출판사), *Ethical Responsibility Beyond Interpretation* 등이 있고, 『생명과학, 신에게 도전하다』(동아시아)에 기고자로 참여했으며 『좋은 세계화 나쁜 세계화』(새물결플러스)를 공역했다.

세계 기독교와 선교 운동

초판 발행_ 2018년 8월 16일

지은이_ 앤드루 월스
옮긴이_ 방연상
펴낸이_ 신현기

펴낸곳_ 한국기독학생회출판부
등록번호_ 제313-2001-198호(1978.6.1)
주소_ 04031 서울시 마포구 동교로 156-10
대표 전화_ (02)337-2257 팩스_ (02)337-2258
영업 전화_ (02)338-2282 팩스_ 080-915-1515
홈페이지_ http://www.ivp.co.kr 이메일_ ivp@ivp.co.kr
ISBN 978-89-328-1617-3
ISBN 978-89-328-4044-4(세트)

ⓒ 한국기독학생회출판부 2018

책값은 뒤표지에 있습니다.
무단 전재와 복제를 금합니다.